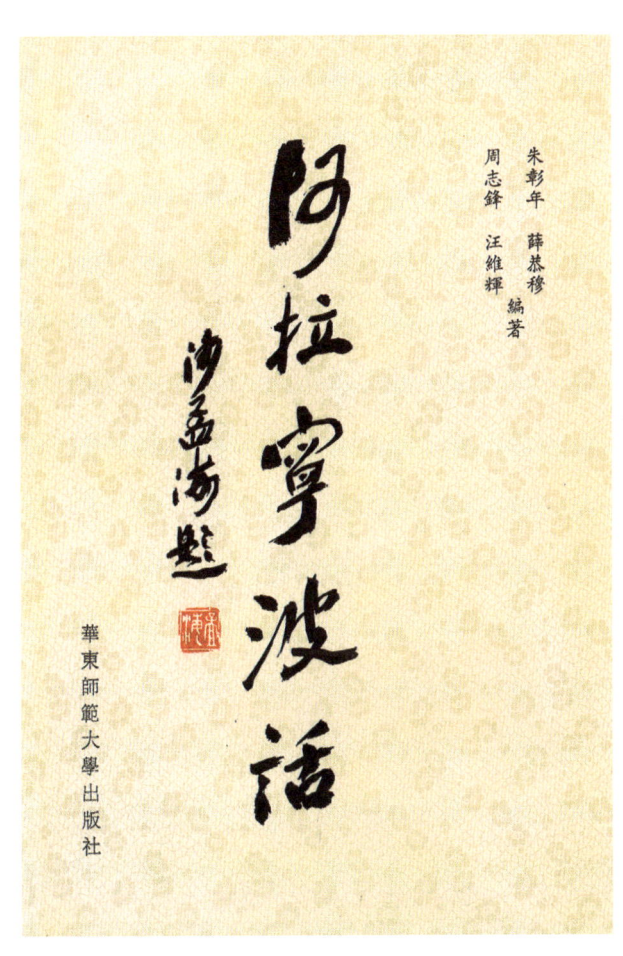

初版封面（1991年8月）

本书为宁波市人民政府与中国社会科学院合作共建"浙东文化与宁波文化大市建设研究中心"2012年度课题最终研究成果

○ **修订版** ○

阿拉宁波话

原　著　朱彰年　薛恭穆

修　订　周志锋　汪维辉
　　　　周志锋　汪维辉

宁波出版社

图书在版编目（CIP）数据

阿拉宁波话 / 朱彰年等编著；周志锋，汪维辉修订. —宁波：宁波出版社，2016.10
ISBN 978-7-5526-2659-9

Ⅰ.①阿… Ⅱ.①朱… ②周… ③汪… Ⅲ.①吴语–方言研究–宁波 Ⅳ.① H173

中国版本图书馆 CIP 数据核字（2016）第 218410 号

书　　名	**阿拉宁波话**
原　　著	朱彰年　薛恭穆　周志锋　汪维辉
修　　订	周志锋　汪维辉
出版发行	宁波出版社
地　　址	宁波市甬江大道 1 号宁波书城 8 号楼 6 楼
邮　　编	315040
网　　址	http://www.nbcbs.com
责任编辑	徐　飞
装帧设计	金字斋
书名题字	沙孟海
责任校对	毛利波　罗敏波
印　　刷	浙江新华数码印务有限公司
开　　本	889 毫米 ×1194 毫米　1/32
印　　张	17
插　　页	2
字　　数	455 千
版　　次	2016 年 10 月第 1 版 2016 年 10 月第 1 次印刷
标准书号	ISBN 978-7-5526-2659-9
定　　价	75.00 元

本书若有倒装缺页影响阅读，请与出版社联系调换，电话：0574-87248279

初版序

　　宁波文化研究会约请宁波师范学院语言文学研究室朱彰年、薛恭穆、周志锋、汪维辉四位同志编著的《阿拉宁波话》一书,现已成稿出版。这是一本宁波方言的专著,是海内外宁波人和关心宁波及宁波方言的人士所盼望的。最近通读全书,确使人感到无比高兴。前人虽也曾做过一些宁波方言的记述研究工作,而且有些是十分精当的,但对宁波方言描述、分析得如此细密、如此翔实、如此系统、如此深湛,却是从来没有过的,堪称首创。

　　四位作者长期在高等学校从事语言学的教学与研究工作,都有较高的语言学素养,又都是宁波市人,因而对宁波方言的研究就能鞭辟入里而不至隔靴搔痒。全书体现了科学性与可读性的紧密结合。无论是体例安排、素材取舍,还是注音释义、古籍引证,处处表现出有较高的学术水平;而经过作者精心构思,又避免了曲高和寡之弊,能为一般读者所乐于阅读,做到了深入而又浅出,雅俗得以共赏。

　　《阿拉宁波话》的问世,不仅对汉语方言学的研究会有一定贡献,而且对于继承和发扬优秀的宁波地方文化传统,联络海内外宁波帮的情感都将会起到相当大的作用。

　　我感谢作者为宁波人办了一件大好事。

宁波市人大常委会副主任
宁波文化研究会会长　**钱念文**
一九九〇年九月一日

凡　例

一、本书是一部学术性与通俗性兼顾的方言读物,共收录宁波方言常用词语4896条,短语428条,谚语2345条,歇后语72条,谜语100条,绕口令14条,歌谣132首。收录的内容以宁波市区常说的为主。

二、本书的编排体例是:

1. 方言词部分按词义类别排列,分名物类(相当于名词、代词)、动作行为类(相当于动词)、性质状态类(相当于形容词)、虚词类(包括象声词、词缀)共四大类。凡是兼类的词一般只收录在一个地方,在释义时注明词性,不再重复出现。每类内部又分若干小类。由于词义系统十分复杂,本书的词语分类主要是为了增强可读性和便于翻检,而不是对方言词作严格的科学的分类,因此这种分类只是粗线条的,有些词的归类甚至比较勉强,读者幸勿为怪。

2. 短语与方言词只是大体上分开,字数比较多(三字以上)、有特定含义的一般就算作短语,两者之间并没有十分严格的区分标准。短语部分由于分类困难,按字数和笔画多少排列。

3. 绕口令和歇后语按字数和笔画多少排列,谜语则大体上以类相从排列。

4. 谚语部分共分故乡、家庭、生活、社交、行业、社会、自然、修养、事理、讽喻等十类。这种分类也是为了便于阅读,并不是十分严格的。

5. 歌谣部分共分乡情、乡俗、岁时、儿歌、生活、曲调等六类。分类原则同上。

三、本书方言词部分的收词与编排原则是：

1. 着重收录宁波方言中与普通话不同的词语。凡是普通话不说的，我们就看作是宁波方言，不考虑其他方言有没有类似的说法。凡是与普通话字面相同的，则只收录其与普通话不同的义项，与普通话相同的义项一般不收。例如"生活"一词，只收"工作；活儿""本事；能力""惩罚；苦头""事情"四个义项，其他与普通话相同的义项不再收录。有些词字面、意义与普通话完全一样，但读音差别很大，以致不容易觉察到实际上就是普通话中的某词，如"端午"（音冬五）、"嗅"（音兄去声）等，这样的词也酌情收录一部分。有些词普通话里也说，但在宁波话里，或使用频率不同，或用法有一定差异，如"拣"（挑选）、"调"（调换）、"极"（只修饰个别形容词）等，这样的词也酌情加以收录。

2. 由于历史的原因，宁波方言吸收了一定数量的外来词（主要的是英语译音词和上海方言词）。这部分外来词有的已经融入宁波话，成为日常用语，有的甚至使人不再觉得它们是外来语，如"和落三姆"（英语 all sum 的音译）、"瘟孙"（来自上海话）等。对于这些外来词语，本书也酌情收录。

3. 凡是一个词有多种说法的，取最常见的一个列为词目，其他则用"也说""也叫"附在该条的末尾。

4. 每一词条下先注音，次释义，然后举例、引用书证；需要考证本字的，再注明本字出处；最后列出该条的不同说法。

四、本书所收录的方言词语，凡是本字可考的，一般写作本字；本字不明或没有本字的，则用同音字替代。一个词语有几种写法的，则选取我们认为比较合理的一种作为词目用字，不同写法如有书证的，则用"也作"标明。

五、本书所考证的本字，一般来源于古代的字书、韵书，如东汉许慎的《说文解字》（简称《说文》）、魏张揖的《广雅》、南朝梁顾野王的《玉篇》（本书据《宋本玉篇》本）、宋陈彭年等的《广韵》、宋丁度等的《集韵》、明梅膺祚的《字汇》等。凡引各书反切，一律放在原文末尾。《说文》用大徐本反切,故放在引号外面。

六、为了通俗易懂,本书采用直音法注音。没有同音字可注的,则用"音某清(浊)音""音某送气""某白(文)读""音某平(上、去)声"等办法标明。清音、浊音是就声母而言,发音时声带不颤动的是清音,如"八"的声母;发音时声带颤动的则为浊音,如"白"的声母。送气、不送气也是就声母而言,发音时有强气流吐出的是送气音,如"拍"的声母;反之则为不送气音,如"不"的声母。白读是指说话音,文读是指读书音,如同一个"问"字,白读音抈(如"问路"),文读音吻(如"问题")。"音某平(上、去)声"是指声调有差别。同一个字有不同读音的,用"又音某"及"①音某;②音某……"标明。为了行文简洁,邻近条目中凡同一个字需要注音的,一般只注最先出现的一条,并注上"下同"。用作注音的字,其确切音值可查阅本书附录"宁波话音节例字表"。

七、方言词、短语每条都有释义。凡有多个义项的,则用①、②、③……标明。谚语、歇后语、谜语、绕口令、歌谣一般不释义,必要时酌情加注。

八、举例一般用现成的短语、俗语,没有的则自造口语化的短语或句子。

九、本书所收的方言和短语,有许多是古已有之而今天普通话中已经不说了的,这些词语如果有古代书证,尽量加以引用,以明其源流,并增加趣味性。

十、本书举例、引用书证、考证本字中出现的被释字或词语,一律用"~"代替。

目　录

初版序 …………………………………… 001

凡　例 …………………………………… 001

壹　方言词 …………………………………… 001

一、名物类 …………………………………… 003
 1. 天文 …………………………………… 003
 2. 地理 …………………………………… 004
 3. 时间 …………………………………… 012
 4. 称谓 …………………………………… 018
 5. 身体 …………………………………… 042
 6. 疾病 …………………………………… 052
 7. 服饰 …………………………………… 056
 8. 食品 …………………………………… 061
 9. 建筑 …………………………………… 082
 10. 交通 …………………………………… 088
 11. 器物用具 …………………………………… 090
 12. 动物 …………………………………… 109
 13. 植物 …………………………………… 114
 14. 数量 …………………………………… 119

目录

  15. 其他 …………………………………………………… 124
 二、动作行为类 ………………………………………………… 133
  1. 与人体有关的动词 …………………………………… 133
  2. 与人事有关的动词 …………………………………… 179
  3. 其他动词 ……………………………………………… 203
 三、性质状态类 ………………………………………………… 217
  1. 感觉 …………………………………………………… 217
  2. 形态 …………………………………………………… 222
  3. 性质 …………………………………………………… 237
  4. 颜色 …………………………………………………… 272
  5. 味道 …………………………………………………… 275
  6. 气味 …………………………………………………… 277
  7. 声音、情貌 …………………………………………… 278
 四、虚词类 ……………………………………………………… 282
  1. 副词 …………………………………………………… 282
  2. 介词、连词 …………………………………………… 298
  3. 其他虚词（附象声词、词缀）………………………… 301

贰 短 语 ……………………………………………………… 311

叁 谚 语 ……………………………………………………… 343

 一、故乡类 ……………………………………………………… 345
  1. 乡情 …………………………………………………… 345
  2. 乡俗 …………………………………………………… 346
  3. 乡戏 …………………………………………………… 349
 二、家庭类 ……………………………………………………… 351

  1. 家庭 351

  2. 父母 352

  3. 夫妻 352

  4. 兄弟 354

  5. 儿女 355

  6. 女婿 357

  7. 婆媳 358

三、生活类 358

  1. 衣饰 358

  2. 饮食 359

  3. 居住 362

  4. 旅途 363

  5. 保健 364

  6. 医药 366

  7. 文娱 367

四、社交类 368

  1. 集体 368

  2. 团结 368

  3. 婚恋 369

  4. 亲邻 370

  5. 朋友 371

  6. 师徒 371

  7. 应酬 372

  8. 谈吐 374

五、行业类 376

  1. 农业 376

  2. 林业 382

  3. 牧业 383

  4. 副业 384

- 5. 渔业 ... 385
- 6. 工商 ... 387

六、社会类 ... 391
- 1. 国家 ... 391
- 2. 法律 ... 392
- 3. 权势 ... 392
- 4. 贫富 ... 393
- 5. 金钱 ... 394
- 6. 祸福 ... 395
- 7. 命运 ... 395

七、自然类 ... 397
- 1. 气象 ... 397
- 2. 物候 ... 406

八、修养类 ... 409
- 1. 志气 ... 409
- 2. 性格 ... 409
- 3. 胆识 ... 410
- 4. 德行 ... 411
- 5. 谦慎 ... 412
- 6. 勤俭 ... 413
- 7. 懒怠 ... 415
- 8. 智愚 ... 416
- 9. 学习 ... 416

九、事理类 ... 418
- 1. 道理 ... 418
- 2. 经验 ... 419
- 3. 实践 ... 423
- 4. 是非 ... 423

十、讽喻类 ... 424

  1. 讥讽 424
  2. 感慨 428
  3. 比喻 431
  4. 劝导 435
  5. 戏谑 436

肆 歇后语 441

伍 谜 语 447

陆 绕口令 455

柒 歌 谣 459

  一、乡情类 461
  二、乡俗类 468
  三、岁时类 472
  四、儿歌类 475
  五、生活类 485
  六、曲调类 491

  附录 宁波话简述 498
    一、概况 498
    二、宁波话的语音系统 500
    三、宁波话语法特点举要 502

目录

四、宁波话词汇特点说略 ································ 504
五、宁波话音节例字表 ································ 514

主要参考文献 ································ 523

初版后记 ································ 525

修订版后记 ································ 528

壹

方言词

名物类

1. 天 文

日头 日白读,下同。太阳:俗语:有愁呒愁,愁六月呒～。唐寒山《以我栖迟处》诗:"午时庵内坐,始觉～暾。"也叫"日头菩""日头菩萨""太阳菩萨"。

红猛日头 ①强烈的阳光:～莫晒的!｜儿歌:东方发白开太阳,～火一样。②形容词。阳光灿烂:头网还～个,勿打记头落雨嗬。

黄胖日头 不强烈的阳光。

西晒日头 太阳偏西后照射的阳光。这种阳光照射在朝西的房子,夏天特别炎热。

月亮菩萨 月亮:儿歌:～弯弯上,弯到小姑进后堂。也叫"太阴菩萨"。

鹅毛月 新月,上弦月,因形似鹅毛而得名:俗语:初三初四～。

七簇星 昴星,位于金牛座,有些地区俗称"七姊妹星":儿歌:七簇扁担稻桶星,念过七遍会聪明。

扁担星 星座名,在银河旁,三星并列,两端微下,形似柴担,因此得名。

稻桶星 箕星,共有四颗星,连起来形似稻桶,故名:俗语:～朝上,种田人有谷囥。

五更晓 金星,早晚两见,黎明时出现于东方天空的称"五更晓"(通称启明星),黄昏时出现于西方天空的称"黄昏晓"(通称长庚星),实即一星。

暴 音报。猛然而至的大风:打～｜乌风猛～。

风水　水白读。台风:做～。老派也叫"风潮"。

燥风水　光刮风而没有雨的台风。

秋汏　汏音大文读阳平。秋日连绵不断的阴雨:做～。

鲎　音吼去声。虹。俗语:早～勿过昼,夜～晒开头。明徐光启《农政全书·占候》:"(虹)俗呼曰～。谚云:'东～晴,西～雨。'"

雨毛丝　细雨:天落～。

鱼鳞斑　鱼鳞状卷积云:俗语:天起～,晒谷好笝翻。

野猪头云　台风将来以前出现在东南天边的成排黑色云团,因形似野猪头而得名:～打墙嘞,天要做风水嘞。

过云雨　云来即雨,云过即止的阵雨。

胭脂红　胭脂音烟机。朝霞;晚霞:俗语:日落～,明朝雨夹风。

雾露　雾:俗语:海上大～,日头烤番薯。《楚辞·严忌〈哀时命〉》:"～濛濛其晨降兮,云依斐而承宇。"

雪眼　下雪期间,有阳光从云缝中穿透,这种穿透阳光的云隙称"雪眼":开～。清翟灏《通俗编·天文》:"周必大《绍兴壬午龙飞录》:'越人以欲雪而日光穿漏为～。'"

雪子　霰:歌谣:十一月落～,十二月冻煞凉亭叫花子。

烂雪片　大而密的雪片:落～。

龙光闪　闪电:天打～｜俗语:东南西北～,晒煞泥鳅和黄鳝。

落地雷　霹雳,云和地面之间发生的一种强烈雷电现象,响声很大,危害性也很大。

连底冻　结到底的冰:河结～。

成糖　成又音廷。屋檐、山崖或树枝上所结的冰锥:结～。

天家　家白读。①天气:落雨～｜～热。②季节:春～｜梅时～。

2. 地　理

地脚印　地址:该封信～写错嘞。也作"地脚引":《粉妆楼》第五十二回："（罗灿）次日照着地脚引,找过钞关门外那边一问,问到一家门首,说是卢宅。"

坞采 地方（采即"处"之音转）。啥～｜别～｜有空搭阿拉～来走走。也说"坞处""坞赛""坞态""坞汤""坞荡";也单说"采":落雨天家呒～好去｜有～买的话嬎问侬借嚼。

别采 别处:～再寻寻看。也说"别坞采""别坞头""别坞态""别坞汤"。

地垟 垟音羊。地;地面:扫～｜水泥～。也说"地壤"。

田畈 畈音板。田地:～里纯是种田人。也说"田野畈"。

田头 指田地里:当家人～做生活去嚼。

乡下头 乡下,农村:今年到～过年去。

窨 音队阳平。低洼、凹下的地方:水～｜酒～｜俗语:矮子落深～。《说文·穴部》:"～,坎中小坎也。"徒感切。

水明汤 地上的浅水坑:蹓勒～里嚼。也说"水窨""水窨窨""水埨头"（埨音塔）。

地畇 畇音矕。两畦之间凹下去的通道:铲～。《说文·田部》:"畇,陌也。"清胡文英《吴下方言考》卷二:"吴人谓田中径曰～。"也说"畇底"。

瞵头 瞵音邻。畦地中与地畇相对的部分,一般做成长方形,上种作物:掭（音丫）～。《广韵·真韵》:"瞵,田垄。力珍切。"也作"棱头":《何典》第九回:"跳过了八百个麦棱头,只见几只壅鼻头猪狗正在那里啃死人。"

田塍 塍音绳。田埂:俗语:雷雨隔～。又:冬季修～,好比修皇城。也说"田塍埭"。

墈 墈音看,又音开去声,下同。高峻的堤岸;高地的崖壁:～交关陡｜～里柴蛮伸（长）,只勒阿难斫。也说"高墈":当心高墈翻落去。《集韵·勘韵》:"墈,险岸。苦绀切。"

河塘墈 河岸;河堤陡峭的一面:砌～｜～交关陡,爬勿上。也说"河墈"。

塘 ①堤岸;堤坝:围～｜标准海～。《说文新附·土部》:"塘,隄(堤)也。"②地名用词:夹～｜段～。

大塘 大堤坝:做～｜砌～｜海水漫进～里。

碶 音气。①闸。宋曾巩《广德湖记》:"鄞人累石堙水,阙其间而扃以木,视水之小大而闭纵之,谓之～。"②地名用词:大～｜新～｜五乡～｜四眼～｜石～｜～闸街。

大水 洪水:做～｜～汆去。

水头 ①指潮汛。②喻指运气:该呛～低低个,做做股票时格会套牢。

大水头 大潮汛:俗语:初二十六～,初八廿三当小水。

小水头 小潮汛:荡呛～,张网货缺缺个。

泥涂 海涂;滩涂:～里撮泥螺。

甩龙桥 甩音掼。半圆形的高石拱桥。

过桥 搭在沟上以便行走的石桥:～石板。

石宕 宕音荡。采石场:开～。《说文·宀部》:"宕,洞屋。"徒浪切。

里山 深山里:～人｜～角落头。

岙里 山岙里面:～人。

岙口 山岙的口子。

岙底 山岙的底部。

深山冷岙 人迹稀少的大山深处。

溪坑 溪。

河江 江:小鱼游出大～。也说"下江"。

塘河 河流干道,旧时可走官船。

漕嘴 漕音槽。一头不通的河汊子。

水缺 水田边进出水的缺口。《警世通言》第十七卷:"只怕一丈阔的～,双脚跳不过去。"也说"水缺头""缺头"。

车头 ①河畔装设水车之处。②喻指岔子:扳～。

埠头 江河岸边铺有石阶或大石块,可以靠船、洗东西的地方:歌谣:妹在～汰白纱,跌落金钗～下。

航船埠头 江河岸边有石阶,可以停靠船的地方:俗语:～轧出人。

河埠头 河边铺有石阶或大石块,可以洗东西的地方:～汏衣裳｜俗语:～讲阿婆,念经堂讲新妇。

河头 ①河埠头的省称:我到～去淘米。②用作地名:小白～｜杨陆～。

道头 码头:大～｜屙～｜渡船～。

堍头 堍音兔。桥两头靠近平地的地方:江桥～。

墘头 墘音劁。水畔伸出之地。《鄞县通志》:"俗所谓墘、墘头者,皆水畔伸出之地,如人之舌者,故即称舌头,舌音近蚀,甬人讳言之,故反称为赚头,音近墘,遂书作墘,石浦今称墘浦,可证也。"

笃塞弄 死胡同:走进～里嗝。也说"笃塞弄堂"。

井头 头又音队阳平,下同。井:掏～。

井头跟 井边:衣裳驮勒～去汏。

园地 菜园:闲早子乡下头份打份人家屋旁边有个～。也说"地园"。

烂泥 烂音奶文读,下同。泥土的总称,不分干的和湿的:～坯头｜俗语: ～恶做恶,燥了会褪壳。

烂泥麸 粉末状的泥土:眼睛～扬进嗝｜衣裳纯是～。

烂泥糊浆 糊又音乌。稀泥。也说"糊烂泥"(糊读本音):头拱糊烂泥。

塥泥 塥音革。水田里表土下面较硬的土层:俗语:早稻浮面插,晚稻笃勒塥。

河泥 河底的淤泥,可以肥田:罱～。

沙泥 沙子:筛～｜歌谣:九月吊红夹柿子,十月～炒栗子。

灰沙 飞扬的尘土:俗语:有铜钿人坐包车,呒铜钿人吃～。

鹅卵石 鹅音瓦。泛指石头:砖头买勿起,～打墙｜该梗蛇是～敲煞个。

跳 地名用词,指地势突然高出的地方:董家～。

墥 音答。地名用词,意为一块地方:康家～｜杨家～｜俗语:西乡十八～。《集韵·盍韵》:"～,地之区处。德盍切。"

底 地名用词,到底之处:湾头西～。

垫 音底。地名用词,义同底:盛～｜七里～。

隘 音界。地名用词,原指村道狭窄险要如同关隘的地方:邱～｜

邬～｜姚～｜王～｜俗语:东乡十八～。

段 地名用词,意为地段:陈家～。

埭 音大文读阳平。地名用词,本指土坝:应家～｜俞家～｜俗语:南乡十八～。《广韵·代韵》:"～,以土堨水。徒耐切。"

坝 地名用词,本指船只过坝之处:大西～。

堰 音燕。地名用词,义同坝:倪家～｜莫枝～｜大～。

坟 地名用词,本指坟墓:郁家～｜胡家～。也说"坟头":吴家坟头。

墓 地名用词,义同坟:谢家～｜史家～。

社 地名用词,指土地庙所在地:栎～。

寮 地名用词,俗称相连的房屋为寮房,因此得名:周家～。

基 地名用词,旧址之意:仓～｜寨～。

山 地名用词,指有山之处:绞～｜妙～。

岩 地名用词,本指山岩:蜜～｜天象～。

峰 地名用词,本指山峰:张家～｜灵～｜白～。

屿 地名用词,本指岛屿:茂～。

林 地名用词,本指山林:梅～。也指树木多的地方:黄古～。

沙 地名用词,本指水边地:上白～｜下白～。明杨慎《丹铅总录·地理·沙田》:"水边地可耕曰～。"

岙 地名用词,本指山岙:横～｜东～。

畈 音扳。地名用词,本指田畈:林夏～｜荒田～。

坎 地名用词,意为地突起之处:象～｜鲍家～。

墩 地名用词,意为平地上高起之处:高塘～｜王家～｜烟～。《集韵·魂韵》:"～,平地有堆者。都昆切。"

埼 音奇。地名用词,本指曲岸头:瞻～(今作瞻岐)。

歧 音奇。地名用词,本指道路歧出之处:陈～。

峙 音奇。地名用词,本指高峻屹立处:塔～｜华～｜郭家～。

坑 地名用词,本指低陷之处:东～｜上兆～。

洼 地名用词,本指低下之处:徐家～。

窦 音豆。地名用词,本指岩洞:竹～。

方言词·名物类·地理

洋　地名用词,本指滨海之处:白塔～｜徐～。
浦　地名用词,本指海潮所通之港:罗～｜铜盆～｜澥～｜南～｜霞～。
湾　地名用词,本指港湾:王家～｜张郎～。
港　地名用词,本指河港:集仕～｜黄龙～。
汇　地名用词,本指众水合流之处:李家～｜唐家～。
滩　地名用词,本指江河湖海的滩涂:卓家～。
渡　地名用词,本指渡口:周宿～｜陈婆～｜河姆～。
潭　音队阳平。地名用词,小池沼之意:甘溪～｜蒋家～。
漕　音槽。地名用词,本指一头不通的河汊:潜龙～｜马衙～(衙音眼)。
汀　地名用词,本指洲渚:柳～｜花～邵。
瀛　音形。地名用词,义同汀:张家～。
头　地名用词,近旁之意:贯桥～｜大池～。
跟　地名用词,跟前、近旁之意:圣旨亭～｜汪家宅～。
前　地名用词:崔衙～｜大庙～。
后　地名用词:道～｜湖～。
下　地名用词:毛竹堰～｜湖塘～。
外　地名用词:南门～｜西门～。
口　地名用词:新街～｜三江～。
沿　地名用词:大河～｜上河～。
岸　地名用词:江北～｜范江～。
横　地名用词,指区域横延:任家～｜童家～。
斜　地名用词,指区域斜迤:栎～。
里　上;用在名词后,表示在物体的表面:墙～｜面孔～｜桌凳～｜地垟～。
顶　音等,下同。上面;上头:地板～｜箱子～。也说"上顶":书上顶｜汽车上顶。也说"头顶":屋头顶｜衣橱头顶。
高头　①上面:山～｜桌凳～。②高的一头;高处:俗语:～勿来,低头勿去。

009

低头 低的一头;低处:水望～流。

浮面 最上面;最上层:该件衣裳箱子～安的个。也说"面顶""面头顶"。

下底 下面;底下:眠床～｜～轮着我｜《新闻联播》放好嘞,～是广告。也说"下头""下顶"。

笃底 一直到底之处:弄堂～。也说"笃壁"。

借 左:～手｜～只脚｜～边｜俗语:男酒女茶,男～女顺。

顺 右:～只手｜～只脚｜～手半边。

借手半边 左边:卫生间来勒～。也说"借边"。

顺手半边 右边:乘自动扶梯人要立勒～。也说"顺边"。

里厢 里面:房间～｜衣橱～。也说"里头"。

外厢 外面:教室～。也说"外头"。

兜当中 正当中:墙壁～挂勒一幅山水画。也说"贴当中"。

中央 央音娘,下同。当中:俗语:扫地扫个地～,汏面汏个鼻头梁。也说"中央亨""当中央"。

半当中央 半中间:宕勒～。也说"半中央亨"。

半勿牢告 中途:电梯开勒～停电嘞｜饭吃勒～人客来嘞。也说"半勿冷打""半勿郎当""半勿拉介"。

正厢 正面:料作～比反厢光滑。

反厢 反面:衣裳穿～的嘞。

出面相 暴露在外引人注意的外表:该幢房子～勿是交关好看。

眼面前 ①眼前;眼下:东西～摆的也呒没看张啊?｜介晏嘞,～先要解决肚皮问题。②距离或时间很近:该是～事体,侬䏝呒没印象?

后背 后面:屋～｜谚语:鲤鱼跳龙门,大雨～跟。

后屁股 身后;后面:儿子长日我～跟的｜读小学辰光其坐勒我～。也说"后屁眼"。

单边 ①旁边;边上:东西安勒～眼。②形容词。两边不对称;船装勒～个。

边沿头 边上;边缘:河～｜歇后语:嘴巴～一粒饭——掳进算账。

也说"边头""边沿""旁边""旁边头"。

边头边面 边缘部分:阿拉屋里吃鱼,爸爸姆妈老老吃～,我吃大身。

坒头外 坒音避。在某一范围之外:锁锁勒～│活络活勒～。《广韵·至韵》:"坒,地相次坒也。毗至切。"

口头 靠近外边的地方:门～│抽斗～│弄堂～。

横头 ①横边;桌、床等的一侧:上～│下～│眠床～。②旁边:路梯～。《歇浦潮》第七十三回:"(兰舫)招呼她到房门外面扶梯～,将自己的意思,对她说了。"

上横头 指尊的座位,座位靠内,面对门的一侧:阿爷坐～。

下横头 指卑的座位,座位靠外,背对门的一侧:小人坐～。

正厅位子 正座;最尊的座位:老师～坐落,阿拉再坐。

对头 ①对面:河～。也说"对过"。②对方:货发发去有晗嚯,～钞票还呒没汇来过。

笡对头 笡音且顾之且阴平。斜对面:我庇勒电影院～。也说"笡对过"。

对江 江对面:其一口气好游到～。

对河 河对面:船停勒～。也说"河对过"。

对马路 马路对面:～有一爿百货商店。

对上 上方,上面:门～│清朝～是明朝。

对落 下面:瓦片～是砖舶│侬～轮着我嚯│俗语:连灶连眠床,～是屙缸。

对进 里边:门～摆勒一张眠床。

对出 外边:窗头～是一只车棚。

顺头 指从头到脚的顺方向:～吃甘蔗,越吃越甜。

倒头 与顺头相反的方向:汽车～开│笔㧅勒～个。

做埻 埻音塔,下同。同一个处所:开会坐勒～。

各埻 不是同一个处所:小人搭阿拉庝～个。

近横里 附近:双休日～走走│～有个加油站。也说"近横"。

荡横里 这一带:～下半年要拆迁嚯│～农民和总种花木个。也说"荡横"。

该只角 该读入声。①这边;那边:洗衣机摆～,冰箱摆～。②这个地方;那个地方:～人讲闲话特别难听。其中"这边""这个地方"也说"荡只角"。

角落头 ①角儿;角落:眼～｜墙～。《朱子语类》卷一百二十一:"须教他心里活动转得,莫着在那～处。"②指偏僻的地方:里山～｜乡下～。

单角落头 ①隐僻的角落:其～幽该｜开会坐勒～。②形容词。形容地处隐僻的角落:介～地方庅仔忒勿方便嚯。

各头各面 各个角落;到处:身份证～寻过嚯,还是寻勿着。也作"角头角面",也说"角角落落"。

晗到各处 晗音含。每一处;到处:该本书～买勿着｜东西碎勒～。也说"晗到各采""晗到四采""各到各处""各到各采"。

团团圈圈 ①四周;四周围:其拉屋里～和总是山｜谜语:后门口头一只缸,～生疔疮(鼓)。②到处:我人记性推扳哦？手骨钥匙捞仔～来该寻钥匙。这个意思也说"团团""四团六圈"。③形容词。团团;环绕的样子:小朋友～坐带拢听老师讲故事。

路里 路上:～撮着一只包｜水果带眼去,～好吃吃。也说"路高头"。

街里 街上:～去买眼下饭。

路街里 大街上:一日到夜～趖来趖去。

亮头 ①光亮处:坐勒～。也说"亮头里"。②指光源、光线:俗语:儴人遮～。

暗头 ①暗处,背光处:其坐勒～来该哭,快去劝劝其！也说"暗头里"。②形容词。背光的:格貌格写字～个。第二个意思也说"暗手"。

阴埭头 埭音塔。背阴地儿。也说"阴埭头里"。

3. 时　间

辰光 辰又音琴。时候:啥～开学？《二十年目睹之怪现状》第九十一回:"今早奴进城格～,倒说有两三起拦舆喊冤格呀!"

乌龙送 黎明前:～爬起做油条。也说"乌伦村"。

黑清早 清晨,大清早:～爬起。也说"黑清老早""乌清早""乌清老早""清早天亮""乌早天亮""乌清早暗"。

天亮 又音踢酿,下同。①早晨:～吃泡饭。也说"天亮头"。②上午:～上了四节课｜开会,下半日有空。

第二天亮 二白读。第二天早上:电视看忒晏,～爬勿起。

大天白亮 大白读。天全亮以后:一觉睏勒～。也说"大天亮"。

早半晌 晌音上。上午九点钟左右的一段时间:我～动身。

上半日 上午:～打扫卫生。也说"上半日头"。

昼过 中午:～练瑜伽。甬剧《后磨豆腐》:"～菜心狮子头。"《广韵·宥韵》:"昼,日中。陟救切。"也说"昼过头"。

当昼过 正午:～顶热。也说"当昼过头"。唐韩愈《庭楸》诗:"当昼日在上,我在中央间。"

点心时 点又音戴上声。下午三点钟左右的一段时间:儿歌:～,田螺挂秤锤;日头落山,田螺摆摊。

下半日 下午:～打篮球。也说"下半日头"。

夜快 傍晚:～天冷阴噶。也说"靠夜快""夜快点""夜快边""夜快沿"。

黄昏头 黄昏又音胡焕,昏又音灰。黄昏:～煮夜饭。

日里 白天:俗语:～三顿饭,夜到三块板。《醒世恒言》第十卷:"～在店中看管,夜间挑灯而读。"也说"日里头"。

天日 指白天的时间长度:过了冬至,～长起来喵。

天夜 指夜晚的时间长度:冬至～顶长。

夜到 晚上:～看电影。甬剧《呆大烧香》:"侬还是～再来。"也说"夜头""夜里厢""夜到头""夜到晚头"(晚音慢)。

晚头 晚音慢。特指今晚:～呒没空。

半夜过 午夜,深夜:加班加到～。

寅更半夜 寅音寅。深夜:闲早子看书看到～,该响吃勿落喵。

五更头 五更天,天明鸡叫时:～就爬起。

早夜晚头 晚音慢。早晚:立秋一过,～冷阴唔。

一晌 晌音上,下同。①一会儿:～工夫。也说"一晌晌"。②现在;这会儿:其～走出该。第二个意思也说"一晌里""一晌记"(一是"该"声母脱落的音变)。

有晌 有一段时间:课上上已经～唔。也说"时晌"。

该晌 该读入声,又音各。现在;这会儿:我～朊没空。也说"一晌""一晌里""一晌记""该晌记"(急读则为"刚记")、"该晌里"(急读则为"刚里")。

是介光景 (到了)一定的时候:～好回去唔|排骨炖的,～煤气灶关关掉。

该记 该读入声。这次;这下:～闯大祸唔|～拨侬上算唔。也说"该遭""该网""该回""荡网""荡回""沃遭"(遭又音作)。

乃遭 现在;这下子:录取通知书收到唔,～放心唔|第一胡咙交关胖,～朆响唔。也说"乃末""乃则""乃格""乃"。

乃间 间音奸。现在;如今:～该种闲话勿大讲唔。

下遭 下次;以后:～朆坏了。也说"下遭子""下网""下回"。

下两遭 以后:介推扳地方,～腰去唔。也说"下两网""下两回"。

日脚 日子:俗语:混混～过,苦苦阿狗大。《何典》第八回:"拣个入学～,来到鬼谷先生家住下。"

今末 今音尖,又音结;末又音密。今天:～交关热。也说"今末子""今朝"(音金招),也作"今密""今密子"。

昨末 昨音熟,又音上。昨天。也说"昨末子""昨日""昨日子"。"昨"也作"上"。

前日 前天。也说"前日子"。

头前日 大前天,也说"大前日"(大白读,下同)。

明朝 明又音棉、门,朝音招。明天。也说"明朝子"。

后日 后天。也说"后日子"。

头后日 大后天。也说"大后日"。

头头后日 大后天的下一天。也说"大大后日"。

下日　以后；日后：～再来。

闲日　平时；以往：其～爬起交关早,今末睏失觉嘞。

闲两遭　过去；平时：其～总是准时到个。

间日　间白读去声。隔天：～买一回下饭。

长日　整天：作业勿肯做,～忖嬲和。

一够昼　一昼夜：浆板～嘞,好吃嘞。

一隔周　婴儿一周岁。也说"一够岁"(岁白读)。

一呛　呛音抢(呛即"顷"之音转),下同。较长的一段时间,可以指几天到几个月不等:其去去有～嘞。

上呛　上段时间:我～来该出差。也说"上一呛""前呛""前一呛"。

该呛　这一段时间:～交关忙。也说"该一呛""该呛里""荡呛""荡一呛""荡呛里"。

下呛　下一段时间:～天家恐怕会好个。也说"下一呛""下呛里"。

有呛　有一段时间:早稻种种落～嘞。也说"有一呛""时呛"。

三日三夜　指相当长的一段时间(带有夸张意味):该份人家事体～也讲勿完个。

半半六十日　指很长时间:等了～,其还只来。也说"半半六十五日"。

半边钟头　半个小时:其走出有～嘞,快好到的嘞。

初头　农历月初的几天。《水浒传》第十五回:"如今却是五月～。"

初外　农历初一以后的几天。

十外　农历十一日以后的日子。

廿外　农历二十一日以后的日子。

初十边　农历初十前后的几天。

月半边　农历十五日前后的几天。

二十边　二白读。农历二十日前后的几天。

月底边　农历月底前几天。

五花六月　指农历五六月间。其时天气炎热,青黄不接,故民间以为不宜动土、迁居、婚嫁等:闲早子～勿作兴嫁囡、抬新妇。也说"五荒六月"。

年口 年头:倒运～｜落薄～。

旧年 去年:～年成蛮好。《红楼梦》第三十一回:"可记得～三月里,他在这里住着。"也说"旧年子"。

年里厢 过年前的一段日子:～交关忙。也说"年里头"。

过年过界 界又音告。年关;年底:银行～顶忙。

长年到头 整年;一年到头:阿拉阿伯～来外头做生意。

多百多年 很多年:～呒没进电影院嚼｜该件羊毛衫～嚼,翻出来穿穿。

念年 明年:外甥～好读书嚼。也说"念年子"。

开年 过年后的一段日子:～天会好个。北周庾信《行雨山铭》:"～寒尽,正月游春。"也说"出开年"。

新年新岁 岁白读。指农历春节期间。《何典·序》:"～,过路人题于罨头轩。"

正月头面 通常指正月初十以前、特别是正月开头的几天:～走人家。

上灯夜 旧俗正月十三夜民间张灯演戏,称为"上灯夜"。明王嗣奭《桂石轩诗》:"立春之日上灯夕。"注:"正月十三日,俗称～。"

端午 音冬五。农历五月初五:俗语:吃了～粽,还要冻三冻。

七月半 农历七月十五为中元节,民间要做羹饭:俗语:～,蚊虫多一半。

八月十六 宁波旧俗以农历八月十六为中秋节,与他方不同:～吃月饼。

廿九夜 腊月没有三十日的除夕。也叫"小年夜"。

三十年夜 十又音室。除夕:～吃年夜饭。也叫"年三十夜""大年夜"。

节肯 节日,节头;节气:～到嚼｜节节肯肯都要送礼。

节日头间 间白读。节日期间:～街里纯是人。

节头节面 节日里:～回老家看看大人。也作"节头节尾":清范寅《越谚》卷中:"节头节尾,又'年头年尾',与上'月头月尾'意义同。"

过年过节 过年、过节的时候;也泛指节日里:～车票出格难买。

节边 节日前后几天。

闲时不节 平日:俗语:～勿做家,落雪落雨怕勿怕。

热天家 夏天:～蚊虫多。

冷天家 冬天:～交关冷。

梅时 梅雨季节:～天家。也说"梅时里""梅汛里"。

伏里 伏天:热热勒～。也说"伏里厢""伏里头"。

夏场 夏天。也说"夏场里"。

割稻时 稻子收割季节。也叫"割稻汛里"。

早稻时 早稻收割季节。也叫"早稻汛里"。

晚稻时 晚音慢。晚稻收割季节。也叫"夜稻时""晚稻汛里"。

杨梅时 杨梅成熟季节。也叫"杨梅汛里"。

西瓜时 西瓜成熟季节。也叫"西瓜汛里"。

橘子时 橘子成熟季节。也叫"橘子汛里"。

交秋 交音高。立秋:俗语:～无雨廿日晴。

秋场 秋天。也叫"秋场里":秋场里早夜晚头有眼冷嚯。

秋厄伏 厄伏音押薄。秋日骤热如伏天叫"秋厄伏"。也叫"秋老虎"。

桂花蒸 农历八月桂花开放时节天气骤然蒸热叫"桂花蒸":八月～。

一生世 生白读;世音细,下同。一辈子:～鲶忘记。也说"一世为人""永生永世""一生一世":俗语:一梗扁担一梗龙,一生一世吃勿穷。

下世 下辈子:俗语:犀屁赖赖,～做蟹。

上世下代 世世代代:其拉屋里～种田个。

几世年庚 什么时候,指很久远的时间:该是～事体?｜该梗桥要造好,勿结～嚯!

小来 ①小时候:俗语:～怕剃头,老来怕看牛。②形容词。幼小:侬啥介～啦,还要抱?

老来 老年时:俗语:少年勿做家,～当狗爬。

脚跟 ①时候;前后:种田～｜冬至～。②底下;附近:冰厂～｜水库～。

早 早先;过去:该人～是做木匠个｜老张～交关壮,该响肚皮一眼吭没嚯。

闲早 过去,从前:其～种过田。也说"闲早子""早辰光"。

老 原先,过去:该本书我～看过掉个。

老底子 从前;过去:该地方～有一梗桥。也说"老早""老早子""从前子"。

前头 前;之前:吃饭～要汏手｜过年～我还只(音活结)碰着其过。

头网 刚才:其～还只来过。也说"头网子""头回""头回子""头方"。

起头 ①刚才:5路车～还只开过。②开始;原来:～其勿晓得是依来个。也说"开头""起家""头起家"(家白读)。

落木 木匠做木工活先要截取木料(落:截,锯),引申为起先、开始:该房子～造辰光基础就哒没打好。

第一 起先;开始:晓得介～好脩来个｜其～勿肯去,劝了半日还只答应。

顶开头 最初;早先:～两人交关要好,后脚煞有意见嚸。也说"顶起头"。

后头 ①后来:该样事体～办成功嚸。也说"后头来""后首来""后起来""后脚煞""后煞来"(后一煞字又音税)。②后;以后:三年～还只晓得｜毕业～哒没碰着过。这两个意思也说"后背"。

压末 末尾,末了儿:走勒～｜比赛得了个～名。也说"压煞""末脚""脚煞"。

顶压末 最后:排队排勒～｜白酒搭黄酒混勒吃,～吃醉嚸。也说"顶压煞""顶末脚""顶后背"。

笃壁日脚 最后的日子或期限:总结勿拖到～,其看好夝写嚸。

4. 称　谓

阿伯 (一)伯音八。父亲:～老头。独脚戏《黄鱼掉带鱼》:"～,伊铜钿哒没付过。"《说文·人部》:"伯,长也。"博陌切。清梁章钜《称谓录·方言称父》:"吴俗称父为～。"也作"阿爸"(爸音八),也说

"阿爹"(爹又音嗲阴平)。(二)伯音绷。①伯父。②丈夫的哥哥。

阿姆 阿音阴嗳之嗳。母亲。也说"姆妈""阿娘"(阿重读,与奶奶义的阿娘音别)。

阿爷 祖父。

阿娘 ①阿轻读。祖母:~阿爷值钿大孙子。②阿重读。母亲:俗语:儿子像~,银子好打墙。

阿太 ①曾祖父、曾祖母、外曾祖父、外曾祖母。②表示感叹或惊讶:~嗬,介死样蟹要五十块一斤? | 侬人~嗬,衬衫穿勒一礼拜还勿换?

太公 曾祖父:俗语:~本是小官人,太婆也是囡出身。也叫"阿太""太太"。

太婆 曾祖母:俗语:廿年新妇廿年婆,再过廿年做~。也叫"阿太""太太"。

老公 丈夫:俗语:只要~好,苦苦也吭告。元杨显之《酷寒亭》第三折:"我~不在家,我和你永远做夫妻,可不受用。"也叫"男人",中老年妇女称自己的丈夫则多叫"老头"(头又音队阳平,下同)。

老㜶 㜶音绒。①妻子:俗语:~香,忘记娘。也叫"老婆""女人""屋里人",中老年男子称自己的妻子则多叫"老太婆"(婆又音盘)。②称已婚妇女(较粗俗):俗语:三个~抵潮鸭。有的地方也说"老人"(人白读):《新上海》第三十九回:"有一朝,外国人问其老人有没有,阿拉兄弟回老人还没有抬过。外国人说,只要服事得我舒服,我挖出洋钱来替你抬一个老人。"

两老头 两夫妻:~和总有工作。也叫"两老""两公婆""两家婆""两公老婆"。

两爹 爷儿俩:俗语:快手势勿及慢~。

两娘 娘儿俩:俗语:~拼条裤,一个穿来一个跍(蹲)。

晚爹 晚音慢,下同。继父。

晚娘 继母:俗语:六月日头,~拳头。

姊妹 姊音己。指同胞的兄弟姐妹:两~书交关会读,阿哥考进清华,阿妹考进北大。《金瓶梅词话》第八十八回:"一面他母舅张团练来看他姐姐,～抱头而哭,置酒叙话,不必细说。"

家小　家白读。指妻子儿女:其已经有～嘾。

大人　大白读,下同。指父母(叙称):我搭～庞勒聚头个｜该小娘交关儇,～外头做生意,屋里事体和总是其弄个。

大人大码　有身份、有地位的人,有时也指成年人(强调不是"小孩"):～讲出闲话会赖啊!

小人　①小孩:该～蛮儇个。②儿女:其有三个～。

儿囡　音鱼挪。儿女:～多。

儿子囡　儿音鱼,囡音暖阳平。子女:～和总出道嘾。

小娃　娃音挽。男孩:生个～｜介管大～和总皮个。也叫"娃""小娃头""男小娃""小娃婢"。

囡　音暖阳平。女孩;女儿:～出嫁｜俗语:做～勿断娘家路。又:娘勤～勿懒,爹懒子好闲。

小娘　女孩:俗语:性急生～。《广韵·阳韵》:"娘,少女之号。女良切。"也叫"小娘婢""小娘爿""小娘头""娘子"。

小娘鬼　鬼白读。①骂女孩。②对女孩子的昵称。

囡囡　囡读暖清音阴去。父母或长辈对小孩的昵称:～儇,外婆值钿。也叫"囡囡宝":歌谣:囡囡宝,侬要啥人抱?也叫"阿囡"(此囡读暖阳平)。

独养儿子　独生子。

独养囡　独生女儿。

末肚儿子　肚音都,下同。最后一个出生的儿子:～末肚囡,大人顶值钿。

末肚囡　最后一个出生的女儿。

毛头　婴儿:～要吃奶嘾。也说"小毛头""抱手""奶花""毛头奶花"(花又音欢)。

孲㚦　孲音应答声之嗯,㚦音外。婴儿,摹婴儿哭声而得名:俗语:～吭六月。《集韵·麻韵》:"孲,～,赤子。"

毛脚女婿 未婚的女婿。

进舍女婿 入赘的女婿。也叫"上门女婿""入赘女婿"。

新妇 媳妇:外甥～｜弟～。《后汉书·周郁妻(赵阿)传》:"郁骄淫轻躁,多行无礼。郁父伟谓阿曰:'～贤者女,当以道匡夫。'"

养生 养音痒,生白读。童养媳:从小做～。也叫"养生新妇"。

阿公 公公,丈夫的父亲。

阿婆 婆婆,丈夫的母亲。

丈人 岳父。也叫"丈人老头""丈人阿爸"。又可谑称"撩勿着"(撩勿着:够不着。丈人谐音长人,故称)。

丈姆 岳母:俗语:～一声呕,蛋壳一畚斗。也叫"丈姆娘"。

亲家公 儿子的岳父或女儿的公公。

亲家姆 儿子的岳母或女儿的婆婆。

囡疏 囡音挪。孙女。也叫"囡孙囡""孙囡"(前一囡音挪,后二囡音暖阳平)。

伯伯 后伯字音绷。伯父:大～。

嬷嬷 ①伯母。②父母的姐姐。③通称比父母年长的妇女。

阿叔 叔音松。①叔父(叔字不重读)。②小叔子,丈夫的弟弟(叔字重读)。

阿婶 ①叔母(婶字不重读)。②丈夫的弟妻(婶字重读)。

阿姑 ①姑妈(姑字不重读)。②小姑,丈夫的妹妹(姑字重读)。

姑丈 ①姑父。②丈夫的妹夫。

阿舅 妻子的兄弟。也叫"舅老爷"。

娘舅 舅舅:～大石头｜俗语:老酒夹烧酒,吃仔打～。

舅姆 舅妈。

小姨 妻子的妹妹。也说"阿姨"(姨字重读)、"姨妈头"(妈音麻)。

姨丈 姨父。也说"姨爹"。

姨娘 母亲的姐姐。

阿姨 ①母亲的妹妹。②称呼与父母年龄相仿或稍小的妇女。③小姨子,妻子的妹妹(姨字重读)。

叔伯姆 伯音绷,又音拜(实为叔伯阿姆之急读)。妯娌:两~。《水浒传》第五十回:"孙立便叫顾大嫂引乐大娘子~两个去后堂拜见宅眷。"

叔公 ①父亲的叔叔。②丈夫的叔叔。

叔婆 ①父亲的叔母:在行三~。②丈夫的叔母。

姑丈公 父母的姑父。

姑婆 父母的姑妈。

姨丈公 父母的姨父。

姨婆 父母的姨妈。

外甥娃 娃音挽。①外孙。②外甥。

外甥囡 ①外孙女。②外甥女。

外甥皇帝 对外孙的诙谐称呼,有时也可称呼外甥。

拖油瓶 俗称改嫁妇女所携带的子女(含贬义)。

小舢板 戏称父母随身携带的小儿女。

领囡 领养的女儿。

偷生 私生子。也说"偷生儿"。

公公 第一个公字重读。称呼与祖父同辈的男子。

婆婆 称呼与祖母同辈的女子,也尊称老年女子。

老成人 上了年纪的人:俗语:~,靠饭劲。

老头伯 伯音绷。老头儿。

老太婆 婆又音盘。对年老妇女不尊敬的称呼。

男人家 家白读。成年男子。

女人头 成年女子(含轻蔑意味)。也说"老嬭儿""老嬭";有的地方也说"老人儿""老人"(人白读)。

男同胞 称男性(含亲热意味):饭吃好阿拉~打牌,侬女同胞唱歌去。

女同胞 称女性(含亲热意味)。

大姑娘 未婚女青年:~是釉璃家伙。

孤老 无子女的老人:~老太婆。

孤孀老嬭 孤孀,寡妇。

小官人 未婚男青年:《醒世恒言》第三卷:"～几番调戏,好不老实!"

自家人 自己人:老张是～,有啥闲话只管讲好噢。

人家人 外人;家族以外的人:屋里事体搭～讲啥西啦?

中央人 央音娘。中人;中间人:俗语:两硬轧煞～。

人客 客人。唐杜甫《遣兴》诗:"问知～姓,诵得老夫诗。"

客边 以客人的身份寄居在别人家里。《红楼梦》第二十六回:"虽说是舅母家如同自己家一样,到底是～。"

队伙 同伴;伙伴:～淘里｜一个人爬山呒趣相,顶好有几个～。

凑队家 家白读,下同;凑又音脆。伙伴;朋友。

朋友家 朋友。

出屁股朋友 幼年知交(出屁股:穿开裆裤,指儿童时代):阿拉两人是～,知根知底个。

后生家 后生;年轻男子:～介贪小,派头也呒没噢。《二刻拍案惊奇》卷二:"～讨便宜的话莫说。"也叫"后生"。

学生子 学生:～放学噢。

作头 工匠的首领。也叫"把作师傅"。

老大 大文读。船长:俗语:七主意,八～。又:～多,倒没船。

阿大 大白读。①旧称商店经理。②排行第一的人。

阿督 戏称头儿、一把手:阿拉～年纪轻轻,生活交关好。

下八脚 脚又音桨。职位较低的人,下手。

小八癞子 小人物。也说"小八癞鼋"(鼋音施):儿歌:落雨噢,打烊噢,小八癞鼋开会噢。

小偷卵 流里流气的年轻人,也泛指小人物(含贬义):几个～来的烦,烦勿出花头个。

人末子 泛指地位极其低下的人:阿拉是～,候人家弄送个。

行贩 行音杭。在街巷、村落流动贩卖货物的小商人:《水浒传》第三十八回:"我们等不见渔牙主人来,不敢开舱,你看那～都在岸上坐地。"清翟灏《通俗编·艺术》:"今以肩贩蔬果等物行卖街巷为～。"

店倌 商店职员,售货员:肉～｜药～。

柜头狮子 柜音跪白读。商店营业员。旧时营业员不许坐,只能伏在柜台上,状如狮子,故名。也叫"柜头活猁""柜台活猁"(含贬义)。

秤手 专门掌秤的人:～还呒没来,生意呒告做。

替手 代替的人:我去屎屎屙,侬搭我寻一个～来。

兑糖货郎 郎又音乱:以麦芽糖换取废旧物品的人。也叫"兑糖人",或简称"兑糖"。

脚板 指搬运工:俗语:扁担巷～多,背米挑担气力大。

同行中 行音杭。同行:阿拉是～。《商界现形记》第十二回:"跑出一看,却是～,彼此熟识。"

生意人 商人:～念生意经。

种田人 农民:俗语:～讲节气,生意人讲和气。

先生 ①旧称医生:看～。②旧称教师。

郎中 中医医生:土～|江湖～|俗语:热饭冷茶淘,爹做～医勿好。

解匠 锯木工人。也作"鐹匠"。

簟匠 簟音电。篾匠:俗语:裁缝呒纽襻,～呒篮环。

泥水 水白读。泥瓦匠:俗语:～打墙,边打边相。又:～屋里烧倒灶。明孙仁孺《东郭记》第四十出:"小子～是也。齐人老爷旧宅,造作衙院,墙壁都是学生砌括。"

小工 建筑等行业的下手、帮工:做～。

箍桶 箍音枯,又音科。制造和修理圆木器的匠人。《广韵·模韵》:"箍,以篾束物。古胡切。"

厨工 厨师:俗语:三个～杀谷蜢。也叫"厨工师傅"。

帮厨 给厨师当下手的人。

饭师傅 厨师,食堂人员。

饭头脑 指专门做饭烧菜的人,如食堂人员等:～顶难做。也叫"饭乌龟"(含贬义)。

剃头师傅 理发师。也说"剃头""剃头郎"。

水底工 旧称潜水打捞货物的人。

电灯猫 猫白读。旧称电工,谓电工上电线杆如猫上树。一说猫即英语 man 的音译。也叫"电工猫"。

地方 旧称地保。《京本通俗小说·错斩崔宁》:"(朱老三)叫起~:'有杀人贼在此,烦为一捉。'"

警察烂眼 对警察不尊敬的称呼:老酒吃过车莫开喏,拨~柯牢犯关喏。也简称"烂眼"。

大肚皮 孕妇:位子让拨~坐。也叫"双身老姝""有身老姝"。

生姆娘 产妇:当值~。

出窠娘 坐月子时请的保姆:请~。

阿姆 阿音挨,又音樱桃之樱白读。女佣:烧火~|搭人家做~。也叫"娘姨"。

长年 长工:从小搭人家做~。

割稻人客 旧时指临时雇来的割稻帮工。也说"割稻客":俗语:割稻客,吃雨饭。

店张 老主顾,老买主。

念伴 一种不俗不道的巫祝,专门从事建醮、放焰、祷神、驱鬼等事。又叫"念先生"。

肚仙 女巫,能召死去的人使入腹中与活人问答,装神弄鬼以骗取钱财:关肚仙。也叫"肚仙婆"。

庙堂人 旧时住在寺庙里当差役的堕民。

小热昏 旧时街头卖唱的人,一般是一边卖唱,一边兼卖梨膏糖:~卖糖。

挡娃 挡音档;娃音挽,下同。替瞎子引路的儿童。也叫"挡瞎眼"(急读则成"挡喊")。

看牛娃 放牛娃。也说"看牛小娃"。

红脚梗 ①指农民(含贬义)。②指外行人。

种田麦拟 拟音唱。指农民(含贬义。麦拟:种麦子等时用来打孔的农具):阿拉是~,呒没花头个。

挡起媒人 男女婚事谈妥后所找的名义上的媒人:呕我做~。

总管 婚丧大事中全面管理各项事务的人。

局房 ①婚丧大事中主管人情账目的人。②婚丧大事中收受礼金的地方。

送娘 旧时宁波堕民妇女所从事的一种职业,新娘出嫁例由她们送往男家:江东～。也叫"送娘子""送娘爿""送嫂"。

挈出尿瓶 尿音书。①旧俗,结婚前夜,新郎要请一个男孩陪睡,次日早晨男孩离开,这个伴宿男孩称为"挈出尿瓶"。②喻指不受重视的人:侬一到里是足球队主力,该回咋做～啦?

戏子人 旧称职业戏曲演员(含贬义)。

大头和尚 过年串马灯时戴着形如弥勒佛的头套面具,拿着破扇子,戏耍逗乐的人。

眺头王 眺音跳。突出的人或物:该个班级里其算～嚹|该支参要算～嚹。《集韵·啸韵》:"眺,身长貌。他弔切。"

头块牌子 首屈一指的人或物。

海宝贝 喻指珍奇的人或物:侬啥～啦,歇侬勿来啊?《何典》第五回:"他有这件～与我们,也不是白效劳的。"

香灵猫卵袋 猫音慢。香灵猫即灵猫,比家猫大,嘴尖,肛门下部有囊状腺,能分泌油质芳香液体。卵袋,阴囊。喻指吃香的人或物:其该晌出名嚹,变成～嚹,各个单位抢勒要|告东西闲早子搰掉该也呒没人揪个,该晌变成～嚹。

大好佬 大白读。大人物:俗语:滑进～,滑出瘟跌倒。也作"大好老":《官场现形记》第四十五回:"谅你不过靠着东家骗碗饭吃,也不是什么大好老,就这样的大模大样,瞧人不起!"也作"大侉佬"(侉音蒿)。《玉篇·人部》:"侉,大貌。火交切。""佬,佬佬也,大貌也。力雕切。"

大货癞鼋 鼋音施。大人物;大官:其拉阿爸是～。

现成人 成又音形。不做事情而享受别人劳动成果的人:阿拉老头屋里百样勿管个,吃现成饭,做～。

快活人 不用干活的人;游手好闲的人。

阿横 横读去声。不正派的人:帽子带歪笪,人像～介。

赺趠公子 赺趠音狼荡。整天闲荡无事的人。《集韵·宕韵》:"赺,赺趠,逸游。郎宕切。""趠,赺趠,逸游。大浪切。"也叫"趠亨"(趠音宕辰光之宕)。

懒朴 懒汉,懒蛋:俗语:日晴夜落,气煞~。

吃客 精于吃的人(含贬义):该人是~,下饭交关难弄。

老土地 久居某地而熟悉当地情况的人:其是当方~。

外国人 对外来务工人员不尊敬的称呼(新说法)。

乡下人 乡巴佬:~进城。又叫"乡下佬""阿乡""乡下土鲋"(鲋音菩)。

花佬 妓女:俗语:~有良心,大少爷嗆睏凉亭。也叫"婊子"。

烂肧 肧音匹。骂人话,婊子;娼妇:老~│俗语:~多花头。《广韵·质韵》:"肧,牝肧。譬吉切。"

烂腐货 ①骂人话,义同"烂肧"。②指腐烂的东西:~拣出。也说"烂货"。③指次货。

赖三 女流氓:做~。

搭伙精 专门勾搭男人,搞不正当男女关系的妇女,相当于"破鞋"。多用作骂人话。

轻骨头 ①轻浮不自重的人(多指女性)。②形容词。轻浮;轻佻:该女人~个。

撐风调 好搬弄是非的人。也叫"撬肧洞"(撬音轿)。

讨饭 乞丐;要饭的:第一写意做~。也说"讨饭头""讨饭坯""叫花子"(叫音告):俗语:叫花子勿留过夜食。

强讨饭 用强硬手段索取钱物的乞丐。

撮佬 ①扒手:歌谣:九曲巷弄~多,日新街花轿多。《说文·手部》:"撮,两指撮也。"仓括切。②指鬼:今末运道鋆介坏啦,碰着~的噻!③泛指不好的人或物:该种~,好剐搭其客气个│~介人,我睬也嫑睬│~介冰箱,用呒没用着咦坏掉噻!④表示不满或否定,相当于"什么""狗屁":烦~│告事体商量~啊│其是旺兴丁啦,有~花头啊!

充手 扒手:皮夹拨~充去嘴。也说"三只手":清范寅《越谚》卷中:"三只手,亦窃盗隐名。"

贼骨头 贼,小偷:当心~走进。《二刻拍案惊奇》卷三十九:"便宜那~,又不知走了多少路了。"

骗贼拐子 拐子;诈骗犯:小人拨~拐去嘴。

阒壁贼 阒音一。天黑前溜入人家屋里躲藏,夜里俟机行窃的小偷。《字汇补·身部》:"阒,隐入也。"(阒本同"钻",此借其字形)也叫"掩边贼""阒背贼":清范寅《越谚》卷中:"阒背贼,上(音)屚。夜盗先伏门壁后者。"

捼鸡贼 捼音窝。专门偷鸡的贼。《集韵·戈韵》:"捼,手紫也。乌禾切。"

白日撞 白天溜门行窃的贼。《二刻拍案惊奇》卷三十九:"这是你串同了~,偷了我帽子去了。"

收晒眼 眼音朗。专门偷人家所晒衣物的贼。《集韵·宕韵》:"眼,暴也。郎宕切。"

摸夜游 ①夜间游荡干不正当事情的人。②爱在夜间活动的人:其是~,做田头生活天勿黑赊归家个。

花犯 喜欢勾引女性、往往在男女关系上犯罪或犯错误的男子。

抢犯 强盗:银行拨~抢掉嘴。

牢监犯 ①罪犯;囚徒:头剃勒精光的滑,像人家~介。②指刑满释放分子:俗语:~,万打万。

连档码子 同伙:撮佬和总有~个。

阿青阿黄 阿青、阿黄本是假托的人名,泛指各方面都很相似或配合得很好的两个人(含戏谑意):要讲欢喜钓鱼,该两人是~|两老头和总好吃懒做,一个是阿青,一个是阿黄|俗语:~,一搭一档。

朝白笑 傻瓜;白痴:装~。

呆大 呆音岸阳平;大白读,下同。呆子,傻瓜:老~|~女婿。也说"呆大佬"。

社会呆大 缺乏社会知识的人:该人是~,只会种种田,别样告样色勿晓得个。

木大 反应迟钝、呆头呆脑的人。宋苏轼《杂纂二续》："旁不忿：村里汉有钱，～汉好妻。"也说"木头""木家"。

阿木林 木头木脑的傻瓜：当我～啊？也叫"木人"：扯木人。

笨贼佬 笨蛋：该～书一眼唸读个。

戆大 戆音地眐之眐。傻瓜蛋：依该～，格式貌事体也会做出来个！《官场现形记》第八回："你这个人，真正～！"也说"特戆"：装特戆。

白肚皮 文盲的谑称，意谓没有喝过墨水。

书毒头 书呆子。《二十年目睹之怪现状》第二十二回："这里上海有一句土话，叫甚么'～'，就是北边说的'书呆子'的意思。"也作"书独头"。

丁相公 喻指死板、墨守成规的人：依啥是～啦，一眼灵活性也呒没个？｜俗语：～写一字。

直头牛 喻指一意孤行、不知转弯变通的人。

寿头 举止言谈不合时宜，惹人讨厌的人：老～｜～光棍。《官场现形记》第八回："这种～，不弄他两个弄谁？"也说"寿头码子""寿头儿子"。

蜡烛 喻指不识事务、不知好歹的人；蠢货：其是～，勿点勿亮个。

燅头子 燅音菌。猪鼻子叫燅头，喻指爱管闲事、到处出头而又常常自讨没趣的人：呕侬去做啥～呢！《集韵·焮韵》："燅，豕发土也，一曰豕求食。俱运切。"

体汰婆 指不会收拾屋子或衣着不整洁的妇女。

牵扯阿姆 说话做事东拉西扯、没有条理的妇女。

团荡 神经不太正常，言行举止没有分寸的人（多指女性）：俗语：女怕～男怕寿。也叫"团荡婆""团荡阿姆"：俗语：团荡阿姆闹花灯。

豁出 豁音忽。言行举止不太正常的人（多指女性）。也说"木屐鞋""豁出木屐"（屐音直）。

鞋蒲荞 低能儿；痴傻的人。

咬奶头 ①指溺爱子女、好替子女护短的妇女。②形容词。替子女

护短：其拉阿姆～个。也说"咬奶蒂头"。

雌老虎 喻指凶悍泼辣的妇女。

十三点 言行轻浮、没有分寸的人，相当于"二百五"：该～莫去睬其。

惹弹梅 言行做作、惹人厌恶的人（多指女性）。

阿姐婢 指娘娘腔的男人。

傻子 傻音卸。疯子，精神病患者。

大糊 大白读。疯子，精神病患者：书～｜文～。也说"大糊病"。

吭郎 吭音姆妈之姆，郎又音囊。疯子；傻瓜：俗语：～看大体。又：癫子癫，～看。

疨乱 疨音荼。痴憨的人。《集韵·麻韵》："疨，痴貌。抽加切。"《鄞县通志》："甬亦称憨痴曰～。"

旺兴 自高自大，好吹牛，又无实际本领的人。也叫"旺兴丁"。

黄豆汤 指不虚心、不沉稳的人（黄谐音旺）：该～车开勒介快，莫闯祸呢！

投孙 办事鲁莽、不顾前后的人。也说"投孙鬼""投孙活鬼"。

老三 ①傲慢不虚心、好为人师的人：小～｜桥头～。②形容词。不虚心，好为人师：后生家莫介～。③形容词。老成：该小人蛮～个。④指鬼：俗语：七月～驮银子，八月月饼嵌馅子。

万三 夸夸其谈，轻许诺而常不兑现的人：该人是～啦，莫去相信其。也说"万三鬼"。

伯嚭 嚭音屁。春秋时吴国的太宰，曾经谗毁伍子胥，接受越国的贿赂，导致吴国灭亡。喻指花言巧语以骗取某种私利的人，也称夸夸其谈、好说大话、假话的人：俗语：～过钱塘江。也说"洋伯嚭"。

马屁鬼 专门拍马奉承的人。也说"马屁精"。

老屁眼 处事老练、不会轻易上当的人。也说"老麻将"。

老油条 ①处世油滑的人。②屡教不改的人：该学生是～嘞，老师闲话一眼嬝听个。

滑头码子 滑头，油滑、不老实的人：其是～啦，其闲话好相信啊！

翻白泥螺 自暴自弃、玩世不恭的人：装～。

擂倒牌子 擂音类。自暴自弃、不顾脸面的人。

咸榄青果 榄音活。青果,橄榄。喻指只会说不会做,没有实际用处的人。也说"咸榄"。

稻熟麻将 喻指说话叽叽喳喳,喋喋不休的人(多指女性)。也说"稻桶麻将""稻田麻将""跳谷麻将"。

搭子 指一起打牌或搓麻将的人:麻将～｜打牌还差一个～。

头家 家白读,又音丫。打牌或游戏中的胜利者:三家轧出做～。

对手 ①帮手:做～｜俗语:吃饭要过口,做事要～。②为人处事的本领:该人～交关好,随便啥事体侪吃亏个。

屙朴 屙音窝去声。本指粪缸中浮在上面的大便,肥力差,喻指窝囊废,没用的人;也可加在人名后詈称块头大而没用的人:～介人,一眼用场派勿来个!也作"屙霉"。《说文·雨部》:"霉,雨濡革也。"匹各切。段玉裁注:"雨濡革则虚起,今俗语若朴。"

灶跟无赖 只会在家里耍赖,外面老实无用的小孩。也说"灶前无赖""屋里无赖"。

大佛 佛音白。喻指百事不管,任人摆布的人。通作"大白"。

烂泥菩萨 烂音奶文读。指脾气好,不发火,又老实无能的人。

天里菩萨 老天爷。

瘟孙 指不明世情、上当受骗而不知觉的人:～儿子。也作"瘟生":《冷眼观》第二十九回:"殊不知那些瘟生,连一句都没有说得着,全个儿是些门外汉的话。"

曲死 死白读。原指死得冤枉,借指替人受过的人,相当于"替罪羊"。也说"阿曲死"。

牛 音白读。骂人话,指脾气倔、不通情理的人。也说"牛坯""牛头"。

鬼 音白读,下同。骂人话:小～｜短命～｜床头～。

老鬼 ①行家;老手:做水产生意,其是～。②形容词。内行;老练:其打牌交关～。

老鬼三 ①行家;老手:～也会上人家当!②指称人(含戏谑或不尊重的意味):该～阿里去啦?甬剧《后磨豆腐》:"当家人就是这一

个～。"

烫煞鬼 做事非常急躁的人。

地头鬼 勾结外人来谋害本地人的人。

讨债鬼 骂人话,多用于责骂纠缠不休的小孩:侬该个～!

众生 众音终,生白读。①动物的总称:俗语:种田人靠三生:后生、家生、～。②骂人话,畜生:俗语:会讲会话是先生,动脚动手是～。《水浒传》第三十回:"常言道:'～好度人难度。'原来你这厮外貌像人,倒有这等禽心兽肝!"明李诩《戒庵老人漫笔·今古方言大略》:"六畜统呼为众(音终)生。"

沙锅 喻指好吃懒做,家无财产的懒汉:小～。

茶箩 喻指吃光用光,没有财产的人。也说"脱底茶箩"。也作"蛇箩"。

败家精 只会败家的人。甬剧《两兄弟》:"我总想跟牢男人把福享,谁知道丈夫是个～。"

败子 败家子:俗语:富翁生～,家贫出孝子。

要钿呒郎 郎又音囊。把钱看得很重的人:该～,赚起钞票来性命掼其介。

小气胚 胚音匹。小气鬼,吝啬鬼。

小鸟码子 鸟白读,下同。花钱不大方的人,小气鬼:该～,请客请客只驮出介两块钞票。

孤鸟 喻指孤零零一个人:乡下头还好讲讲聊天,城里头囡搭女婿一上班,～介一个人庼仔一眼呒没趣相。

老枪 指烟瘾很大的人:小小人香烟介瘾,像个～介。

馋痨丫麻 嘴馋的人,馋鬼:俗语:～狗卵脬。

七巴叉 贪吃的人:其是～啦,样色东西吃进算账。

财百万 阔佬:我啥是～啦,时格问我讨钞票!

夯头 喻指市井上有势力,说话有分量,能镇住别人的头面人物。

坯子 坯音胚(《广韵》芳杯切),下同。指人(贬称):坏～|下作～。也说"坯":闯祸坯|杀坯。

赌坯 嗜赌成性的人:老～。也叫"赌鬼"。

贼坏　骂人如贼:《好逑传》第十一回:"这～既连出二牌,限日成婚,怎又出告示催逼?"

牛坏　骂脾气倔、不通情理的人。

做坏　缺少文化或技术,只会干体力活的人。

坏坯子　坏白读。坏蛋:该人从小就是～。

下作坯子　下流坏。也说"下作货"。

赖学坏　老是不肯上学的人。也说"赖学精":儿歌:赖学精,看张老师难为情,眠床底下幽带进。

臭猪头　喻指没人理睬的人:其是～,小朋友和总覅搭其嬲和个。

热拆骨头　手脚不停,好摆弄、拆毁东西的小孩。

吵朋乌龟　喻指在别人做游戏时专门捣乱,使大家都玩不成的人(多指少年儿童)。

坏吃芋艿头　不好对付的刺儿头。

好吃果子　容易对付的人:其也勿是～。

货　①指人:该～吔告睬头｜两个囝,大～交关孝顺,小～只管自家。②指东西:羊毛衫穿薄～还是穿厚～?｜药圆白～吃一粒,红～吃两粒｜橘子烂～揢掉,好～吃掉。

小货　小孩子:～到外婆屋里去嗃。也说"小货场"。

货场　①指人(含贬义):该～书读勿像个。也说"货"。②货色;质量:该眼杨梅～交关好。这两个意思市区多说"货色"。

小鬼　鬼白读。①骂人话,用于骂小孩或年纪较轻的人(与普通话义别):侬该～赊好个。②非常熟悉的人之间的一种称呼(多指年轻人)。

小棺材　①骂人话,用于骂小孩或年纪较轻的人,相当于"短命鬼"。②对小孩子的昵称:～活灵入进倒还僁个。

小撮佬　①骂人话,用于骂小孩或年纪较轻的人。②对小孩子的昵称:～笨吭没笨,只勒弎皮。

小人头脑　孩儿王:小辰光做～,大了弄勿好也能当领导。

儿子　儿白读,下同。①非常熟悉的人之间的一种称呼(年轻人多

用)。②骂人话:呆大~|老孙~。

呆大儿子 呆音岸阳平。骂人话,蠢货;笨蛋。甬剧《张古董借妻》:"侬讲啥人是~?"

老孙儿子 骂人话,相当于"龟孙子"。

婊子儿子 骂人话,婊子养的。也说"花佬儿子"。

贼勒儿子 骂人话,相当于"贼种"。

臭灰蛋 原指发臭的咸鸭蛋,后用作骂人话:贼勒儿子~。

灰孙子 辈分极低的后代,常用来骂人。

老酒髼 髼音彭去声。酒鬼的谑称。也说"老酒包"。

沙泥地 喻指会喝酒、不易醉的人:其是~啦,吃介眼老酒觉(音各)也勿觉着嚚。也说"亮眼沙地"。

恶蚊虫 喻指阴险狠毒的人。

闷桶老虎 闷读清音。喻指平时不露声色,出手却很凶狠的人。

白糖砒霜 喻指口蜜腹剑的人:该人是~,相信其勿来个。

偻勾师 阴险毒辣,专用坏心思算计人家的人。

造孽朋 好与人争吵的人。也说"造孽精""造孽头朋"。

绿壳 强盗:眼睛像~介。

和消头 为人劝架解纷、和事消气的人。

赖臭皮 ①爱耍赖的人。②动词。耍赖:打牌~,格勒会赢!也说"赖屙皮"。

出头椽子 比喻出头露面的人:做~呒没好处个|俗语:~先烂。

老贴蛋 贴音塔。①骂人话。②非常熟悉的人之间的一种称呼。

老朴尸 贬称或戏称老年人:~嚚还介风!

浮尸 ①骂人话。游荡无业的人:佘江~。②指人(含贬义):介大~,介眼眼事体也鲊做。③昵称(多用于妻子称丈夫):阿拉屋里老~今末咦叉麻将去嚚。

死尸 死白读。骂人话,相当于"死人"。鲁迅《呐喊·风波》:"你这~怎么这时候才回来?"

百搭 本是麻将牌里与其他牌都能搭配的一张牌,喻指能做各种事情或与各种人都能搭上关系的人。

样有份　什么事儿都要插一手的人。

三脚猫　猫白读。比喻技艺不精的人。《隋史遗文》第十五回："这些～的军官，见他舞得这重枪，也便吃惊。"明郎瑛《七修类稿》卷五十一："俗以事不尽善者谓之～。"

宝货　呆笨无能或言行荒唐的人，相当于"活宝"：一对～。

买主　指人（含戏谑意）：该～睐过睐好嗝。

瞎眼买主　比喻对商品质量或价格一无所知的购买者：介死样东西除出～，啥人会要呢！

老先生　对人的一种诙谐称呼：该～看样子又要拆烂屙嗝。

好好先生　老好人，做人圆滑、不得罪人的人：莫做～。

烂好人　老好人。

上落先生　没有主见、人云亦云的人。

认屁和尚　本指为了讨好把别人放的屁认作自己放的人，现多比喻喜欢附和、人云亦云的人：其咋讲，侬～介也咋讲，啥意思呢？

跟屁屙虫　①人云亦云、喜欢附和的人。也叫"随伯嚭"（嚭音屁）。②跟屁虫，老跟在别人屁股后面的人。这两个意思也叫"跟吃屁"。

万宝全书　戏称博而寡要的人：俗语：～缺只角。

燥地鸭　鸭音晏上声。戏称不会游泳的人。

轮转太婆　太婆年老，子孙众多，往往轮流就食于孙家，因称轮流于各处办事或轮流于各家就食的人为"轮转太婆"。

桥头三叔公　农村里年长好事的人。也说"桥头老三"。

在行三叔婆　戏称自作聪明，自以为样样都懂的人。

回汤豆腐干　旧称三年学徒未满而被辞退回家的人（含讥讽义）：学生意再苦也要熬落去，莫做～。

饭镬头苍蝇　俗称趋炎附势的人。

呒脚蟹　俗称没有丈夫的妇女。也作"没脚蟹"：《醒世恒言》第三十五卷："我是个孤孀妇人，儿女又小，就是没脚蟹一般，如何撑持的门户？"

铁丝搭箩 搭音克。喻指吝啬不肯花钱的人。

大襟布衫 俗称只拿进不拿出的人（大襟谐音驮进）。

呒脚活狲 喻指做事无所依靠、缺乏工具或帮手的人。

钻仓老鼠 鼠音子,下同。喻指个子小、动作机警的人。

落殓老鼠 殓音丈。喻指慑于压力、不敢乱说乱动的人。

㿝脚癞鼋 㿝音拍,鼋音施。喻指走路时两腿向外分开的人（癞鼋：蛙类的统称）。

蓬头狮子 喻指头发蓬乱的人。也说"蓬头活鬼"。

死藤南瓜 喻指遇事犹豫不决,没有魄力没有主见的人。

差人 ①差役,旧时称在衙门中当差的人：～丫脸。②喻指被人使唤的人：我又勿是侬～,啥去！

差狗 差文读。喻指被人使唤的人：拨人家当～。

阿狗阿猫 猫又音慢。喻指随便什么人或身份低下的人：该种小组长啥花头啦,～和总会当个｜～呕带来作啥啦！

好日黄狗 狗又音敢。喻指到处乱跑、忙个不停的小孩：俗语：～奔弄堂。

生病黄鱼 久病体弱的老病号。

蔫样黄 蔫音烟。指体弱多病的人,也指精神萎靡、有气无力的人：该小鬼看起电视来眼睛碧绿,课本挡起,人当忙～介喵。

吃口 ①指家里吃饭的人：～重。②指对食物的挑剔程度：～细。

拖鼻头 鼻音白。长流鼻涕的人（多指小孩）：儿歌：～,牵黄牛。

哭作包 好啼哭的婴幼儿。

屙屎朴 屙音咋,下同;屎音窝去声。经常屙裤子、屙床的人。

屙尿朴 尿音书。①经常尿裤子、尿床的人：儿歌：～,夜夜摸,眠床底下种萝卜。②俗称虾蛄。

褪裤阿大 褪音吞去声,大白读。戏称裤子老是往下掉的人：裤带系牢眼,～介难相哦！《字汇·衣部》："褪,卸衣。吐困切。"

借八利 嗓门尖利又好高声尖叫的人（多指女性）：讲闲话像～介,耳朵也拨其震聋喵。

四只眼 戴眼镜的人(谑称)。

亮眼瞎子 文盲。也叫"亮眼瞎"。

亮眼先生 对瞎子的讳称。

龅牙 龅音稗。上齿外露的人:俗语:～吃西瓜,好像钉耙搣。《集韵·祃韵》:"龅,齿出貌。步化切。"

弹嘴 弹音谈。下齿比上齿突出、下颌前伸的人。北方有的地方称为"地包天"。

脱懒 即"瘫"字的缓读。瘫子:三日田种落来,人～介,动也勿想动。

长梗 戏称个子高的人。

长脚梗 戏称腿长的人,也称高个子:～奔勿过矮子桶,台也坍煞噎。

矮子桶 贬称个子矮的人。

发霏泥螺 霏音朴。喻指虚胖的人。

大胖晓猪 晓音饶。胖子(含贬义)。也说"壮胖晓猪"。

柴油桶 喻指胖子(含贬义)。

大阿福 戏称胖子。

瘦骨材 材音犁镵之镵。谑称瘦子。

攱头鹅 攱音技。歪头(含贬义)。《广韵·真韵》:"攱,倾也。去智切。"也叫"攱头""笡头"(笡音且顾之且阴平)。

黑炭 皮肤很黑的人:印度～。

黄头猫 猫音慢。黄头发的人:该小娘是～。

僵果佬 发育不良、个子矮小的人。也说"僵果梅""僵果梅梅"。

半雌雄 两性人。

出膊丁 光着上身的男子(丁:男子)。

瞎眼 瞎子。

环眼 环音宦。外眼角下垂的人。

吊眼 眼皮向上吊起的人。

睽眼 睽音镂。眼窝凹陷的人。

斗瞙眼 瞙音气。内斜视的人。《说文·目部》:"瞙,察也。"戚细切。也叫"斗鸡眼"。

白眼 眼珠上有白点或眼珠偏斜不正的人。

斜白眼 眼珠不正的人。

烂眼 ①眼缘长期发炎的人。②用在职业称谓后面,贬称某种人:警察～｜小教～。

多眨眼 眨音色。经常不停地眨眼的人。

眯觑眼 觑音趣,下同。遇风或光即眯缝眼睛的人。也说"眯瞭眼"(瞭音气)。

花觑眼 因高度近视而须眯细眼睛才能看清的人。

缺嘴 豁嘴;兔唇的人。也说"阿缺弄""缺嘴弄":儿歌:缺嘴弄,砍笆洞,一砍砍到王家弄,看张黄狗呕外公。

歪嘴 歪白读。嘴歪的人。

缺牙弄 掉了门牙的人。

吃舌头 吃音革。口吃的人。《说文·口部》:"吃,言蹇难也。"居乙切。也说"吃嘴"。

哑子 哑巴:俗语:～多疙瘩。

聋聋 聋音彭。聋子:俗语:～造说话。《冷眼观》第十三回:"但你不该对着～骂瞎子。"

沙胡咙 嗓子沙哑的人。

麻皮 麻子:俗语:天家冷冻冻,～当火熜。

茶手 因风瘫丧失运动能力的手,也指有这种毛病的人。应钟《甬言稽诂·释形体》:"甬称手风不能用者,呼如～。"

拐脚 脚音桨。瘸子。也说"阿拐""跷脚"(脚读本音)。

踮脚 一只脚有病,走路一踮一踮的人。

我侬 侬音糯,又音裸。我。清翟灏《通俗编·称谓》:"吴俗自称～。"也单说"我"。

阿拉 拉音辣。我们;我:～宁波人｜～老公退休嗬。《新上海》第三十九回:"不是～吹句牛皮,～朋友要算多了。"

侬 音糯。你。也说"伍""伍侬"(伍音五)。

倷傸 音五纳。你们。也说"傸"。

其 音技。①他;她;它。《三国志·魏志·贾诩传》:"曹公众弱,～得我必喜。"也说"其伲"(伲音糯)。②助词。用在动词后面,没有实在意义(实为代词的虚化):该本书我嬲～｜年糕炒炒～吃。

其拉 其音技,又音直;拉音辣。他们;她们。

啥人 啥音束,又音梭、沙,下同。谁。也说"孰伲"(伲音糯)。

啥人家 哪家:该部汽车～个?｜该只狗勿结是～个,屋里摸勿着噶。

自家 自音贱:自己;俗语:～做做来勿及,人家做做勿中意。

别人家 别人:～事体好舀管其个。

多 别的;其余:我只管领小人,勿管个｜～呒告,身份证呒没了交关讨厌。

有多 其余;其他:倷傸两人先回去,～人留落来｜其人～地方蛮好,只勒一张嘴巴忒快。歌谣《卖儿歌》:"小娃卖拨峙头人,小娘卖拨虾峙人,～卖到沈家门,每个烂番薯干两百斤。"

还有 还音活。另外:介难相衣裳莫穿噶,穿～一件｜阿拉乘荡部车子,倷傸乘～一部车子。

别样告 样又音酿。其他:～再吃眼。也说"别样"。

样色 ①各种东西:百货店里～有个。②形容词。各种各样的:人难过,～东西都嬲吃。

该 "个一"的合音词,读入声,下同。①这:～人｜～个月｜～本书。②那:～面｜～厢｜～(这)也嬲吃,～(那)也嬲吃,伲想吃啥西?

该样 这,这个;那,那个:～也验弄,～也验弄,下日咋结煞?

该眼 这些;那些:～香烟和总是假货｜～西瓜拨伲吃,～拨外公吃。

该埨 埨音答,下同。这里:我来～｜冰箱安～,洗衣机安～。《集韵·盍韵》:"埨,地之区处。德盍切。"也说"该底""该里""该头"。

该面 那里;那边:～啥事体啦,人蓬带拢介多?也说"该头""该厢""该边""该岸"。

荡 这:～边｜～礼拜｜～梗鱼吃掉,该(那)梗鱼园勒冰箱里。本字应为"当"(去声)。《汉语大词典》"当(dàng)":"⑬指事情发生的那个时候或地方。相当于'本'、'此'。"

荡头 这里;这边:~解钞票,该厢(那边)领东西。也说"荡底""荡埨""荡岸""荡厢""荡面""荡边"。

格貌 这样;那样(格即"介"之音转):~讲｜~写｜~勿对,~也勿对,勿晓得咋弄弄。也说"格貌格""格式貌""格式貌格""各貌""沃貌"(沃是"各"声母脱落的音变)。

告 "格貌"的合音词。这样;这种:~闲话莫讲｜~东西我嬤其｜~人从来吥没看张过!也说"告格"。

介 这么;这样:~多｜~忙｜还是~啊!｜俗语:~好福气,会庛弄堂笃底。

既 那样(与"介"搭配使用):介讲~讲龠讲嘂｜一响要介,一响要~,烦也拨其烦煞嘂。裴学海《古书虚字集释》卷五:"既,犹其也。一为指事之词。"

阿里 里又音咦。①哪里;什么地方:侬搭~去?｜俗语:出门~,勿及屋里。②哪:两只包~一只是侬个?

啥西 啥音束,又音息;西又音息。什么:侬要~｜侬讲~?

阿啥 啥音束,又音梭,下同。①为什么:侬~勿去?②动词。干什么:侬该响来~?也说"做啥""作啥""则啥""即啥""作啥干""阿啥干"。

为啥道理 为什么:介好衣裳,~侬嬤穿?也说"阿啥道理""为啥事体""阿啥事体""为啥行当""阿啥行当"(行音杭)。

介啥 这样啊(用于应答):小王呢?——其今末调休。——~。

咋 ①怎么:侬~勿去?｜该题目~做做?②什么:侬~辰光动身?③副词。多么;多少(与句末语气助词相呼应):猪头肉过老酒,味道~好呢!｜少搭其搭界,其人~好弄的啦!(反语)

咋弄 怎么办:该事体侬派~?也说"咋弄弄"。

咋抧 抧音衣。怎么办:侬讲~?也说"咋抧抧"。也作"咱伊":《型世言》第二十七回:"我叫你不要做这事,如今咱伊?"

咋貌 怎样;怎么样:该个字~写?｜燕窝是~东西,我啥晓得过啦。也说"咋貌格""咋式貌""咋式貌格"。

咋话 ①怎么说,说什么:侬头回～啊? 我吭没听明。②怎么样:作业做勒～? ③表示惊讶,相当于"什么":～啊? 想退学? 活灵死出的嚯! ④应答词。相当于"什么事":老张! ——～啦?

咋光景 怎么样:考试考勒～? ｜车学勒～啦?

咋呢 怎么啦;怎的:～,我怕侬啊? ｜～,其饭勿吃随手走啦?

咋回事体 怎么回事:～,还只买来手表就唸走啦? ｜该结头～,解也解勿开? 也说"咋西娘格"。

嗏 "咋会"的合音词。怎么会:～有该种事体啦! ｜其～勿来上班啦?

咋管 管又音果,下同。多少:～长｜～大｜随便～难,想学总学勒会个。

介管 ①这么:该只青蟹有～大｜人～大嚯,衣裳好自家汏嚯。②这么些:～下饭吃吃欠够｜每个月赚～,一年进账唸好嚯。

介眼 这么点儿:～工资勿经用｜～东西拨啥人吃仔好呢? 也说"介眼眼"。

格打 这么多:侬今密买～下饭,请人客啊? ｜半年工夫,钞票赚～,本事大个。

阿里眼 哪些:今末开会～人吭没去? 也说"阿里一眼"。

啥星 啥音束,又音梭。哪些:夜到吃饭还有～人? ｜街里去要买～东西先忖好。

有星 有些:～事体,做乱梦也忖勿着个｜～人想去黄山,～人想去庐山,只好分两路。明冯梦龙《山歌·陈妈妈》:"在上游了游,到～滋味。"

该星 该读入声。①这些:～东西好唸买个,屋里有该。《海天鸿雪记》第三回:"～物事是倽人个?"②用在举例之后,相当于"之类""等":咸蛋～冰箱摆进的嚯｜搭国外旅游,牙刷、牙膏、毛巾、拖鞋～顶好自家带去。第二个意思也说"星""格星""啥格"(啥音束)。

5. 身　体

人　音白读。①身体:该两日～有眼勿咋爽快。②躯干:～倒勿冷,手脚交关冷。

六斤四两　脑袋的谑称:～嫑其噢。

骷颅头　脑袋(贬称)。《何典》第三回:"看这活鬼时,渐渐的一面勿是一面,眼睛插了～里去。"也说"骷髅头""骷郎头""骷颅头毪"。

光郎头　光头:剃了一只～,像个牢监犯。也说"和尚头"。

子孔　囟门。也说"子孔头":小人子孔头还咉没合拢。

头底心　头顶:屙塞～。也说"头顶心":《新上海》第三十六回:"(三姨太)先用象牙簪把头发从头顶心上前后挑分了两半。"

头毛　头发。也说"头毛子":揸头毛子。

头路　头发朝不同方向梳时露出的分界线:～挑勒骨直。

戬丝　戬音打饻之饻。刘海,妇女垂在前额的整齐短发。应钟《甬言稽诂·释形体》:"女人前额,垂稀发若干,以为美饰,甬俗呼若～。"

奶油包头　油光发亮的大背头。

肤壳衣　头屑;皮屑:头发里纯是～｜冷天家起燥,棉毛裤里、袜里纯是～。也说"枯壳屐"。

后施枕　后脑勺:该闲话讲拨～听也嫑听个。

痨槽纹　后脑勺下方的一条竖形凹痕:该小人～介深。也说"痨槽窨""馋痨槽"。

脑壳头　脑门,前额。也说"脑磕头""额角头":额角头锃亮。

扑脑壳　前额凸出的脸型。

丫脸　面孔(含贬义):差人～｜～漆黑｜～嫑其｜俗语:犯落～勿认人。

长丫脸　长型的脸:面孔～。

下大脸　上小下大的脸型:面孔～。

面盘子　脸蛋;面部:～生勒好看。也说"面架子"。

面颊巴　脸颊：～肉宕落。

凹脸　面孔、眼睛内凹的脸型：俗语：～扑脑壳,落雨淋勿着。

酒窨　窨音队阳平。酒窝。《说文·穴部》："～,坎中小坎也。"徒感切。也叫"老酒窨窨"。

眼泡皮　眼皮：肿～。

眼沿　眼皮：单～｜双～｜烂～。

眼眨毛　眨音色。睫毛。

眼眉毛　眉音迷,下同。眉毛。

眉头管　眉头：～皱拢｜～纵仔。

扫帚眉毛　八字眉。

眼乌珠　眼珠：做勒～翻白。也说"乌珠""仙人"。

眼白　白眼珠儿：小人～碧波清个。

眼角落头　眼角儿：介死样东西,我～擂也勿擂(意为看不上眼)。

眼窗骨头　眼眶骨；眼珠四周的骨头：～看出血｜做实验眼睛长日要张的,张勒～也痛煞嚯。也说"眼窗骨"。

肉里眼　小而深陷的眼睛。

三角眼　眼眶呈三角形的眼睛：该人生勒一双～,多少凶啦！

眼泪水　泪音理。眼泪：～潆潆滴。

眼屙　屙音窝去声。眼屎：～结噶。

眼火　视力,眼力：～好。

耳朵皮　耳白读,下同。耳朵。也叫"耳朵爿"。

耳朵屙　耳屎：刴～。

鼻头管　鼻音白,下同。鼻子：哭勒～折豁｜俗语：烂～正经人。

老鹰鼻头管　鹰钩鼻。

塌鼻头管　塌音塔。鼻梁平坦的鼻子。

鼻头梁　梁又音娘。鼻梁：俗语：扫地扫个地中央,汏面汏个～。

鼻头　鼻涕：拖～｜一把眼泪一把～。

鼻头水　清鼻涕：今末有眼伤风气,时格流～。

鼻头屙　鼻腔里干结的鼻涕：挖～。

鼻头红 红音翁。鼻血：～出。也叫"鼻头红血"。

丫麻 ①嘴巴（含贬义）：俗语：～馋痨，一世难熬。②同"卵脬"：明无名氏《鸣凤记》第四出."这个戏～，一百两银子还嫌少哩。"

嘴巴皮 嘴巴；嘴皮子：～讲讲啥人唸讲。也叫"嘴巴爿""丫麻皮""丫麻爿"。

嘴唇皮 嘴唇。

牙须 须音苏。胡子：剃～。也作"牙梳"：《济公全传》第二十五回："八字牙梳白似银。"

拉柴胡子 拉音癞。络腮胡子。

牙齿 齿音子。牙。也作"牙子"：《缀白裘》十集卷三："吓倒问声个星看戏个，看人家养儿子要用偌牙子个了？"

牙肉 牙龈：～浮起。

净根牙 即第三磨牙，人成年后才长出来的尽头一颗大牙：出～。

上爿 指牙齿上面一排。

下爿 指牙齿下面一排。

天花板 上腭：～烫起泡。

小舌头 小舌：～跌落。

馋唾 唾音兔。唾沫；口水。也说"馋唾水""馋茶水""烂唾水"。

下巴馋 ①小孩下巴上的口水。②喻指从别人那儿听来的一星半点消息：听人家～。

黏馋 黏音撑。人或动物口中分泌的黏液；黄鳝、泥鳅等身上分泌的黏液：～绞绞动（绞音搞）。

下巴骨 下颌骨：～笑落｜～弹落。

双台下巴 因体胖下颌肉凸出，看上去有两个下巴，故称"双台下巴"。

头颈 脖子：俗语：～长长，蛤蚆撩菜秧。也作"脰颈"：《女开科传》第七回："直等司茗走过了头，回将转来，夹脰颈一把揪住司茗。"也叫"头颈骨"。

胡咙 胡又音乌，下同。①喉咙：～痛｜～鲠牢｜俗语：犀屙～痒。

也说"胡咙头"。②嗓子;嗓音:沙～｜～哭哑｜来的开会,～轻眼!《正字通·肉部》:"胡,喉也。"

小胡咙 假嗓子:其用～唱歌。也说"假胡咙"。

饭锹骨 锹音超。俗称肩胛骨。

肩胛头 胛音革,又音克。①肩膀:俗语:～当栈房。②比喻承担责任的能力和勇气:该人～呒没个,有眼事体就跕倒嚯。也说"肩胛"。

胸脘头 脘音管。胸腔,胸口:～痛｜～饱闷闷。《广韵·缓韵》:"脘,胃府。古满切。"

肺家 肺:～毛病。

胃家 胃:～毛病。

饭包 ①俗称胃:吃勒～突出。②旧称随身携带的盛在布袋里的饭:上山斫柴～带去。

肚子 肚音赌。胃(与普通话专指动物的胃不同):俗语:快活朴尸,饿煞～。

肚皮 ①肚又音舵。腹;肚子:～痛｜大～｜俗语:少吃多滋味,多吃坏～。②肚音舵。用在职业称谓后面,贬称某种人(疑为"堕贫"之音转):抬轿～｜打铁～｜漆匠～。

肚肠 ①肠子:～骨头笑断。②指心思、主意:俗语:矮子多～。

奶奶 音白读。①乳房:摸～。也叫"奶奶脯"。②乳汁:吃～。

肋胳肢下 肋音辣,下同。腋下,胳肢窝。

肋排骨 肋骨:瘦勒～梗打梗露出来。

腰缚 缚音婆去声。腰:～痛。

腰骨 腰部脊椎骨:拗～｜～的软。

背脊骨 脊音结,下同。脊柱:～伛痛｜～直勿起。

背脊心 背部。也说"背脊""背脊胴""背脊顶"(顶音等)。

屁眼 ①屁股:俗语:～出仔讲人家。②肛门:揩～。

屁眼洞 肛门。

胴肛 音动工。直肠;肛门:～脱出｜啥人犀屁烂～。《集韵·送韵》:"胴,大肠。徒弄切。"又《东韵》:"肛,肛门,肠尚(端)。胡公切。"

屙 音窝去声。大便:俗语:～急造茅坑。清王有光《吴下谚联》卷四:"世间恶臭,无过于～。"《玉篇·尸部》:"～,上厕也。乌何切。"也作"恶":《吴越春秋·勾践入臣》:"下尝王之恶者,是上食王之肝也。"也作"污":清范寅《越谚》卷中:"污,粪也。"

烂屙 稀屎:犀～。也说"烂薄屙""烂薄稀屙"。

尿 音书,下同。小便:～急勒候头颈|俗语:息息介,～屙屋里犀。

大尿 月经:～布头。也说"大尿血""鏖糟"。

尿犀 指两次小便间隔的时间:其～交关长,夜到好舄爬起犀尿个。

黄汗 汗:～直淋|介热天家踢足球,踢勒～活崩。

卵子 子又音主。阴茎。也说"卵":出卵出膊。

卵袋 阴囊:大～|俗语:～踢破,性命结果。

卵黄 黄音往。睾丸。也说"卵袋黄":俗语:卵袋黄奔勒青肿。

卵浆 精液。也叫"浆水"。

胚浆水 女子阴水。

卵毛 阴毛。

卵胚 胚音抛。女性及雌性动物的阴部(与其他方言义为"阴囊"的不同):儿歌:阿大打铁,阿二嬉胚,阿三磨剪刀,阿四割～。也说"胚"(音匹)。《广韵·质韵》:"胚,牝胚。譬吉切。"也说"丫麻"。

尾巴骨 尾白读。尾骨。

脚夹缝 两腿之间的空隙:砍～|儿歌:啥鱼嘴巴生勒～?望潮嘴巴生勒～。也说"夹脚缝""脚罅缝"(罅音蟹去声)。

借手 左手:～拘筷。"借"有助义,左手是用来辅助右手的,故称左手为"借手"。也说"借只手"。

顺手 右手。右手做事灵活而顺,故称右手为"顺手"。也说"顺只手"。

手骨 ①手:～大。②手臂:～长。

手拓 指拇指与中指张开的长度:指末头长人～大。

手睁子头 睁音争白读去声。胳膊肘儿:俗语:看～。

手天心 手心:打～。也叫"手底心"。

指末头 手指:～伸出有长短。

指甲 甲音克。指尖上面的角质物:灰~|剪~。

倒皲皮 皲音切。指甲上方翘起的一丝皮。《广韵·昔韵》:"皲,皮细起。七迹切。"也说"肉钉"。

箩 呈螺旋形而闭合的指纹:俗语:九~一筲,讨饭趁早。也作"腡"。《广韵·戈韵》:"腡,手指文也。落戈切。"

筲 音骚。呈波浪形而不闭合的指纹:俗语:九~一箩,做官请坐。

借脚 左脚。也说"借只脚"。

顺脚 右脚。也说"顺只脚"。

大脚髈 髈音胖。大腿:~雪白。《广韵·荡韵》:"髈,髀。吴人云髈。匹朗切。"

屁股脚 屁股与大腿交界的部位:~磕痛。

脚骨 ①脚:~蹩出。②腿:~长。也说"脚"。

脚䯊头 䯊音科。膝盖:~跪痛。《广韵·歌韵》:"䯊,膝骨。苦何切。"

脚凹 大腿与小腿中间弯曲的部分(与"膝盖"相对)。

脚娘肚 腿肚子:俗语:~当米缸。又:~弹琵琶。

碰踭 碰音甏;踭音争白读去声,下同。踝子骨:外~|里~。也说"脚踭":俗语:今年一筷长,明年撞脚踭。

脚卜络头 卜又音部,络又音路。脚腕子:~蹩出。也说"脚踭子头"。

脚泥螺 足。足与泥螺形似,故名。也说"脚末泥螺""脚糯"(糯为"泥螺"急读)。

脚板 脚掌:俗语:鸡鹅鸭~,冻冻会冻惯。也说"脚底板"。

脚面 脚背:俗语:好心犯恶意,石头压~。也说"脚板面"。

脚底心 脚底:~走起泡。

脚后跟 脚跟:~顿伤。

脚桥 脚掌中央拱起如桥的部分:平~。

脚筋 泛指腿脚上的筋脉:吊~|~奔断。

脚指末头 指又音接(《九尾狐》第三十五回"指头底下"自注"指"读"接"),下同。脚指头:~踢豁。也说"脚末头"。

脚指甲 甲音克。脚趾甲。

捼脚 捼音窝。内八字脚:俗语:千金难买～胭。

𣃚脚 𣃚音拍。外八字脚:俗语:旺兴夹结,走路～。

寒毛管 毛孔,也指寒毛:～竖起噃。

油皮 皮肤的最外层:～擦破。《红楼梦》第九回:"秦钟的头早撞在金荣的板上,打去一层～。"

肉彩 肤色:该小娘～交关白。

暗肉 指长在身上不容易看出来的肉:我生个是～,看看勿壮,实货交关壮噃。

记认 认白读。①胎记:面孔里有一块～。元无名氏《货郎旦》第四折:"〔小末云〕:'你那小的有甚么～处?……再有甚么～?'〔副旦云〕:'有有有!胸前一点朱砂记。'"②记号;标记:做个～,省勒忘记。第二个意思也说"认":钞票朊没认个。

筋骸 骸音喊平声。筋:～绽出│俗语:会做也勿难,䆡做拔～。

绞股 绞白读。关节:～脱出。

大身 大文读。人和动物身体的躯干,除去头和四肢的部分。

身条 身材:～好。也说"条子"。

身架 量衣时称腰围的大小:～大。也说"腰身"。

四围 四又音势。臀围:～量一量。

身关 ①身板;体格:八十多岁人～还交关好。②性能;质地:该部车开开快十年嘞,～还交关好。

后影 背影;后身:俗语:看看～,奔断脚筋;看看前头,吓出活灵。

奶酣 婴儿因吃奶而长得白胖的样子:～好。

个子头 个头:～矮小。

块头 指人身材的高矮胖瘦:～大│大～。也说"块码"。

朴尸 人的躯体(含贬义):介大～事体一眼䆡做。

塑子 塑音素。相貌,容貌:～好。《广韵·暮韵》:"塑,塑像也。桑故切。"

卖相 ①相貌:～难看│俗语:～好白白好,人意好才是好。②外观:该带鱼～介推扳,卖拨啥人去噃!

生相 长相;相貌:该人眼睛三角个,～勿咋好。元关汉卿《窦娥冤》第四折:"小的见他～是个恶的,一定拿这药去药死了人。"

老相 衰老的模样:～扮出。

眉眼 眉音迷。模样;样子:介难看～装拨啥人看｜该张桌凳垯弄勒介～啦?

样范 样子:～难看｜其穿西装～交关好。《禅真逸史》第七回:"这根簪子～好么?"

相势 ①模样;架势(含贬义):坐仔脚胈介开,～真难看的喵。也说"相道"。②样子:天家要落雨个～,衣裳莫晒出去喵!

劈面相 表面;外表:该小娘～看看生勒蛮落直个。

冲场 外表;外貌:～好《海上花列传》第四十四回:"人末～也无啥,难末生意刚刚好点起来。"

三色 神态;脸色:俗语:～勿看,两色半也要看。

沙头 架势;神态(多指自负的):～骨笃。

吃相 对人的态度、表情(多指凶狠的):训起人来～交关怕人。

睏相 睡相,睡觉的姿势:～坏。

笑面虎 指笑脸,笑容:该人～交关好。

面情 情面:卖～｜～难却。

活灵 灵魂:呕～｜～吓出｜俗语:～勿生,只会拖羹。

阿活灵 灵魂,多用于长辈对小孩或年轻女性之间说"活灵吓出"时:阿囡～吓出的喵,啐啐(啐音彩,又音普通话璀)!

头寸 ①指人的架子(含贬义):该人～交关大,难相猛。②商业用语,指现金,银根。

头子 脑筋;观察、应变等能力:～活络。

掔头 领悟能力:～灵。

眼头 指观察能力和应变的灵敏度:俗语:～活络,小苦勿吃。

头埭 头脑;头绪:呒～｜～摆眼的｜俗语:～怪清,船到丈亭。

章程 主意:俗语:满眼生人,自拘～。

呵鼾 呵音花。呵欠:～一个接一个。

眠鼾 鼾;鼾声:打～|～重。

鸡眨觉 眨觉音色告。很短时间的睡眠:年纪大嚯睏勿熟嚯,睏了一个～当忙醒嚯。

乱梦地里 睡梦中:～拨其吵调觉嚯。

心网 心思:～细|俗语:～勿定,起课算命。

心相 心思;心肠:晓得～|～坏|留学呒～。也作“心想”:《初刻拍案惊奇》卷二十九:“是日那里还有心想看春会?”

心肚 心思;心肠(含贬义):该人～交关坏,时格要弄送人。

忖头 想法,想头:勿晓得其啥～。也说“忖相”:各人各忖相。

情致 致音朱。情谊:该眼朋友～交关足。

肚才 才智;内才:有～。

计较 较音告。计谋;打算:俗语:一世呒～,要好也赊好。元无名氏《连环计》第一折:“则怕他两个商量出甚么～来。”

算着 着音结。脑筋;谋划能力:俗语:吃勿穷,穿勿穷,～勿好一世穷。

怆带 怆音伦。①脑筋;盘算:～好。②动词。计较:单超货色好,价钿赊～个。《玉篇·心部》:“怆,思也。力迍切。”

门槛 指找窍门、占便宜的本领:该人～交关精,一眼赊吃亏个。

根脚 ①做事的可靠度;准头:该人做事体呒没～个。②根底;背景:～深。③止境;尽头:聊天讲落去有～啊,早眼睏觉|自助餐是吃勿论,驮勿肯,打包有～啊?第三个意思也说“底”。

脚色 人的才干能力:～好。

脚魄 做事的气魄,魄力:～大。

手势 干活的技能、动作:～好|老～|煮下饭～好坏差交关|其切菜刀功咦好,～咦快|俗语:快～勿及慢两爹。

出手 ①动作;手脚:阿姐～交关快,一桌下饭一晌工夫弄好嚯。②手面;花钱的气派:～大|～小。

局头 办事的气魄;出手:～大。

落头 分寸;法度;规矩:做事体呒～。也说“答头”。

经纬 说话做事的分寸、水平:该人～交关好,讲闲话滴水勿漏个。

也说"资格"。

人意　人缘；为人：该小娘～蛮好｜俗语：卖相白白好，只要～好。

意姿　姿音基。①言谈举止：俗语：三岁～看到老。②小孩做出来的表情、姿态：小毛头装～嚁｜～介难看啦！《广韵·脂韵》："姿，姿态。即夷切。"

鸟头　鸟白读。指人的老练程度（多指小孩）：该小人～錾介老啦！

行为　行音行李之行。品行：～坏。

力道　力气：～大。

劲道　劲音近，下同。劲儿：下～。

手劲　手的力气：拗～。

手帮子　手劲儿：～健。也说"手把子"。

脚劲　腿脚的力气：～好。

脚力　能力（多指经济方面）：吭～起屋。

蛮力　不会用巧劲，只靠狠拼出来的那股力气：该人～交关大。

借力使　指可以借助的外力：撑杆跳高纯靠～。

火气　指御寒能力：～好。

恶气　愤怒、怨恨的情绪：～倒出。

筋倒　跟头：翻～，笃蜻蜓。也说"顶倒"。

虎跳　两手着地倒立侧身翻：打～。

大道　闲聊，聊天儿（名词）：讲～。

闲白直　①闲话；空话：吭告事体讲讲～。②指只会说不会做的人：该人是～啦，睬勿来个。③动词。说空话：侬人只有一儴。

闲话　话：俗语：带鱼吃肚皮，～讲道理。《警世通言》第三十五卷："得贵哥，我有句～问你。"也叫"说话"：《朱子语类》卷七十九："许多说话，重重叠叠，说了又说。"

话头　①话儿：～多｜古人老～。②说头；好说的：自家勿争气，有啥～呢｜俗语：吭告～，猫拖馒头。③口才；说话能力：佽图～介好，下日拨其当老师。

话柄　话头；话儿：俗语：三岁死阿娘，～是介长。

讲口 口才:该人～交关好,死人也会拨其讲勒棺材里爬出来个。

接口令 应对的口才:俗语:当面呒没～,背后忖忖气煞人。

死话 死白读。幽默逗乐的话:俗语:～没夹笋。

乱话 谎话:～大三千｜拆～。

忮话 忮音技。跟人作对又没有道理的话。

胀话 挖苦、嘲弄人的话。

悢话 悢音郎清音去声。风凉话。

惤话 惤音态上声。安逸话:俗语:有佬佃倌讲～。

平话 公道话:好甮依卫护,只要依讲句～。也说"劈直闲话"。

依心话 推心置腹的话:讲句～,我也想帮依,但帮勿进。

过头话 满话;不留余地的话:俗语:过头饭好吃,～难讲。

好看话 漂亮话:讲～。也说"好看白话":好看白话好甮讲个。

空头话 空话:～莫讲,有本事驮出实货来。也说"空头闲话"。

气头闲话 气话:其讲个是～,依莫当真。

煞泼闲话 赌气话:我笨,依生活好依来写呐!——～好甮讲个。

造孽闲话 吵架话:有事体好好叫商量,该种～莫讲,伤和气个。

小货闲话 悄悄话:倷两人门关带拢来的讲啥～啦? 也说"小货说话"。

灵桥牌普通话 指夹杂宁波腔的普通话,因灵桥是宁波最有代表性的建筑之一,故名:我只会讲～。

6. 疾 病

胎里毛病 从娘胎里带来的毛病:该是～,医勿好个。也说"胎里残疾"。

癞头 头又音对阳平。①长在头上的黄癣:生～。②头上长黄癣的人:俗语:～怕剃头,剃头怕～。

偷针 麦粒肿,眼睑上长的红肿小疙瘩:眼睛生～嚡,棕榈丝穿一穿。

近瞭眼 瞭音气。近视;近视的人:～打枪。《说文·目部》:"瞭,察也。"

戚细切。清翟灏《通俗编·杂字》："今谓短视曰近觑。"也叫"近觑眼"（觑又音趣）：《闪电窗》第六回："胡有容是近觑眼，看不明白。"

麎糟眼 麎音拗。红眼睛：儿歌：～，便桶环（音掼），瘌来瘌去拨侬还。

青盲瞎 盲音猛。青光眼。

借米聋 借又音账。半聋。俗谓向别人借米，别人就装耳聋，故称：耳朵有眼～。

䫴鼻头 䫴音农清音阴去。鼻塞多涕，说话鼻音重。《广韵·送韵》："䫴，多涕鼻疾。奴冻切。"

笃舌头 舌头过长或过短，说话含糊不清：该人讲闲话有眼～个。

齓牙 齓音灿，又音脆。儿童换牙时，乳牙未拔掉而已从旁长出来的新牙：出～。《玉篇·齿部》："齓，小儿齿。初产切。"

泥螺胖 因吃新鲜或未腌透的泥螺过敏而面孔发肿的病症：鲜泥螺吃仔发～嚯。也说"泥螺雹"（雹音朴）。

大嘴巴 腮腺炎：生～嚯。也说"大嘴脯"。

大头颈 甲状腺肿大的脖子。

疬串 疬音历。瘰疬，颈部淋巴成串肿大的疾病：头颈骨生～嚯。

风手 手臂瘫垂：～烂脚。也说"蛇手"（手又音喜）。

鸡爪风 手指痉挛，不能屈伸：手骨发～嚯。

风指甲 甲音克。灰指甲；变色变厚的指甲。

瘄子 瘄音醋。麻疹：出～。清张璐《张氏医通·婴儿门》："麻疹，俗名瘄子，浙人呼为～。"

大脚瘃子 底座大的瘃子。

瘰 音类。皮肤上的小疙瘩：人发出嚯，背脊心纯是～。《广韵·贿韵》："～，瘰～，皮外小起。落猥切。"

胀面瘰 长在脸上的粉刺，青春痘：面孔里纯是～。

疹 音井。皮肤上因蚊叮虫咬或过敏引起的肿块：蚊虫咬起一只～｜风～块。《玉篇·疒部》："～，瘾～，皮外小起也。之忍切。"

热疖 疖音结，又音足。夏天长在头上或皮肤上的疖子。也说"热疖瘰""热疖头"。

脓线头 脓根子：～勿搲出疮唥好个。

冻瘃 瘃音足，下同。冻疮。《说文·疒部》："瘃，中寒肿覈（核）。"陟玉切。章炳麟《新方言·释形体》："浙江谓中寒肿核为～。"

瘃 头上鼓起的包：头里撞起一只～｜公鹅～。

皴皯 音春尺。冬天皮肤上出现的成片细小裂缝：开～。《广韵·谆韵》："皴，皮细起也。七伦切。"又《陌韵》："皯，～。丑格切。"

嘴角疮 口角的炎症，多见于儿童：生～嘴，碗脚底水搭搭其。

瘄疬 音革老。疥疮：浑身生～｜儿歌：潜龙漕，日日造，一日勿造生～。《集韵·皓韵》："瘄，～，疥病。古老切。"也作"疙疼"。

杨梅疮 梅毒：生～。《续金瓶梅》第五十五回："嫖了一身～死了。"

缠身龙 生在腰部的病毒性带状疱疹。清陆以湉《冷庐杂识》卷七："凡人影为蛇所啄，腰生赤瘰，痛痒延至心，则不可救，名蛇缠，亦名～。"

红斑老疮 一种较难治愈的毒疮。

黡 音掩。疮痂：疮结～｜～褪掉嘴。《集韵·琰韵》："～，疡痂也。於琰切。"也作"腌"：《三遂平妖传》第十二回："贫道收得些汤火药，敷上便不疼，疮腌便脱落。"

瘢疤 疤痕：面孔里有一块～｜该只瓜纯是～。

冷饭块 蛔虫卵经过脸上时留下的灰白色圆形斑块。也说"冷饭得"，俗谓因偷吃冷饭而得。

圈癣 长在脸上的一种环状癣。

蛇皮癣 一种皮肤病，皮肤表面干燥翘起如蛇皮，故名。

湿气 湿疹，多指脚癣：脚骨生～嘴。

雀子斑 雀即甲。雀斑。也说"蜈蛛斑"（蜈音足）。

老鼠手 鼠音子。即扁平疣，皮肤上所生的小赘肉（多长在手上）。俗谓因吃了老鼠吃过的东西而生此物：手骨里生～嘴，芝麻花搭搭其会好个。也说"老鼠奶奶"（奶白读）。

刺窠 窠音科。一种皮肤病，鼓起的小包上有许多小黑点，状似长满刺，故名。多长在手足上。

油鳖蛋 一种外敷药物,将鳖蛋浸泡在桐油中,日久成糊状。可治疗刺窠。

臀趼 趼读阴平。臀部因久坐而生的疮:俗语:快活似神仙,屁股生~。也说"坐板疮"。

胖阳棚 棚音活。因疲劳、疼痛或炎症等而肿起的淋巴结,多见于颌下及大腿根:~髻起。《集韵·没韵》:"棚,果中实。或作核。胡骨切。"也说"髻阳棚"(髻音很去声)。《广韵·证韵》:"髻,肿起。许应切。"

乌青 皮下的淤血,呈青紫色:屁股打起~。

血印 皮下的血痕,与乌青颜色不同。

紫血泡 内有紫色淤血的血泡:皮鞋忒小,脚末头~会轧起。

老鸦臭 鸦音丫。狐臭。

买瘵病 买又音毛,瘵音柴。疟疾:发~。《广韵·卦韵》:"瘵,疾也。士懈切。"也说"冷热病""间日班""四日两头班"。

气紧 ①气喘病:~咦犯噃。⑤动词。气喘:~煞噃。

痨驼 痨音耗。哮喘:扶~|~病。《集韵·爻韵》:"痨,痨瘵,喉病。虚交切。"

前驼背 鸡胸。

瘵瘵 瘵音切。肺结核:俗语:少年~,一百廿日。《醒世恒言》第三十九卷:"自此即蓄发娶妻,不上三年,~而死。"也叫"瘵病":瘵病鬼|生瘵病。

黄胖 ①肝炎:生~病。②肝炎患者:俗语:一勿打和尚,二勿打~。第二个意思也说"阿黄":俗语:~舂(音双)年糕,出力勿讨好。

腰子病 肾炎:生~只好吃淡个。

臌胀病 血吸虫病:俗语:神仙难医~。也说"筲箕肚"。

弯角肠痈 弯音吊。中医称阑尾炎。

虚疲病 疲音息。心虚、易受惊吓的一种病态:贼担~。《说文·广部》:"疲,病劣也。"徐锴系传:"《本草》云:'苟杞疗~,谓疲疲无气力也。'"也说"虚心病":《初刻拍案惊奇》卷十一:"王生是虚心病的,慌了手脚。"

猪癫病 癫痫:俗语:～也要学三分。也说"羊癫病""羊癫风"。

火瘵病 瘵音槽。消渴,吃了就饿的病。清翟灏《通俗编·杂字》:"腹常如饥曰瘵。"

病痼毒 久病而烦躁易怒的一种病态:犯～。

大卵袋 指因疝气而肿大的阴囊。

小肠气 疝气:割～。

尿急病 尿音书。泌尿系统的疾病,尿频或尿不畅:尿莫憋的,要做～个。

大脚风 因丝虫病而腿脚变得粗大。也说"象皮病"。

流火 丹毒,急性发作的丝虫病,因其漫肿灼痛而名:发～。

寒热 (发)烧,高于正常的体温:吃了两粒药,～退落嗬。也说"热":发热丨热勿退。

热度 高于正常的体温:～有眼。《海上繁华梦》后集第七回:"额上～也比日间凉了许多。"

烂脚疤 原指脚上的疮疤,喻指痛处或短处:莫挖人家～。

药圆 旧称药片。

蓝药水 紫药水。

快口药 消炎药。

7. 服　饰

戴头篷 旧时女子出嫁时盖住新娘头脸的红布。

蒲帽 草帽:割稻要戴～。

凉帽戴篷 斗笠。也说"凉帽篷""阳帽戴篷""阳帽篷"。

大帽 大白读。呢制礼帽。

开普帽 鸭舌帽。也说"鸭舌头帽"。

罗松帽 用驼绒制成的帽子,翻下来可以遮住整个脸,只露出眼睛、鼻子和嘴巴。罗松即英语 Russian（俄国的）的音译。也说"活狲帽""老头帽"。

太阳帽 白色的帆布荷叶帽：小朋友戴勒～去夏令营。

大盖帽 硬边的大檐帽：警察戴～。

白帽头 头又音队。遇丧事时戴的白布帽。

橄榄帽 船式帽：外国兵戴～。

毡帽头 头又音队。毡帽：拘鱼人戴～。

包头布 妇女裹在头上的头巾，用以遮灰或御寒。

轧叉 叉音出差之差。发夹：头发用～夹牢。

面油 护肤品的统称：面汏好～搽眼的。

雪花粉 雪花膏的旧称。

蛤蜊油 蜊音皮。一种用蛤蜊壳装的防裂膏。

嘴唇膏 口红。

胭脂 音烟机。一种红色的化妆品。

搽眼 搽音出差之差。①眼镜：戴～。②戴眼镜的人。

老花眼 花镜；矫正老花眼的眼镜：今年配了一副～。

耳朵环 耳白读，环音掼。耳环：上轿穿～。也说"耳朵伞"。

金牙齿 齿音子。镀金的假牙：镶～。

手镯 镯音局。戴在手腕上的环形装饰品：金～。也说"镯子""镯头"。

领圈 套在脖间以保暖的一种毛线等编织物。

衣衫 衣服：只认～勿认人。

衣裳 特指上衣：买了两件～，三条裤。

布衫 中式单上衣。

单布衫 单衣：今密穿～有眼冷势势个。

添里布衫 添读去声。内衣。也说"衬里布衫"。

夹袄 一种有里子的旧式上衣。

两用衫 春秋两季穿的单上衣。

连衫连裙 连衣裙。也说"连衫裙"。

罩衫 罩衣：棉袄～。

绒线衫 毛衣:织～。也说"毛线衫"。

背单 背心:棉～｜汗衫～｜俗语:～袖子揸落(形容过分热情)。

卫生衫 一种厚实的机织绒里内衣。也说"司卫铁"(英语 sweater 的音译)。

领头 领子:圆～｜翻～｜假～。《二刻拍案惊奇》卷六:"刚拆得～,果然一张小小字纸缝在里面,却是一首诗。"

假领头 一种穿在里面的只有衬衫领子和与领子相连的衣肩部分的穿着物。

袖头子 袖子。

袋袋 衣袋:钞票囥勒～里。也说"袋皮"。

表袋 位于胸部的上衣口袋:～里别了一支钢笔。

叉手袋 斜口的衣袋,多开在腰侧,两手可以很自然地插在袋中。

裤袋 裤兜儿。

后枪袋 位于屁股的裤子口袋(多位于右边)。

挖袋 往里开的口袋。

贴袋 从外面贴上去的口袋。

垫肩 肩垫子:西装大做要衬～个。

贴纰 纰音皮。衣服边缘往里折叠的部分:裤欠长嚼,～放放落。《礼记·玉藻》:"缟冠素纰。"郑玄注:"纰,缘边也。"通作"贴皮"。

夹里 衣服、被子等的里子:被～｜呢制服羽纱做～。

下巴兜 小儿围在下巴下的胸兜,以接口涎。也说"下巴单"。

肚兜 兜肚儿:小毛头系了一只花～。

搭袱 袱音薄。裹在腰间的钱袋。

布襕 襕音篮。系在腰间的围裙。也说"围身布襕"(围音余)。

饭单 系在前身,用来保护衣裤的围裙:饭师傅系了一只～。

袖套 套袖:汏碗辰光～套的仔。也说"袖套龙"。

缭缴 旧时男子干活时系在胸腰间的长布带。

褓裙 音抱巨。襁褓,包裹婴儿的被或布。清翟灏《通俗编·服饰》:"《俙雅》:小儿被为褓,如俗呼'～'、'褓被'是也。今则转呼为'抱矣。"也说"蜡烛包"。

一口钟 斗篷。因形似古钟而得名。《冷眼观》第十回："只见有几个戴外国帽子,身上披～的人,在那里高谈阔论。"

派克大衣 风雪大衣。

单裤 一条单层裤子(除内裤外):介冷天家～穿仔唥冻煞啊！也说"单裤汤"。

添里裤 添读去声。贴身穿的单裤。也说"衬里裤"。

袯裤 渔民及旧时农民套穿在裤子外面的大裤子:歇后语:泥菩萨穿～——虚胖。陈训正《甬谚名谓籀记》卷一："袯,绔踦也。即今渔民所著～。"也作"笼裤"。应钟《甬言稽诂·释衣》："今稗贩所御襞裥大裤,韬于裤外者曰笼裤。"

短裤 ①内裤,裤衩儿:三角～。②裤腿在膝盖上下的裤子:西装～｜半脚～。

西装短裤 夏天穿的裤腿长短在膝盖以上的西式裤子。

卫生裤 一种厚实的机织绒里内裤。

㡲脚裤 㡲音拍。开裆裤:该辰光侬还穿～呢。《集韵·麦韵》："㡲,分也。匹麦切。"

䙀裆裤 䙀音瞒。合裆裤(与"开裆裤"相对)。也作"瞒裆裤""鞔裆裤"。

裤脚 裤腿儿。也说"裤脚筒"。

裤带缚 缚音婆去声。裤腰带的结:～散掉啘｜俗语:～打个结的。

尿䘉布 尿音书。尿布。也说"尿布""尿䘉""尿䘉布头"。

䘉头 ①内衬棉花的厚尿布。②泛指尿布:～驮块来。

大䘉 较大的棉尿布,一般是婴儿睡时垫在身下,以免尿湿床。

上山袜 一种白色的帆布制厚袜,过去农民上山干活时穿。

长统袜 女子穿的长到大腿的袜子。

木屐 屐音直。木拖鞋。《广韵·陌韵》："屐,履屐。奇逆切。"也说"木屐鞋"。

风凉鞋 凉鞋。也说"风凉皮鞋"。

059

跑鞋 胶鞋。又叫"篮球鞋"。

胎鞋 用旧的手拉车外胎做成的鞋,过去农民干活时穿。

鞋爿 鞋子。

搭襻 襻音盼,下同。鞋上的襻儿,用于扣住鞋子。

蚂蟥襻 裤腰上穿皮带的襻。

跺底 跺音躲送气。鞋垫。

鞋拔 ①旧时小脚妇女鞋跟另缀的一块小方布,拉小方布可便于穿鞋:儿歌:舅姆趒趒(音超)走人家,走勒~吭根渣。②鞋拔子,穿较紧鞋时插在鞋后跟帮内往下压,便于穿鞋。

袹 音百。用数层破布裱褙而成的硬布片,比较挺括,用来做鞋帮及鞋底的衬层:褙~。

襇 音减。①衣服上的褶子:百~裙。《集韵·产韵》:"~,裙幅相摄也。贾限切。"②皱纹;皱褶:面孔打~|纸头打~。

宽紧带 松紧带:短裤~松掉嚸。

揿纽 子母扣儿:鞋襻~跌落嚸。

料作 ①布料;木料,建筑材料:扯块~|该眼~敲只书橱还勿够|起屋~还吭没备齐。②比喻可做某种事情的人才:我勿是读书个~。③指人的品质:该人~交关推扳。

缎子 绸缎;丝织品:~被面|~衣裳。

毛货 毛料:~料作。

海虎绒 长毛绒:~领头。

帵子 帵音挽。裁衣服剪下来的布头儿。《广韵·桓韵》:"帵,~,裁余。一丸切。"民国《定海县志》:"今谓袖下裁余之布帛曰~。"

裁片 布店里裁好后出售的零头布:买块~。

儴头 儴音囊去声。布料比所需尺寸放宽的余量:放眼~的。《玉篇·人部》:"儴,宽儴也。奴浪切。"

段头 段音象。零头布:买块~。

大白细布 大文读。一种白色的粗布。

花絮 絮音细。棉絮:被~|~絮棉袄。

头绳 毛线:紫～。也说"绒线"。
棉纱线 纱线:相声:来发,～驮来。
线脚 ①缝在衣物上的线:～脱开嘞。②针脚:～忒朗。
绢帕 帕音盼。手帕。也说"绢头"。
苏头 ①流苏:锦旗下头有眼黄～。清胡文英《吴下方言考》卷三:"吴中谓绥余为～。"②须子,动植物体上长的像胡须的东西:虾～｜六谷～。

8. 食　品

饭 米饭:俗语:～吃三碗,闲账勿管。
早米 早稻米。
大米 晚稻米,粳米:～涨息推扳。
夜火米 煮晚饭的米:该人心交关怵,～呒没嘞也飨急个。
泡饭 冷饭加较多的水煮成或用开水冲泡的饭,一般当早饭吃。也说"汤饭"。
煦饭 煦音吼去声。冷饭加少量的水重煮的饭。《说文·火部》:"煦,烝也。"香句切。
煆饭 煆音化。把冷饭略为蒸热的饭:清范寅《越谚》卷下:"煆,冷饭放热镬中温之,比烝为暂。"《广韵·祃韵》:"煆,热也。呼讶切。"
蒸饭 用蒸笼蒸煮的米饭:食堂里吃～。
燥粥皷饭 皷音内。煮得过湿的米饭。
燥烤饭 干米饭:歌谣:只话我养生勿推扳,一日三餐～。
纯米饭 不掺杂粮的米饭:光米落镬～｜～来一碗,下饭呒告个!
冷饭娘 为提高出饭率,掺入米中再煮的冷饭。
饭黏 用来黏东西的饭粒:信壳用～黏黏牢。也说"饭黏碎"。
镬焦 锅巴:～黄爆爆(爆音报)。也说"镬滞"(滞音住)。
饭镬饮汤 饭快熟时上面浮着的米汤,常用来喂婴儿:滗～。

粥饮汤 粥快熟时上面浮着的米汤,常用来喂婴儿。

饭碗头 ①碗里的少量剩饭:饭阿讲吃,莫剩～。②借指赖以谋生的职业:～敲碎唻。

隔夜饭 ①前一天吃的饭:介死样胡咙还抢勒要唱歌,人家听勒～也要冒出来噛!《歇浦潮》第十四回:"若要同他谈论,只恐连～都要呕出来咧。"②前一天剩的饭:俗语:～好吃,隔壁气难受。

天亮饭 天亮又音踢酿。早饭。

昼饭 中饭:俗语:早饭要吃饱,～要吃好,夜饭要吃少。宋苏辙《迁居汝南》诗:"春寒烧黄茅,～煮青茹。"也说"昼过饭"。余姚、慈溪也叫"晏饭"。

早昼饭 提早吃的中饭:～吃仔动身。也说"早昼过饭"。

夜饭 晚饭。

早夜饭 提早吃的晚饭:夜勿肯宿末,～吃仔去。

上点心 点又音戴上声,下同。上午九点钟左右吃的点心。

下点心 下午三点钟左右吃的点心。

早半晌饭 晌音上。上午九点钟左右吃的点心或饭:担～。

点心饭 下午三点钟左右吃的点心或饭:割稻时～送到田头。

半夜餐 夜宵。

长面 一种面条,略带咸味,细长如绳索,产妇常吃:～煮蛋。也说"索面":《儒林外史》第十八回:"(景兰江)劝了一回,不买馒头了,买了些索面去下了吃。"

切面 一种盘状面。也说"盘面"。

筒头面 用纸卷成筒状的挂面。

米面 用米粉做的细条状食品。也说"榨面"。

浇头 加在煮好的面条或米饭上面的荤素菜肴:该碗面个～蛮好吃。

下饭 菜肴:俗语:～呒告饭吃饱。宋吴自牧《梦粱录》卷八:"凡饮食珍味,时新～,奇细蔬菜,品件不缺。"《鄞县通志》:"甬称肴馔曰～,谓藉此可咽下饭也。"也作"嗄饭":元高文秀《襄阳会》第一折:"俺这里安排一席好酒,多着些汤水,多着几道嗄饭。"也作"馎饭":清《缀白裘》十二集卷一:"我看他自己吃饭时百般躲避,敢是他背地里自买些馉饭受用?"

素下饭　素菜。

荤下饭　荤菜。

大下饭　大菜,高档的菜肴,如大黄鱼、龙虾、毛蟹等(宁波话里没有"小下饭"的说法)。

长下饭　经过腌制或干制,可以长久食用的菜肴,如咸齑菜、蟹酱、鲞头等(宁波话里没有"短下饭"的说法)。

过口　下酒饭的菜肴:俗语:吃饭要～,做事要对手。

压饭榔头　喻指很能下饭的菜肴,如咸蟹、龙头鲞等。

冷盆　冷盘儿:装了八只～。

拼盆　拼盘儿:吃～。也说"镶盆"。

汁水　煮过肉或家禽的清汤:～年糕汤。也说"汁汤"。

卤　汤;汁:肉汁～｜菜汤～水｜西瓜～。

卤滞　滞音住。盐卤。

臭卤　经发酵而成的具有特殊臭味的汁水,用于腌制冬瓜、苋菜股、臭豆腐等。

荤腥　指荤菜:～有呔呒没吃嘞。

肉　专指猪肉:俗语:舌头咬落,明朝吃～。

热气肉　鲜肉。

冷气肉　冻肉。

油肉　肥肉。

走油肉　切成较大块儿放在油锅里炸过的肉。

精肉　瘦肉。也作"䐗肉"。

肉饼子　肉泥:～炖蛋。

肉圆　肉丸子。

狮子头　大的肉丸子:红烧～。

腌笃鲜　笃音笃。腌肉与鲜肉、笋合煮的汤菜,是江南一带特色菜肴。

福礼　旧指祭祀用的动物做成的供品:三牲～｜俗语:黄狗管～。《古今小说》第三十八卷:"连忙请一个塑佛高手,塑起任珪神像……虔备三牲～祭献。"鲁迅《彷徨·祝福》:"杀鸡,宰鹅,买猪肉……煮熟之后,横七竖八的插些筷子在这类东西上,可就称为'～'了。"

利市 ①猪头:～肉。也说"利市头"。②过年时供菩萨的肉。③买卖顺利的预兆:发～。

顺风 猪耳朵。

赚头 猪舌头。舌与蚀同音,为避讳,故称"赚头"。

㹻头 㹻音菌。猪鼻子。《集韵·焮韵》:"㹻,豕发土也,一曰豕求食。俱运切。"

嘴脯 禽兽的嘴。

蹄髈 髈音胖。肘子。也说"髈蹄"。《广韵·荡韵》:"髈,髀。吴人云髈。匹朗切。"

后坐臀 猪后腿附近的肉。

槽头肉 猪颈部的肉:～价钿便宜。

条肉 猪肋条肉。也说"肋条"。

腿肉 家畜大腿上的肉。

宕子 宕音宕辰光之宕。牛腿中的条状精肉,两头小,中间略大,外有光滑的薄膜包裹。

前夹身 猪前半身的肉。家禽则叫"前夹"。

后夹身 猪后半身的肉。家禽则叫"后夹"。

五花肉 肋条肉中瘦肉和肥肉多层相间的部分:俗语:肉要吃五花。

叉叉 猪乳旁边的肥肉:该架肉纯是～,我嬲其。也说"肚叉叉"。

肉膛 ①肉的厚度:该刀肉～交关厚|该架冬瓜～薄薄个。②喻指家底:该份人家～厚猛。也说"膛子"。

脚蹄 猪的小腿:红烧～。

脚爪 禽畜的蹄爪:鸡～过老酒。

网油 附在禽畜肠子上的网状油脂。

肚里货 禽畜的内脏:买来一副～。

肺头 用作食物的家畜肺:猪～。

搭肝 用作食物的家畜胰脏。

肫 音谆。鸟类及家禽的胃:俗语:人心难料,鸭～难剥。《玉篇·肉部》:"～,鸟藏也。之春切。"

翼梢 翅膀。甬剧《张古董借妻》:"前门后门都锁上,外面还有人管牢,除非侬肩胛生～,否则万万逃勿掉。"也说"翼梢股""翼梢膀"(膀又音把)。

肚下白 家禽腹部厚而嫩的白肉:～旀鸡丝。

灰蛋 咸鸭蛋:～过泡饭。

白煠蛋 煠音石。带壳水煮的鸡蛋。《广韵·洽韵》:"煠,汤煠。士洽切。"

糖煮蛋 去壳后整个放在开水里煮并加糖的鸡蛋:新女婿吃～。也说"糖氽蛋"。

鱼草 指鱼类:买眼～|该呛～交关便宜。

张网货 用张网捕捉到的海鲜:～透新鲜个,买眼过过老酒。

淡菜 贻贝,壳较厚,略呈三角形,黑褐色,以足丝固着于浅海岩石上,肉味鲜美。过去多做成干制品,今多鲜食。因煮晒时不加盐,故名。明杨慎《升庵经说·夏小正》:"宁波有～,其形不典。"

蛎黄 黄音往。牡蛎:～炒蛋。

毛蚶 蚶的一种,比蚶子(泥蚶)大,肉味不及蚶子鲜嫩。壳上有细毛,故名。

蛤蠡 蠡音皮。蛤蜊。《广韵·支韵》:"蠡,《尔雅》曰:'蚌,蠡。'即蚌属也。符支切。"通作"蛤皮"。也叫"圆蛤"。

花蛤 一种海涂小蛤,壳较厚,有花纹。

海瓜子 一种海涂小蛤,壳呈橘黄色,形似瓜子,故名。

弹胡 弹涂鱼,跳跳鱼:㧚老实～。也叫"弹路"。

白蟹 梭子蟹,煮熟后底白壳红,故名。也叫"鲜白蟹":歇后语:叫花子吃鲜白蟹——只只鲜。

小娘蟹 一种个头较小的雌性梭子蟹,脐呈三角形,一般较肥美。

紫壳蟹 壳又音康。一种紫壳的梭子蟹。

弹门蟹 因肉肥蟹盖与肚脐之间被撑开的蟹。

石蟹 一种海蟹,比梭子蟹稍小而壳较粗糙,蟹盖两端不尖,味道不如梭子蟹。俗以为壳硬如石,故名。

青蟹 一种青壳的海蟹,生活在海涂中,性凶猛,肉质鲜美。宁海等地也叫"蟳蚱":俗语:三两蟳蚱四两缚(缚音婆去声,捆蟹的绳子)。

沙蟹 ①一种海涂产小蟹,身上沾满泥沙,故名。②一种纸牌赌博:挖～。

膏蟹 ①一种海涂产小蟹,大小如黄豆粒,多蘸酱油活吃,味极鲜。如今已绝迹。②带膏的小毛蟹。

和尚蟹 一种海涂小蟹,蟹盖圆而鼓,形似和尚头,故名。

红钳蟹 招潮蟹,体深褐色,足红色,雄蟹一只螯特别大,且常高举。

蟛蜞蟹 蟛蜞音旁原。蟛蜞,穴居近海泥岸中的一种小蟹,头胸甲略呈方形,一般腌制后食用。明谢肇淛《五杂俎·物部一》:"吴越王宴陶谷,蚱蜢至蟛蜞六十余种。"

毛蟹 中华绒螯蟹,因螯上有茸毛而得名:俗语:运道来了推勿开,烤熟～爬进来。也叫"稻蟹",上海等地称为"大闸蟹"。

䶗蟹 䶗音呛。用盐水腌制的梭子蟹。也叫"咸蟹""咸䶗蟹";有膏的叫"红膏䶗蟹"。

蟹酱 将梭子蟹等捣碎后腌制而成的蟹制品:毛压芋艿搵～。

蟹糊 将梭子蟹去掉螯足及背壳,捣成糊状后腌制而成的蟹制品,质量优于蟹酱。

蟹股 将梭子蟹去掉背壳,切成四至六块腌制而成的蟹制品:脎～。

蟹盖头 ①蟹盖。也说"蟹壳顶"。②表示毫无意义的,相当于"狗屁":讲～啊!

膏 质地较硬的蟹黄:红～蟹。

蟹米须 须音酥。蟹鳃。

蟹脚钳 蟹爪,特指长成钳状的那一对大螯:～过老酒。也说"蟹钳"。

蟹肚子 肚音赌。蟹胃:～挖掉,吃勿来个。也说"蟹包"。

蟹肚脐 蟹腹下甲。

团脐 雌蟹,因腹甲圆形,故名。俗语:九月～十月尖。陆游《记梦》诗:"～霜蟹四鳃鲈,樽俎芳鲜十载无。"

长脐 雄蟹,因腹甲狭长,故名。古人称为"尖脐"。

江白虾 一种一寸左右长,煮熟后呈白色的海虾。

强盗虾 一种壳较硬、性凶猛的海虾。

滑皮虾 一种壳较硬的海虾(学名哈氏仿对虾)。也作"活皮虾"。

竹节虾 一种身体有蓝褐色横斑花纹的大海虾(学名日本对虾)。

水虾 一种海虾,煮熟后呈白色。

白米饭虾 一种白色的小海虾,大小如饭粒,一般用盐水烤干后吃。晒成干则是上等虾皮。也叫"糯米饭虾"。

呛虾 呛音呛。用盐水腌制的虾。

醉虾 用酒等腌制的虾。

箬鳎 音肉塔。比目鱼,两眼长在头部的一侧,因形似箬壳而得名。其中眼睛长在左边的叫"借手箬鳎",眼睛长在右边的叫"顺手箬鳎"。也作"鳎鳎",也叫"箬鳎鱼""鳎鳗"。

川乌 特指清明前后洄游到近海排卵的马鲛鱼。这个阶段马鲛鱼肉质特别鲜美,宁波人称为"川乌"。

青鲹鱼 鲹音专。鲹鱼,身体呈纺锤形,背青色,腹白色,多清蒸或烧咸菜食用。

叉鱼 鲳鱼,头小,体扁平,略呈菱形,银白色,尾鳍叉状。也叫"叉扁鱼"。

长鳞 鲳鱼的一种,体形比一般鲳鱼大。

黑叉 鲳鱼的一种,黑色,肉质较坚实,味道略逊于普通鲳鱼。

鳓鱼 鳓音类。一种海鱼,体扁长,银白色,头小,鳞薄而大,多刺。新鲜的叫"鲜白鳓鱼",腌制的叫"咸鳓鱼"。

鲚鱼 鲚音齐。凤尾鱼,身体侧扁狭长,头小尾尖,银白色。生活在海洋中,春夏到河中产卵。

黄鲭 鲭音结。黄鲫,形似鲚鱼而稍阔,银黄色,多制成鲭头食用。

簎鱼 簎音咋,又音寨。一种小海鱼,长约二三寸,形似差鱼,生活在浅海,会浮出海面,渔家多盛于簎中上市出售,故名。

鮸鱼 鮸音米。一种石首鱼科海鱼,体长而侧扁,灰褐色,因身上有米粒状花纹,故也叫"米鱼"。

毛鳓鱼 鳓音尝。一种石首鱼科海鱼,形似鮸鱼,个头大,体长可达一米左右。

黄婆鸡 黄姑鱼,形似小黄鱼,肉粗,味道不如小黄鱼。也叫"黄草鸡"。

白果子 白姑鱼,形似小黄鱼,色白,肉粗,味道不如小黄鱼。

梅鱼 梅童鱼,一种小海鱼,形似黄鱼而小,头大尾细,生活在近海中。也叫"小梅鱼""大头梅蒜"。

枫树叶 一种小海鱼,如鲳鱼而小,形似枫叶,故名。

虾鱵 鱵音劗,又音站。龙头鱼,晒干后称"龙头鲓":~籴豆腐。宋戴侗《六书故·动物四》:"鱵,士限切,海鱼之小者,决吻芒齿,不鳞而弱。亦作鲅。"

虾皮弹虫 虾蛄,体扁平,会屈体弹伸,穴居在泥沙质的浅海底。也叫"虾蛄弹""虾步弹""犀尿朴"。

望潮 望音网。章鱼的一种,软体动物,生活在海底,卵圆形,有八条长的腕足:俗语:九月九,~自吃手。明屠本畯《闽中海错疏》卷中:"鱆:腹圆,口在腹下,多足,足长,环聚口旁,紫色,足上皆有圆文凸起,腹内有黄褐色质,有卵黄,有黑如乌鲗墨,有白粒如大麦,味皆美,明州谓之~。"

章举 章鱼的一种,个头大,肉质差。唐韩愈《初南食贻元十八协律》诗:"~马甲柱,斗以怪自呈。"朱熹注:"有八脚,身上有肉如臼,亦曰章鱼。"也叫"章鱼""章干"。

鬼公 鬼白读。鱿鱼的一种,形体很小。也叫"叽咕"(鬼公之音转)。

乌贼卵黄 黄音往。墨鱼蛋,由雌乌贼的缠卵腺加工而成,通常腌制后食用。也叫"乌贼蛋"。

乌贼肚肠 乌贼内脏的混合物,黑色,通常腌制后食用。也叫"乌贼鳔肠"(鳔音瓢)。

沙鳗 即星鳗,海鳗的一种,形似河鳗,呈灰褐色。

明府鲞 鲞音乡,下同。即墨鱼鲞。旧说宁波古为明州府,因其产于明州,故名。也叫"乌贼鲞"。

黄鱼鲞 黄鱼剖背去内脏加工而成的干制品:～烤肉。也叫"白鲞"。清范寅《越谚》卷中:"白鲞,黄鱼,皆即石首鱼,薧曰白鲞,鲜曰黄鱼。"

鳗鲞 海鳗剖背去内脏风干而成的干制品。

鳗筒 海鳗剖腹去内脏风干而成的半干制品,肉质比鳗鲞要嫩:清蒸～。

银鱼丝 一种淡水小鱼干,形似海蜒而晶莹透明。

开洋 虾仁,去头剥壳后晒干的海虾:～氽豆腐。

鲏头 鲏音靠,下同。小海鱼干制品的总称。清翟灏《通俗编·识余》:"时俗以干鱼之小者曰鲏,音若考。""鲏"古作"薧"。《广韵·皓韵》:"薧,干鱼。苦浩切。"

龙头鲏 龙头鱼的干制品。

豆荚鲏 一种小海鱼的干制品,形似豆荚,故名。

带鱼丝鲏 带鱼幼鱼的干制品。

梅子鲏 小梅童鱼的干制品:俗语:一篮～——纯是头。

卤菜 淡菜的腌制品,味极咸。

河鲫鱼 鲫又音金。鲫鱼,体侧扁,生活在淡水中,是常见的食用鱼。

胖头鱼 鳙鱼,暗黑色,头很大,大者可达数十斤,多养于水库中。有的人也叫"塘鱼"。

白鲢 鲢鱼,形如鳙鱼,但腹部白色,头不是很大,肉味略逊。

乌鳢鱼 鳢音理。鳢鱼,北方多叫黑鱼。呈圆筒形,青褐色,有黑色斑纹,性凶猛:俗语:～扮河桩。

鲌鱼 鲌音败。一种中型淡水鱼,体侧扁,嘴向上翘,故又叫"翘嘴鲌鱼"。夏季产的最肥美,俗有"冬鲫(音金)夏鲌"之说。《广雅·释鱼》:"鲌,鲏也。"王念孙疏证:"今白鱼,生江湖中,鳞细而白,首尾俱昂,大者长六七尺。"

青条 一种淡水鱼,似鲌鱼而体形较大。

鲝鱼 白鲦(白鱼)的一种,淡水小鱼,体狭长如柳叶,常群游水面觅食,行动灵活敏捷:俗语:桥倒压勿煞～。有的人也叫"差鲌鱼"。

差鲌鱼 鲌音败。①同"差鱼"。②白鲦(白鱼)的一种,形似差鱼而大,大的长一尺左右。

螺蛳青 青鱼,外形像草鱼,但较细而圆,青黑色,以螺蛳等为食,故名。

土鲭鱼 鲭音菩。学名塘鳢鱼,一种淡水鱼,体略呈圆筒形,青黑色,头大而阔,稍扁平,后部侧扁。有多种写法。

鮠颡鱼 鮠颡音益双。黄颡鱼,一种淡水鱼,头扁口阔,色黄,口有两须,无鳞,背上有一硬刺。

乌浪鱼 河豚鱼。应钟《甬言稽诂·释鱼虫》:"河豚善怒,怒则腹张如圆球,故俗谓之～。"也叫"鬼鱼"(鬼白读)。

乌浪鲞 河豚鱼的干制品:～烤肉。也叫"乌浪鱼鲞""鬼鱼鲞"。

黄鳝 鳝音现。鳝鱼。已剖好或煮熟的黄鳝叫"鳝鱼"(鳝音船去声,鱼文读):鳝鱼羹。

老黄泥鳅 大泥鳅。

豁水 豁音忽。鱼尾,特指青鱼尾部的一段:青鱼～。

鳍枪 鳍音奇。鱼鳍。

蛳螺 螺蛳:嘞～│俗语:～壳里做道场。有时也叫"割蛳螺":俗语:三十年夜下饭多,还差一碗割蛳螺。

黄蚬 蚬音洗,下同。一种淡水小蛤,壳黑色,边黄。《隋书·刘臻传》:"好啖蚬,以父讳显,因呼蚬为扁螺。"

桥蚬 一种淡水小蛤,多生活在桥下石缝中。

地作货 田地上出产的农副产品的总称,包括蔬菜、瓜果等。

番薯 甘薯,过去是主要杂粮,今多用作饲料:烤～│俗语:做砖头靠坯,种～靠灰。

番薯干 番薯刨成丝晒成的干儿,过去是主要杂粮,今多用作饲料。

焐番薯干 用文火或暗火久煮烂熟的番薯干。

番薯糊刺 用新鲜番薯加汤加配料煮成的糊状食物。

番薯屑 一种食品,把番薯煮熟后捣成泥状,掺入芝麻、橘皮等,用布裹住按结实,然后切成薄片晒干而成,一般炒熟后当零食吃。也叫

"番薯片""番薯角"。

六谷 玉米,玉米在五谷之外,故称:～饼｜俗语:～施天花,番薯浇红芽。

芦稷 稷音季。高粱。清程瑶田《九谷考》:"稷,……北方谓之高粱。……高大似芦。"

夜稻 晚稻。也说"连作稻""晚青"(晚音慢)。

稻佩 稻穗:夜学放出撮～。也说"稻枚"。

倭豆 蚕豆,子实大而扁平。北方称为蚕豆或胡豆,绍兴称为罗汉豆。"倭豆"即"豌豆"之音转,宁波称胡豆为豌豆,与普通话不同:沙炒～｜～芽。

倭豆荚 荚音建。带荚的蚕豆:～刚上市,买眼去。

豆板 胡豆肉:油炸～。

兰花倭豆 干胡豆泡胀后在下方剪一刀,然后连壳在油里炸,剪过的地方向四周裂开,如盛开的兰花,故名:脚末头踢勒～介。

罗汉豆 豌豆,子实小而圆。也叫"蚕豆""细倭豆"。

赤豆 赤音尺。红小豆儿,子实暗红色:～棒冰。

带豆 长豇豆,因豆荚细长如带而得名。

梅豆 鲜豇豆,豆荚形如小刀,因在梅雨季节成熟上市,故名:俗语:油盐勿吃是～。

延笆豆 豆荚扁而宽大,呈粉红色,常蔓生于篱笆上,故名。也叫"扁豆":《红楼梦》第四十一回:"刘老老心中自忖道:'这里也有扁豆架子?'"

果肉 花生米:椒盐～｜油氽～。

洋芋艿 土豆。也叫"洋番薯""红毛番薯"。

毛芋艿 芋艿。因表面有纤毛,故称。

毛压芋艿 未经剥皮的芋艿:～搵蟹酱。

芋艿子 芋子,生在芋艿主块茎周围的小芋艿。

芋艿头 芋母,芋艿的主块茎,一般大如拳头,味道不如芋艿子;奉化产的芋艿头则大如小孩头,味美,是宁波著名土特产:俗语:跑过三关六码头,吃过奉化～。

芋艿燻鸡 燻音凹。芋艿炖鸡,是一种地方特色菜:俗语:十月芋艿燻鸡娘。也叫"燻鸡芋艿"。

天菜 一种蔬菜,茎长叶大,可长至数尺高,嫩时剥叶子吃,老了则以吃茎(天菜蕻)为主:～心烤肉。

盆子菜 塌棵菜,叶墨绿色,多皱折,株矮,贴着地面向四周摊开,形似盆子,故名。也叫"脱裤菜"("塌棵菜"之音转)。

软菜 叶用莙荙,北方俗称牛皮菜、厚皮菜。叶片大而色淡,有光泽,多煮羹吃:～蛤蜊羹。也叫"莙荙"(音君特)。

胶菜 大白菜,叶大,包紧,因原产于山东胶县一带而得名。

黄芽菜 芽音秧。形如大白菜,但不会卷心,菜心部分呈嫩黄色,故名。

包心菜 圆白菜,结球甘蓝,叶大而平滑,层层重叠,结成球状。也叫"卷心菜"。

青大头 一种颜色较深的大叶青菜。

白大头 一种颜色较淡的大叶青菜。

黑油筒 一种叶子油黑的青菜。也叫"黑油菜"。

小郎菜 一种青菜,较小,叶墨绿色,可以过冬:～炒年糕。也叫"小堂菜"。

茼菜 茼蒿,叶小而厚,边缘有齿缺,有一股特有的香味。

菠薐 薐音楞。菠菜:～佘豆腐。《集韵·登韵》:"薐,菠薐,菜名。卢登切。"也作"菠菠"。《玉篇·艸部》:"薐,菠薐。"

花菜 花椰菜,北方通称菜花,花呈块状,黄白色:～炒肉片。

菜心 青菜的中心部分:～蘑菇。

菜蕻 某些蔬菜植物的花茎,多指油菜蕻(北方通称为菜薹):～干。《广韵·送韵》:"蕻,草菜心长。胡贡切。"

雪地蕻 雪里蕻,芥菜的变种,多用于腌咸菜。雪天诸菜冻损,此菜独青,故名。

贝母地菜 套种在贝母地中的雪里蕻。由于生长空间小,这种菜往往长得很细长,比一般的雪里蕻要嫩。

花莲菜 荠菜：～炒年糕。也叫"花地菜""地菜"：俗语：三月三,地菜马兰揩屁眼。

马兰头 马兰。一种植物,清明前后可作蔬菜食用。清袁枚《随园食单》："～摘取嫩者,醋合笋拌食。油腻后食之可以醒脾。"

青 ①青蒿,叶子有香气,嫩叶可做青粿、青麖餈等。也叫"板青"。②艾,艾蒿。

苔生 生白读。一种苔菜,生长在海边能受潮水冲刷的石头上,可食用。也叫"青浪"。

苔条 一种苔藓植物,生长在海边,晒干后食用：～月饼｜～燜花生米。通称"苔菜"。

香莴笋 莴音胡。莴苣；莴笋。

洋葱头 洋葱的鳞茎。

碗头葱 胡葱,一种野生葱,有圆球形根茎：～烤河鲫鱼。也叫"碗葱"。

辣茄 辣椒：大泡～｜尖头～。

香蕈 蕈音近。香菇。《集韵·寝韵》："蕈,菌生木上。渠饮切。"也说"蕈"(音忍)。《广韵·寝韵》："蕈,菌生木上。慈荏切。"

平菇 一种柄短、体大而展开的蕈。

天萝 即丝瓜,嫩时可食用：～筅。

夜开花 ①瓠瓜,瓜圆形细长,因在夜间开花,故名。也叫"早蒲",简称"蒲"：歇后语：黄鼠狼看蒲样——吊煞｜歌谣：五月煮蒲羹,六月乘风凉。②喻指夜里精神好,擅长夜间工作或活动的人。

黄泥拱 一种生长在肥沃的黄泥里的优质毛笋(拱：往外顶)。也叫"黄泥拱笋"。

行鞭笋 行音行李之行。毛竹夏季生长在地下的根状嫩茎,可食用。也叫"鞭笋",因状如马鞭而得名。

野山笋 野生小竹笋的统称。

脚骨笋 一种细长的野生小竹笋。立夏那天,宁波有吃脚骨笋的习俗：立夏吃～,一年脚骨健健个。

乌笋 一种小竹笋,拇指粗细,壳深褐色,有斑点：歌谣：三月拗～,四月拔茅针。

龙须笋 龙须竹的笋。

雷笋 雷竹的笋,因早春打雷即出笋而得名:俗语:春雷响,～长。

鳗笋 一种小竹笋,拇指粗细,壳绿色,因笋顶端像河鳗尾巴而得名。

羊尾笋 用整条雷笋、鳗笋或龙须笋加粗盐烹煮而成,成品形如山羊尾巴,故名。

野山茶 野生的茶树及茶叶:该是～做个茶叶,味道交关嬼嚤!

老茶婆 质量不太好的老茶叶:嫩茶叶做绿茶,～做红茶。

白蒲 ①因未成熟瓜瓤呈白色的西瓜:西瓜觥拣,买了一只～。也说"白蒲西瓜"。②形容词。西瓜瓜瓤呈白色的,生的:该只西瓜看看蛮好,切开来是～。

脆瓜 菜瓜,瓜实长圆形,肉厚而脆,水分丰富。也叫"稍瓜"。

乌鳢鱼瓜 一种脆瓜,表面带有西瓜状条纹。

竹管筒瓜 一种脆瓜,个较小,长圆形,形如竹筒,故名。

黄金瓜 一种香瓜,长圆形,皮金黄色,故名。

海冬青 一种香瓜,皮青色,肉淡绿色。

了藤瓜 ①最后一批收摘的瓜:～有啥吃头啦!也叫"攋藤瓜"(攋音癞)、"扶藤瓜"(扶音大文读)。②喻指最后出现的人或最后得到的东西:几个兄弟里头其是～｜今年该笔奖金是～嚤。第二个意思也说"了藤饭瓜"。

饭瓜 南瓜,旧时多充当粮食吃,故名。

生梨 梨。《续海上繁华梦》二集第十三回:"也湘因嫌口苦,定要吃些～。"也叫"萧梨"、"梨头"。

水蜜桃 一种优质桃子,水分多,味儿甜。其中奉化水蜜桃最有名气。

金柑 金橘,果实大如鸽蛋,金黄色,味酸甜。加工成蜜饯就是金橘饼。也叫"金蛋"。

文旦 柚子。

香泡 形如柚子而较小。

广橘 橙子。

吊红 似柿子而小,椭圆形,皮薄而鲜红。也叫"底红"。

金孟 石榴树的果实:歌谣:五月石榴结～,早生贵子做阿娘。应钟《甬言稽诂·释草木》:"俗称石榴为～。"也作"金庬"。光绪《镇海县志》:"《管天笔记》:'杭越之间呼石榴为金庬,盖避钱镠讳也。'"

胖靾 音乓捧。薜荔的果实,球形,汁可制凉粉。《集韵·耕韵》:"胖,腹胀。披耕切。"《字汇·工部》:"靾,虚胀也。普蒙切。"胖靾盖由鼓胀义得名。也叫"木莲"。

金铃子 一种植物果实,大小如拳,呈纺锤形,金黄色,表皮有突起的小颗粒,瓤鲜红如血,呈糊状,有核若干颗。可供观赏,也可食用。

紫葡萄 葡萄。也叫"紫胡桃""水胡桃"。

白蒲枣 一种大白枣,多鲜食。清钱大昕《恒言录》卷五:"吴人谓枣之鲜者曰～。"

圆眼 旧称桂圆。宋周密《武林旧事》卷八:"胡桃二千个,～五十斤。"

杏梅 旧称杏子。

苗 读上声。覆盆子,一种野生带刺灌木的果实,似草莓而小,色红,味甜。也叫"苗子""苗公""摘公"。

蛇苗 即蛇莓,草本植物,果实似草莓,鲜红色,一般不食用。也叫"蛇果果"。

桑果 桑葚儿。也叫"桑果果"。

黑饭 ①即乌饭子、乌饭果,乌饭树(又叫青精树、南烛树)结的果实,圆珠形,黑色,常成串地结在一起,味酸甜,可食。②乌饭树叶汁浸泡糯米煮成的饭,黑色,故称。

三十六桶 即石蒜。石蒜球形鳞茎含有淀粉,但有毒,民间以为"漂过三十六桶水方可充饥"(《越谚》语),故名。

毛栗 一种野生小灌木所结的果实,似板栗而小。也叫"株栗"。

小胡桃 山核桃。

青果 鲜橄榄:儿歌:～两头尖,能使买蒲荠;蒲荠扁窄窄,能使买甘蔗。

蒲荠 荸荠。

老菱　二角菱:烤～。
刺菱　四角菱,角有刺。也叫"水菱"。
香瓜子　葵花子儿。
饭瓜子　南瓜子儿。通称"南瓜子"。
莲心　莲子:木耳～汤。
听头　罐头。听,英语 tin 的音译。
听头货　罐头食品。
咸齑　齑音机。咸菜,由雪里蕻腌制而成:邱隘～｜～黄鱼。"齑"本指用酱醋拌和的切碎的腌菜,引申为腌菜,也作"韲""虀""齏"等。也叫"咸菜""咸齑菜"。
苋菜股　苋音喊去声,下同。苋菜的长茎,一般腌制以后食用:俗语:～,盐茄糊,肚皮吃勒胀鼓鼓。也作"苋菜管"。
苋菜籽　本指苋菜的种子,因其极小,常用来比喻极小的事物:肚量像～介大。
盐茄糊　盐音演。腌制的茄子糊。
臭冬瓜　加臭卤腌制的冬瓜。
酱豆腐　豆腐乳,小块豆腐经过发酵、腌制而成。
霉豆腐　用盐水腌制而成的小块豆腐,比豆腐乳硬。有时也指豆腐乳。
霉千层　通过霉菌发酵制成的千张。
霉干菜　一种经特殊加工制成的咸菜干:～烤肉。《文明小史》第三十回:"端出来四碗菜,一样是～炖豆腐,绍兴人顶喜欢吃的。"
线粉　粉丝:牛肉～汤。也说"粉干"。
豆豉酱　豉音士,又音树。把黄豆或黑豆泡透弄熟再经发酵制成的食品。
豆板酱　把蚕豆去皮泡透弄熟再经发酵制成的食品。也叫"双缸酱"。
辣货酱　辣酱;用干辣椒制成的酱。
芋艿蓊　蓊音翁上声,下同。芋艿的叶梗。《广雅·释草》:"蓊,薹也。"
芋艿蓊瘪　芋艿茎去筋叶后的干制品,多蒸食。
笋麸咸齑　鲜毛笋和咸菜一起切碎煮熟后的干制品。也叫"笋麸咸菜"。

笋麸黄豆 鲜毛笋切成丁,与干大豆一起烤熟后的干制品。

豆荚干 鲜大豆连荚烤熟,然后晒干而成:绕口令:晒三晒花簌～。

盐花 盐霜,含盐分的东西干燥后表面呈现的粉末状盐粒。

春饼 油炸的长条形面皮卷,内包馅儿。也叫"春卷"。

路菜 旅途中吃的糕点食品:送～。《娱目醒心编》卷十二第二回:"连忙备酒饭饯行,又送了好些～。"

酒水 ①酒席(多指婚宴):办了五桌～。《警世通言》第十五卷:"看看十日限足,捕人也吃了几遍～,全无影响。"②酒席上的菜肴等:～交关好。

好日酒 喜酒。

开面酒 女子出嫁前一天所办的酒席。

正酒 旧俗喜酒要连续摆几天,其中主宴叫"正酒":～下饭顶好。

竖屋酒 上梁酒,盖房子时为庆祝上梁而办的酒席。

进屋酒 迁入新居后所办的喜庆酒席。

年夜饭 除夕夜合家团聚吃的饭。

羹饭 祭祀用的饭菜:忌日～｜做～。《古今小说》第三十八卷:"备下～纸钱当街祭献,其病即痊。"

夜羹饭 用来祭门口小鬼的羹饭:摆～｜～鬼。

味之素 味精。日语"味の素"的对译。

漉筛油 旧时一种甬产上等酱油。《鄞县通志》:"盖以竹篱探入酱瓮中,俾液汁渗入其中,以勺挹取之,不复搀和以水,故汁浓而味美。此～所由名也。昔年价廉,每斤仅制钱六十四文,故亦作六四油。"

抽油 旧时一种甬产上等酱油。"宁波抽油"是优质名牌产品。

米醋 醋。

山粉 芡粉,番薯等的淀粉,勾芡用:刨～。也叫"浆粉"。

碱水 即碱,制作某些食品时可用作配料:～粽。

料理 调味品,如酱、醋、糖、酒等:～多摆眼。

碗脚 脚又音桨,下同。吃剩的菜肴:吃饭错落嘴,只好吃眼～。也说"吃落脚"(此脚音桨)。

酒脚 酒的沉淀物,也指杯中吃剩的残酒。

扴羹桶 扴音唱。把吃剩的鱼肉蔬菜倒在一起的混合菜肴:好日酒办过,～会吃了半个月。也说"揍羹桶""戳落羹"(戳音浊)。

泔脚 泔水及倒掉的残羹剩饭:～喂猪。

吃场 ①食物;零食:买眼～拨小人吃吃。也说"吃场案""吃食":俗语:能使买勿值,勿可买吃食。②味道:带鱼透刮新鲜,～交关好。

汤水 给小孩吃的零食:侬莫哭,外婆拨侬吃～。应钟《甬言稽诂·释食》:"甬俗称馈贻小儿之食品曰～。"

闲食 零食:～吃过,饭嫑吃嗰。又叫"碎食"(碎又音色)。

伴手果 走访亲友时随身携带的给小孩吃的零食。也说"伴小果"。

包头 用粗草纸包扎成一头高一头低形状的红枣、黑枣、桂圆、胡桃等干果,正面贴有红纸,常用作礼品,春节期间尤为盛行:俗语:老长来走走,好觅挈～。也叫"斧头包""高包"。

望娘盘 望音网。女儿出嫁后第二天馈送给娘家的食品。

商量盏 商音相(《广韵·阳韵》式羊切)。旧俗小孩生下后第三天,以十二只酒盏盛糯米饭,上缀红糖,跟酒菜一起祭祀床神,祭毕即将糖饭分给家中和邻居的孩子们吃,以期将来能与小朋友友好相处,这种糖饭称为"商量盏"。

淡包 用发酵的面粉蒸成的食品,上圆下平,无馅。相当于普通话的"馒头"。

馒头 ①有甜馅的半球形面粉食品,蒸制而成。②同"米馒头"。

寿桃 用来祝寿的馒头,有甜馅,粉红色,状似桃子,故名。

油包 用猪油白糖为馅的馒头。刚出笼时极烫,一口咬下去馅儿就往外流,俗有"乡下人吃油包,背脊会烫起泡"的笑谈。

金团 用糯米粉做成的平圆形饼,中有甜馅,外粘松花,呈金黄色,故名:赵大有龙凤～。

麻团 用糯米粉做成的油炸球形食品,中有甜馅,外粘芝麻,故名:双嵌～。

汤果 一种用糯米粉做的短圆柱形圆子,无馅:儿歌:老公老婆,浆板～,～吭没熟,老公偷偷吃。

享先汤果 男子娶妻当天清晨分给参加婚礼的亲友及邻居吃的糯米圆子。

开面汤果 女子出嫁当天清晨分给参加婚礼的亲友及邻居吃的糯米圆子。

圆子 一种用糯米粉做的小圆子,无馅,比汤果更小:酒酿～。

汤团 汤圆,糯米粉做的球形食品,有馅儿,带汤吃。《警世通言》第六卷:"只见俞良立在那灶边,手里拿着一碗～正吃哩。"

猪油汤团 用猪油、芝麻和糖等做馅儿的汤圆,是宁波的特产点心,以缸鸭狗点心店做的最有名:缸鸭狗～。

甜羹 用酒酿圆子、红枣、白木耳、苹果、橘子等做成的羹。

汤果粉 做汤果、汤团等的水磨糯米粉:要过年嘞,去磨眼～来。

馅子 馅儿(豆沙～｜饺子吃～。

浆板 用糯米饭加甜酒曲酿制而成的一种食品:搭～｜～蛋。

酒酿 ①同"浆板":～圆子。②黄酒还未酿熟时的甜汁。

白药 白色的圆球形酒曲,用米粉、蓼等制成,用来酿造酒酿。

餺 音块去声。糯米蒸熟后捣碎做成的扁圆无馅食品:糯米～。

青团 糯米粉掺和艾蒿或青蒿做成的甜馅团子,宁波人清明上坟时常用它作祭品。

麢餈 音麻时。一种扁平无馅的糯米块,往往切成菱形或方形。外粘松花的叫"糯米麢餈",掺入艾蒿或青蒿做成的叫"青麢餈"。《玉篇·食部》:"麢,麢食也。莫波切。"又:"餈,餈饵也。疾资切。"

糖糕 一种加糖油炸的"V"字形面食。

油煠桧 煠桧音石桂。油条。俗谓取油炸宋朝奸臣秦桧夫妇之意。

粢饭 粢音刺,下同。糯米掺和粳米蒸熟后捏成的饭团,吃时一般内嵌油条,多当早点。

粢饭糕 一种糕点,将粢饭压结实,切成长方形,油炸而成:苔条～。

米馒头 湿米粉发酵后蒸制而成的掌心大小圆形食品,松软,无馅。也叫"馒头"。

黄皴糕　皴音内。用糯米掺和粳米的米粉加红糖蒸制而成的方形黄色糕点：儿歌：下饭吼没龙头鲞,点心吼没～。

水贴糕　贴音塔。湿米粉发酵后蒸制、切割而成的菱形块糕,松软,无馅：俗语：鸭肉骨头～,八月十六等勿到。也叫"方糕"。

灰汁团　米粉和早稻草灰汁做成的一种球形团子,无馅,色灰暗,有特殊的香味。

油贴黄　贴音塔,黄音汪。把面粉糊放在锅中油煎而成的薄面粉饼,形状不规则,呈蛋黄色。

箸夹管　箸音技（《广韵·御韵》迟倨切）。面疙瘩,把面粉糊用筷子或手一小块一小块放入水中煮熟而成。

麻饼　一种扁平的大圆面饼,外粘芝麻,上盖红印,常作订婚时男方送给女方的礼物：分～。

千层饼　一种方形小糕饼,用苔菜和面粉加调料碾成极薄的薄片,折叠烘制而成。溪口千层饼是奉化传统名特糕点。

和尚饼　一种不粘芝麻的小烧饼,外形圆凸而光滑,故名。

洋钱饼　一种面粉做的小糕饼,外粘芝麻,烘制而成,大小如铜钱,故名。也叫"金钱饼"。

苔生片　将苔菜、花生米碾碎,掺入面粉中做成薄片,然后烘制而成的一种糕点。

豆酥糖　用大豆粉和糖加工而成的一种食品,通常用纸包成小方包,是宁波特产：三北～。

油馓子　馓音赞。麻花,有甜、咸两种。也作"油馓子"。民国《定海县志》："馓子……今俗谓油馓子。馓读如盏。"也叫"油绳",因形似绳索而得名。

年糕片　切成薄片晾干的年糕制品,可炒食或爆成米花吃。也叫"年糕干""阴眼丝"。

年糕胖　年糕片做的爆米花。

冻米胖　即爆米花。也叫"米胖""胖脯""冻米大胖""冻米大王"。其中玉米做的爆米花叫"六谷胖"。

冻米糖 用冻米胖加麦芽糖做成的一种食品,多切成长方块。

炒毛麸 炒米粉,大米炒熟后加糖、干橘皮等配料磨成的粉末。

棒头糖 棒糖。

小糖 件头糖:外婆拨我吃了两件(颗)～。

寸金糖 一种糖食,用糖稀做成一寸长的棍形后,里面包糖馅,外面粘芝麻,酥软可口。

牛皮糖 一种韧性很强的麦芽糖,外粘芝麻:朆朆会长～。

发酵粉 酵音告,下同。酵母。

老酵 含有酵母的面团。也叫"酵头"。

老酒 ①酒的统称:吃～｜～吃醉嘞。②黄酒:绍兴～｜阿拉～(宁波产的一种黄酒)。

烧酒 白酒:俗语:南风吹吹,～注注。元郑德辉《三战吕布》第一折:"听得临阵肚里疼,吃上几钟热～。"

枪毙烧 指一种品质低劣的白酒,极刺喉,故名。

呛拍 呛音枪,下同。①烈味儿:烧酒出气嘞,～嗰没个。②指说话的威严或分寸:该人讲闲话～嗰没个。

呛气 烈味儿:烧酒～重。

还魂酒 酒醉清醒后再喝一点儿酒,以解除对酒的厌恶感,这种酒叫作"还魂酒"。

茶 ①开水:～滚嘞｜嘴巴燥煞,吃眼～。《警世通言》第二十二卷:"宜春便将瓦罐子舀了一罐滚热的～。"②用茶叶冲泡的茶水:人客来嘞快届～。

清茶 白开水(与"茶叶茶"相对)。也说"清水白滚汤"(含诙谑意):茶叶吃光嘞,清水白滚汤吃一杯。

茶叶茶 用茶叶冲泡的茶水(与"清茶""白开水"相对)。

冷茶 冷开水:俗语:热饭～淘,爹做郎中勿好。

热茶 热开水:天介冷,～喝杯的人会热个。

赤泡茶 泡得很酽的茶。

棒冰 冰棍儿。

地栗糕 一种冷饮,用荸荠汁冰冻而成。上海话管荸荠叫地栗,故名。

吃水 指饮食方面的质量和数量:该份人家～交关好。

热食 会使人上火的食物,如羊肉、狗肉等。

发食 发物,会使人过敏、上火或使疮恶化的食物,如蟹、虾、毛笋、油条、烧鹅等。

气 ①指味儿:甜～│辣～│咸～│油～。②用在形容词、动词后面,表示某种性状:蛮～│野～│慌～│齐～│忘记～介。

口 指某种味道或感觉:甜～│酸～│麻～│苦～。

9. 建　筑

屋里 屋又音挖。家;家里:回～│俗语:金窠银窠勿如～草窠。也说"屋落"。

屋地基 房屋的地基。也叫"屋基地"。

屋爿 房屋:破～│拆～。

草屋 用稻草、麦秸、芦苇等盖的房屋,旧时用来住人、关牲畜、放柴火杂物等。

瓦屋 用砖瓦盖的房屋。

五架屋 屋又音翁,下同。屋深有五架的房屋,一种小型的民宅(架:两柱之间叫一架)。

七架屋 屋深有七架的房屋,一种较大的民宅:～是有铜钿人家庹个。

坐起间 客厅。也叫"客堂间"。

堂前 中堂,是举行婚丧大事典礼的地方。

道地 住宅前的空场地。也说"道场地"。

晒场地 晒谷物等东西的场地。

偏头 正屋旁边搭建的小屋。也说"偏头间""偏舍""舍头""舍头间""舍":三间一舍。

柴间 专门放置柴草的屋子。

吃饭间 餐室。

灶偏间 搭建在正屋旁边或后面的厨房。

灶跟 厨房。也说"灶跟间""灶头间""灶间""厨房间"。

缸灶 缸瓦灶,较简陋,可移动:俗语:外头充阔佬,屋里烧～。

老虎灶 烧开水的大灶,灶体像蹲着的老虎,且"吃"柴量大,故称。也指烧卖开水的小店铺:到～去冲两瓶茶来。

灶头 ①灶台;锅台:揩～。②指灶边:俗语:有心好菊～立,呒心脚骨要立直(主人有心请你,你就有吃,否则怎么着都没用)。

灶囱 旧式大灶放油盐酱醋瓶罐的地方,位于锅的上方。

灶梁头 旧式大灶灶梁上方狭长的平面部分:儿歌:买来鲫鱼头,摆勒～|俗语:～跑马。

灶洞 灶膛;灶内烧火的地方:俗语:～红红响,人客到门墙。也说"灶屋洞"。

灶口地康 灶背后放柴和人坐着烧火的地方:俗语:～看老婆,越看越动火。也说"灶前地康"。

灶跟菩萨 灶神。也说"灶君菩萨"。

火缸 厨房内用砖砌成的长方形贮灰池:～焐粥。

坑头 厕所。也说"坑头间""坑跟间""屙坑间"。

屙缸 粪缸:俗语:～边头罚愿。也说"便缸"。

过路 旧式住宅中的通道,上披檐瓦以便雨天行走。

走路 过道;供人行走的路:门口～交关小,汽车也开勿进|俗语:买屋买～,买田买水路。《载花船》第六回:"进内平厅三间,良辅把两间做卧室,一间系～。"

明瓦 用硕大的鱼鳞片叠成的临时顶棚,可以避雨,但又不遮光。旧时贳器店有租。

隔火墙 旧式住宅中的一种防火高墙。

瓦爿墙 用碎瓦片垒成的墙。

龙骨墙 用中空的三面砖垒成的墙。

乱石墙 用乱石垒成的墙。

屋山尖头　山墙的尖端部分:俗语:～开门。

间架　间白读。房屋的宽度与深度。间指每间房的宽度,架就深度而言,两柱之间叫作一架,合起来叫作"间架":～大。

壁角　墙角:立～｜谜语:日里窸力索,夜里戤～(扫帚)。也说"壁角落头"。

檐楯　楯音肾,下同。屋檐,屋顶伸出墙外的部分。

檐楯口　屋檐下面的地方:自行车摆勒～。

滴水下　屋檐水滴下的附近一片地方。

阶沿　阶音街,下同。街道两旁或天井周围的石台阶:上～｜下～｜俗语:屁股像尺八磨,～阿要坐。

上阶沿　阶沿的上面一层:车子介多,走～。

下阶沿　阶沿的下面一层。

水溜　溜音留。安装在屋檐下用来承接雨水的槽形水管,用竹或铁皮制成。

汇角　建筑物交汇连接之处。也说"汇角沿""汇角头"。

屋头顶　顶音等,下同。屋顶。也叫"屋瓦头顶"。

阁顶　阁楼,一般用来堆放杂物。

楼顶　楼上:～楼下,电灯电话。

路梯　梯音胎,下同。①楼梯:水泥～｜亮眼～｜俗语:只听～响,吥没人看张。②梯子:借部～。

格步梯　大门前或坡道上的台阶:～遭(音廾)勿上。也说"格步路梯"。

路梯棚头　楼梯里:～磕了一跌。

搁廊　依墙而设的长条形板架,用来搁放物品:厨房间敲两只～好摆摆东西。

阓脚　阓音腰。用来分隔前后间的腰墙或板壁。《广韵·小韵》:"阓,隔也。於小切。"

天井　①天窗:开只～,屋里亮多嘴。②明堂,宅院中的露天空地。

老虎窗　屋顶上建造的形似小屋的通风设备,窗户可以开合:屋顶开了只～｜～吥没关好。

墙门 ①指旧式房子的大门:老～｜胡家～。《醒世恒言》第十五卷:"门前十来株倒垂杨柳,中间向阳两扇八字～。"②指大门及围墙内的地方:五号～｜该～出过几个大好佬。

矮门 阻挡鸡狗等进入屋内的小栅栏门。

石库门 门框、门槛用粗石条砌成的大门。也说"石库墙门"。

门枋 ①老式房子的门框直木。②指家风:败～。

门桯 桯音厅。门框,门扇周围固定在墙上的框子。也指一扇门内四边的木框架。《说文·木部》:"桯,桯也。"徐锴系传:"桯,即横木也。"

门栿 栿音薄,下同。位于门扇转轴上下两端的拱形小木头,上面一个中间有孔,便于门脱卸;下面一个托住门扇转轴。

地栿 门槛:～踏穿｜俗语:看见白牡丹,～忘记跫。《广韵·屋韵》:"栿,梁栿。房六切。"

门铃 铃音近。铁制的旧式门襻,一端固定在门上,另一端有孔,可扣在门钮上加锁。

门钮 固定在门框上与门铃相配用于加锁的铁扣。

门轧 横架在双扇门的后面使门不可开启的长木。也叫"门关"。

敦枋 安在两扇门中间的直木,关门时插上,开大门时拔出。平时多用来固定一扇门,另一扇通过与它相连的门闩来控制。也叫"直门关"。

排门 商店前面可以活动的成排木板,营业时脱下,打烊时安上:上～。

屋柱 房屋的柱子:俗语:头痛～碰,肚痛冷饭柸。

磉盘石 柱子底下的础石,形如石鼓。《广韵·荡韵》:"磉,柱下石也。苏朗切。"也说"磉子"。

窗门 窗户:～关拢。也说"窗槛""槛窗":《警世通言》第六卷:"(俞良)当下推开槛窗,望着下面湖水,待要跳下去。"

窗头 ①窗户:卫生间咉没～交关潮。②窗台:花摆勒～里。

窗帘布 窗帘:～敛敛拢。

纸窗 旧式窗户,以纸糊窗,故名。

推板 旧式窗户安装在玻璃窗里边的木板推窗,起掩蔽和保护作用。

槆子 槆音革。①窗户上的铁、木栅栏。《正字通·木部》:"槆,网户曰槆。"也说"亮梗":铁亮梗。②窗户的别称:开一只～。

迣栅 迣音辣,下同;栅音色。用来圈住猪、牛等的木栅栏:猪厩～。《说文·辵部》:"迣,遮也。"良薛切。也说"格栅":猪厩格栅|牛厩格栅。

迣板 挡板:手拉车～缚其牢。

遮迣 遮挡物:～哾没个,太阳晒落来多少结棍啦！|山路介小,旁边咦哾没～,走当心嗜！

枪笆 篱笆:打～|竹～|俗语:墙门对墙门,～对～。

短墙 较低的围墙。

阴沟洞 阴沟:羽毛球打进～里嚁。《二刻拍案惊奇》卷二:"他～里想天鹅肉吃哩！"

阳沟 阳音秧。露天的水沟,与阴沟相对:走路眼睛勿看,趷勒烂～里嚁。

泥荫 荫音瞒。一种平顶,用木条作主干,下面涂上石灰。

阁板 阁楼的楼板:该份人家势口交关好,下有地板,上有～。

搁栅 栅音色。用来搁置和支撑地板、楼板、阁板的长木。

洞壳板 水泥预制楼板。也说"空心板""预制板""多孔板"。

桁条 桁音行李之行。檩,架在屋上用来托住椽子的横木。《玉篇·木部》:"桁,屋桁也。下庚切。"

木屑板 纤维板,一种人造板材。也说"锯屑板"。

箯牐 牐音便,下同。铺在椽上瓦下的粗箯席。《集韵·霰韵》:"牐,屋箯。"又《铣韵》:"牐,床箯。婢典切。"

砖牐 铺在椽上瓦下的薄砖。

瓦片 旧式的拱形瓦,用于铺盖屋顶。

瓦爿 ①瓦片。②碎瓦片:～墙|俗语:雪上加霜,～放汤。又:千年～会翻身。

瓦爿滩 成堆的碎瓦片:俗语:女大三,～。

洋瓦　机制的平瓦。

龙骨　①一种中空的三面砖,剖面呈"凵"形:～墙。②老式水车上串联车板的木链。

开砖　砖坯横向中间割过一道线,用时可一开为两的一种砖。

二五十　一种青砖,大小如红砖,因其厚、宽、长比例为二、五、十,故名。

断橛　橛音掘。砖等的断截儿:～打墙。

乱石　形状不规则的石头:～墙｜～铺地基。

块石　加工成方形或长方形的石头:该老房子～墙,质量交关好。

条石　加工成长条形的石头:～放墙脚。

沙灰　建筑用的水泥砂浆:拌～｜搪～。

富阳灰　一种富阳产的优质石灰。

麻筋　拌和在抹墙石灰中的碎麻,起加固作用。

纸筋　拌和在抹墙泥浆、石灰中的碎稻草或粗纸纤维,起加固作用。光绪《镇海县志》:"《云笈七籖》:'炼紫精丹,用黄土、～为泥,泥瓶子身三遍。'"

画境线　室内墙裙上方起装饰作用的塑料条或薄板条,多漆成深色。

踢脚线　室内墙脚四周高约十公分的木板或水泥装饰保护带。

贴隔壁　①隔壁;紧挨着的屋子或人家:其庅勒我～｜～是做水产生意个。《何典》第三回:"我就在～,归去换甚便。"②紧挨着的座位:阿拉两人坐勒～。③形容词。紧挨着;距离很近:医院搭阿拉学堂～个。

门里厢　同一院子;住处很近的屋子或人家:钓来个鱼自家吃勿完,～分带开｜出了介大事体,～人会勿晓得啊?

邻舍　邻居。也说"邻舍家":王阿姨呕侬做邻舍家嗰!

隔壁邻舍　隔壁邻居。也说"邻舍隔壁"。

草窠　茅屋;俗语:金窠银窠不如屋里～。也说"草屋"。

混堂　浴室;俗语:～取当,完全外行。《醒世恒言》第一卷:"赵二在～内洗了个净浴,打扮得帽儿光光,衣衫簇簇。"

小菜场　菜市场。

粮站 粮食店:到～去买眼米来。
店家 家白读。店铺:该埭街～交关。
店堂 开店的房屋。也说"店堂间"。
广货店 百货店的旧称。
南货店 专门经营南北果品的食品店。
咸货店 专门经营咸水产品的商店。
酱货店 酱品店。
剃头店 理发店。
赁器店 赁音世。旧时一种专门出租用具的商店。《广韵·祭韵》:"赁,赊也,贷也。舒制切。"
摊头 设在路旁、广场等处的售货摊:摆～。
牢监 监狱:坐～。也说"监牢"。
牛厩间 厩音技,下同。牛圈。也说"牛厩"。
猪厩间 猪圈。也说"猪厩"。
鸭厩间 鸭棚;鸭舍。
鸡栅 栅音赛。鸡舍;鸡窝。《西游记》第三十一回:"(行者)一路打将去,好便似虎入羊群,鹰来～。"《广韵·谏韵》:"栅,篱栅。所晏切。"
猪槽 喂猪用盛猪食的槽形容器,用石块凿成,或用木板、砖头做成。

10. 交 通

脚踏车 自行车。也说"踏脚车"。
龙头 自行车、三轮车的车把:～把牢。
踏脚 自行车、三轮车的脚蹬。
撑脚 自行车的支架。
座垫 自行车、三轮车的鞍座。
书包架 自行车的后座:～上勿准带人。也叫"捎棚"(捎音骚)。

钢丝　自行车、三轮车的辐条。

轮盘　车轮。也说"擂盘"（擂音类）。

气胎　内胎：～瘪掉嚡。

黄鱼车　脚踏三轮货车。

手拉车　手推车；两轮板车。

黄包车　旧时一种用人拉的两轮载客车。

救命车　救护车。

救火车　消防车。

屙车　大粪车。

抲人车　警车。

淡包车　运尸车。

小包车　轿车。也叫"包车"：俗语：有铜钿人坐～，呒铜钿人吃灰沙。

拖鞋儿　皮卡车的俗称。

马达克　摩托车的旧称。也叫"机器脚踏车"。

棚车　闷罐车，铁路上带有铁棚的货运车辆，有时也用来代替客车：票子买勿着，只好乘～回老家过年。

火轮　轮船：小～｜大～。

回声　声音僧。汽笛。英语 whistle 的音译：厂里拉～嚡，好落班嚡｜上海轮船到嚡，～已经拉过嚡。

地庄船　农船。

抲鱼船　渔船。

艞子　艞音辣。船舷：俗语：人到三十顶风光，船到～顶会装。

抲水　船中舀水的器具。

看鸭船　鸭音晏上声。放鸭用的小船。

脚掫船　掫音蛙。用脚划桨的小船。

航船　定期航行于两地之间的载客运货的木船。

橹乌珠　支撑橹的小铁柱，顶端呈半球形：俗语：撮只～想打船。

风篷　帆：扯～。也说"篷"。

篙子　撑船用的竹竿。

船机 抽水机船。也叫"打水机船"。
石蛋路 用鹅卵石铺成的路。
汽车路 公路。
机耕路 农村开拖拉机的道路。
火车路 铁路。
站头 车站：～到嘞,好落车嘞。

11. 器物用具

家计 家白读,下同。家中财产,多指物品：撑～｜俗语：早睏晏爬起,败光爹娘老～。又：吃落实～,阎王夺勿去。《古今小说》第十二卷："原来柳七官人,虽做两任官职,毫无～。"
家私 家具,多指木器家具。吵架时砸对方家具称为"敲家私"：造孽归造孽,～敲勿来个。
房空 室内家具、器物：一道～｜该份人家～交关好。
家生 工具;器具：木匠～｜吃饭～｜手用～《古今小说》第二十六卷："二人收了,作别回家,便造房屋,买农具～。"宋吴自牧《梦粱录·卷十三·诸色杂货》："～动事,如桌、凳、凉床、交椅……马子、桶架、木杓……"
吃饭家生 指赖以养家糊口的工具：泥夹、泥刀、泥馒板是泥水个～。
家火 器物;用具：釉璃～(指易碎器物)。明贾仲名《升仙梦》第一折："天色晚了,收拾了～,我还家去。"也作"家伙"。
嫁资 嫁妆。也说"嫁资衣"：搬嫁资衣。
铺陈 嫁妆中的被席等物：三杠～｜五杠～。应钟《甬言稽诂·释器》："今嫁女妆奁之被席谓之～。"
衣橱 衣音迁,又音乌。衣柜。
幢箱橱 上可叠放箱子的木柜。
谷橱 存放粮食的橱柜。

被柜　被音避,柜音跪白读。放被子的大木柜。
杠箱　旧时搬嫁妆时所用的大木箱,红色,无盖,由两人用木棍抬。
挈夹　手提箱。甬剧《呆大烧香》:"～里摆一只大枕头,两边两只小枕头。"
眠床　床:俗语:肚饥勿论好羹汤,瞌眬勿论好～。《南史·鱼弘传》:"有～一张,皆是蹙柏。"
铺坞　铺位。
凉床　旧式大木床,做工考究,根据床前木框的弯曲弧度可分为"七弯凉床""九弯凉床"等种类。
高低床　床两头一高一低的床。
白鸽笼　双层床:寄宿生眍～。
凳橱　床头柜。
床桯　桯音厅,下同。床边坐人的长木:矮凳勿够,～坐哃。《说文·木部》:"桱,桯也。"徐错系传:"桯,即横木也。"也作"床厅":《三宝太监西洋记》第十六回:"睡在店房之中,床厅儿都也淹了。"
藤绷　藤制的床屉子。如今已很少见。
丈板　床板:三块～。
棕绷桯　棕绷四周的木框架,多用木倭树、枫树等硬木制成。
肚档　棕绷下面用来支撑直桯的弧形撑档。
滑子　席子;草席。
明席　宁波草席。也叫"宁席""甬席"。
被头　被音避,下同。被子:翻～。清王有光《吴下谚联》卷四:"～里做事终晓得。"
被挡头　被子横头所缝的布或毛巾,可随时拆洗。也说"被头挡"。
被夹里　被里子。
被窠　被窝儿:坐～。
被铺　铺盖:自带～。
垫被　褥子。
重被　用来送丧放入棺内的被子。也说"情被"。

帐子眼竿 用于悬挂蚊帐的竹竿。

踏床 踏又音笛。一种木制家具,比床低,长与床同,宽约五十公分,放在床前,便于上床和放鞋子:歌谣:红红帐子拖～,龙凤帐钩吊两旁。《水浒传》第四十五回:"那妇人也不应,自坐在～上,眼泪汪汪,口里叹气。"也说"地床"。

火柜 柜白读。一种木床,中空,冬天内置热灰、炭火以取暖:畚～(把热灰、炭火放入火柜内)。也说"火柜头":坐火柜头。

睏椅 椅又音迁上声。一种躺椅,既可斜躺,也可平卧,有竹制、木制、藤制等多种,多用于夏天乘凉。

箩窠 摇篮:摇～。也叫"摇箩":拐摇箩(拐读浊音)。

桌凳 桌子:圆～│方～。《金瓶梅词话》第十三回:"这西门庆掇过一张～来踏着,暗暗扒过墙来。"

八仙桌 八人座的大方桌,旧时酒宴上常用。

擦板桌 擦音出差之差。放在厨房内的一种长方形小桌子,下有横档可以插板,用于搁置物品。清范寅《越谚》卷下:"擦,(音)蔡。横插进去。"

碰和台 碰和音乓胡。一种方桌,四面各有一个小抽屉。常用来搓麻将。

抽斗 抽屉。

搁几 旧时置于中堂的一种长条桌,面子厚实:～大座。

矮凳 凳子:高～│小～│圆～。《醒世恒言》第二十卷:"走入门来,见母亲正坐在～上,一头绩麻,一边流泪。"

搁排凳 旧式衣橱前放置的一种凳子,每橱两条,略呈长方形,做工考究。也叫"衣橱凳""骨牌凳"(凳面形似骨牌,故名)。

石阶凳 阶音街。用条石搭起来的凳子:～坐仔讲聊天。

坐车 车又音川。小孩坐的四轮小推车。

铁车 缝纫机:踏～。也叫"缝衣机"。

家空篮 家又音帐。针线筐,形如盘,无柄,放针线、零布、剪刀等:俗语:九月廿七风,懒妇掏家空。

藤盘　用藤编制的盘子。

粉线袋　裁衣时打线用的小布袋,内装色粉,一根粗线从中通过,用来在布料上打线。泥瓦匠也可用它来打线。

䘺针　䘺音杭。做棉衣、大衣等时用来固定布料的一种大针,针脚较粗。《广韵·映韵》:"䘺,刺缝。下更切。"

繨被针　繨音影。用来缝被子的大针。《广韵·隐韵》:"繨,缝衣相著。於谨切。"

抵针　顶针儿。

针屁眼　针鼻儿;针上引线的孔:穿～。

骨针　打毛衣用的编织针的统称。其中竹制的叫"竹针",铝制的叫"钢针"。

面桶　脸盆。《水浒传》第二十一回:"捱到五更,宋江起来,～里冷水洗了脸。"也说"面盆"。

洋铅面桶　铝制的脸盆。也说"钢精面桶"。

脚桶　洗脚盆。也说"汏脚面桶""汏脚桶""脚盆"。

铅桶　白铁制的小水桶。

夜桶　马桶。

三夜桶　一种小型的马桶,无环,两边有耳。

夜桶箱　一种方形有盖木箱,内置马桶。也说"夜桶金箱""马桶箱"。

痰盂　便壶,尿壶。也说"痰瓶":儿歌:呕其倒痰瓶,依路砢蜻蜓。

便桶　大的粪桶,既是便器,又是农具:～担。

料勺　舀肥的长柄勺:俗语:便桶介眼睛～也吃没看张。

尿瓶　尿音书。虎子;尿壶:俗语:买只新～等勿到夜。

晾竿　晾音朗,下同。晒衣用的竹竿。《集韵·宕韵》:"晾,暴也。郎宕切。"

晾丫叉　①用来搁置晾竿的竹竿,上有许多小分叉。②用来叉取衣物的长柄叉子。

晾衣墩　用来插入并固定住晾丫叉的穿孔大圆石。

棶槌　音理除,下同。捣衣杵。《广韵·霁韵》:"棶,槌打物也。郎甸切。"

打花敠槌 弹棉花时敲弓弦用的木槌,形似敠槌,故名:俗语:～下大上。也叫"弹花敠槌"。

排刷 洗衣服的刷子。也叫"板刷"。

肥皂粉 洗衣粉。

拖纷 纷音风。拖把:破布头缚～。《何典》第一回:"喝声未绝,鬼囡已将～打下。"

屙扫帚 用来扫粪便的扫帚:俗语:～成筋(精)。

乇扫帚 乇音朱。秃扫帚,用旧了的竹枝扫帚,多用来扫猪粪等。"乇"为俗字,"生"字不出头,表示秃义。明孟称舜《娇红记》第五出:"这正是破粪箕,乇笤帚,娶将来和你一对儿相厮像。"也作"侏扫帚"。

被甩 甩音忽。用来掸被子的竹制掸子。也叫"被笚"(音答)。《集韵·盍韵》:"笚,竹相击。德盍切。"

鸡毛掸子 鸡毛制成的掸子,掸灰尘用。也叫"鸡毛刷帚"。

煤头纸 纸煤儿,用纸条搓成的引火用的细卷儿。

亮 灯:天暗嚯,～点来│俗语:阿姆点～,阿姊看样。

美孚灯 煤油灯,因由美国美孚石油公司出品,故名。也叫"火油灯"。

鬼灯笼 鬼白读。喻指微弱的忽明忽暗的灯火:路灯像～介,乌记亮记,看也看勿清爽。

洋烛 蜡烛。旧时从国外进口,故名。也说"洋蜡烛"。

火熜 熜音葱。铜手炉:俗语:天家冷冻冻,麻皮当～。《龙龛手鉴·火部》:"熜,熅器也。仓红反。"(熅,yūn,暖)《正字通·火部》:"熜,俗熜字。"

汤水壶 汤婆子。

司的克 手杖。英语 stick 的音译。也说"按杖棒"。

跟踷 音狼躺。瘸腿的人拄于腋下帮助走路的拐杖。

咬口 烟嘴儿:香烟～。

挖耳 耳白读。耳挖子。

明角 ①柔韧透明的薄片:～灯。②特指表蒙子。

图书　印章:俗语:～勿明,单子勿灵。《水浒传》第三十九回:"小生雕的～,亦无纤毫差错,怎地见得有脱卯处?"

私章　私人的姓名章:敲～。

印子　图章:敲～。

派司　指工作证、通行证等,英语 pass 的音译。

硬袙纸　袙音百,下同。硬纸:～箱。

纸袙箱　硬纸制作的大箱子:书安勒～里。

皮夹　钱包,票夹子:～拨充手充去嚡。

铜钿　①铜钱,圆形,中有方孔。②泛指钱:有～｜俗语:会赚～多背债,会讲闲话多招怪。第二个意思也说"铜钿银子""洋钱""洋钿":票子多少洋钿一张?

把戏　行业暗语,钱。

单票　指币值较小的零票:～哎没,找勿开。

角票　面值成角的钞票。

角子　硬币:五分头～。

块头　用在数字后,表示以"元"为单位的钱币面额:一～｜两张五～调一张十～。另外,以"角"为单位的钱币叫"角头",以"分"为单位的钱币叫"分头"。

乌　音碗。硬币背面无文字的一面:猜～字。

字　硬币正面有文字的一面。

剃头刀　①理发工具,有两排重叠的带刃的齿,使用时上排齿左右移动把头发剪下来。也叫"轧刀"。②剃刀;刮净毛发用的刀子。

刮刀布　理发匠磨刮剃刀的帆布条:面孔像～介厚。

头梳　梳音始。梳子。明冯梦龙《山歌·摆祠堂》:"爹娘面前弗敢带重孝,短短～袖里藏。"也说"梳""梳头梳"。

箆笓　音闭机。笓子,一种密齿梳。《说文·竹部》:"笓,取虮比也。"居之切。段玉裁注:"比笓古今字。……今江浙皆呼～。"也作"笓箕":《醒世恒言》第二十三卷:"用手去前前后后……捏了一遍,才把笓箕笓上两三笓箕。"

黏头树 黏音泥。有黏液的刨花,浸泡后其汁液可用来滋润头发,使头发便于梳理成型,旧时妇女常用。

扑粉团 扑香粉、爽身粉等的工具,多用棉织品做成。也说"粉扑"。

镬 锅:俗语:借米好落～,讨米难落～。《广韵·铎韵》:"镬,鼎镬。胡郭切。"也说"镬爿"(较俗,且不常说):俗语:人情急如债,镬爿揢出卖。也说"镬子"。

堂镬 上连固定圆桶的镬,圆桶上小下大,呈圆台形,多用于烧开水或煠家禽等。

尺四镬 镬又音红。口径一尺四寸的小镬:俗语:～吊起(指生活无着落)。

耳朵皮镬 一种带双耳的小镬。

饭镬 做饭用的铁镬子。

高镬盖 上面高起的锅盖,可增加锅的容量,便于蒸东西。

平镬盖 平的锅盖。

镬肚脐 锅底外部中心突出的部位。

镬墨灰 镬又音红。锅底上的烟子:刨～。也说"镬煤"。

镬扛 扛音戆大之戆。锅屉,蒸食物时所用的竹架子。也说"羹架"。

镬铲 锅铲。

茶壶 ①放在炉子上烧水的壶,多为铜制或铝制。②用来沏茶的壶,多为瓷制或陶制。

钢精锅子 铝制的平底锅,一般用来烧汤等。也说"钢种锅子""锅子"。

汤锅 安装在灶边利用余热热水的小水锅:～水泜面 | 头颈骨像铁～。

镬瓢 用来舀汤锅水的半球形铜瓢。

暖锅 火锅:冷天家吃～味道蛮派嚯。清顾禄《清嘉录》卷十二:"年夜祀先分岁,筵中皆用冰盆……中央则置以铜锡之锅,杂投食物于中,炉而烹之,谓之～。"

饭蒸 放在大锅上的无底无盖的木桶,桶的底部放置饭伞,用于蒸饭等。

饭伞 放在饭蒸底部的拱形架子,一般由竹架和棕榈薄片或丝瓜络两层组成:俗语:千拣万拣,拣个吮底~。

饭格子 铅制或塑料制的长方形饭盒。也说"饭格"。

饭窠 放置饭锅子的保暖器具。

火锹 锹音掀。用来出灶灰的木制或铁制畚斗,与火耙配合使用。

火耙 耙又音盘。耙灶灰的用具,由长方形的平板和一根长柄组成。

火梼 梼音拣。头上分叉的铁制拨火棒。《广韵·梼韵》:"梼,火杖。他念切。"也说"火梼棒头""火叉"(叉又音川):《西游记》第七十七回:"只有一个拿火叉的睡不稳,揉头搓脸。"

火钳 用来夹柴、煤等的铁钳。

火管 生火时吹火用的竹管。

獭草耙 獭音癞,耙又音盘。装有长柄,一端有竹齿或铁齿的耙子,用于聚拢乱草或柴叶:~獭松毛丝。

自来火 火柴。《海上花列传》第二十六回:"外场见是庄荔甫,忙划根~,点着洋灯。"也说"洋火"。

柴株 用作燃料的树根:掏~|歌谣《杖锡农民苦》:"~当棉袄,葛藤拦腰绞。"《说文·木部》:"株,木根也。"陟输切。

柴爿 劈成细长条的木柴:俗语:硬树~敲铜锣,日子长久总要破。《新上海》第四十三回:"卑职到厨房里劈~去了。"

硬柴 用来烧火的木柴。

软柴 较细软的柴火,如稻草、松叶等:硬柴经烧,~勿经烧。

刺柴 荆棘,带刺的小灌木:斫~手骨要当心。

木柿 柿音肺。斧子砍下的碎木片,可做柴火。《晋书·王濬传》:"濬造船于蜀,其~蔽江而下。"《说文·木部》:"柿,削木札朴也。"芳吠切。

锯屑 锯音肝去声。锯末,木屑,是制造纤维板的原料,也可做柴火。

麸炭 一种质地松脆的木炭。唐白居易《和〈自劝〉》之一:"日暮半炉~火,夜深一盏纱笼烛。"宋陆游《老学庵笔记》卷六:"浮炭者,谓投之水中而浮,今人谓之~。"

锭炭 一种质地坚硬、敲之发声的木炭,与麸炭相对。

煤球风炉 炉音罗。用煤球或煤饼作燃料,用来做饭、烧菜、烧水等的炉子:生～。也说"风炉":俗语:来发哥,头掳掳,来发老娭扇风炉。也说"煤球炉子"(炉读本音)。

煤饼 蜂窝煤。

五更机 煤油炉。也作"五更鸡":《海上花列传》第五十二回:"琪官复寻出一副紫铜五更鸡,亲手舀水烧茶。"

火油 煤油:～灯｜～炉。

筲箕 筲音骚,下同。半球状的淘米竹器,无盖无提梁:俗语:麦杆胡咙～肚。《广韵·肴韵》:"筲,斗筲,竹器。所交切。"也说"淘箩"。

饭筲箕 盛饭用的竹篮,有盖,有竹提梁,可以手提或挂起。也叫"饭筲箕篮""饭篮""饭篮筲箕""冷饭筲箕"。

筷箸笼 箸音技(《广韵·御韵》迟倨切)。筷笼子,底部有小孔,可漏水,有瓦制、竹制、塑料制等多种。

食罩 用来罩饭菜的竹编或塑料制的圆形罩子。

筅帚 筅音洗,下同。炊帚,刷洗锅碗等的小竹帚。《广韵·铣韵》:"筅,洗帚,饭具。苏典切。"

天萝筅 刷锅洗碗用的丝瓜络。

撩海 笊篱。也叫"撩筛"。

拗斗 木制的舀水器具,有竖柄有流。

铜勺 铜制的勺子。

铜瓢 铜制的半球形舀水器具。

铜千 铜制的盛饭勺子,形如调羹而大。

饭锹 锹音超。饭勺。也作"饭㪗":《广韵·宵韵》:"㪗,抄饭匙也。七遥切。"也说"饭瓢"。

薄刀 薄又音白。菜刀:磨剪刀铲～。《新上海》第四十一回:"拿了柄～,在沙石上霍落霍落磨了个飞快。"

庎橱 庎音介。放食物和餐具的橱,一般上为食橱,下为碗橱,中间有两个抽屉。《集韵·怪韵》:"庎,所以庋食器者。或作㭰。居拜切。"

民国《定海县志》:"甬呼食橱曰～。"

釉璃家火　家白读。指陶瓷器皿、玻璃器皿等易碎品。

碗盏　碗:大～｜吃饭～。

蓝边碗　外描蓝边的白瓷菜碗。

红花碗　外画红花的白瓷菜碗。

碗脚底　①碗外面的底圈儿:～交关油,揩一揩。②碗底:～有埭豁裂缝。也说"碗足底"。

盆子　盘儿,盛菜肴或调味品的器皿,底平而浅。与普通话指"盆儿"不同。

搁碟　高脚的碟子,用于盛酱油、醋等:酱油～。

荡口杯　搪瓷茶缸,有把儿,用来盛水、漱口等。

红毛瓶　红又音河。玻璃瓶。

塞头　塞子:瓶～｜热水瓶～。

盖头　盖子:瓶～｜水缸～｜蟹～。

药砂罐　煎中药的陶罐。

酒埕　埕音成,下同。酒坛。

埕头泥　酒坛封口的泥巴。

甏　音彭去声。瓮;坛子:盐～｜榨菜～｜焐粥～｜俗语:脚娘肚像～,只会摆样。《字汇·瓦部》:"～,瓶瓮。蒲孟切。"

油盝　盝音吊。一种盛油酱等的小甏。《说文·皿部》:"盝,器也。"止遥切。也叫"油盝甏"。

甑　音增。盛菜肴的陶器,口大于底,壁斜,口缘较厚,质粗厚而黄黑:大花～｜俗语:吓勒血做～噈。另,较大的甑叫"斗甑":脚娘肚斗甑介。

火油箱　①白铁皮做成的方形竖箱,用于贮存煤油或食品。②旧称低等妓女:敲～。

皮蛋缸　一种腹大、两头略小的缸,形似皮蛋,故名。

七石缸　可盛七石米的大缸。

泔脚缸　倒泔水及残羹剩饭的缸。

屙缸 粪缸:歌谣:邱隘咸齑～做,小白西瓜上山坡。也说"便缸"。

擂盆 擂音类,用于研磨食物或药物的口广而深的石盆。

捣臼 大石臼:俗语:笨贼偷～。又:三九四九,胶碎～。也说"捣臼丸"。

捣子头 在石臼中捣物的杵,顶端为半球形石头。也说"捣臼子"。

印糕板 做糕用的模子,用木料制成,里面刻有花纹图案,常见的有年糕板、金团板等:两爹像～印过一样个。也说"印板"。

提桶 圆球形木桶,漆成朱红色,有盖,上有长木提梁,可以提挈,故名。常吊在房中,用来装干的食品。

果桶 漆成朱红色的圆球形木桶,比提桶大,有盖无提梁,用来贮存干果糕饼等:谜语:金漆～白米饭,擂来擂去汆倒翻(荸荠)。

羹桶 旧时婚丧大事时用来盛菜盛羹的木桶,大而较浅。

挈当 有提梁可提挈的小水桶。也说"挈当桶""挈水桶"。

吊梁桶 井中打水用的小木桶。

环 音掼。提梁,器物上用手提挈的环或把:篮～｜水桶～｜俗语:要紧勿得慢,尿瓶挈只～。俗作"甩"。也作"㧅":民国《定海县志》:"凡物之襻以便手提者俗多曰㧅。"

环头 环读骨浊音。桶、篮等上面用来穿插扁担、杠棍的绳环。

鋬头 鋬音盼。器物上用手提的部分:箱子～。《集韵·谏韵》:"鋬,器系。普患切。"也说"鋬":门鋬。

排销 用来连接木板的竹钉:俗语:十只指末头连～。也叫"销钉"。

摇皮 合页,由两块长方形的金属片组成,安装在门窗上,使门窗能开合。

铰链 ①安装在木箱等家具上面的金属襻,兼有装饰作用。②同"摇皮"。

罐头 罐子:茶叶～｜饼干～。

锡瓶 锡制的六角形盛器,颈圆,有盖,密封性好,常用来贮存茶叶等怕潮的物品。

镴酒壶 用锡铝合金铸成的酒壶,表面铸有花纹图案。

五事 神案前陈设的锡制灯台、香炉、花插等五种供具。

元宝篮 两头往上翘,形似元宝的长腰形篮子,一般用手臂挽在腰间。

大苏篮 一种大竹篮,较结实,提梁较长。

饼盆篮 盛食物的竹篮,分若干格,可重叠,上有提梁,做工考究,多漆成朱红色。

幢篮 盛食物的大竹篮,分若干格,叠在一起,常用扁担挑。

杭州篮 杭州产细篾编竹篮,底呈六角形,把手较长。

簝 音寨,又音咋。用竹篾编成的器具,圆形平底疏孔,边框很浅,用来晒物、筛物或养蚕等。

晒花簝 用来晒棉花的圆形平底疏孔竹器。

筛谷簝 筛音师,下同。用来分离稻草和稻谷的圆形平底疏孔筛子。

米筛 用来筛谷、米等的筛子。

板筛 用来筛糠等的筛子,孔眼比米筛细密。

白篮 用竹篾编成的大容器,圆形平底,边框很浅,常用来晒东西。

豁白篮 豁音忽。边框裂开的白篮,常用作比喻:帐篷洞眼～介。

团匾 用竹篾编成的容器,比白篮浅而小。也说"团箕"。

籨子 籨音力。竹篾编成的晒物器具,形如门板:鲎头晒勒～高头。《广韵·叶韵》:"籨,编竹为之。良涉切。"也叫"籨":番薯籨。

簟 音电。用来晒稻谷、棉花等的大竹席,略呈方形。《广韵·忝韵》:"簟,竹席。徒玷切。"

摊谷耙 耙又音盘。用于翻晒或聚拢谷物的器具,装有长柄,一端是长方形的木板:要落雨喽,水泥地垟晒的谷快用～耙耙拢。

袋皮 ①衣袋:钞票园勒～里。也叫"袋袋"。②布袋;麻袋:一～谷。

挈袋 手提包。

洋粉袋 装面粉或米的布袋。

网线袋 网兜,用线绳等编成的装东西的兜子:热水瓶、面桶和总装勒～里。

蛇皮袋 编织丝袋,表面粗糙似蛇皮,故名。

招文袋 朝圣用的香袋,多印有"朝山进香"字样。

招头纸 包头上所贴的红纸,作用相当于商标纸,多印有"南北果品"

等字样及店名。

壳子　外壳,具有一定形状、套在物体外面的东西:香烟～｜热水瓶～｜牙膏～。

壳郎　外壳;框架:空～｜介壮牛病生过只剩～嚞。也说"壳落"。

芭蕉扇　蒲扇,用香蒲叶做成的扇子。

棒头　棍棒。

孝杖棒　孝音耗。哭丧棒。也说"孝杖棒头"。

呼筱丝　筱音小。去叶的细竹枝,旧时家长用来打孩子:小鬼,再坏坏我要使～掼嚞!《广韵·筱韵》:"筱,细竹也。先鸟切。"清范寅《越谚》卷中:"竹筱,筱……越指竹枝。"也说"乌筱丝""竹筱丝"。

橛头　橛音局。短小的一段东西:树～｜砖～。

滴子　弹簧门锁上的小扣件、小盖子上的小把儿、帽子顶上的小圆蒂等:高压锅～｜门关好～莫忘记扣上。

绷栓　固定住旧式门闩或弹簧门锁的小扣件:小～扣上。

秤花　秤星:俗语:钉煞～生煞命。又:萝卜卖完,～还只晓得。

里纽　离秤钩较近的那根秤纽,用来称较重的东西:俗语:外纽看边,～看天。

外纽　离秤钩较远的那根秤纽,用来称较轻的东西:介眼东西,～称称其好嚞。

旋凿　改锥,螺丝刀。

扳头　扳手,扳子。

压勿杀　千斤顶。

火表　电度表:校～。

插扑　插头。也说"扑落"(英语 plug 的音译):三和扑落。

揩布　抹布。

揩桌布　用来擦桌子、洗碗等的布块。也叫"刷桌布"。

揩脚布　用来擦脚的布块。

刷帚　①用来粉刷墙壁的刷子:箬壳～。②用来清除脏物或聚拢细物的刷子。

漆帚 用来涂抹油漆的刷子。

砂皮 用来磨光竹木、金属等器物的砂纸或砂布。

铅皮 镀锌的薄铁板,不易生锈。颜色像铅,故名。也叫“洋铅皮”。

泥夹 泥水匠工具,有把手,用来涂抹砂浆等并刮平表面:俗语:泥水家生烂推扳,~泥刀泥镘板。

泥刀 泥水匠工具,形似菜刀,用来砍断砖块,涂抹砂浆等。

泥镘板 镘音瞒。泥水匠工具,用来接盛涂抹物的木板,形似乒乓拍。《集韵·模韵》:“杇,泥镘也,涂工之具。”“镘”也作“墁”。《广韵·换韵》:“墁,所以涂饰墙。莫半切。”

泥桶 泥水匠工具,用来盛砂浆等的木制或塑料制小桶。

锯路 锯音肝去声。锯木头时锯齿的纹路:~笪嚅。

钻子 用于钻孔的锥子。

木马 木匠用来砍削木件的三脚粗木凳,凳面为一块粗糙厚实的大木头。

蛮矮凳 用来砍削、加工物件的四脚长凳,凳面粗糙。

洋铐 手铐:吃~。因形似“8”字,又戏称为“808”。

羊角 镐,刨土工具。

锄头 锄音如,又音时,下同。锄;一种常用农具:俗语:呒角~乱劆。

板锄 一种狭长而厚实的重型锄头,用来撬石板、掘硬地等。

麦捣孔 种麦子、油菜、棉花等作物时用来打孔的农具。也说“麦水孔”“麦捣子头”“麦扨”(音唱)。《集韵·江韵》:“扨,《博雅》:撞也。初江切。”

扂头 扂音金。插在卯榫或其他孔隙里的小竹木片,起固定作用:锄头脱出嚅,~换大眼。

畈锨 音戆掀。铲沟用的铁锨。

铧锹 锹音超。挖沟用的铁锨,垂直平口,有长柄。

犁镵 镵音劖阳平。犁铧。《广韵·衔韵》:“镵,吴人云犁铁。锄衔切。”也说“犁镵头”。

平耙 耙的一种,装有两三排铁齿,用来弄平泥土。

滚耙 耙的一种,装有滚筒,滚筒上有铁齿,用来打碎泥土。

落地耙 耙的一种,用竹竿做长柄,有铁齿,给套种在早稻中间的晚青(晚稻)耘田时,来回拉动以松土除草。

沙镖 镖音机。带锯齿的割稻弯刀:歌谣:甘粒芝麻田头摊,放落〜就吮饭。通作"沙尖"。也叫"镖子刀"(此镖音结)。《广韵·屑韵》:"镖,镰别名也。古屑切。"

斫柴刀 斫音足。砍柴刀。也叫"茅刀";借手(左手)茅刀。

钩刀 一种狭长的刀,刀头大而重,勾刃很短,几乎不用,只用直刃来砍树木等:肉骨头要〜斩。

铰刀 铰音稿。铡刀。

稻叉 叠草蓬时用于叉取、丢掷稻草把的双股铁叉,装有长柄。

草蓬 叠在露天的稻草垛:俗语:后生三斗三升火,〜脚下勿可坐。

柴蓬 叠在露天的柴垛。《西游记》第四十五回:"八戒笑道:'他害你了。若还没雨,拿上〜,一把火了帐!'"

撬棍 撬杠。

杠棍 抬东西的竹杠。

㧾担 㧾音葱。两头削尖的木扁担,用来挑柴草。《广韵·东韵》:"㧾,尖头担也。仓红切。"

担钩 木制或铁制的钩子,一头系在扁担上,一头用来勾住所挑的东西。

朵拄 一头分叉的木棍,歇肩时用来支撑担子,挑担时搁在扁担下、另一肩上用来分担重量。

马嘴 用来畚米、谷等的小畚斗,形似马嘴,故名。

粪箕 用竹条编成的容器,平底,略呈长方形,三面有边沿,一面敞口,上有两条交叉的短提梁,用途很广。清范寅《越谚》卷中:"〜,畚土器。"也叫"土箕"。

土笥 笥音司。①装有长提梁,可以肩挑的竹箕,用来挑秧、挑稻草等。《集韵·之韵》:"笥,竹器。新兹切。"也叫"长环粪箕"(环音掼)。②同"粪箕"。

板箩 一种用手指宽篾片编成的竹箩,用来盛颗粒较细的物品。

夹箩 一种编制细密的双层竹箩,用来盛米、菜籽、糠等颗粒较细的物品:俗语:死话没~。

茶箩 采茶时用来装茶叶的两头小、肚子大的圆形竹箩。

簟篓 簟音电。用竹篾编成的容器,方底圆口,有盖,常用来装运寿包、馒头、米、面及酒埕等。

打稻机 稻谷脱粒机,有脚踏和电动两种。

稻桶 脱粒用的底小口大四方大木桶,一种是在稻桶里掼稻使脱粒的,一种是脱粒机盛稻谷的:俗语:~响,米价涨。

谷箩头 装满稻谷的箩筐:挑~。

种田绳 插秧时所拉的准绳。也叫"苗绳":种田看苗绳。

络绳 一种手指粗的麻绳。

麻弹 一种特别粗的麻绳,常用来捆石板等重物:俗语:小舌头使~吊。

稻系绳 系音记。一种手指粗的麻绳,一头系有木钩子,捆柴草时可用它来揪紧。

草苫 苫音扇。用稻草编成的遮盖物,用于盖屋顶、猪圈、砖坯等。《三国志·魏书·刘馥传》:"又高为城垒,多积木石,编作~数千万枚,益贮鱼膏数千斛,为战守备。"《广韵·艳韵》:"苫,以草覆屋。舒赡切。"

龙骨车 水车,带水的木板用木榫连接成环带,形如龙骨,故称。宋陆游《春晚即事》诗之四:"~鸣水入塘,雨来犹可望丰穰。"也叫"车"(音川)。

牛车盘 牛牵水车中带齿轮的大圆木盘。

牛轭 牛拉东西时架在脖子上的弧形木制器具。

牛棬 棬音君去声。穿在牛鼻子上的小木棍或小铁环。《说文·木部》:"棬,牛鼻中环也。"居倦切。也说"牛鼻棬""牛鼻销"。

牛控箁 箁音部。牛耕田时套在嘴巴上的篾制器具,以防止它吃庄稼。

肥 音皮。粪便;肥料:浇~。也说"料":壅料。

鸭泥 鸭厩中垫底的草和粪便的混合物,可作肥料。

猪泥　猪圈中垫底的草和粪便的混合物,可作肥料。

煝焦泥　煝音美。用草泥煅烧而成的肥料,可作种蔬菜的基肥。

缸沙　粪缸底部的沉淀物,是上等的肥料:掏～。

屙浸草　长久浸泡在粪缸中的稻草,可作基肥。

罾　音增。一种方形鱼网,形如仰伞,上提捕鱼:扳～(罾的一种)。《说文·网部》:"～,鱼网也。"作腾切。《汉书·陈胜传》颜师古注:"～,鱼网也,形似仰繖(伞)盖,四维而举之。"

撩篷　一种简易捕鱼工具,在长竹竿上系一个小圆网,用来捕捞浮游在水面的鱼。

鱼罩　捕鱼用的竹编罩子,按入水中以捕鱼。《说文·网部》:"罩,捕鱼器也。"都教切。

黄鳝笼　鳝音现。用来捕捉黄鳝的小竹笼。

搕篓　搕音克。圆口长颈腹扁大的小竹篓,常系在腰间以盛鱼虾等:儿歌:小妹妹,小弟弟,春二三月钓田鸡,钓来田鸡放勒～里。也叫"搕箩"。

刀笼箁　箁音部,下同。一种一尺来长圆柱体的小竹篓,常系在背上用来盛刀具或鱼虾等。

箁　①用篾条等编成的容器,比箩矮,孔较大:牛草～｜带鱼～。②量词:一～带鱼｜两～蟹。宋戴侗《六书故·植物三》:"～,篮类。"也作"箔"。《集韵·姥韵》:"箔,竹器。伴姥切。"

箁篮　一种孔眼较大的大竹篮。

倒扎钩　有倒刺的鱼钩,鱼上钩后不易逃脱。

窝饳　饳音主,又音止。钓鱼时事先撒下的成团状诱饵:打～。《集韵·遇韵》:"饳,饵也。株遇切。"也作"窝子"。

纸头　纸。

申报纸　报纸,《申报》是过去上海出的一种日报,后泛指报纸:弄张～包包东西。

黏胶纸　胶音高。胶纸。

大字簿　大文读。练习写毛笔字的米字格本子。

方言词·名物类·器物用具

墨笔 毛笔:其一手～字写勒交关好。

笔套管 笔帽。

砚瓦 瓦音岳。砚台:《水浒传》第二十六回:"将了～笔墨,就买了三五张纸藏在身边。"也说"砚瓦爿"。

教方板 教音告。旧时用来打学生手心的长方形木块:打～。

大头别针 大头针。

揿钉 圆钉。也说"图书钉"。

镊子钳 镊子。

轧钳 弹簧夹子,用于夹住纸张、衣服等:木～｜铁～。

情信 情书:闲早子一封～带来带去多少勿方便啦,该响QQ、微信,眼睛一眨联系上嗬!

信壳 信封:《官场现形记》第三回:"胡理将信从～里取出,看了一遍。"

揩刷 黑板刷儿。也说"揩刷团"。

响器 锣、鼓、钹等乐器的统称。《鼓掌绝尘》第二十六回:"殊不知那些神道,都要人喜神欢,必须动一动～才好。"

毅鼓 毅音笃。一种有架的扁形小鼓。《说文·殳部》:"毅,椎毄(击)物也。"冬毒切。

镗锣 镗音堂。铜锣:俗语:～敲腐七面,名声扬到福建。《黄绣球》第十六回:"王老娘敲着～,曹新姑点了两记鼓板。"也作"糖锣":明冯梦龙《山歌·两郎》:"两面糖锣各自荡。"

铴锣 铴读太鼻化音。手提的小铜锣:轧出～。《清会典事例·乐制·乐器一》:"十九曰铴,范铜为之……上穿二孔,系黄绒绁,以木片击之。"

戤叉 小的铜钹,由两个突起成半球形的圆铜片拍打发声。

凤凰箫 箫。也叫"吹箫"。

横箫 笛子。也说"箫"。

胡琴 二胡:俗语:讨饭～隔壁听。也说"卢琴"。

叫子 哨子:吹～。《海上花列传》第五十六回:"因向身边取出一枚～,望内'许'的一吹。"也说"叫扁"。

107

鹞子 风筝:歌谣:正月轧瓜子,二月放～。

鹞虹 风筝上所装的篾琴,风一吹能发出响声:歌谣:～喤喤响,天日日日长,口吃肚商量。

大头壳子 形如弥勒佛的头套面具。

野狐狸 ①假面具:大头壳子～。②喻指很脏的脸:面孔像～介。

人案头 图书中的人像及泥偶、木偶等的统称。也说"人案"。

木头人案 木偶。

搣陀螺 音蜜特郎。用手捻转的陀螺,上有小把。

打煞坯 用绳抽打旋转的陀螺。也说"打勿煞"。其中菱形的陀螺叫"菱角"。

擂木圆 用木、瓦等制成的扁圆形小玩具,用来滚动:儿歌:～,擂进来,跳三记,跫三记。

蛋壳球 乒乓球。也说"蛋壳皮球"。

花绿纸 ①儿童玩耍用的小方块形彩画纸,常画有成套图案。②旧称彩色画:过年快嚯,买两张～贴贴墙壁。也叫"花腊纸",因画纸色彩斑斓又大多是上了蜡光的,故称。

红毛人 画有各种人物图案的小硬纸片儿,大小如火柴盒,是一种小孩玩具。

小书 连环画:看～｜～摊。

炮仗 爆竹:放～。《红楼梦》第五十四回:"几个人抬着个房子大的～往城外放去,引了上万的人跟着瞧去。"

百子炮 鞭炮。

洋泡泡 气球:吹～。也叫"吹吹泡"。

派司牌 牌音办。扑克牌。也说"杜路克""杜路克牌""老K牌"。

沙沙板 滑梯:小朋友～高头沙落来。

嬲和东西 嬲音奶文读。玩具:～小人个打个欢喜个。

烁头 烁音和。棺材两端的木板。大的一头叫"上烁头",小的一头叫"下烁头"。《广雅·释器》:"其当谓之烁。"王念孙疏证:"当,谓棺前后蔽也。……烁,通作和。《吕氏春秋·开春论》云:'昔王季历葬于涡山之尾,爨水啮其墓,见棺之前和。'"《广韵·戈韵》:"𣪘,棺头。户戈切。"也作"和头"。清翟灏《通俗编·器用》:"今人称棺前后曰和头。"

12. 动　物

牨　音樱桃之樱白读上声。牛犊:俗语:冬冷勿算冷,春冷冻煞～。《集韵·梗韵》:"～,吴人谓犊曰～。於杏切。"

牛娘　母牛。

牯牛　牯音古,下同。公牛。《正字通·牛部》:"牯,音古。俗呼牡牛曰牯。"

羯牛　羯音结,下同。阉割过的公牛。

哓猪　哓音饶。猪。也说"愚猪""泥猪"。

猪娘　用来繁殖的母猪:老～｜俗语:商商量量,养只～。

牯猪　用来配种的公猪。

肉猪　经过阉割专供食用的猪。

黄狗　黄又音胡,狗又音敢。狗的统称:俗语:好日～奔弄堂。又:打煞～勿离窠。又:瞎眼～碰着倒㾴缸。

矮趵狗　趵音彭。矮脚狗:谜语:～,吸壁走,打一枪,会开口(锁)。《广韵·唐韵》:"趵,脚胫曲貌。步光切。"《说文·足部》:"趵,曲胫马也。读与彭同。"

羯狗娘　阉割过的母狗,性凶悍,善于守家。

偎灶猫　①挨在灶边取暖睡眠的猫。②喻指精神萎靡不振的人:侬今末鏖像～介,一眼吷没精神?

骟鸡　骟音细。阉割过的公鸡:真～｜假～。《正字通·马部》:"骟,音扇。割去势也。"也作"线鸡":元汤式《庆东原·田家乐》曲:"线鸡长膘,绵羊下羔。"

赶骚雄鸡　①未经阉割的雄鸡,常追逐母鸡求交配。也叫"个个郎"

（个读各浊音）。②喻指厚着脸皮死缠女性的男人。《缀白裘》七集卷三："张相公,我搭吽两人阿像～?"

鸡娘 孵过小鸡的母鸡:歌谣:九月九重阳,十月芋芳焐～。

草鸡 母鸡,多指未生过蛋的母鸡:俗语:梅林～生大蛋。元关汉卿《鲁斋郎》第三折:"你夺了我的浑家,～也不曾与我一个。"也作"骒鸡"。《正字通·马部》:"骒,牝畜之通称。"

赖孵鸡 孵音部。停止下蛋并赖在窝里的母鸡:俗语:眼睛一眨,～变鸭。也说"赖孵鸡娘""赖孵草鸡"。

老伏卵 伏卵音薄罗。老母鸡:养只～生生蛋。

梅林鸡 一种蛋鸡,个小,产蛋率高。也叫"象山鸡"（象音丈）。

芦花鸡 一种毛羽黑白相间如芦花的鸡,个大,肉肥美。

乌脚鸡 一种脚爪黑色的鸡,个头较小,俗说有滋补作用:～吃仔将补个。

出膊鸡 羽毛稀少的鸡。

瘟鸡 ①得了瘟病的鸡。②比喻像瘟鸡似的无精打采的人:吃酒辰光神气活现个,一杯一杯喝,该响变～嗨。

有势蛋 受过精的蛋;种蛋。

孵胎蛋 孵音部。孵化未成的蛋。

烂糖鸡屙 形如溶化了的黄糖的鸡屎。

鹅娘 雌鹅;下蛋鹅:俗语:三只～,抵只猪娘。

哮管 哮音耗。气管（多指家禽的）。

膯 音登。禽类的嗉囊:胀～｜鸡～鼓｜俗语:鸭～抵火烧。清平步青《霞外捃屑·释谚》:"越人称鸡鸭之胃谓～。"

活狲 ①猴子:俗语:～掇热石,勿是爬就是挖。《海上繁华梦》二集第二十九回:"面颊上隐隐生着多少雀斑,……却把些粉来涂着,涂得像了只～屁股。"②指人（用来骂人或含轻狎意）:小～｜大～｜老～｜侬该～,到该响还只来! 这个意思也说"活狲头":该活狲头难相哦? 讲好掉东西咦打弹子嗨!③泛指不好的人或物（作定语）:～介人,好啕睬其个｜～介电脑,咦坏掉嗨!

拖鸡豹　一种小兽,似猫而大,专门偷鸡吃。

角麂　麂子,小型的鹿,雄的有长牙和短角。也说"打角麂""角麂吭郎"。

豺狗　豺,似狼而小,性凶残。

稻鸡　栖息在稻田或席草田中的一种飞禽,似鸡而小。

雁鹅　雁音外。大雁。《警世通言》第四十卷:"~夜夜鸣更鼓,鱼鳖朝朝拜冕旒。"

老鸦　鸦音丫,下同;又音欧。乌鸦。《笑府》卷三:"众问故,答曰:'~叫。'"(原注:"吴音鸦、乇同。")也说"乌老鸦"。

水老鸦　鸬鹚。

鸦鹊　喜鹊:~叫,客人到。

白鸽　鸽子:放~。

逐魂　猫头鹰:俗语:~装翠鸟,毛羽欠细巧。

步鸪　布谷鸟,模拟鸣声而得名:愁水~。

麻将　麻雀(将即"雀"之儿化音变):稻熟~｜俗语:~要园三日粮。通作"麻雀"。

长脚鹭鸶　白鹭。

蚱蜩　音炸连。蝉,知了。也叫"叫蜩"。

癞鼃哥　鼃音施。蝉的一种,模拟鸣声而得名。

夜独郎　一种专在夜间鸣叫的蝉。

老鼠　鼠音子,下同。鼠的通称:俗语:~翻进白米缸。

红皮老鼠　幼鼠。幼鼠皮红无毛,故称:刚生出小毛头像~介,交关滑稽。

瞎眼地鼠　地鼠。民间以为地鼠视力差,故称。

蝙蝠老鼠　蝙蝠:儿歌:落雨嘈,打烊嘈,~开会嘈。

蚊虫　蚊音门,下同。蚊子:俗语:七月半,~多一半。

蚊烟丝　一种形如蚊子的小飞虫,常在夏天黄昏群飞。因成群如烟、细小如丝,故名。也叫"蚊虫烟丝"。

屙钻　一种极其细小的小飞虫,肉眼看不太清,叮人极痒:早夜做生活顶怕~咬。

田钻 一种形似蛆的白色小虫,有刺,生活在水田中,常屈体弹动,蜇人极疼。有的地方也叫"屙钻"。

火萤头 萤又音荣。萤火虫:儿歌:～,夜夜红。

黄虻 虻音猛。牛虻。

虎蜱 蜱音屄,下同。牛虱,寄生在人、畜身上的一种吸血昆虫,体扁平,大小如西瓜子,可钻入皮肤深处。《说文·虫部》:"蜱,啮牛虫也。"边兮切。

草蜱 一种吸血昆虫,生活在草中,似虎蜱而小:～奶奶(奶白读)。

吃发螂 螳螂。也叫"吃发螳螂""斧头斫螂""斧头蟆蚱"。

解树螂 树音住。天牛,幼虫蛀食玉米、高粱、桑、柳等植物的茎。

金虫 金龟子:儿歌:～矮,抲只蟹;蟹脚长,爬过墙。

谷蜢 蝗虫:长脚～。也叫"蟆蚱"(音麻札):元无名氏《独角牛》第二折:"觑了你这般面黄肌瘦,则有老蜻腰儿的气力,扑蟆蚱的威风。"

织绩虫 纺织娘,因鸣声似纺织而得名。也叫"借借虫""缫线虫""缫线头虫"(缫音肖)。

丁狮子 蟋蟀。

灶鸡 灶马,一种昆虫,头小,触角细长,背部隆起,后肢长大,善于跳跃,生活在阴暗的地方,常在夜间叫。

游蛄 蝼蛄,土狗子。

芋艿蓊虫 蓊音翁上声。一种生在芋艿茎叶上的昆虫,体肥壮,淡绿色。也说"芋艿屙虫"。

地蚕 地老虎,形状像蚕,生活在土壤中,夜间吃作物的根和幼苗,是一种危害性很大的地下害虫。

油虱 蚜虫,身体卵圆形,大小如虱子,吸食植物的汁液,是农作物的害虫:菜生～嚯,要打眼药水的。

洋辣毛 一种皮肤接触后会发痒的毛虫的统称,有杨辣、瓦辣、松辣等多种:侬啥是～啦,碰也碰勿着个?

杨辣 毛虫的一种,生活在杨柳树上,比蚕稍大,色鲜艳,毛有毒,皮肤接触后会发痒:俗语:恶人自有恶人磨,～会拨蛤蚆拖。

瓦辣 毛虫的一种,体较小,灰黑色,毛有毒,皮肤接触后会发痒。梅雨季节多成批出现在潮湿的屋瓦下或墙壁上。

门蚣 蜈蚣(门即"蜈"之音转)。

百脚 一种蜈蚣类爬虫,体扁平,灰褐色,足长而多,似茸毛,向两侧分开。

香凉虫 马陆,一种爬虫,体黄褐色,多足,有臭味,遇到外扰时常卷曲成团。也叫"臭花娘子"。

西瓜虫 湿生虫,体椭圆形,灰褐色,遇到外扰时即卷曲成团,形似西瓜,故名。

蚂粉 蚂蚁:老虎舔～。也说"蚂蛬""胡蜥"。

米虫 米中所生的白色蛀虫:～吃仔将补个。

谷蝴蝶 一种生活在陈谷、陈米中的小飞虫。

结蛛 蜘蛛(结即"蜘"之音转):～宕落来,人客就要来。也说"蛛蛛""蜈蛛"(蜈音足)。

结蛛乱网 ①蜘蛛。②蛛丝网。也说"蛛蛛乱网""蜈蛛乱网"。

壁蟹 壁钱,蜘蛛的一种,身体扁,灰黑色,腿很长且容易脱落,常在墙壁上织白色圆形的囊,用来孵化它的卵。

壁老虎 壁虎,常爬在墙壁上捕食蚊蝇。也叫"苍蝇老虎"。

棚虫 白蚁。

栖虫 即孑孓,蚊子的幼虫,多生活在死水中。

屙虫 蛆,苍蝇的幼虫。

屙嘴苍蝇 一种专门叮食粪便的苍蝇,比一般苍蝇大,头红色,身体绿色,有光泽。也叫"红头苍蝇"。

蜒蚰螺 蜒蚰音移移。①蛞蝓,鼻涕虫。②蜗牛。

蛐蟮 音促现,下同。蚯蚓。也作"曲蟮":《古今小说》第三十七卷:"却不知曲蟮正在其下,挥为两段。"

火赤练 赤音促,练又音现。赤练蛇,背部黑绿色,有赤色条纹和斑点,无毒,但性凶猛,好捕食蛙类。

犁镶头 蝮蛇,头部呈三角形,似犁铧,故名。也叫"搭地灰扑"。

呼啸蛇　一种凶猛的无毒蛇,身体黑灰色,游动迅速。也叫"黑呼啸"。

菜花蛇　一种有彩色花纹的无毒蛇,多见于油菜花开时。

黄猛蛇　一种身体有黄色斑纹的蛇,性凶猛。

泥蛇　一种身体灰褐如泥的无毒小蛇。也说"泥蛇白眼"。

家蛇　家白读。生活在陈旧住宅中的一种蛇。

四脚蛇　蜥蜴。

蛇虫百脚　泛指各种蛇虫:山里柴介伸(长),～多多个,莫去走。《缀白裘》三集卷三:"赶开子～好坐。"

癞鼋　鼋音施。蛙类的统称:青蛙～｜俗语:～剥皮心勿死。《广韵·支韵》:"鼋,醽鼋,蟾蜍别名。式支切。"通作"癞蛳"。

田鸡　青蛙。也叫"水鸡":元无名氏《看钱奴》第二折:"则撕只水鸡腿儿来,我与婆婆吃一钟波。"

乌鼻头虫　鼻音白。蝌蚪。也说"田鸡唻唻""田鸡肚肚"。

蛤蚆　音革巴。蟾蜍;癞蛤蟆:俗语:～撩菜秧。也叫"喷火癞鼋""放火癞鼋""癞鼋蛤蚆"。

石戆　一种生活在溪谷中的山蛙,善于跳跃,可作补品。也叫"石撞"。

珠珠鱼　一种生活在石缝中形如泥鳅而嘴尖尾长的鱼,样子很吓人,一般不食用。

亮眼头丝　一种小鱼苗。

偷饭乌龟　一种栖伏在埠头石缝中的小鱼,体扁,口大尾小,钓鱼虾时常来偷食钓饵,故名。

鱼泡泡　鱼鳔。

田螺唰　唰音束。一种身体硕大的水蛭。也叫"田螺血"。

燥地蚂蟥　草蛭。

13. 植　物

种　①种子:该笋芋芳做～｜俗语:好树出好桃,好～出好稻。②品质;秉性:刬～｜该人～交关坏。

秧子 抽芽的稻种,有时也指用来作种子的稻谷:下～｜孵～｜俗语:～落缸,夫妻分床。

秖子 秖音一。瘪谷:～扬扬掉。《集韵·叶韵》:"秖,禾不实。益涉切。"

谷眼子 谷壳尖端的小圆粒:米里纯是～。也说"谷眼乌珠"。

花 ①棉花:撮～｜打～(弹棉花)。②秤星儿:看错一粒～。③音化。动词。用花言巧语说服人:该人～功交关好｜其拉老婆是其外头做生意辰光七～八～～来个。

花秆 摘去棉花后的茎秆:拔～｜～当柴烧。

批花 紫云英,花紫红色或白色,可作饲料和绿肥:若要～红,八月十六头夜种。市区等地也叫"草子"。

草子 ①同"批花":俗语:～种三年,坏田变好田。②黄花苜蓿,叶呈三瓣状,开黄色小花,可作饲料和绿肥,嫩叶可食用:俗语:～炒年糕,越吃越馋痨。

菜子 油菜:种～。

春花 春天开花的作物,如麦子、油菜等。

草 ①指稻草:～鞋｜～绳。②指席草:农谚:小暑割～,大暑割稻。

草绒 不带茎的干稻草叶子,可作柴火:撷～。

稗草 稗音鈀。稗子:拔～。《说文·禾部》:"稗,禾别也。"旁卦切。

狗尾巴 狗尾巴草。

毛毛草 一种枝叶上长满茸毛的野草,可长到一二尺高。

鹅菜 菜又音川。一种野草,多生长在农田里,穗小而直上,鹅喜食。也叫"鹅菜草"。

奶奶浆 奶文读。一种野草,兔子喜欢吃,叶子含有乳白色汁液,故名。

官司草 车前草,儿童常用其花茎相拉,以被拉断与否来决胜负,故名。也叫"天根舌""天菩荙根"。

瓦楞草 瓦松,多长在房屋的瓦垄上。

怕痒草 含羞草。

九头兰 蕙,兰的一种,花茎上有成串的花,香味浓郁。

扫帚树 一种植物,茎枝细密,晒干后可制作扫帚。

辣蓼 蓼,草本植物,茎叶有辣味,是制作酒酿的酒曲(即白药)的重要原料。

艾青 艾蒿,比青蒿高大,苍白色,叶子有香气,嫩叶可食用,中医用来治病,艾燃烧的烟能驱赶蚊子。过去也叫"艾汊",现在也叫"青"。

苎麻 苎音技(《广韵·语韵》直吕切)。多年生草本韧皮纤维作物,叶子卵圆形或心脏形。

络麻 学名黄麻,一年生草本韧皮纤维作物,叶子狭长形,枝体比苎麻高大。

糖蔗 一种形如高粱而茎有甜味的植物。

红芷根 一种野草,根茎甜而可食。

茅针 茅草的孕穗,茅草的长条骨朵儿,可吃。宋范成大《晚春田园杂兴》诗之八:"～香软渐包茸,蓬櫑甘酸半染红。"

革命草 一种生命力极强的蔓生野草,生于地上或水面,可作饲料或肥料。也叫"水咸草"。

咸草 一种生长在海涂中的草,茎有韧性,晒干后可制绳和编草包。

水葫芦 一种水生植物,茎上有圆球状突起,形似葫芦,故名。可作饲料。

藻 音瓢。浮萍。《广韵·宵韵》:"～,《方言》云:江东谓浮萍为～。符霄切。"也叫"浮藻"。

绿萍 浮萍的一种,可作饲料或肥料,多人工养殖。

蕰草 生于河底的水藻。《广韵·魂韵》:"蕰,蕰藻,节中生叶。乌浑切。"

青衣 青苔,生长在阴湿地方的绿色苔藓植物:水缸生～嚞。明冯梦龙《夹竹桃·为有源头》:"你好像石皮上～那介能样滑,为有源头活水来。"

蕻 音轰。某些蔬菜的长茎:菜～｜上～｜天菜～。《广韵·送韵》:"～,草菜心长。胡贡切。"

脑头 植物的末梢:打～｜毛竹～｜甘蔗～｜韭菜～扚眼掉。也说"脑":科树脑。

两头两脑 两头:～斩掉,吃当中一橛。

蕊头 蕊音女。花蕾:花～│该盆兰花～交关多。清范寅《越谚》卷中:"蕊,越音女。"《广韵·纸韵》:"蕊,花外曰萼,花内曰蕊。如累切。"

蒂头 ①瓜、果等跟茎、枝相连的部分:花～│饭瓜～。②物体的末尾部分:香烟～│粉笔～│蘑菇～。

叶爿 叶子:菜～│黄～│树～。

梗子 梗音光火之光阴平。植物的茎:菜～炒肉片。

根头 植物的根:菜～│树～。

根株 草木割、砍后的余根。《说文·木部》:"株,木根也。"陟输切。

稻根株 稻茬儿:～割低眼(意味着有用的稻草就长了)。

失 农作物收获后遗漏在田地中的零星块茎、果实:撮洋芋艿～│撮西瓜～。

桦株 桦音争白读去声。树节子。也叫"桦":清范寅《越谚》卷中:"桦,木无节有桦,圆颗坚硬,斧凿锯刨,遇之则蠡,可与铁争。"也叫"树桦":俗语:值钿外甥,勿如值钿树桦。

丝流 指竹、木、肉等的纹路:直～│横～│牛肉～莫切错│俗语:劈柴看～,抬老婆看阿舅。

桠杈 音丫车。树枝;竹枝:树～。清范寅《越谚》卷上:"人大生计策,树大生～。"《广韵·麻韵》:"桠,《方言》云:江东言树枝为桠杈也。於加切。"也作"丫叉",也叫"桠乓"。

槲 音活。①果核:杨梅～│～吐掉。《集韵·没韵》:"～,果中实。或作核。胡骨切。"清范寅《越谚》卷中:"～,古核字,越音活。果中硬心。"也说"骨头"。②肿起的淋巴结:头颈骨有个～。

骨头 ①指果核、鱼刺、乌贼骨等:桃子～│鱼～│乌贼～。②表示否定,相当于"什么""狗屁"(含贬义):多烦烦～啊│用场呒没,买～啊!│～咾,啥有该种事体啦! 第二个意思也说"脑髓""骨头脑髓""脑髓骨头"(髓音洗)。

毛筒 指特别大的毛竹。

篊竹 篊音但。一种较细的竹子,叶可入药,有清肺止咳的功用:～液。

《集韵·敢韵》:"箃,竹名。杜览切。"也作"淡竹"。

水竹 烟竹,深绿色,多丛生,竹材甚韧,可用来编制器物,笋一般不食用。

箬壳 箬音逆。笋长成竹子后脱下的皮,多指毛笋脱下的皮:～裹粽子。

篾白 篾黄,竹篾除去篾青剩下的部分,质地较脆。

𬂽 音生白读去声。小刺儿;扎进手脚里的竹木细丝:指末头～戳进嚞,针挑其出。《集韵·映韵》:"～,刺也。所庆切。"

葛藤 葛,茎蔓生,茎皮可制葛布,块根可制淀粉。叶子分成三片,形似扑克牌中草花,兔子喜欢吃。

木莲藤 薜荔,茎蔓生,叶子卵形,果实球形,可做凉粉。

老勿大 ①紫金牛,一种野生小灌木,可治肝炎。也叫"老勿大草"。②喻指身体长不高或职位升不上的人。

玉荷花 栀子花。

朝日头花 向日葵。

柴白绛花 杜鹃花,映山红。北仑也叫"癞头花"。

空壳狼刺 即枸骨,叶略呈长方形,边角有刺,秋天结红果。过去当柴火,现在当观赏植物。也叫"老虎刺"。

狼基 一种蕨类植物,嫩叶可以吃,叫蕨菜,宁波用作柴火。因其一烧即尽,故又叫"狼基屙朴"。

刺棚 荆棘丛。

刺棚弄里 荆棘丛里:黄鼠狼钻进～嚞。

凉柳 柳树。也说"凉柳树"。

西湖杨柳 一种柳树,叶子煎汤喝,有清火作用。

松毛 ①松叶;松针:松辣专门吃～。也叫"松毛丝"(多指落在地上的):擷松毛丝。②带松叶的松枝:科～|～柴。

松花 松树花粉,可食用,也可作药用:金团揾～。

柴角卵子 松球:撮眼～当柴烧。也叫"柴角卵"。

柏子树 即乌桕树。

木倭树 一种生长缓慢、质地坚硬的乔木,是制作棕绷框架的优质木材。

橁树 橁音尺。一种高大的落叶乔木,木材可用于造船:俗语:十年～好打船。《集韵·黠韵》:"橁,木名,梓属。初戛切。"

14. 数　量

平准 指用杆秤称东西时称得平或翘:苹果两斤差眼～。

横里 用在数词或数量词后面,表示接近某个数目:五斤～｜年纪三十～｜该响十点～。也说"横横动"。

多星 用在数词或数量词后面,表示多于某个数目:报名人一百～｜该梗鱼两斤～。

多两 用在十位数以上的整数后面,表示多于这个数,相当于"多":十～分钟｜五十～块｜三百～斤｜一千～人。

有两 用在量词或由"百""千""万"等数词构成的数量词组的前面,表示数量多,相当于"好几":饭吃～碗｜去去～日嚯｜该株树～百年嚯｜钞票赚进～万块。

一眼 眼又音岸。一点儿:～东西｜活灵～勿生。也说"一眼眼"。

一泹 泹音笃。一点儿:下饭煮勒～东西,恐怕勿够吃。也说"一泹泹"。

一家 用在"数量词(数名词组)+一家"结构中,表示在分配东西或任务的时候每人(个)多少:两瓶啤酒,一瓶～｜假期值班,三日～｜昼过随便吃眼,一包方便面～｜工伤医药费,两个责任单位五千块～。也说"一人"。

一人一撩 人站着手臂上举时从脚底到手指尖的高度:围墙～高。

双台 (下巴)双层:～下巴｜侬人鉴介壮啦,下巴～嚯!

绷 量词,下同。张:一～绷子｜一～结蛛网。

畈 音板。片;块(用于成片田地):一～田。清范寅《越谚》卷上:"村村有大树,~~有荒田。"

博　房屋深度单位,柱与柱之间的距离叫一博:七~屋。也说"架":五架屋。

饼　板;方:一~豆腐。

冰　冷冻水产品的重量单位,三十斤为一冰:一~带鱼｜三~乌贼。

拍　一部分(用于灵魂):一~活灵。

吊　串:一~葡萄。

乓　串:一~葡萄｜一~香蕉｜一~树桠杈。

爿　①片;张;块:一~叶爿｜一~席子｜一~田｜一~鳗鲞。②家(用于商店、工厂等):一~店｜一~厂。

蓬　①阵;股;丛:一~雨｜一~烟｜一~头发。②垛:一~草蓬｜一~柴蓬。③把:凑~柴。

缚　音婆去声。束;捆:一~柴｜一~破布。

部　辆:一~汽车｜一~脚踏车。

坒　音避。排;列;层:一~人｜一~椅子｜一~砖头。《广韵·至韵》:"~,地相次~也。毗至切。"清范寅《越谚》卷下:"坒,钱物堆积曰一坒、两坒。"

坺　音白。用于不成形的小块物体:一~烂泥｜一~灰尘｜一~冷饭头。《广韵·末韵》:"~,一臿土也。蒲拨切。"

枚　又音麦。根(用于手指、脚趾等):一~指头｜一~脚末头。

网　次;趟;回:北京我去过一~｜该部电影看过两~嚯。

份　户;家:一~人家｜一~亲眷。《歇浦潮》第九十三回:"眼看你清清白白一~人家,现在弄得颠颠倒倒。"也作"分":《戏中戏》第五回:"我这分人家,那里发积得了?"

味　音文读。种(用于中药):一~药｜该~药吭没个。

门　道:一~题目。

封　①份:一~人情。②用于封起来的东西:一~蜡烛｜一~自来火。

沰　音笃。用于稠黏液体或糊状固体:一~痰｜一~石灰｜两~鸡屙｜俗语:馋唾一~,处处用着。《何典》第四回:"(雌鬼)自己穿了包拍大红衫,打扮得一～胭脂一～粉的。"《集韵·铎韵》:"～,滴也。当各切。"

顶 把:一～伞。

叠 沓;用于重叠起来的东西:一～纸头｜一～衣裳。

刀 读上声。①叠:一～草纸。②块:一～肉。

斢 音偷。幢;座:一～楼屋｜一～小屋。《鄞县通志》:"凡宅一区,甬称一～,契约上皆作此字。"也作"透":《禅真逸史》第十三回:"一周遭矮矮粉墙,三五透低低精舍。"清范寅《越谚》卷中:"一透,无论三、五、七、九进,由前至后直穿皆曰一透。"

垯 音塔。处:一～地方｜俗语:死人臭,一～臭;活人臭,～～臭。《集韵·盍韵》:"垯,地之区处。德盍切。"也作"塔":元关汉卿《四春园》第三折:"俺这里惟有一塔闲田地,不是栽花蹴气球。"

拓 拇指与中指张开的长度:小矮凳一～阔,两～长。也说"虎拓"。

脱 块;段;截:一～带鱼｜一～藕｜一～甘蔗。

摊 张;页:写一～大字。

段 音象。截:一～路。也作"象":应钟《甬言稽诂·释地》:"俗呼道路不全程者为一～,甬音则为一象。～音变为象。"

堵 音途。道(用于墙):一～墙｜一～板壁。《水浒传》第五十三回:"李逵拔出大斧,先砍翻一～壁。"

度 次;遍:漆一～｜刷一～｜菜汋两～｜俗语:头～苦,二～补(指沏茶)。

坛 用于炉、灶:一～灶｜一～风炉。

埭 音大文读阳平。①条;排:一～路｜一～河｜一～字｜一～痕。《海上花列传》第三十一回:"该面一～才是书箱。"②次;趟:走一～｜俗语:乡下人上～街,嘴巴讲勒歪。《海上花列传》第二回:"头一～到上海。"

火 东西晒一次叫一火:鲞头顶好一～晒燥。

离 截:一～带鱼。

连 用于锯:一～锯。明徐光启《农政全书·种植》:"细齿截锯一～。"

捵　音脸。用于两手合抱的东西：一～柴｜一～衣裳｜下饭买了一大～（一大堆）。《广韵·狝韵》："～，担运物也。力展切。"

疄　音邻。畦：一～地｜一～菜。《广韵·真韵》："～，田垄。力珍切。"也作"棱"：唐陆龟蒙《奉酬袭美苦雨见寄》诗："我本曾无一棱田，平生啸傲空渔船。"

粒　颗：一～星｜一～石子。

仞　音忍。成人两臂平展的长度：一～长。《说文·人部》："～，伸臂一寻，八尺。"而震切。《尚书·旅獒》："为山九～，功亏一篑。"

格　用于分层的东西：一～抽斗｜一～路梯｜菜摆勒冰箱下～。

梗　音耕上声，又音光火之光上声。根；条：一～鱼｜一～绳｜一～毛｜一～棒头｜一～矮凳。

架　①块；片：一～西瓜｜一～瓦片｜一～布｜一～肉｜一～绢帕。《三宝太监西洋记》第五十四回："这一刀就把个圆眼帖木儿，立地时刻劈做了四～。"②同"博"，两柱之间的距离也叫一架：七～屋。

㸆　音减。片；瓣：一～橘子｜一～香泡｜一～大蒜头。

管　支；把：一～枪｜一～秤｜一～箫｜一～钥匙｜一～尺。

届　次：剃一～头发。

荚　音结。用于荚状物：一～花生｜一～毛豆｜一～蛏子。

节　用于分段的东西：一～电池｜一～甘蔗｜一～链条。

汁　汤药煎一次叫一～：头～｜二～。

结　捆（较小的一捆，用于稻草、草纸）：一～草｜一～草纸（十刀）。

鞂　音焦。捆（较大的一捆，用于肩挑的柴草）：一～草｜两～柴。《集韵·宵韵》："～，收束也。兹消切。"

记　①块：一～石头｜俗语：念佛念一世（音细），勿如过桥石板铺一～。②下：打一～。

搚　音克。拇指和食指合拢的大小：一～葱。

窠　①块；片；处：一～地方。②群；丛：一～人｜一～草。③用于一胎所生或一次孵出的动物：孵一～小鸡｜一～养了十只小猪。

挈　音切。用于手提的用绳扎成一串的东西：一～毛蟹｜一～带鱼。

件 块;颗:一~小糖｜一~棒头糖。

橛 音局。截;段:一~木头｜一~甘蔗｜矮一~｜俗语:人~打~死。宋黄庭坚《跋白兆语后》:"伏维烂木一~,佛与众生不别。"

剧 出;场:一~戏文。

副 局;用于玩棋牌:第一~输,第二~赢。

炷 ①音朱。用于火烫、虫咬等的次数:火烫一~｜拨蚊虫咬了一~。②音除。用于点着的香:俗语:作恶空烧万~香。

转 来回一趟或一圈:走一~｜团团套一~。

主 用于坟墓、石磨等:一~坟｜一~磨。也说"柱"。

厨 顿:一~饭｜小人吃饭吭~吭顿。明范受益《寻亲记》第二十四出:"我是富家儿,不怕肚中饥……一日还我吃三~。"

幢 用于重叠的物品:一~箱子｜一~碗｜一~书。《九尾狐》第四回:"一面排着两口衣橱,两~裙箱、夹箱。"也作"撞":《海上繁华梦》后集第三十七回:"(少梅)急忙在桌子上取一撞书当做脉枕。"也作"盅":民国《定海县志》:"俗谓叠架曰盅。"

张 音丈。用于纸、皮、床、桌等:一~纸头｜一~眠床｜一~桌凳。

潮 ①群:一~鹅｜一~蜂｜俗语:手一摇,人一~。又:三个老娅抵~鸭｜《哭嫁歌》:"独身去呀,领~来嘀。"②阵:雷雨落一~热一~。

贻 音以。阵:一~猛风｜肚皮一~一~痛。《说文·贝部》:"~,重次弟物也。"以豉切。清王筠《说文句读》:"物之重叠者,其次弟谓之~也。"

晕 圈:一~头发｜一~光圈｜病生过,面孔瘦了一~｜两只狗做号品种个,其拉比阿拉小一~。

匜 用于计算年龄,十二岁为一匜:我比侬大一~。

汉 衣服、料子等一片或一幅叫一汉:窗帘两~生｜衣裳前后~做勒长短个。

支光 指电灯的瓦数:十五~灯泡｜廿五~台灯。

家头 用在数词后,表示人的量:一~｜两~莫造孽。《九尾龟》第一百四回:"倪两~一淘去。"

15. 其 他

甬剧　宁波的地方戏曲剧种,由串客、滩簧、四明南词等演变而成。

滩簧　宁波的一种地方戏,以说唱为主:宁波~。

四明南词　说唱者居中坐,操三弦,右座扬琴,左座琵琶,唱词典雅。也叫"四明文书"。

宁波走书　由四明南词发展而来,为宁波民间曲艺的一种主要形式。在坐唱的基础上发展为边走、边演、边唱。也叫"莲花文书"。

宁波评话　南方说书的一种。传统书目有《武松》《大宋飞龙传》《包公案》《大红袍》等,近年新增了民间故事等。

的笃班　旧称越剧。

戏文　戏:看~｜做~｜俗语:~假,情节真。《欢喜冤家》第十八回:"出月十五,娘四十岁……要接姑娘同去看看~。"

木头戏　木偶戏。

吹行　吹白读,行音杭。专为红白喜事吹奏的乐队。

谜子　谜音梅。谜语:做~｜猜~。《品花宝鉴》第三十一回:"这样不通~也要人猜。"明陈士元《归云别集·俗用杂字》:"隐语曰谜,音梅。"

大字　大文读。毛笔字;大楷:练~｜写~。

屙蛋分　屙音窝去声。零分的诙谐说法:数学考勒个~。也说"零蛋分""鸭蛋"。

向天河　仰泳:游~。也说"向天泅"。

乡方　风俗习惯:俗语:~处处别,吃饭呕嬉胚。

行业　行音杭,下同。职业;工作:儿子~交关好｜俗语:~勿寻,赌场撮引。

行当　①事情:吤告~街里好弄去｜你去做啥~?②职业:教书~交关苦。

暗行生意　①指卖淫、盗窃等不光明正大的职业。②指别人不太知道的赚钱门路:宠物店是~,赚头多少好啦!

鬼戳尻 鬼白读。喻指鬼鬼祟祟、不光明正大的行为：呕我做嘉宾,走带到座位也呒没个,～介角落头立立｜该事体来的做,总有眼～介。

生活 生白读,活又音华。①工作;活儿:做～｜俗语:调样～,换副筋骨。元关汉卿《蝴蝶梦》楔子:"生下三个孩儿,都不肯做农庄～,只是读书写字。"②本事;能力:该小娘唱歌～交关好。③惩罚;苦头:吃～。《九尾龟》第七回:"耐阿要瞎三话四哉,倪要拨～耐吃格哩。"④事情:䷂告～啦!

大工 大白读。按劳动时间来计酬的工作。

计件工 按完成的工作量来计酬的工作。

事体 事情:大～｜出～。甬剧《心事》:"嘴巴笑得像敲开木鱼一样,啥～这样高兴?"《金瓶梅词话》第五十七回:"(西门庆)把那应伯爵荐水秀才的～说了一番。"也说"事干":元无名氏《杀狗劝夫》第三折:"难得贵人踏贱地,到俺家里有甚事干?"

大事体 指婚、丧、造房子等大事:～做过,手头有眼紧。

闲账 闲事;分外事:俗语:管～,淘闲气。又:饭吃三碗,～勿管。《水浒后传》第二回:"这干人不是好惹的,不要管～。"

场头 场面:其拉囡做媳妇酒水办了五六十桌,～弄勒交关大。

外场面 做给别人看的场面:穷做穷,～还是要绷个。《二十年目睹之怪现状》第二十九回:"他那～做得实在好看,大门外面设了个稽查处,不准拿一点东西出去呢。"

钿 钱:工～｜价～｜俗语:好看难为～。也叫"铜钿银子":俗语:铜钿银子通心血。

见面钿 长辈第一次见小辈时所给的钱。也叫"拜见钿"。

压岁钿 压岁钱。也叫"压岁铜钿"。

蜡烛钿 参加丧礼所送的礼金。治丧必点蜡烛,故称。

盘缠钿 缠音船。盘缠;路费:出门多带眼～。元高文秀《黑旋风》第三折:"俺娘与了我一贯钞,着我路上做盘缠。"

定头钿 定金:呕个出窠娘,先要付两百块～。

空舱钿 原指租船人向船东支付的所装载货物少于租约约定的赔偿金,泛指因某种原因造成的经营损失费:我拨侬撞带伤住医院,我个报刊亭也关门嘞,报刊亭四百块一月～侬搭我听好。

房钿 房租:解～。

利钿 利息:吃～。

头钿 赌博时抽头所得的钱,一般归提供赌场的人所有:撮～。

小货铜钿 私房钱:～囥眼的。

老价钿 很贵的价钱:该月饼看看看勿出,买买～｜俗语:贪眼小便宜,管着～。

过账簿 旧时商店向钱庄收付账款的账本。在钱庄有存款的顾客可不付现金,商店凭过账簿向钱庄收款。

过账洋钿 指只在账面上收付的款项。

经折 ①旧时用来记账的有硬壳的小折子,凭经折可向指定商店记账购物,一年结算几次。《儒林外史》第二十一回:"每日叫我拿这～去讨些赊账。"②旧称钱庄存折。

现升 现金跟过账洋钿之间的差价。也叫"贴水"。

押头 用来抵押的东西:手表当～。

分书 分家析产的凭据。《醒世恒言》第三十五卷:"那些亲邻看了～,虽晓得分得不公道,都要做好好先生。"

票子 作为凭证的纸片,如车票、戏票、选票等,与普通话指钞票不同:～买勿着｜发了一张～,东西自家去领。

势口 家境;一个家庭的经济状况:其拉屋里～交关好。

陶窑 开支;开销:～大｜多～｜俗语:阿妹当老婆,～省有夥。清范寅《越谚剩语》卷上:"～,陶冶窑灶销耗甚费,俗以喻用度。"也说"开交":省开交。

陶成 ①扣除损耗或经过选择后所剩余的部分:杨梅烂眼掉,偷眼去,吭没多少～。②动词。剩余:七弄八弄弄落来是只～一半嘞。

纯肉头 除去皮、壳、骨头等以后的部分,也喻指实际所得:笋壳剥掉,～一眼东西｜成本除掉,该眼是～嘞。

拣落脚 脚音桨。挑剩的货物：该眼蟹是～嚄，我是腰其。

贼偷货 偷来的东西：～莫买｜～介园介牢作啥啦？

销场 销路：该晗新疆阿克苏冰糖心苹果～交关好。《官场现形记》第二十一回："～虽好,不足为凭。"

趣相 趣味：呒～｜～交关足。也作"趣向"：《型世言》第二十九回："怪是两个尼姑年纪相当,生得不大有颜色,又光头光脑,没甚趣向,要寻一个妇人。"

蹿头 意外的好运：～来嚄,头奖中着嚄！

运道 运气：俗语：～来了推勿开,烤熟毛蟹爬进来。

花头 ①本事；名堂；意思：该人只会吹吹牛尿,～呒没个｜其能讲出啥～？｜做眼小生意,～老口个。②程序；手续；规矩：办出国签证,～交关多嚄,烦也拨其烦煞嚄。③女人的妖态：俗语：泼妇多眼泪,婊子多～。④奥妙的地方：该手机～交关透,我用也用勿相像。

花头精 花样；奥妙的地方：介看既看,看出啥～勿啦？也说"花样精"。

名其 作用；效果：该药吃仔～呒没个｜考公务员靠实力,请客送礼～呒没个。

箍颅圈 箍音枯。相当于"紧箍圈",常用来比喻束缚、坑害人的东西：班主任腰当,该只～套进还苦勒出啊！｜该旺兴丁弄只～拨其套套。也作"骷颅圈"。

轧迦门 迦音辣,下同。故意要找的碴儿：寻～。也说"肯头""吼势"：寻吼势。

迦轧 说话或朗读时卡住,不连贯：该人口才呙派好,作报告一眼唸打～个。

皵头 皵音切。竹、木等表面的裂起处：俗语：扁担寻～,豆腐挑骨头。《玉篇·皮部》："皵,木皮甲错也。"《广韵·昔韵》："皵,皮细起。七迹切。"

上落 ①事情的原委或利害关系等：～勿问就打｜小人～勿晓得个。②差别；出入：五角一斤～勿算大。③矛盾；疙瘩：两老头总有眼～,一眼吥没～寻咋勿出个。

方言词·名物类·其他

脚埭 埭音大文读阳平。出入的门径,路头:打~(踩点)。

瞌眈 瞌睡:打~｜~面貌。

亲气 亲近感:该儿子搭大人~一眼朆没个。

委气 委屈,窝囊气:受~。

三吓头 吓唬人的行为:小偷~一吓吓出来嚹。

怕惧 畏惧;对人畏惧的心理或使人畏惧的力量:该小人~朆没个,无法无天个｜阿伯~朆没个,儿子只怕阿娘。《型世言》第十一回:"若对着这顽皮,与他戏颠颠的,便没~了。"

煞性 威慑力;震慑力:~健｜一把手朆没~,单位弄勿落直个。

灵性 灵气(一般用于小孩):该小人~交关足。

过门 ①故意岔开去的掩饰性的话:打~。②动词。门重读。过关:作业勿做好,今末子唵拨侬~个!

动头 对付的办法:其有权有势,侬有啥~呢?

宕头 宕音趑趄之趄。闲荡的工夫:该人做生活~交关大。

横头 横读去声。附带办的事儿:~多。

口泛 说话习惯;口头禅:謦人当~。

手泛 手的习惯动作:香烟勿吃,~也朆没嚹。

泛头 ①优雅的习惯动作:其炒起菜来有~个。②挑担时扁担两头上下晃动的节奏:挑担有~。

能头 能音甜嫩嫩之嫩阴去。笔势、舞姿等的优美之处:写字有~｜跳舞跳起来有~。

念头 念音碾(《广韵·栎韵》奴店切)。瘾儿:其香烟~交关大,一日要吃两包。

牌头 靠山;后台:戤~。甬剧《姑娘心里不平静》:"女婿名叫柳春江,合作社里~大,年纪轻轻当主任,交椅会坐头一把。"

僝头 僝音鑱。批评,训斥(名词):吃~。《广韵·山韵》:"僝,僝恶骂也。士山切。"也说"喷头"。

名头 名义;由头:该响里借开会~游山玩水弄勿来嚹。

因头 ①缘故;来由:人家讲其交关难弄,总有~个。《文明小史》第二十六回:"就算打听不甚详细,总也有点～。"②同"名头":借～。《官场现形记》第五十八回:"后来这个风声传到外国人的耳朵里,便借此～硬来荐人。"

讲究 原因;缘故:该呛嘴巴时格发出,勿结啥～。

套套 上一套字又音烫,下同。方法:老～｜～勿晓得。

老套套 老习惯;老方法:农村办红白喜事还有蛮多～｜再按～教书,学生子嫑听嗷。

格法 方法:～勿晓得｜做事体～先要弄清爽。

硬杠子 硬杠杠:～勿符合办法哝没个。

数账 底儿:有～｜～哝没个。

风火 风险:背～。

罪孽 风险;应承担的责任:管钞票～大猛｜倷俫宝贝儿子呕我管一呛?～忒大,吃勿落个。

祸孽 灾祸:勿去赌,～哝没个｜酒驾撞人,饭碗头敲碎,该～是自家寻出来个。晋袁宏《后汉纪·顺帝纪二》:"故怨讟溢乎四海,神明降其～。"

出产 产音山。①出息:该小人书嫑读,哝～个。②动词。事业有成:等伊～嗷,莫忘记帮过伊个人。

姓数 姓氏:名单是按～笔划排个｜只晓得其叫阿国,～姓啥西勿晓得。

切号 绰号;外号:～莫搭人家乱取。

种草 物种;人种:～多｜～坏猛。

众家 公共;众人:～祠堂｜该只牛车盘是～个｜俗语:只好欠恶霸,勿好欠～。

落家 个人;居民:阿哥做泥水个,候着做单位,候着做～｜东边是小学,西边是～房子｜儿歌:姆妈～做裁缝,姐姐裁纸做灯笼。

和家 全家:～瘟(骂人话)｜俗语:一人犀尿出,～勿得安。也说"和家老小":国庆节和家老小旅游去嗷。

一家屋里 ①全家:其拉～和总是大学生。②一个家庭:～人,造死

方言词·名物类·其他

造活啥造头呢!

贼窝家 窝藏盗贼、赃物的人家:该份人家是～啦,贼骨头偷来东西老老园勒其拉屋里。

小苦 苦头:吃～│俗语:头子活络,～勿吃。又:～吃勒候头颈。

后扑 用手掌打后脑勺:吃～。

脑子卜 栗暴,用弯曲的食指和中指打人的脑袋:再坏坏当心吃～。也说"脑子弹""脑子搿"(搿音克)。

豁辣面 喻指耳光:小鬼侬再烦烦,拨侬吃～!

照相 照片:拍～│～簿│先看～再见面。

纸糊头 纸糊的东西:该双皮鞋像～介,吭没几日就穿破唔│该啥是～啊,碰也碰勿得个!

虚头 要价过高的那一部分:讨～。

堆头 成堆物的体积:～大│俗语:犀屙估～。

多头 多出来的人或物:一瓶酒每人倒一杯,该眼是～。

结头 结儿,条状物上所打的疙瘩:俗语:裤带打个～的。

缚头 缚音婆去声。捆东西的绳子:青蟹～咋介大啦!

抽股结 活结;一拉就解开的结子:莫打死结,打只～。

收成 结局,特指老人寿终时的情况:阿伯(父亲)～交关好,走前头儿子囡和总赶到唔│阿爷～蛮好,平时每日落雨,办丧事辰光天家犯关好唔。

七头 人死后每隔七天祭奠一次,共七次,七天一祭叫七头:做～。也叫"七":头七│五七│做七│七七敲,八八念。

玟杯 玟音告,下同。即杯玟。占卜用具,用两个蚌壳或一正一反两块竹片制成。卜玟时把玟杯投空掷于地,视其俯仰,以定吉凶。《集韵·效韵》:"玟,杯玟,巫以占吉凶器者。居效切。"乾隆《象山县志》:"《瓮牖闲评》:'今人皆言～,古人谓杯玟。'……象山多以竹根为之。"

阴玟 占卜时两个玟杯正面都朝下。今常与"阳玟"对举使用,表示反应:问问其～也吭没个,阳玟也吭没个。

阳玟 占卜时两个玟杯正面都朝上。

圣珓 占卜时两个珓杯一正一反。

无常 ①原意是迷信的人指勾魂的鬼,也泛指鬼:歌谣:一盏烟灯照空房,两肩耸起像～。②喻指撒泼耍赖的人:活～｜该人是～啦,侬好睬其啊!

活鬼 鬼白读,下同。鬼:今末碰着～嗬,好吭清头磕了一跌。《欢喜冤家》第八回:"只见何礼母子要到灵前拜祷。福来道:'～出现了!不可进去!'"

河水鬼 河中的鬼,传说专门拖人溺死:拨～颈(音挖)煞了。

吊煞鬼 ①上吊而死变成的鬼:俗语:～劝上吊。②骂人话。

枪毙鬼 ①被枪决的人变成的鬼:～投人身个。②骂人话。

香烟屁股 烟蒂:～莫乱掼。也说"香烟蒂头"。

根渣 指所剩的残余物:儿歌:舅姆趤趤(音超)走人家,走勒鞋拔哎～。

抢毛 不顺的毛;逆向的毛:皮大衣有几梗～。

电线屋柱 电线杆。也叫"电线木头"。

别十 牌九中两张牌的点子加起来是十点或二十点(不包括两点加八点,十二点加八点)叫别十,这是最差的一副牌,引申为徒劳、白搭、一场空:弄勒劾百筋,弄只～!

破里破碎 破烂货;废旧物品:～好卖嗬!

小零小碎 小物件;零碎的东西:大件头呕搬家公司搬,～自家带眼过去。

面水 洗脸水(多指热水)。甬剧《两兄弟》:"小凤!你爹回来啦,快拿～来!"

天水 直接用水缸等接的雨水(与河水、井水等相对):吭没自来水辰光,阿拉吃～个。

檐头水 下雨或化雪时屋檐上滴下的水。

倒汗 水蒸气结成的水珠子。

漆水 油漆的光亮度:家具～交关好。

乌 痕迹:指甲～｜该条裤有两条折～,烫烫平再穿。也说"乌子"。

豁裂缝 豁音忽。裂缝:碗盏敲了一埭～｜桌面有埭～。也说"豁乌""豁裂乌"。

缝道 缝儿:门～│指甲～│牙齿～│瓷砖贴勒交关好,～看勿出个。

钥匙弯 直角弯(旧式钥匙头部为直角型):衣裳钩了一只～。

洞眼 洞;小孔:墙壁有只～│衣裳拨香烟火焖了个～。也说"洞洞眼"。

眼子 眼儿;小洞:凿只～。《西游记》第二十二回:"只怕荡了一下儿,教你没处贴膏药,九个个一齐流血!"

罅 音蟹去声。空隙:脚～缝│树～弄里│儿歌《生肖歌》:"第三吼头垾,第四钻柴～。"

鞔 音冤上声。称东西时容器的重量:篮～│麻袋～│回～│除～。《说文•革部》:"～,量物之～。"也作"鞧"。《广韵•阮韵》:"鞧,量物之鞔也。於阮切。～,上同。"

厨顿 用餐的规律:～把牢,莫拨其饿。

吃食命 口福:牙齿介推扳,～吼没个。

涨息 米的出饭率:早米～好。

水缸脚 脚音桨,下同。沉淀在水缸底的污物:刮～。

米浆泔水 淘过米的水,可作饲料。也说"米浆泔""淘米浆泔水""淘米浆水"。

细糠 磨得较细的糠,是一种精饲料:俗语:～吃勿起,打听米价细。

衣 读上声。蛋、果实等壳与肉之间的薄膜:花生～。清童岳荐《调鼎集》卷九:"酱拌胡桃仁:水浸去～,晾干,麻油炸,拌酥,甜卤收贮。"

醭 音朴。酒醋酱等变质后表面长的白色霉菌或白色泡沫:米醋发～嚯。唐白居易《卧疾来早晚》诗:"酒瓮全生～,歌筵半委尘。"《广韵•屋韵》:"～,醋生白～。普木切。"也说"白花"。

白殕 殕音府。食物表面长的白色霉菌,也泛指像白殕一样的东西:双缸酱生～嚯│冬瓜│俗语:三层楼翻落,鲐起～(比喻脸皮厚)。《广韵•麌韵》:"殕,食上生白毛。芳武切。"

青沙 食物上长的青黑色沙状霉菌:发～│～气。

斑毛 茸毛状霉菌:年糕生～嚯│哏霉忘记哏嚯,衣裳会发～。

乌斑 青黑色霉菌:汗衫纯是～。

毛霉 毛又音猫文读。霉菌;霉斑:年糕发～嗬。

锈铁 铁锈:敲～│该把锁纯是～,用勿来嗬。

泥锈 泥又音离。皮肤上的积垢:头颈骨像铁汤锅介,纯是～。

埲尘 埲音蓬。灰尘:掸～。《集韵·东韵》:"埲,尘也。蒲蒙切。"

邋飒 垃圾:要过年嗬,道场地～弄弄清爽。

坕 音韧。积垢:马桶～│牙齿～。《广韵·震韵》:"坕,滓也。鱼觐切。"

白 泡沫:水～│俗语:死蟹还会吹～。

脚 液体中的沉淀部分;少量的剩余物:茶～│油～│酒～│水缸～│碗～(后三例又音桨)。元无名氏《黄花峪》第三折:"吃了些酒～儿,醉了也。"

渍子 渍音结。污渍:衣裳遭～嗬。也说"渍足"。

炭蒲帽 相当于"炭篓子",高帽子:俗语:～越戴,走路越快。

响动 动静;反应:老早讲要回国,该响～也呒没个│钞票借借拨其有两年嗬,该响～也呒没个。

响米花 动静:拆迁拆迁讲讲有两年嗬,该响连～也呒没个。

自造厂 自白读。指自己生造出来的东西(多含贬义):该闲话是我～造出来个。

动作行为类

1. 与人体有关的动词

扭 ①音原。头或身体转动:考试辰光头莫～来～去│人～过去,我看看侬裤子有夹裆睑。②读清音阴平。用两个手指使劲拧一小块皮肉:屁股里乌青拨其～起嚞。《广韵·有韵》:"～,手转貌。女久切。"

攲 音技。①头偏斜:头颈骨～出｜话话其头一～,㩙听｜俗语:头～～,脚踹踹。②木头因未干透而变形:大橱门～掉嚞。③形容词。歪;歪斜:～头｜帽子戴勒～歪｜人坐勒～形。《说文·七部》:"～,顷也。"又:"顷,头不正也。"《广韵·寘韵》:"～,倾也。去智切。"

侧 音卒,下同。①向一边偏斜:该人讲闲话头～记～记,交关难相｜电视机～眼过来,我看勿清爽。《警世通言》第八卷:"只见郭排军把头只管～来～去。"②形容词。偏斜;歪斜:人坐勒～个｜大橱安勒～个。

转色 脸变色:面孔吓勒～。

丫脸犯落 脸拉下;板起面孔:俗语:～勿认人。也说"丫脸黑落""丫脸捋落"(捋音辣)。

瞠 音铿亮之铿。①眼睛睁大:看张铜钿眼睛就～开嚞。《集韵·映韵》:"～,定视也。除更切。"②阴雨天云中透出阳光:每日落雨,该响天倒～开嚞。

眯 读去声。①闭上(眼睛、嘴巴):眼睛～牢｜嘴巴～仔勿肯吃。②小睡;打盹儿:夜到要值班,该响～一响。

眨 音色。眼睛迅速地一闭一合:多～眼｜俗语:眼睛一～,赖孵鸡变鸭。也作"瞚":《豆棚闲话》第八则:"嗅嗅鼻头,瞚瞚眼睛。"《集韵·洽韵》:"瞚,目睫动貌。色洽切。"

睩 音摝。眼珠转动:小毛头眼睛～来～去,交关活络。《广韵·屋韵》:"～,视貌。卢谷切。"

相 读去声。看:拨我～～看｜该小鬼鋆介难～啦!《古今小说》第四十卷:"(贾石)又见沈炼一表非俗,立住了脚,～了一回。"《广韵·漾韵》:"～,视也。息亮切。"

张 ①窥看:～记望记｜俗语:狗肉香,佛来～。《水浒传》第五十三回:"李逵爬上来舐破窗纸～时,见罗真人独自一个坐在云床上。"②睁大眼睛看:介小字,眼睛也～酸嚞｜阿姐绣花,阿妹旁边眼睛勿眨~的,想学眼生活。

看张 看见:亲眼~|该种人从来吭没~过。

遭眼 偶一看见:吃场莫拨小人~,~了好坏园勿牢个。

暂眼一看 乍一看;第一眼看上去:~,其搭小李交关像。

失眼 走眼;看错:引进人才大多数交关好,个别~也是难免个。《歧路灯》第四十九回:"死生有命,不算姐夫~。"

瞮 音气。眼睛合成细缝靠近物体看:其是近~眼,眼睛~仔看东西交关㤺力。《说文·目部》:"~,察也。"戚细切。

眣 音必,又音别。全神贯注地审视:~眼火|眼睛~~看,该梗木头直勿直?《说文·目部》:"~,直视也。"

横 读去声。①斜视:眼睛~过去|~了其一眼。②中途顺便到别处去:上街辰光到书店~一~。③打赌:~东道|勿相信,我搭侬~一个赌的。——~多少?

射 音麝(《广韵·祃韵》神夜切)。斜视:眼睛~来~去|呕呕其眼睛一~,睬也勿睬。

顾野 注意力不集中:开汽车莫~|我刚刚来的~,侬讲啥西吭没听明。也说"顾闲野"。

突 音塔。眼珠凸出:眼睛~勒像绿壳(强盗)|眼睛~带出做生活。《集韵·没韵》:"~,出貌。他骨切。"

弹 ①眼珠鼓起:眼睛~带出,相势交关怕。②轻蔑地看人:路里碰着,眼乌珠~~其。③滚,走(多含贬义):侬搭我~开眼。④用言语顶或驳:还吭没讲两句闲话,马上拨其~掉嘴。《歇浦潮》第七十三回:"倘说上去被她~了出来,岂不难为情!"⑤下颌突出或垂下:~嘴|下巴骨~落。

弹眼落睛 瞪着眼珠子:阿拉阿督训起人来~,吃相交关怕人。

塿 音镂。眼睛凹陷:~眼|病生过,眼睛~带进,交关怕人。

眣瞎 眣音刮。瞎;失明(多用于骂人):侬眼乌珠~啦,水会泼勒我人里?|该人眼睛~掉个,好人坏人分勿清爽。《集韵·末韵》:"眣,目暗。古活切。"

翻白 ①眼睛不见眼珠,只见眼白:做勒眼乌珠～。②鱼死后鱼肚朝上浮在水面:鱼～嚡。③形容词。肚子鼓起的样子:肚皮吃勒～。④形容词。玩世不恭,对什么都无所谓:其人～个,开会闲话乱讲个│俗语:做人勿能～,闲话勿能煞泼。

眼泪出 流泪:该人鎏介罪过啦,忖忖人会～。也说"出眼泪"。

听张 听见;听到:侬来讲啥西? 我呒没～。也说"听明"(听又音踢)。

嗅 音兄去声,下同。①用鼻子嗅:～～看,该鱼臭掉伢?《集韵·送韵》:"嗅,鼻审气也。香仲切。"②吻;亲:～嘴│囡囡偎,拨姆妈～一记!

嗅嘴 接吻;亲嘴:该响后生～勿怕难为情│新郎新娘嗅个嘴。

纵 ①鼻或眉的肌肤憼拢:鼻头管～仔│眉头管～仔。元马致远《汉宫秋》第一折:"眉头一～,计上心来。"②蹲身上跳:该只桃子～上去还只好摘着。《欢喜冤家》第三回:"(王文甫)把身往上一～,坐在树上。"③纵容娇惯小孩:小人莫～其,越～越难养。

舚 音滩。舌头伸出:～舌头。《广韵·谈韵》:"～,吐舌也。他酣切。"也说"拖"(音泰平声)。

齥 音理。①牙齿露出:牙齿～带出│俗语:牙齿一～,各人管自。《说文·齿部》:"～,齿见貌。"力延切。②舌头伸出外面搅动:舌头～～。

齜 音稗。牙齿外露:～牙│牙齿～带出《集韵·祸韵》:"～,齿出貌。步化切。"

毇 音鞋楦之楦。旧指小孩换乳齿:牙齿～过哦?《广韵·寘韵》:"～,男八岁女七岁而～齿。况伪切。"

欶 音束。吮吸;吸:～蛳螺│～鼻头。《说文·欠部》:"～,吮也。"所角切。通作"嗽"。

嗾 音足。吮吸:～奶奶(白读)│～肉骨头│～指末头。

浘 音眯。用嘴唇略微沾一下酒,抿:老酒呒吃,只能稍须～眼。《说文·水部》:"～,饮也。"绵婢切。

注 ①小口饮;对着瓶口喝:对～(对饮)│南风吹吹,烧酒～～。②吸:香烟～～,咕咕忖忖。

吃 ①喝:～茶｜～老酒。②吸:～香烟。③对付:别人～勿落,～～侬正好。④医治:该种药～胃病交关好。

嗒 音答。品尝;尝:～味道。《生绡剪》第一回:"(蟒蛇)夜间徜出来,寻些荤腥～～。"

鲠 吃(含贬义):～饭｜俗语:供供冷,自家～。也说"刮""揉""裁"。

裁 吃(含贬义):饭弄好该嚿,好去～嚿!｜该小鬼饿煞鬼投人身个,裁头刮脚～勿饱!

过 用菜肴等下饭、下酒:龅蟹～饭｜花生米～老酒。北魏贾思勰《齐民要术·脯腊》:"(鳢鱼脯)～饭下酒,极是珍美也。"

煞煞口 进食时最后换吃一口或一些东西:汤果吃过嘴巴甜浆浆个,弄眼咸下饭～｜老酒吃过要吃眼饭～。

冒 呕吐:昨末夜吃醉嚿,～了一塌糊涂。

疺 音泛。恶心想吐:胃里～～动｜吃勒～上来嚿。《玉篇·疒部》:"～,恶也,吐～也。孚万切。"通作"泛"。

抬 吃得过多,食物往喉咙里冒:吃勒～～动｜吃落个老酒～上来嚿。

哫 音郁,下同。①呕吐;也指吃得过多想要吐出:奶～出来嚿｜吃勒～进～出。②气郁积在心中:哭勒～气勿转。③用尖酸的言辞使人气得说不出话来:～其两句｜真真拨其～煞。《说文·口部》:"～,气牾也。"於月切。

哫气勿转 喘不过气来:嗽勒～｜奔勒气呼大呼,～。

咽酸 嗳酸,胃酸从胃里涌到嘴里:酱豆腐吃仔要～个。《女仙外史》第二回:"黄夫人忽觉饮食～,兀兀欲吐,像个有孕的光景。"

打饻 饻音戤。打嗝;胃里的气体从嘴里出来并发出声音:汽水吃仔要～个。《广韵·夬韵》:"饻,通食气也。於犗切。"

打冷呃 呃音压。因受冷而膈肌痉挛。也说"吃老蛤蜜"(蜜音皮)。

抢翁 ①错喉,食物误入气管而咳嗽:慢慢吃,当心～。②比喻本可配合的两物配合不好而卡住:锁～嚿,开勿开嚿。

空肚 空腹:～吃酒顶会醉。

吃煞 吃怕;吃腻:每日吃蔬菜要～个,每日吃大鱼大肉也要～个。

上念 念音碾（《广韵·桥韵》奴店切）。上瘾：该爿饭店剁椒鱼头做勒交关好，吃仔要～个。也说"上念头"。

㱿 音霍。用力将喉咙中的东西吐出来：痰～勿出｜该人差勿多噶，一口气～出就要去噶。《说文·口部》："～，欧（呕）貌。《春秋传》曰：君将～之。"许角切。

歊 音蒿。张大嘴巴吐出热气：玻璃窗～几口气，擦起来就省力噶。《广韵·宵韵》："～，热气。《说文》曰：～～，气出貌。许娇切。"

呱 音花。撮拢嘴巴吐出热气：～两口气，眼镜擦擦清爽。《广韵·麻韵》："～，吐气。许加切。"

厥去 昏厥过去：哭勒～｜听张儿子出了车祸，其当忙～噶。"厥"也作"瘚"。《说文·疒部》："瘚，屰（逆）气也。"居月切。

呛 咳嗽：感冒噶，老是～。也说"嗽"。

叫 ①小孩哭：小毛头交关会～。②家畜发情：猪娘来的～噶，好关胎噶。

响 ①小孩哭、吵：宝宝莫～，妈妈拨侬吃苹果。②出声；吭声；声张：闷声勿～｜啥人勿同意？大家统勿～。

嘶 音西。大声叫：嘛嘛～｜胡咙～哑。《广韵·齐韵》："～，马～。先稽切。"

唤 呼叫（动物）：～狗｜～鸡。《说文新附》："～，呼也。"

呕 ①叫；喊：～其一声｜俗语：丈姆一声～，蛋壳一畚斗。《雪岩外传》第七回："人家为伊阔气落，～伊王爷。"②使；让：～侬疙瘩噶｜～侬等了介长辰光，交代勿过。

啋 音彩，又音普通话璀。受惊吓后拍拍胸口、拉拉耳朵以示抚慰：～活灵｜～～！活灵会拨其吓出！《说文·口部》："～，惊也。"七外切。

掏古 说过去的事情：外婆咦来的～噶，听过呒百廿遍噶！｜俗语：老人勿～，后生会失谱。也说"掏老古"。

商量 商音相，下同。交换意见：有事体多搭大人～。

商商量量 互相商量：两人～，交关要好｜俗语：～，买只猪娘。

查查廉廉 反复查问:人家勿想讲,侬～查啥西啦?《汉书·高帝纪下》:"且廉问,有不如吾诏者,以重论之。"师古注:"廉,察也。廉字本作覝,其音同耳。"(《说文·见部》:"覝,察视也。读若鎌。"力盐切)也说"查查问问"(问白读)。

问瘪 问白读。问住;回答不出:儿子问出问题丫角乱经个,我老老拨其～。

派 ①算;推算:～账｜～辈分｜～～看,礼拜日是几号?②评判:昨日打相打事体,呕居民会～～好。③打算;准备:该事体侬～咋弄?④充当;担当:～大用场。

派来 ①算起来;说起来(表示发现真实情况):侬也是宁波师院毕业个?～阿拉还是校友｜我还忖侬比我小,～侬比我还大两年。②据说:其拉两人～离婚的嗬,我一眼勿得知｜～明朝要落雨,格爬山吙告去爬嗬。

话 ①说;讲:～拨侬听｜俗语:懒妇是介～,十月还有一个夏。唐孟浩然《过故人庄》诗:"开轩面场圃,把酒～桑麻。"②批评;指责:～其一顿｜俗语:人怕～,字怕挂。

难话 难说;说不准:明朝要落雪也～｜博士考勒上考勿上,交关～。也说"难讲"。

讵 音扣。事先说定:～好｜～实｜～定。《广韵·厚韵》:"～,先相～可。苦后切。"

唠 音老。重复叮嘱:该事体要～其一声,省勒其忘记。

歪 动动(嘴巴),指说:领导嘴巴～一～,下头脚筋奔断快｜侬想买房子?嘴巴～一声倒是省力个,钞票呢?

听回话 答复:该事体交关急,顶好早眼拨我～。

应许 许音海,又音罕。答应:～人家嗬,烂屙拆勿来个｜俗语:～董卓,～吕布——两边做人情。

回头 ①拒绝;回绝:亲眷托个事体,～交关难为情。《海上花列传》第二十二回:"倘然俚向我借,我倒也勿好～俚。"②解雇;辞退:保姆拨我～嗬。

忏念 ①祈祷;祈求:～菩萨保佑｜俗语:各庙各菩萨,各人～法。②诅咒:～其死。

罚愿 ①赌咒;发誓:俗语:屙缸边头～。元无名氏《渔樵记》第二折:"对着天曾～,做的鬼到黄泉,我和你麻线道儿上不相见。"②叫苦;讨饶:介远路,真真走勒～。

许愿心 许音海,又音罕。许愿:菩萨面前许个愿心。

还愿心 ①还愿。②比喻做事马虎:该小鬼做作业像～介,做好活奔去嬲和嚯。

谏训 谏音奸去声。教导;训诫:该小鬼介勿长毛,吭爹娘～!《广韵·谏韵》:"谏,谏诤,直言以悟人也。古晏切。"

做规矩 用打骂、惩罚等方式教训人,使懂规矩:小人勿～反使要养坏｜侬人鎏介强横啦,明明是自家错,还要做人家规矩!

改教 不正常的纠正:我写个东西还要拨侬～啊?｜其汏好衣裳依再去汏一遍,该勿是来的改其教啊?

传 音篆。念叨:想买部汽车,～～有两年嚯｜侬调走后阿拉老长来～侬。清范寅《越谚》卷中:"～我千年百岁,骂我跌倒就死。'～'去声。妇孺嚾时常谈。"

做 夸赞:该后生交关落直,村里～起掉个｜俗语:自～馒头白,咬开纯大麦。《缀白裘》六集卷四:"(翠儿)不但面庞标致,更兼心性聪明,做出来个生活十人九～。"

詈 音辱。骂:俗语:讨～勿拣日子。《集韵·铎韵》:"～,詈也。疾各切。"也作"辱":《九尾狐》第三十四回:"倘然我要瞒其,乌糟糟轧仔姘头,拨其晓得仔,其就要娘戏娘倒辱的。"

偆 音剡。责骂;训斥:吃～头(受批评)｜拨领导～了一顿。《广韵·山韵》:"～,～恶骂也。士山切。"

狠 ①读阴去。训斥:儿子勿听闲话,拨我～了一顿。②形容词。厉害;有本事:同学里头,其算～嚯。

谏 音拣浊音。唠叨;责备:俗语:男怕懒,女怕～。又:～～叨叨,弄勿讨好。

咕 音跍阳去。唠唠叨叨地责备：～～叨叨｜该男人交关会～。

敲毇 毇音笃。指桑骂槐：为了一样小事体，其整日敲敲毇毇，想寻人家造孽。《说文·殳部》："毇，椎毇（击）物也。"冬毒切。

出闲话 说闲话；指责：格貌人评先进，人家要～个。

嫖 用过分称赞的话戏弄人：拨侬～勒面孔也红起来嘚｜该小娃是老实人，侬莫～其。

扎 ①故意挑剔、指摘别人的话：俗语：果子勿可择，闲话勿可～。②撒；抛掷（散状物）：～秧子｜～肥田粉｜沙泥莫～来～去，当心眼睛～瞎。

胀 挖苦；嘲弄：拨其～了几句，真真会气煞。

发 嘲弄；取笑：侬该只奶油包头咋介嬌啦？—— 甯～了呐！

噱 音血。怂恿、逗引；激：该人交关精明，～勿动个｜小张该唅股票做介好，钞票～其眼出来请请客。

诇 音霍。用真假言词引诱出真话：～、吓、骗样样来｜拨人家一～，小偷招嘚。《广韵·觉韵》："～，谲也。许角切。"

訽 音拗。诬赖；毫无根据地说别人做了坏事：～人家做贼。《集韵·效韵》："～，言逆也。於教切。"

屙讲 说固执而无理的话：其欢喜～，莫去睬其。

拆空 瞎说；胡闹：～，吭没格貌事体个｜～，该种表格填填啥意思呢!

拆乱话 说谎：俗语：～好甯忖，舌头打个滚｜儿歌：～，买豆芽，豆芽篮里一梗蛇。

嚼麦糕 胡说：其来的～啦，侬莫去听其。

扯蛋 吹牛：该人交关会～，讲起来天也掇勒动个。应钟《甬言稽诂·释言》："俗称自夸为～。"也说"吹牛屁"（吹白读）。

撺 搬弄是非：两人本格蛮要好，拨其一～，变成了怨家对头。应钟《甬言稽诂·释言》："甬俗潛憨人恶以谋离间谓之～。"

捣亲 从中捣乱，阻挠人家亲事：～伤阴骘个｜吭没人家～，该门亲事老早成功嘚。

捣鲠 反对；阻挠：侬勿～，该只照相机我老早买落来嘚。

争 音白读。口角;争辩(比吵架程度要轻):两人～了几句,差眼造起来嚯｜俗语:～～吵吵,白头到老。《清夜钟》第八回:"弟兄玩耍,大的或者僭些强,小的或者有些不逊,都无成心,～过便好。"

造 吵架:两夫妻争争～～总归有个｜俗语:半夜～,五更好。

造孽 吵架:俗语:～只好造半场。又:一好唸～,两好唸㧅跌。《鄞县通志》:"甬称互相争诉曰扰业,或曰即佛经之～。""造孽"当来自佛教语,本指做坏事,宁波话引申为吵架。

应嘴 还嘴;顶嘴:该小人一眼话勿着个,～辣辣响。

挈 音切。提:～篮｜俗语:老长来走走,好喏～包头。《韩非子·外储说左下》:"晋文公出亡,箕郑～壶餐而从。"《说文·手部》:"～,县(悬)持也。"苦结切。

掇 音答。①双手端:～矮凳｜～箱子｜俗语:～凳勿坐讨凳坐。《水浒传》第三回:"(郑屠)便叫副手～条凳子来。"《说文·手部》:"～,拾取也。"都括切。②借钱(多指临时借用,老派说法):钞票～两块。《初刻拍案惊奇》卷十一:"那周四不时的来假做探望,王生殷殷勤勤待他,不敢冲撞;些小借～,勉强应承。"

搬 端(饭、菜、茶等):阿囡饭碗～牢,莫敲碎｜灶头下饭～过来。《水浒传》第二十八回:"请都头去那壁房里安歇,～茶～饭却便当。"

捵 音脸。双手抱(衣被、柴草等):～柴｜被头～出去晒晒。《广韵·狝韵》:"～,担运物也。力展切。"

搋 音直。①腋下夹;抱持:肋胳肢下～勒一本书｜拦腰～牢。《广韵·月韵》:"～,担～物也。其谒切。"也作"搩":《一片情》第一回:"争奈这老子一把搩紧,死不放松。"又作"扠":《金瓶梅词话》第七十八回:"两手扠着腰,只顾两相揉搓。"②担保;负责:其钞票还勿出,我～去。

搵 音窝。抱:～鸡贼｜～肩搭背｜两个人～带拢介要好。《集韵·戈韵》:"～,手縈也。乌禾切。"

腰 ①把东西挎在胳膊上:篮手里～的。②扭动腰部:走路～记～

记｜歌谣:侧头侧脑何帼英,～记～记金香琴。

安 放;摆:手机～勒桌凳里｜上格～衣裳,下格～裤。北魏贾思勰《齐民要术·种红蓝花栀子》:"以粟糠著布上,糠上～灰。"

囥 音抗。①藏:俗语:麻将要～三日粮。又:一人～,万人寻。《集韵·宕韵》:"～,藏也。口浪切。"②放;盛:外婆拨我吃个汤水,两只袋袋都～勿过。

环 ①音掼阳平。两头下垂地挂;下垂:毛巾～勒眼竿里｜俗语:七九六十三,破衣两头～｜倒～杨柳。②音宦。下垂;敞开:～眼｜衣裳莫～的｜谜语:脚踏板,眼睛弹,筋骸绽,嘴巴～(解大便)。

幢 叠放:～箱橱｜书安勿过,～带起来安。俗作"蛊"。《鄞县通志》:"甬称器物重叠相架曰蛊。"

扛 ①音戆阳平。两个以上的人共同搬东西:～冰箱｜～大橱。②音戆。把东西临时搁置在某处:箱子掇勿住噢,矮凳里～一～｜花绷一头～勒窗头里。

敦 ①竖;直立:扁担～勒田角落头｜扫帚摇倒噢,～～起来。《庄子·列御寇》:"伯昏瞀人北面而立,～杖慭之乎颐。"成玄英疏:"～,竖也。"《广韵·恩韵》:"～,竖也。都困切。"②形容词。直;垂直:毛笔要拘～｜俗语:水稻要种～,席草要种睏。

笓 音别。依次紧密排列:～地板｜～柴爿｜砖头～～拢。《集韵·质韵》:"～,次也。薄必切。"(次有排列义)

挜 音哑去声。①强给;强加;强卖:～卖豆腐｜饭吃勿落也要～眼的｜俗语:请吃酒,～拜生。《型世言》第三十七回:"(吕达)苦苦里～他酒,那李良雨早已沉醉要睡。"《字汇·手部》:"～,强与人物。衣架切。"②掷:石头～过去｜俗语:树叶爿跌落怕头～开。

拨 又音北。给:书～其｜钥匙～我。《鄞县通志》:"甬称给与曰～。"另,"拨其"(给他)可合音为"比",如:比吃一只苹果。"拨俉"(给你)可合音为"本",如:本一张电影票。"拨我"(给我)可合音为"把",如:蚊虫把打煞噢。"拨阿拉"(给我,给我们)可合音为"拨拉",如:钞票拨拉还仔。

交 音绞白读。传(家产):该套红木家具是阿爷手里~落来个。

交代 交音高。给与;交付:该本书~我好嘞|钥匙~啥人?

驮 拿:衣裳~来|俗语:吃勿论,~勿肯。《鼓掌绝尘》第三十七回:"你就~请帖我看。"也作"驼":《型世言》第二十七回:"驼茶来!先生但说何妨。"也作"粑":清范寅《越谚》卷上:"手弗能粑,肩弗能挑。"也作"挓":《新上海》第三十九回:"后来阿拉弟媳妇,果然是外国人挓出洋钱来抬的。"也作"佗":陈训正《甬谚名谓籀记》:"今俗以手取物曰佗。佗,负何也。本谓以肩负物,云手佗者,引申义。"

捞 拿;用手取:~了一张报纸|手骨~下饭吃。《玉篇·手部》:"~,取也。路高切。"

撩 用手或工具接触或拿取高处、远处或水里的东西:篮吊勒介高,~也~勿着|鞋跌落河里嘞,钉耙~~看|俗语:小个桌凳~勿着,老个豆腐嚼勿落。《玉篇·手部》:"~,手取物。力条切。"

撩起 举起(手脚打人或踢人):~一巴掌|~一拳|~一脚。

捉 抓(中药):~药|~了十帖中药。

撮 ①拾;捡:~田螺|~外快|钢笔跌落嘞,~~起来。②从别人身上扒窃钱物:皮夹拨撮佬~去嘞。《说文·手部》:"~,两指~也。"仓括切。

充 从别人身上扒窃钱物:当心充手~钞票。

扠 音出差之差。①顺手拿走别人的东西:图书馆~来一本书。《字汇·手部》:"~,挟取也。"②溜:会开了一半,其~走嘞。《类篇·手部》:"~,行也。"

落 ①私下克扣钱物:~铜钿|俗语:裁缝勿~布,老婆出屁股。《水浒传》第九回:"原来差拨~了五两银子,只将五两银子并书来见管营。"②下:~雨|~课|~班|~车。③特指下雨:俗语:日晴夜~,气煞懒朴。④截;斩;锯:再偷东西,手骨~其断|该梗木头忒长嘞,~眼掉。⑤(大小便)拉在(床上):尿屙~眠床(指病人让人帮着在床上解大小便)。

克落 克扣;私自扣减:办学经费莫~。元无名氏《陈州粜米》第一折:

"这个数内,我们再～一毫不得的。"

札　记;写:电话号码～个的,下日好打打｜老师讲个闲话～落来,省勒忘记。宋蔡绦《铁围山丛谈》卷一:"在宣和殿亲～其姓名于小幅纸。"也作"扎",通作"摘"。

上书　写进书里;记载在书上:阿拉宁波老话有交关多是～掉个!

齝　音季。盛;装:～饭｜～下饭｜箱子里衣裳～勿过。《集韵·御韵》:"～,吴俗谓盛物于器曰～。陟虑切。"

减　将饭菜等从碗里拨出一部分:饭齝忒多,～眼出｜下饭～眼搭饭碗里。

屙　音写。斟;倾斜容器倒出液体:～茶｜～老酒。《集韵·祃韵》:"～,倾也。四夜切。"也作"写":光绪《镇海县志》:"吾乡俗以斟酒为写酒。"也作"泻":《太平广记》卷二十引《续神仙传·王可交》:"侍者泻酒,而樽中酒再三泻之不出。"

掏　①读阳去声。舀;舀取:～饭｜～豆腐汤｜～缸沙。殷夫《小母亲》:"她末一做完,马上就捧了脸盆往楼下去,～水来洗脸。"②挖掘;掘取:～河｜～井头｜～番薯｜～花生。③翻检;翻找:～抽斗｜一件衣裳寻勿着,箱子会～勒腐沓沓。

掜　音蛙。用筷子或其他工具拨取东西:～饭｜～垃圾｜俗语:龅牙吃西瓜,好像钉耙～。《集韵·麻韵》:"～,手捉物。乌瓜切。"又《马韵》:"～,吴俗谓手爬物曰～。"

抚　音奥。把粉末状食物送进嘴里:炒毛麸～进嘴巴里。清范寅《越谚》卷下:"～,(音)奥。粉、糖之燥者用匙～入嘴。"

拑　用筷子夹取食物:～下饭。

夹　①音结。用筷子夹取食物:～下饭。②音拣浊音阳平。用手指、脚趾夹物:指末头～了一支香烟｜脚末头～来。③调节:～电台｜～频道｜俗语:神仙难～色。④朝着;正对着:～脚乱砍｜一盆水～头泼过来。《后西游记》第二十回:"(太子)遂叫左右将大棒～头～脑乱打。"

补　打牌时用手抓取牌:～牌｜打红五星,牌各人自家～。

发 打牌时一人分发牌:~牌|补牌忒慢,我搭侬~。

捋 音辣。①用手握住向一端滑动以摘取:~桑叶|~番薯叶。②把袖子往上推:袖头子~~侬派打人啥?《水浒传》第二十六回:"武松~起双袖,握着尖刀。"③沉下脸:面孔~落。《广韵·末韵》:"~,手一也,取也,摩也。郎括切。"

并 音鬓。把东西从一个容器挪到另一个容器:纸盒里下饭~出仔|吃剩红烧肉~勒小碗盏里|行李箱东西~眼出,否则大东西摆勿落噢。

畚 用畚箕撮物:~谷|~垃圾。

出 ①用手或工具扒取:~灰|~猪泥|~谷笋头。②(水痘等传染病)出现、发作:~痦子|~天花|~水痘。③光着;裸露:~脚|~卵|~屁股|俗语:朋友热络,脱勒~膊。

扽 音屯。手伸进洞孔、口袋等掏取东西:蟹洞里~进去,扽着一只蟹|汏衣裳前头袋袋里东西先~~出。

刘 音镂。①抠;挖取:~洞眼|~番薯|~耳朵屙。《集韵·侯韵》:"~,小穿也。郎侯切。"也作"搂":《说唐》第二十五回:"罗兄弟,……雄信要搂出你的乌珠哩!"《广韵·侯韵》:"搂,探取。落侯切。"②形容词。品质恶劣:~种|该人种~猛。通作"镂"。

撬 音轿。①挖;用刀等从菜、草的根部挖取:~菜秧|~地菜|~兔草。也说"挑"。②用筷子插入鱼肉中用力挑:~鱼碗|该鸡自家养个,~开吃掉|儿歌:河鲫鱼做人真伤心……血红镬,煮我熟,一筷一筷~我吃。

挬 音笨。拨开(土、灰等):烂泥~开|俗语:有眼勿识泰山,灰堆~出鸭蛋。清范寅《越谚》卷下:"~,盆去声。以手撇开沙泥寻物。"

添 读去声。①衬;夹:~里布衫|当中~张纸头隔隔开。②往磨眼里续(米、黄豆等):我磨,侬~。《集韵·栝韵》:"~,和益也。他念切。"

㩘 音出差之差。插:花~勒花瓶里|钥匙䭾错㕶,~也~勿进去个。清范寅《越谚》卷下:"~,(音)蔡。横插进去。"通作"插"。

凑 放入:介油一架肉嘴巴里~进算账|饭还㶶没熟,再~一把柴。

弄 音龙阴平。放进;伸入:袖头子忒小,手骨～勿进个｜皮球搪进眠床底下嗄,扫帚～进去划划出来。

生 ①装上:～拉链｜～襻头｜～一只袋袋。②长出:～疔疮｜～冻疮。

戴 音带。把东西放在头、脸、胸、臂等处:～帽子｜～手表｜～口罩。也作"带":《初刻拍案惊奇》卷十二:"头带斜角方巾,手持盘头挂拐。"

摘 音足。取下;松开:～帽子｜手套～掉｜纽子～～开｜饭箪箕～～落。

下落 下白读。放下:帐子～｜裤脚～。

挡 音档。扶:梯子搭我～眼的｜阿爷走出来嗄,快去～一把。明冯梦龙《山歌·船》:"个样风水小阿奴常经惯,你只要～牢子个舵梗莫贪眠。"也作"当"。明李诩《戒庵老人漫笔·今古方言大略》:"扶谓之当(去声)。"

扳 ①抓住:爬勒介高挡玻璃窗,手骨～牢嚄!②拉;使转向:脚踏车把手歪嗄,～一把。

扨 音嫁送气。①握;用手拿:～筷｜毛笔要～敦。②抓;捕捉:～壮丁｜～鱼｜～贼骨头。③小猪、小鸡等买来喂养:～小唠猪｜街里～了十只小鸡。《集韵·麻韵》:"～,挖也。丘加切。"

搭 音克。①用手的虎口或手指紧紧按住:～胡咙头｜～黄鳝。②比喻压制、钳制:其是侬顶头上司,～～侬正好。《广韵·陌韵》:"～,手把著也。苦格切。"本字作"揢"。

揸 音渣上声,又音渣。用手指抓取;揪:～扑克牌｜～衣裳｜～头发｜俗语:背单袖子～落。《水浒传》第三十八回:"李逵见了也不谦让,大把价～来只顾吃。"

劯 音堆上声。①用力拉:绳～牢｜儿歌:～～会长牛皮糖。《改并四声篇海·力部》:"劯,着力牵也。都罪切。"②买(布):～了五尺布。③说;扯;闲谈:～牛皮｜瞎～西～来的～啥西啦?｜来发来发讲啥西,～来扯去小事体。

拽 音叶。①用力拉:一把～来。《广韵·薛韵》:"抴,亦作～,拕(拖)也。羊列切。"②又音月。设法借钱:东借西～｜介多钞票,一时三刻～勿拢个。

捽　音宅。用力拉、折：～头发｜～芹菜｜～年糕团｜草绳～～断。《说文·手部》："～,持头发也。"《广韵·没韵》："～,手～也。昨没切。"

挦　音崔上声,又音采。用力拉：～头毛子｜～耳朵皮｜草绳日脚长嚾,一～就断。《集韵·贿韵》："～,拉也。粗贿切。"

擦　勒;绳子等套住后用力拉紧：其是拨凶手绳子～煞个。

抽　①收紧绳带：裤带～紧眼｜俗语：双股绳子单股～。②用草木灰吸干布袋内水磨米粉中的水分：～汤果粉。③用水泡淡：羊尾笋交关咸,切好仔冷开水里～一晌再吃｜海蜇先要水里～一～。

攀　往上拉：～鞋爿。《广韵·删韵》："～,引也。普班切。"

敛　拉;撩：衣裳～起来｜窗帘～～拢｜俗语：裤脚筒～仔等蛇咬。也作"裣"：清范寅《越谚》卷上："唔嬷见我归,裣起罗裙揩眼泪。"

搂　①音送。推;托：箱子掇上去辰光侬搭我下头～一把。《集韵·董韵》："～,推也。损动切。"②音耸。抖动：脚骨莫～｜俗语：月里奶花（婴儿）勿可～,月里媳妇勿可哄。

拄　①顶;抵住：～蛋｜～柴蓬｜大橱吊上去辰光,侬下头～一把｜后头车子～上来噱。②指软磨：～功好｜其想调工作,长日领导后屁股～该。

绞　音白读。两手或两脚交叉叠放：手骨后背～仔｜两只脚骨～仔。

捻　音甜嫩嫩之嫩。举：拳头～～｜小毛头～勒头顶心。

擙　音睩。摇动;振动：罐头～～看,里头还有东西哦？｜俗语：～～宝,碰运道。《广韵·屋韵》："～,振也。卢谷切。"

扤　音额清音。摇动;晃动：问其要哦,其头～～｜茶叶罐头～～其,还有一眼好齒｜走起路来～记～记。《广韵·没韵》："～,摇动。五忽切。"

抈　音月。挥动;晃动：～大旗｜手～～～｜汽车开稳眼,莫～来～去。《国语·晋语八》："故不可～也。"韦昭注："～,动也。"

拐　又读浊音。摇动;不稳而会摇摆：～摇箩｜走路～记～记｜桌凳安勒～～动｜牙齿～～动。

摺　音盏。两手有节奏地簸动盛物器具,使里面的东西调匀或簸去杂质:带鱼刚盐落,～一～｜秕谷～～掉。《广韵·感韵》:"～,手动。子感切。"

撺　音寨。①双手端筛子左右晃动以去除杂质:～毛谷。②摇动;晃动:箩窠～～其,好拨小毛头睏熟｜狗淋湿嗨,～两～毛搿刮拢嗨。③身体与其他物体摩擦:虎口～痒｜草蓬拨牛～倒嗨。④挨着……走,也泛指行走:转弯～过去就到嗨｜外头去～一埭。

抑　音柳。①用棍棒、筷子等搅动:～鸟窠｜～浆糊｜俗语:屙缸越～越臭,说话越讲越多。②用棍棒等划取手够不着地方上的东西:羽毛球打到屋头顶嗨,驮梗棒头～其落来。③指拆散:好好叫一对夫妻拨其～散嗨。清范寅《越谚》卷下:"～,(音)柳。糊未匀,以筷～之。"

搣　音蜜。用两个手指捻搓使旋转:～螺丝｜～陀螺｜收音机～响眼。《玉篇·手部》:"～,摩也。民烈切。"

捘　音尊上声。用手指挤压:～脓｜～牙膏。《玉篇·手部》:"～,《左氏传》曰:～卫侯之手。～,挤也。子寸切。"

揿　音沁。用手按:～门铃｜一头～落,一头翘起。

点　用手指:侬～～看,天一阁来啥方向?

扚　音的。用指甲掐或截断:大脚髀拨其～勒痛煞｜～韭菜｜黄个大蒜叶爿～眼掉。《广韵·锡韵》:"～,引也。都历切。"《字汇·手部》:"～,手掐。"也作"㧬":清袁于令《西楼记》第十六出:"待我㧬他一把,打他一下。"

擤　音很去声,又音醒。捏住鼻子,用气排出鼻涕:～鼻头。清范寅《越谚》卷下:"～,亨上声。手捻鼻,屏气出涕脓。"

揩　音奸去声。擦(屁股):～屙屁眼。《广韵·皆韵》:"～,摩拭。口皆切。"

找　卷衣袖、裤腿等:～裤脚｜～袖头子。

折　①音结。折叠衣、被等:～衣裳｜被头～勒的角四方。②音足。弯;转:龙头～转。

揤　音郁。①折叠:～纸头飞机｜书莫～腐。②肢体拧伤:脚骨～出｜

头颈骨～出。《集韵·迄韵》:"～,拗戾也。纡勿切。"

拗 ①折;弯曲使断:～花｜～乌笋｜铅丝～其断。②弯曲身体:～腰骨｜～软骨。③由平躺着直起上半身:背脊骨痛,睏仔～勿起来。《风月梦》第十七回:"月香连忙在床上～起身来。"④较量手力:～手劲。《广韵·巧韵》:"～,手拉。於绞切。"

局 卷:簟～拢｜席子～～拢。《玉篇·口部》:"～,曲也。其玉切。"

萦 音英。把线状物卷成一团或一圈:～绒线｜苗绳(种田绳)～～拢。《说文·糸部》:"～,收卷也。"段玉裁注:"收卷长绳,重叠如环,是为～。"《广韵·清韵》:"～,绕也。於营切。"

揉 音求。①把放长的绳、线收拢:～鹞线。②抱住或抓住树干、电线杆、绳索等往上爬:～电线杆。《集韵·尤韵》:"～,引也。陈留切。"

缚 音婆去声。①捆绑:～柴｜～贼～强盗｜俗语:阿爹做人,裤脚～绳。②比喻缠住而不能自由行动:该响要走快去走,等孙子孙囡生落,人～煞嘴!《集韵·过韵》:"缚,束也。符卧切。"

络 用绳子等从下方套住:～酒埕｜～石板｜俗语:手痛要～,脚痛要搁。《水浒传》第三十回:"武松看施恩时,又包着头,～着手臂。"《玉篇·糸部》:"～,绕也,缚也。力各切。"

桩 音庄。用绳索拴住船、牛、羊等:船～～牢｜牛～勒大树下。

採 音躲。用工具把麻或稻草等摇成绳索:～索｜～箩绳。《集韵·果韵》:"～,摇也。都果切。"也作"打"(採疑为"打"之音转):《警世通言》第二十二卷:"闲时搓些绳,打些索。"

搦 音肉。①两手用力揉搓:～衣裳｜～面粉｜～猪油馅。②把平展的东西揉在一起:衣裳要折好,莫～勒一堆｜用过纸头～拢撢掉。元乔吉《水仙子·赠柔卿王氏》曲:"胭脂粉～成的孩儿,眼角头传芳事。"清范寅《越谚》卷下:"～,昵角切。手擂柔软之物。～面馎。"

捋 音裸。①手贴着物体表面平移:瓜子壳～掉｜花生米～～拢｜～头发｜歇后语:看看明明,～～平平——亮眼瞎子。《糊涂世界》第七回:"摆摊子的两手按住,早已把钱～了进来。"②摸;摸索着找:东～～,西摸摸｜该爿店介弯角,随常人～勿着个。《儒林外史》

第十五回:"那四个人慌了手脚,寓处～一～,只得四五件绸缎衣服还当得几两银子。"③巡视:小菜场去～一埭,看看有啥下饭好买。也作"攄"。《集韵·暮韵》:"攄,挦攄,收敛也。鲁故切。"(攄为攄之讹)

挼　音糯阳平。用手轻轻来回抚摩:脚骨磕痛嘞,～～其│俗语:一记打,一记～。《说文·手部》:"挼,一曰两手相切摩也。"(从段注本)奴禾切。也作"捼"。《广韵·戈韵》:"捼,一曰两手相切摩也。俗作～。奴禾切。"

擉　音束。用手心来回抚摩:啥地方敲痛啦? 快～～其。《集韵·铎韵》:"～,摸也。昔各切。"

扠　音大文读。抓;搔:～痒│～头皮│面孔～开。

錍　音避。①把刀在帆布、皮子、石头、缸沿等处反复摩擦使锋利:剃头刀刮刀布里～两记会快个。②磨;擦:～自来火│鞋底烂泥～清爽仔再走进来。《集韵·霁韵》:"～,治刀使利。蒲计切。"

糙　读去声。①摩擦:薄刀钝嘞,缸沿里～两记│手骨油皮～起│家具搬当心,漆莫～起。②形容词。不光滑:手骨介～,护手霜搽眼的。《集韵·号韵》:"～,米未舂。七到切。"

砂　用砂纸或砂布磨光竹木、金属等器物:家具砂皮～滑,再上油漆。

䂎　音瓦。摩擦;碾压:桌凳～勒的滑里│出脚走路脚底要～痛个│饼干莫～碎│用席草打草帽,打好仔要用鹅卵石～勒其雪平的滑。《西游记》第七十四回:"(棍子)从东往西一滚,只怕四五万～做肉泥烂酱!"《广韵·祃韵》:"～,碾～。吾驾切。"

敲　音白读。①打;击打:～门│碗盏～碎│拨其～了一拳。②盖(印):～印子│～私章。③制作(木家具):～只大橱。《广韵·肴韵》:"～,击头也。口交切。"

毅　音笃。敲;用棍棒等轻击:～更│～鼓│～糖《集韵·沃韵》:"～,《说文》:椎毅(击)物也。都毒切。"

硪　敲击:～糖(用小锤子敲击刀背凿下麦芽糖)│～磨(修凿磨齿)。唐冯贽《云仙杂记·硪磨斋》:"都下寺院,每岁用除日～磨,是日作～磨斋。"

捣　①使劲敲、撞（门）：～门。②踢：小人睏相交关坏,被头时格～掉。③戳：指末头辣～进喟｜当心脚骨拨玻璃～开。《集韵·皓韵》："～,《说文》：手椎也。一曰筑也。睹老切。"

扑　拍打：～皮球｜篮里鏖糟～～清爽。《集韵·觉韵》："～,《博雅》：击也。匹角切。"

搭　①轻轻拍打：小毛头～～其,好拨其睏熟。②用胳膊拢着：捼肩～背。③连接：电线～牢｜脑子～错。④酿制：～浆板｜～老酒。

捎　音消。打（屁股）：小鬼依再作吵,当心～屁股的喟!《集韵·萧韵》："～,击也。先彫切。"

拍　音麦。用棍棒打：小鬼!依再东趑西趑,脚骨～依断!《广韵·陌韵》："～,击也。莫白切。"

搕　音克。打；揍：贼骨头牁着,好好叫～其一顿。《西游记》第五十六回："～着的骨折,擦着的皮伤。"《玉篇·手部》："～,打也。口合切。"也说"搥"（音除）。

做　①打；揍：三十年夜罡注～一顿。《官场现形记》第四十九回："我们军门的病都是你这杂种耽误坏的! 不走,等～不成!"②分;分成：一瓶红酒～三顿吃。《古今小说》第三十六卷："狗子闻得又香又软,～两口吃了。"③换；换成：该人介勿识相,～我仔老早光火喟!

掴　音刮。用巴掌打（耳光）：～巴掌｜谝人家做贼,当心拨人家～。《玉篇·手部》："～,掌耳。古获切。"也作"括"：《清平山堂话本·快嘴李翠莲记》："若是恼咱性儿起……漏风的巴掌顺脸括。"

削　①用巴掌打（耳光）：～耳光。②用锄头松土除草：～番薯｜菜地草介伸（长）,要～一～。

笃　①用尖端触击：小刀子～人｜眼睛拨棒头～瞎喟｜船～～开。《警世通言》第四十卷："才把那脑后的杵儿架住,忽一杵在心窝一～。"②用指头直指：做人要做好,莫拨人家～指末头。③竖；直插：扁担～勒田角落头｜稳～六株。④指性交：上弄眼吃吃,下弄眼～～。《笑林广记》卷十二："个非阿娘所好,弗如寻几个和尚,与渠～～倒好。"⑤拨动(算盘子)：～算盘｜～账。本字作"築"。《说文·木部》："築，捣也。"陟玉切。

㧐 音唱。用棍棒等直击；撞击：门拨杠棍～了一个洞眼｜～家私｜～碗倒盏。《集韵·江韵》："～，《博雅》：撞也。初江切。"

劗 音镴上声。①用刀、锄头等猛击：薄刀～人｜蛇锄头～其煞。②锄头、板锄等用钝后，对口子重新加工锻打使利：～板锄｜俗语：锄头驮勒镴店里～——走错了门。③指说(含贬义)：气象预报～着～｜俗语：呒角锄头乱～(比喻说话说不到点子上)。《集韵·豏韵》："～，断也。士减切。"

斵 音浊，又音局。①捣；舂：～芋芳皮。②碰撞；推：侬～其一记，呕其莫讲闲话｜小人生介多，弄到结煞老娘～来～去呒人管。③用耙等推：晒场里谷～～拢。④胡乱堆放：晒燥个衣裳要折好，莫沙发里～～的。《广韵·觉韵》："～，筑也，舂也。直角切。"

舂 音双。把东西放在石臼或乳钵里捣去皮壳或捣碎：～谷｜～石灰｜～芝麻。《说文·臼部》："～，捣粟也。"书容切。也作"摏"：清范寅《越谚》卷上："黄胖(胖)摏年糕——出力不讨好。"《广韵·钟韵》："摏，撞也。书容切。"

搡 音桑去声。①猛放；重重着地：箱子安轻眼，莫～｜其饭碗一～，走嗒｜儿歌：蹬蹬奔进戏文场，屁股会～两架生，膏药会贴两皮箱。鲁迅《呐喊·风波》："(七斤嫂)装好一碗饭，～在七斤的面前道：'还是赶快吃你的饭吧！'"《字汇·手部》："～，投掷之势。"②吃(含贬义)：该小鬼事体搭砼做，饭～勿饱个。

殷 音金。用小竹木片等敲入榫卯缝隙使器物牢固，或用小木块等堵塞小洞孔：～锄头｜榫头～～牢｜洞眼～～煞。清范寅《越谚》卷下："～，(音)真。击也。榫卯宽宕，削竹木小橛～之，曰～。"《广韵·真韵》："～，击也。职邻切。"也作"扗"。陈训正《甬谚名谓籀记》："扗，深击也。竹甚切。今俗用竹木撳入间隙曰扗。"

擎 音炖。①器具柄脱卯或松动后，握住柄垂直在地上猛击，使柄入卯：～斧头柄｜锄头柄脱出嗒，～～牢。②把东西竖起来在地上或桌上碰击,以振落灰尘或使整齐:～席子｜纸头～～齐。《集韵·魂韵》:"～,击也。都昆切。"

甩 (一)音忽。①扔;摔:～碗盏｜瘦骨材介人,柯跌拨我～倒算账。②用力挥动;摆动:头发～散｜狗～尾巴。③挥动使散出:青菜水～眼的,卖相好嚾｜伞溚溚滴个,～～燥。④把蛋去壳放入食物中烧煮:桂圆～蛋｜长面～只蛋的。(二)音摜。同"环",提梁,器物上用手提挈的环或把。清范寅《越谚》卷下:"～,越俗篮～、箱子～等字从此。"樊恭烜《浙江象山方言考》:"～,俗呼具环切,篮～也。"(三)音儥阴去。摇:～头(表示否定、无奈)｜黄狗～尾巴。

挪 音理。将动物等往地上猛摔使致死:乌鳢鱼～～煞｜小鬼侬再作梗,拨我～煞也咓数｜谜语:两姊妹,柯白鸽,柯来白鸽直～煞(擤鼻涕)。

掼 ①扔;掷:～锣槌｜歇后语:石板顶～乌龟——硬碰硬。②跌;摔:～倒｜～了一跌。③用棍棒等打:棒头～落来｜鸡拨人家～煞嚾。

揞 音樱白读去声,又音坑去声、晏、陷。①抛;投掷:飞机～炸弹｜石头～过来,正好～勒其头里。②扔;丢弃:垃圾莫乱～｜该只手机哫做嚾,～掉退过。《广韵·陷韵》:"～,吴人云抛也。於陷切。"

撺 音窜。抛掷(条状物):扛棍～过去。《水浒传》第七十四回:"把任原头在下,脚在上,直～下献台来。"《集韵·换韵》:"～,掷也。取乱切。"

碎 读阴平。乱扔;乱放:瓜子壳安勒畚斗里,莫～地垟｜该本书勿结～勒阿里嚾,寻也寻勿着。

敨 音透上声。①把包着或折叠着的东西打开:纸包～开｜被头～开。②抖动使去掉尘土:床单～一～｜衣裳灰尘～～掉。《集韵·厚韵》:"～,展也。他口切。"

擤 音消。揭;掀:～镬盖｜被头～开｜俗语:大缸盖～仔,眼药瓶塞仔。《一片情》第十四回:"有好事的～起腊梨的裙来看。"也作"枭":《官场现形记》第五回:"(何藩台)枭开帐子,让张聋子亲自来看。"

绷　①拉大;张开:～袋口｜侬紮绒线,我来～。②用线或细条状物缝补或扎束:衣裳钩开嘚,侬搭我～两针｜篮脱底嘚,铅丝～～牢。③在竹杆上系小网兜等来捕捉:～蜻蜓｜～蚱蜢。

份　成份地分开:～～开｜～成三股生。

𣲗　音拍。①分开;叉开:脚骨～开｜～一字(即劈叉)。②撕开:～蟹股｜衣裳～开｜俗语:好汉勿上𣲗,上两要～鲞。③转买、转卖(部分东西):侬买了介多带鱼,～两斤拨我好哦?《集韵·麦韵》:"～,分也。匹麦切。"又《陌韵》:"～,破物也。匹陌切。"

劙　音理。①划;划破:～黄鳝｜玻璃～腐嘚。《聊斋志异·念秧》:"或有～囊刺橐,攫货于市。"《广韵·霁韵》:"～,割破。郎计切。"②用舌头把食物中的异物分离出来:会吃鱼人鱼刺～出算账｜儿歌:河鲫鱼做人真伤心……一筷一筷撬我吃,～出骨头拨猫吃。

𢴑　音癞。①划破:手骨拨刺柴～开嘚。《集韵·泰韵》:"～,毁裂。落盖切。"②带齿工具用钝后锉齿使利:～沙镴(音机)。③用耙子等工具聚拢柴草:～草绒｜～松毛丝。

华　音化。用刀划割瓜果、鱼肉等而不使断裂:乌贼～两刀｜鱼背脊～～开。《礼记·曲礼上》:"为国君(削瓜)者～之。"郑玄注:"～,中裂之不四析也。"章炳麟《新方言·释言》:"今谓以刀分物为～开。"通作"花"。

斩　①剁;切:～鸡肉。②买(肉):～两斤肉。

列　用刀裁(纸张):纸头～～开。《说文·刀部》:"～,分解也。"良薛切。

解　读浊音。①又读清音。用锯子锯:～木头｜～板。②用刀来回移动着割:哮管～断｜鱼背脊～两刀。③用手牵拉条状物来回移动:～胡琴｜毛巾～背脊。《集韵·蟹韵》:"～,《说文》:判也。举蟹切。"

科　砍(树枝):～松毛｜～树脑。《太平广记》卷五十一引《宣室志·侯道华》:"道华执斧,～古松枝垂且尽,如削。"《广韵·戈韵》:"～,～断也。苦禾切。"

斫　音足。砍：～柴｜～树。唐杜荀鹤《山中寡妇》诗："时挑野菜和根煮,旋～生柴带叶烧。"

辇　音牵。用刀削：～脚（澡堂修脚）｜～光地栗（削去皮的荸荠）。《广韵·盐韵》："～,削皮。七廉切。"

剃　音批。用刀平着或斜着削：～铅笔｜～梨头｜肉～其薄眼。《集韵·齐韵》："～,削也。篦迷切。"明魏濬《方言据》卷下："侧刃削物令薄曰～。"

刨　音庖。①用刀或其他器具刮物：～树皮｜～黄瓜｜～牙须｜～痧气。②用指甲等钝器刮物：玻璃窗渍子指甲一～就～掉。《玉篇·刀部》："～,削也。薄茅切。"也作"爬"。《篇海类编·身体类·爪部》："爬,爬刮。蒲交切。"清范寅《越谚》卷下："爬,（音）庖。指甲刮物。爬蒲子,爬芋芳。"

剻　①音林。刮去（鱼鳞）：～鱼鳞。②音楞。刮去（树皮、竹节）：～树皮｜～竹节。《玉篇·刀部》："～,削也。力珍切。"《篇海类编·器用类·刀部》："～,削也,刮也。"也作"捺"。清范寅《越谚》卷下："捺,（音）林。越烹鱼刮鳞曰捺鳜。"

羯　音结。割去牛、羊、猪、鸡等的睾丸或卵巢：～牛｜～鸡。《广韵·月韵》："～,犗～。居竭切。"清翟灏《通俗编·禽鱼》："～鸡,阉鸡也。"

骟　音扇去声。阉（鸡）：～鸡。

扪　音问白读。遮盖；捂住：鎏介臭啦,鼻头管～的仔｜茶刚泡好,～一晌再吃。《说文·手部》："～,抚持也。"莫奔切。

捂　音污。①严密遮盖、封闭：被头盖勒～头～脑｜饭还只煮熟,～晌再吃。②孵：～小鸡｜～蚕。

䒽　音瞒。①用东西把洞孔填封：路里有个洞眼,烂泥～～煞｜天花板有个破洞,纸头～一～。②形容词。堵塞不通：～屁眼｜～裆裤。《广韵·桓韵》："～,无穿孔状。母官切。"

窒　音支。堵塞：门～～煞｜老鼠洞～～煞。《尔雅·释言》："～,塞也。"郭璞注："谓塞孔穴。"

摇　①开关（门、窗）,多指关（门、窗）,带上：风介大,窗门～拢仔｜出去辰光门～～拢。②机器编织:该件羊毛衫是～的个。

别　①把门关紧:门～～牢。②硬物互相碰撞、挤压:指末头拨门～了一记｜嚼着一粒小石子,牙齿差眼会～落｜俗语:船到桥门自会直,勿是碰就是～。

铃　音近。把门铃扣在门钮上:外头去打个横,门铃～～牢的。

阒　音窨。①把房子中间隔开;把东西中间截开:介大房间一～两好做两间｜肉对半～～开。②工作中途暂停:荡头生活拨我～一～,先搭其拉屋里去装修。《广韵·小韵》:"～,隔也。於小切。"

迾　音辣。遮拦;阻挡:～水缺头｜侬门口头～的,莫拨别人走进来。《说文·辵部》:"～,遮也。"良薛切。

浇　铺水泥:～马路｜～水泥地坪。

搪　音唐。①涂抹:～炉子｜～粉。《型世言》第十四回:"茹茹梗编连作壁,尽未～泥。"②用工具把洞孔弄大:眼子～～大。《集韵·唐韵》:"～,《方言》:张也。徒郎切。"

泥　用泥土、石灰、水泥等涂抹:～墙壁。《世说新语·汏侈》:"王(恺)以赤石脂～壁。"也作"堲"。《广韵·齐韵》:"堲,涂也。奴低切"

捱　音怪酸之怪。①甩上或涂抹半固体物:～水泥｜～浆糊｜面包～眼奶油的｜厕～的啊｜该事体厕介～拨我的嗬,乃遭要命嗬!｜儿歌:燕子做窠烂泥～,鸦鹊做窠搭凉棚。②沾染上污物:烂泥～着｜衣裳莫～鏖糟。

着　音结。①涂(颜色):图画～眼颜色的。②下(棋):～象棋。《红楼梦》第四回:"每公暇之时,不过看书～棋而已。"

彤　涂抹(花妆品):～花脸｜嘴唇～勒血得斯红。《广雅·释诂四》:"～,画也。"

妆　涂抹(花妆品、护肤膏等):～粉｜～面油｜～防裂膏。《广韵·阳韵》:"～,饰也。侧羊切。"

搨　音塔。涂;擦:～粉。《何典》第八回:"那伙强盗已一拥进房,各人～得花嘴花脸,手里拿着雪亮的鬼头刀。"

㧟　音印。用容器估量物之多少:～米｜水～～看,阿里一只碗盏

方言词·动作行为类·与人体有关的动词

大｜～～看,一瓶红酒有几杯?《集韵·㪿韵》:"～,平量也。於靳切。"

赝　音燕。比量长短:尺寸～好再裁｜～～看,啥人长?｜～棒(比量长短之棒)。《玉篇·贝部》:"～,物相当。於猷切。"清翟灏《通俗编·杂字》:"今以两物较其长短曰～。"

拓　张开拇指和中指来度量长短:～～看,写字台有多少长?

戥　音等。掂(重量):～～看,该梗鱼有几斤重?《野叟曝言》第六十回:"素臣远远见一块大石……因去提来,把手～着,约有四五百斤。"

擪　音益。①用干毛巾等轻按着吸干:水潽勒书里嗬,纸巾驮来～～燥。②用湿毛巾等轻按着擦拭:面孔里有一个癗,汏面辰光～～其算嗬。《广韵·叶韵》:"～,指按也。於叶切。"

捬　音富。用手扬水、粉等:～肥田粉｜地垟里先～眼水的,扫起来狯彭彭扬嗬。明高宇泰《敬止录·方言考》:"～,去声,呼韵。抒水器也。鄞人以扬水为～水,此其字也。"

揾　音温去声。蘸:鸡肉～酱油｜俗语:嫖赌勿论钱,吃饭要～盐。《说文·手部》:"～,没也。"乌困切。

烹　音乓。做菜时,浇入酒、醋、酱油或水等:～眼水的｜老酒～眼的。《集韵·庚韵》:"～,煮也。披庚切。"

熝　音奥。米下锅后,加入适量的水:～饭｜水～忒缺,格勒饭介燥。《广韵·号韵》:"～,～釜,以水添釜。乌到切。"

煺　音推。已宰杀的猪、鸡等用滚水烫后去掉毛:～鸡｜鹅毛比鸡毛难～。《集韵·灰韵》:"～,以汤除毛。通回切。"通作"煺"。

投　音豆(《集韵·候韵》大透切)。①开水等冷热相掺和:茶潽潽滚个,冷茶～～其。②将液体在两个容器中倒来倒去使冷却:药忒烫嗬,驮只茶杯～～冷。③人畜中毒后将某种液体灌入腹中使毒液吐出:该人吃农药嗬,肥皂水～其出来。④转换容器;转换车子:介眼年糕介大缸莫齧的嗬,～勒甏里仔｜上班交关远,要～三部车。

淘　①将汤、水加入饭中:～汤饭｜菜汤～饭｜俗语:热饭冷茶～,爹做郎中医勿好。《警世通言》第二十二卷:"(我)要饭吃,若是冷的,把些热茶~来罢。"②赌博、猜拳等输掉后翻本:输了我还要~过。③搜购物品:~旧货｜~宝｜该本书是旧货摊头里~来个。

冲 灌(开水):茶壶水滚嘞,热水瓶里~~进｜闲早子一上班,先到食堂里去~茶。

瀴 音印。把瓜果或热的食品放在冷水中使凉:稍瓜晒勒火热个,井水里~一晌再吃｜绿豆汤忒烫,冷水里拨其~的。《广韵·映韵》:"~,~瀞,冷也。於孟切。"

荡 在口里含水鼓动或在容器里加水晃动以洗去污物:~嘴巴｜~夜桶。《照世杯》卷三:"(妇人)手内提了马桶,将水~一~,朝着侧边泼下。"

汏 音丈,下同。洗:~手｜~头｜~面｜~衣裳。

汏起 洗掉:锅子滞底嘞,清洁球擦了半日,还只~｜袖头子漆遭着嘞,汏勿起嘞。

汰 音大文读。①将衣物放在水中左右拖动使干净:该件衣裳勿是交关腻腥,河里~两~就好嘞。清范寅《越谚》卷下:"凡布物投水不洗而左右拖之曰~。"②泛指洗(外来用法):~面｜~衣裳。

濯 音宅。在清水里搓洗:毛巾~一把｜衣裳~~出。《广韵·觉韵》:"~,瀚~。直角切。"

排 ①用板刷洗刷:~衣裳｜~地板。②开裂:桌凳~开一道缝。

润 音退。①把竹器、脸盆等底部在水面拍击以除去污物:篮底交关腻腥,水里~一~。②水面与物面相平:水~上阶沿嘞｜炀鸡辰光水要安勒~汤个。《集韵·勘韵》:"~,浮貌。他绀切。"

湿 音色。衣服、碗盏等洗前用水浸泡:衣裳~过夜,明朝汏｜碗盏~一晌好汏嘞。

咬 衣物洗前先打上肥皂浸渍一会儿:介腻腥衣裳肥皂水~一晌再汏,否则汏勿清爽个。也说"盐"(读去声)。

滗 音必。挡住泡着的东西或渣滓把液体倒出来:~卤｜~药｜~菜汤。《集韵·质韵》:"~,去滓。逼密切。"

搌　音力。让带水的东西自行滴干水：米～～燥｜衬衫汊好莫绞（音搞），先～～燥再晾出去。《集韵·术韵》："～，去滓汁曰～。劣戌切。"

澄　音订。使水中杂质沉淀下去：河水～一～再用｜俗语：浑水越～越清，是非越辨越明。

养　①把瓜果、年糕等浸在水中，以防干萎或变质；把贝壳类动物浸在水中，使它吐出泥：稍瓜井水里～的｜年糕水缸里～的，水换勒巴结眼，几个月也验坏掉个｜花蛤水里～的，烂泥～其出。②音样。蓄；留着不去掉：～头发｜～牙须｜～指甲。

撦　音注。绱（鞋）：～鞋。《广韵·至韵》："～，刺也。陟利切。"

缉　音切。纳；在鞋底上面密密地缝：～鞋底。《醒世姻缘传》第十九回："吃了饭便在房里坐着，做鞋～底，缝衣补裳。"《广韵·缉韵》："～，绩也。七入切。"

缏　音皮。用针缝：～贴纸｜伤口～了五针。《玉篇·糸部》："～，缝衣也。婢连切。"

绕　用针缝：衣裳钩破喏，针驮来～～拢｜伤口～了五针。《说文·糸部》："～，缠也。"

绗　音杭。用针脚较长的线固定面子和里子及所絮的棉花等：～被头｜～棉袄。《广韵·映韵》："～，刺缝。下更切。"

纒　音影。缝（被子）：～被头｜～被针。《广韵·隐韵》："～，缝衣相著。於谨切。"

翻　在衣物里铺棉花并用线固定：～被头｜～棉袄。也说"絮"（音细）：《升仙传》第三十回："（高应举）叫丫鬟把昨日新絮的被拿将出来，亲自拆开一看，房契分单果然全在里边。"

鞔　音瞒。①把布蒙在鞋帮上：～白鞋。《广韵·桓韵》："～，～鞋履。母官切。"②用皮蒙鼓：俗语：～鼓～两头，勿～鼓中心。唐段成式《酉阳杂俎·语资》："宁王尝夏中挥汗～鼓。"

褶　音笃。衣料不够，拼一块上去：～角｜～裆。《广韵·沃韵》："～，衣背缝也。冬毒切。"

打裥　裥音减。①在裙子或上衣上打褶子：裙子～打仔好看嘸。②

比喻脸上起皱纹:老相扮出,面孔～喏。《集韵·产韵》:"袩,裙幅相摄也。贾限切。"

敲边 敲白读。衣料锁边:～敲好再做衣裳。

大做 大白读。做衣服时加衬头、夹里、垫肩等:西装要～。

贴袜底 贴音塔。在袜子的底部加一层结实的布,使耐磨损:袜底贴一贴经穿喏。

褙袼 音背百,下同。把数层布黏合起来,用来做衬头或鞋底等。

结袼 衣服因污渍而成硬块,也指脸上皮肤因干燥而变得硬邦邦的:衣裳再勿汰要～的喏｜面孔～喏,面油搽搽其。

夹裆 裤裆过窄,臀部被夹住:该条裤～个,大一号换条试试看。

趌 音讦。跨:～水缺｜～上一步｜俗语:看见白牡丹,地栿忘记～。《广韵·衔韵》:"～,步渡水。白衔切。"

潦 音僚。①趟水过去:～大水。②抄(近路):～近路。

跍 音姑浊音,下同。蹲:～落来｜～勒吃饭｜俗语:两娘拼条裤,一个穿来一个～。《广韵·模韵》:"～,蹲貌。苦胡切。"

跍倒 ①蹲下:年纪大喏,～仔爬勿起｜裤太小,穿仔跍勿倒。②比喻服软,示弱:头网胡咙交关胖,看张警察来喏,当忙～喏。

跙 音车。踩;脚踏入:～洪洞｜脚骨～勒阳沟里。

蹦 音闹。踩;踏:鸡厢莫～着｜～咸齑菜｜俗语:～勿煞草子,压勿煞婊子｜谜语:天里一沰豆腐,跌落～腐(雪)。

停 ①踩;蹬:换灯泡手骨撩勿着,掇根矮凳来～～。②(鸟)栖息:电线高头～勒一群麻将。

踏 蹬;脚向下用力:～脚踏车｜～缝衣机。

跥 音躲送气。①用脚底摩擦:～痰｜虫～其煞｜鞋底烂泥～～掉。②用手指摩擦使分离:～麈槽｜～钞票｜篾括新派司牌反使～勿开。

扳 音扮,下同。绊:踢脚～手｜儿歌:卜咚一跌～,倒掉两箩蛋。《集韵·裥韵》:"～,绊也。博幻切。"

扳跌 绊倒:山路走当心,莫～。

拘 音鞋楦之楦。①用脚踢:～其一脚｜小人睏相坏猛,被头老老要～掉。②用拳打:莫引犯其,当心一拳～过来。《广韵·霰韵》:"～,击也。许县切。"也作"揎":《冷眼观》第四回:"当下不顾礼法,一脚揎开房门。"

揙 音编。用脚斜踢:一脚～过来｜被头莫～掉。《集韵·先韵》:"～,击也。卑眠切。"

蹩 音别。脚腕子扭伤:路梯滑了一记,脚骨会～出。茅盾《脱险杂记》八:"～了脚了!"《说文·足部》:"～,跛也。"蒲结切。

跛 音皮,下同。①脚腕子扭伤:溜了一跌,脚骨～转嗨。②走路时脚板歪斜:脚跟拨新皮鞋轧破嗨,走起路来～记～记。《说文·足部》:"～,足不正也。"部田切。

跛倒 受力不平衡而倾倒:该埭路纯是石子,当心脚踏车～｜年糕交关硬,切辰光当心～,手骨弄开。

踁 音艮。一只脚跳着走:～房子(儿童游戏)｜脚骨蹩出嗨,走路只好～来～去。《广韵·径韵》:"～,一足行。苦定切。"

行 音行李之行。①婴孩学步:阿拉孙子会～嗨。《广韵·庚韵》:"～,行步也。户庚切。"②时兴;流行:该种式样旧年子交关～,今年勿～嗨。③用;施:～人势｜俗语:有力勿好尽撑,有势勿可尽～。

能能 音甜嫩嫩之嫩阴去。婴儿试着站立:小毛头～嗨。元郑光祖《伊尹耕莘》第一折:"好个小厮儿!不要哭,与员外做儿,你是有福的。员外,我着他打个～。""能能"本为名词,宁波话里用作动词。

旋 读去声。来回地走:～来～去｜外头去～一埭。《古今小说》第三十三卷:"(我两个)走去韦谏议门前～一遭,回去说与大伯。"《集韵·线韵》:"～,绕也。随恋切。"

趻 音宕辰光之宕。闲逛:～马路｜～街｜吃～饭。《集韵·宕韵》:"～,趛～,逸游。大浪切。"

套 绕;走迂回而较远的路:～了一个圈子｜路走错嗨,～来～去～了半日。

大套 大白读。走路绕大圈子:格貌走,大笔头～嗨。

弯 ①中途顺便拐到某处:我就庥勒菜场旁边,侬路过辰光~带进来。也说"横"(去声)。②拐;转弯:荡梗弄堂~过去就是电影院。

弯转 转弯:邮局借手半边~就到|儿歌:江桥给给动,~灰街弄;灰街白洋洋,~大校场。

串阵 串来串去:廿多桌酒水,两三个服务员~介,来也来勿及。

奔东落西 跑来跑去:办个营业执照~,脚骨会奔断。也说"奔来落去""奔来倒去"。

趚 音石,下同。①疾行;快跑:鱼~去嘷|今末其~进~出,办公室呒没庥落个|好日人家小人~来~去,交关泡冲。②匆忙地去一趟某处:我邮局去~一埭,当忙回来。《广韵·洽韵》:"~,行疾也。士洽切。"

趚出 突然出现、产生:事体做勿完个,一样事体还只做好,一样事体咦~来嘷。

趐 音别,下同。①追;赶:一个前头逃,一个后头~。《集韵·职韵》:"~,走也。弼力切。"②比赛;较劲:侬两人~过,啥人奔勒快|其拉两人来的~,和总想考第一名。第二个意思也说"趐竞"。

趐轿 原指两个花轿争先经过同一座桥或同一个路口,以求吉利。引申为比高下:小姑娘打扮勒介时髦,搭侬姆妈来的~啊!

趐出 没赶上:火车~|今末会开勒介晏,夜饭也~。

趐勿着 ①同"趐出"。②争取不到:介好羊肉侬㩉吃,我还~嘷!

躘 音冲去声。行走不稳,身体往前倾斜:七~八跌|走路~~动|俗语:廿岁英雄挑两盏灯笼,碰着斗风还要七~八~。《广韵·用韵》:"~,跄~,行不正也。丑用切。"

打脚骨软 走路时腿发软欲跌倒:该呛身体勿对,走路老长~。也说"打软脚骨"。

脚娘肚弹琵琶 比喻腿发抖:爬山爬勒~。

趤 音妈阴平。①因肥胖而挪动般的迟缓行走:走路~~动|该人忒壮嘷,走起路来~记~记。也作"埋":《新上海》第五十五回:"见庄蓉甫四十往来年纪……一埋一埋的进来。"②略微移动一下:

屁股～过去眼,拨我坐眼｜书橱安勒勿平,～一把。

死 音洗。滚;走(含斥责意):～开眼!｜～出去!｜考试考勒介推扳,活灵～出的嚄!

袯 音农清音去声。穿(过厚过多的衣服):介热天家棉袄还～的,当心虿捂出!《集韵·钟韵》:"～,厚也。尼容切。"也说"包"。

划穿 划音餐。毛衣、羊毛衫等穿在外面不另罩外衣:该件羊毛衫～交关好看。南唐李煜《菩萨蛮》词:"刬袜步香阶,手提金缕鞋。"刬袜即徒袜不鞋,划穿之划与之同义。

添里 添读去声。穿在最里面;贴身穿:衬衫～｜～布衫。

出脚 赤脚;光着脚:～医生｜～泥螺。

出膊 赤膊;光着上身:～做生活｜俗语:朋友热络,脱勒～。又:底子单薄,动着～。

出卵 裸露下身(卵:男阴,也泛指阴部)。

出膊出卵 赤身露体:小人游河辰光脱勒～个。也说"出卵出膊""出膊丫卵"。

出屁股 裸露屁股:阿拉两人是从～凑队个｜俗语:屁股出仔讲人家。又:裁缝勿落布,老婆～。

庉 音屯(即"停"之音转),下同。①住;居住:我～勒波波城｜俗语:～～朝南屋,吃吃陈年谷。②呆;过:雨介大,～晌再走｜好好养病,～两日再来看侬。③停歇;休息:阿拉儿子交关热拆,一日到夜手脚勿～个｜其身体勿咋好,屋里～～半个月嚄。④用作跟时间量相关的后置词,意义较虚:落班还超晌～｜开学还有一礼拜～。《集韵·魂韵》:"～,居也。徒浑切。"

庉落 休息;呆在家里:介大年纪莫做嚄,好～嚄｜每日外头奔,屋里～日脚吭没个。

陡 ①音呆。站立:东立立,西～～。《广韵·咍韵》:"～,企立。五来切。"②同"戴"。《集韵·代韵》:"～,《博雅》:陭也。巨代切。"

戴 音打饺之饺。斜靠:扫帚～勒门后背｜俗语:墙倒～着壁,吭子靠阿侄。《水浒后传》第十四回:"盛一碗小米粥,堆一箸盐菜在上面,~着门枨上吃。"也作"䯰"。

庌 音矮。①把被子、枕头等放在背后靠着:坐仔看电视交关惆力,弄根被头~~｜俗语:三～六坐九爬爬,十八个月走人家(指婴孩成长过程)。②用东西抵住:掇梗矮凳～～门。《广韵·蟹韵》:"～,坐倚貌。乌蟹切。"

伛 音怄,又音瓮。弯(腰);低(头):～头磕脑｜～倒施捐｜背脊骨～酸。《说文·人部》:"～,偻也。"清胡文英《吴下方言考》卷十:"～,音欧去声。吴中谓低头曲背曰～。"

跔 音狗浊音阳平。①肢体蜷曲收缩:脚～拢｜头～进｜～指末头｜俗语:配办(拼着)一个头,皇帝老官打其～。②衣物等因缩水、曝晒而蜷曲收缩:该块料作落水交关会～｜乌贼晒勒～拢嗰。③扣除;减去:篮鞭～掉,净货五斤｜第一副牌打勿上,庄家～一级。《说文·足部》:"～,天寒足～也。"其俱切。段玉裁注:"～者,句曲不伸之意。"

蔽 音货平声。背脊或木板等弯曲弓起:做勒背脊骨～拢｜该块板～掉嗰。

匐 音薄。①趴:～倒｜～勒睏｜～勒桌凳里。②扑;身体向前冲:人～过来。《说文·勹部》:"～,伏地也。"蒲北切。通作"伏"。

叉 ①(肩)耸起:～肩胛｜一盏红灯点起,两只肩胛～起(形容抽鸦片)。②(手)斜插:手骨袋皮里～仔。③用筷子大量夹取:该小鬼饭勿肯吃,时格～下饭。④玩(麻将):～麻将。《官场现形记》第二十一回:"他自己爱的是赌,时常邀几个相好朋友到家～麻雀。"应钟《甬言稽古·释货》:"今赌麻雀者,为紊乱其牌,既挤而推之,又引而归之,如是反复往来,俗谓之～。"第四个意思通作"搓"。

跳上 上(车):公交车要开嗰,快～来呐! 有的地方也说"爬上""挖上"。

跳落 下(车):我下站～嗰,再会嗬! 有的地方也说"爬落""挖落"。

挖 ①爬:爬山～岭｜山忒耸,～勿上｜歌谣:初三初四鹅毛月,初七八爬山～。《金莲仙史》第八回:"三人领命,各去爬山～岭,搬来许多的干柴。"②掰:蚶子欠泡熟,～勿开｜歇后语:油包～开,馅子流出——到手东西一场空。③(眼睛)张开:眼睛～开就要吃饭。

沙 读去声。滑行:～利鳗(一种类似玩滑梯的游戏)｜山路交关滑,当心磕跌～落去!

溜 音柳,下同。①滑行:俗语:脚踏西瓜皮,～到阿里算阿里。《歧路灯》第七十回:"正走时,左脚滑了一跌,早已～下坡去。"②形容词。(路等)滑:雨刚刚落过,路交关～。

溜跌 滑倒:路交关滑,当心～。

擂 音类,下同。①滚;滚动:～铁环｜～地十八滚。俗语:冤家夫妻给棕绷,～来～去当中央。《初刻拍案惊奇》卷三十一:"沈婆惊得跌倒在地下～。"②碾;滚压:狗拨汽车～煞嚯。③滚动地粘上:金团～眼松花的。④躺;小睡:昼饭吃落顶好～一晌。《型世言》第二十九回:"(徐公子)又去～了半日,切下两个头,已是天亮。"《玉篇·手部》:"～,研物也。力堆切。"

擂倒 倒下:扁担～嚯,挡挡起｜俗语:擂擂倒,种大稻。

磕跌 摔倒:路交关滑,当心～｜俗语:勿会写字多蘸笔,勿会走路多～。也说"磕""磕煞"。

磕开 跌伤;皮肤跌破:俗语:小人泡冲头～,外婆屋里去勿来。

翻落 掉下;掉进:眠床高头～来｜拖拉机～河里嚯。

转侧 侧音卒。向侧面转身:两人睏介小眠床,～也转勿来。

扠活 扠音出差之差。溜走:上班辰光老老要～｜其交关活络嚯,一看勿像,老早～嚯。《类篇·手部》:"扠,行也。"

吸 ①紧贴着爬行或行动:爬上～落｜贼骨头是自来水管子～上去个｜～记～记～过去。②紧贴;紧贴着放置:谜语:矮跂(音彭)狗,～壁走,打一枪,会开口(锁)｜汽车～勒旁边头｜歌谣:江东送娘美女式,花花包袱两肩～。

闯 音一。①紧贴着物体藏匿身体:～壁贼｜墙角落头～该。②躲躲闪闪地走:～记～记～进来｜轻轻叫～过去,一把抲牢。清范寅《越谚》卷中:"～背贼,上(音)屒。夜盗先伏门壁后者。"《字汇补·身部》："～,隐入也。""闧"本同"钻",此借其字形。

幽 ①读去声。藏:寻～猫｜儿歌:昼过昼过,田螺～过。②形容词。风、火、声音等微弱:该响风～嚌｜炒瓜子火头要～眼｜电视机关～眼,我要睏觉嚌。《广韵·幽韵》:"～,微也,隐也。於虬切。"

层 又读去声。①躲;溜:轮到其发言,人～走嚌。②腰等挺不起来:做勒腰缚～落。③气焰等减弱:刚刚胡咙交关胖,拨阿督狠了两句,该响～掉嚌。④地基下沉:地基还来的～。⑤垫:空肚吃酒交关会醉,先吃眼点心～～底。⑥比实际数量放大点:该青菜溚溚滴个,分量要～眼的。

砿 音铿亮之铿。①钻:俗语:～进其肚里勿得。又:狗～狗洞,猫～猫洞。②塞;撑:水桶漏嚌,弄架木片～～牢｜侬穿我个鞋,鞋爿要拨侬～大个。《广韵·映韵》:"～,塞也。除更切。"

现 (鬼)出现:活鬼～出来嚌!

濂 音近。因受寒或受惊而哆嗦:人冻勒刮刮会～｜吓勒到该响人还来的～。《广韵·沁韵》:"～,寒～。巨禁切。"《正字通·冫部》:"～,寒战貌。"也作"噤":《法显传·度小雪山》:"北山阴中,遇寒风暴起,人皆噤战。"

颠 ①身体剧烈挣扎:肚皮痛勒活撞活～｜鱼刚刚抇上,还会～。《二刻拍案惊奇》卷十四:"其妻杀猪也似喊起来,乱～乱推。"②因精神痛苦而竭力哭闹:儿子寻勿着嚌,阿娘真真会～煞。

轧 ①挤:介多人,公交车～也～勿上。②卡住:包拨车门～牢嚌｜指末头拨门～痛嚌。③嗑,牙齿相磨:～瓜子｜廿八粒牙齿空～。④碾;滚压:～米｜～花。⑤核算;查对:～账｜账～勿平。⑥结交:～朋友。⑦抓住机会:如话拨我～着,睒搭其客气个。⑧形容词。拥挤:该只包厢坐十个人有眼～。

轧开 夹伤;皮肤被夹破或磨破:手骨门里～嚌｜介小皮鞋咋穿啦,脚骨也拨其～嚌!

挨 ①用身体推、挤:脚踏车拨人家～倒嚌。《警世通言》第四十卷:"许员外把两只手排开了众人,方才～得进去。"《正字通·手部》:

"~,方言强进曰~。"②形容词。拥挤:今末车子特别~。③副词。大约;将近(一般用在整数前):~三十岁｜~五十个。

攮 音囊。身体推排:推来~去｜该两人已经~起来嘞,差眼要动拳头嘞。《字汇·手部》:"~,推一也。乃党切。"

搑 音绒。人多互相推挤:超市里人~来~去,挨挤勿开。《说文·手部》:"~,推捣也。"《广韵·钟韵》:"~,捣也。而容切。"

哄 音红去声,下同。①挤着走;拥挤着涌向:~来~去｜小朋友和总~到门口看新娘子。《禅真后史》第五十回:"张衙那一伙凶仆,仍旧~入程家来。"②聚集;拥挤着围聚:苍蝇~拢｜人~带拢介多,勿结出了啥事体。《品花宝鉴》第十六回:"闲人~满了一堂,正在那里闹不清楚呢。"

哄闹热 凑热闹:人家来该造孽,侬走带过去哄啥闹热啦?

簇 音足。聚集:人~拢｜鱼肚肠再勿捡掉,苍蝇要~拢的嘞。

蓬 ①聚集:该面阿啥干啦,人~带拢介多? ②垛;堆积:~草｜~柴。③名词。垛子;丛聚物:草~｜柴~｜煾焦泥~｜刺~。

作浆 人或动物乱哄哄聚作一团:电影院门口人~介｜垃圾桶里苍蝇~嘞。

頢 音挖。①淹;溺:渡船翻向,人~煞交关。②点头,表示赞成、领会或打招呼:问其好哦,其头~~。《说文·页部》:"~,内(纳)头水中也。"乌没切。

浸煞 淹死:河边头莫去嬲和,翻落要~个。

游河 游泳:侬会~哦? 阿拉~去。｜俗语:黄狗~,出张嘴巴。也说"掼河""打泅"。

煞拱 ①游泳时头钻到水里:我只会水面浮浮,~煞煞个。也说"钻拱"。②比喻偷偷溜走:一看样子勿对,其~嘞。

汏人 汏音丈。洗澡:冷水~。也说"汏肉":俗语:六月六,黄狗猫汏肉。

帴身 帴音狡。用毛巾擦洗上身:今末汗吭没出过,帴个身算嘞。《广韵·小韵》:"帴,拭也。子小切。"

落水 放到水里。特指把衣料放到水里使收缩,或把新的贴身穿的衣服在水里略洗一下:指末头割勒介厉害,该几日顶好莫~│该料作交关会跑,裁前头先要落一落水│依以为新短裤介清爽啊,~落过再穿!

轧头 理发:过年快嚜,我去轧个头。

伸懒长 伸懒腰:看勒半日书,懒长伸伸其│小狗伸起懒长来交关滑稽。也说"伸懒势"。

拗腰骨 活动腰部:坐勒惚力煞嚜,腰骨拗拗其│俗语:阿婆呕我做人客,老公呕我~。

打呵鼾 呵鼾音花酣。打呵欠: 夜到吭没睏好,日里时格~。

打眠鼾 打呼噜:其要~个,我覅搭其睏做间。

打瞌睏 打盹儿。俗语:吃饭打先锋,开会~。

花 稍睡一会儿:介热天家,昼过头顶好~一响。也说"眯"。

睏 ①睡:俗语:早~晏爬起,败光爹娘老家计。清王有光《吴下谚联》卷二:"猪~长肉,人~卖屋。"②性交的委婉说法:该小娘已经拨人家~过嚜。

睏晏觉 觉音告,下同。睡觉:俗语:日里嗤嗤~,夜到做贼做强盗。也说"睏觉"。

睏㤺觉 㤺音态上声。睡安稳觉,也喻指过安稳日子:儿子囡安排落直嚜,乃遭每日~嚜。

打中觉 睡午觉。《歇浦潮》第十二回:"只因饭后打了个中觉,弄乱了头发,故而重梳一次。"

睏熟 睡着:摇倒就~│咖啡吃过夜到睏勿熟嚜。

调觉 醒;睡醒:小毛头~嚜│乱梦地里拨其吵~嚜。

醒觉转 一觉醒来:昨日夜头睏忒晏,~已经大天白亮嚜。

睏失觉 睡过了头:今末天亮~嚜,上班也会迟到。

做乱梦 做梦:昨日夜到~做着老早过世个阿爷。

讲夜话 说梦话:依昨末夜到~过嚜,讲出闲话多少滑稽啦!

爬起 ①起床:俗语:若要身体好,每日~早。象山、宁海、奉化、余姚等地也说"挖起":上班来勿及嘞,好挖起嘞!②(胃病等)出现、发作:胃病～。

背夜 熬夜:年纪大嘞,～吃勿落嘞。

落夜 摸黑;搞到晚上:俗语:只好起早,勿好～。又:贪小失大,贪嘴～。

宿夜 过夜;夜晚住下:介晏煞回去嘞,该底～算嘞|国庆节外婆屋里宿了三夜。

晒日头菩 晒太阳:日头菩晒晒,聊天讲讲,做人交关定。

屙 音咋,下同。①排泄:～屙|～尿|～屁|俗语:息息介,尿屙屋里～。②腹泻:～肚皮|蛎黄吃勿惯,吃落就要～。③量词。用于大小便:一～尿|一～屙。通作"撒"。

屙屙 屙音窝去声,下同。拉屎:俗语:门背后～天要亮。

屙尿 尿音书,下同。撒尿:俗语:捏勒卵子勿～。

屙屁 放屁。儿歌:～赖,做沙蟹。

屙屙出 大便拉在床上或裤子里:介大人还要～,活灵死出的嘞!

屙屙出 ①大便拉在床上或裤子里:阿太木木嘞,～也勿晓得嘞。②小孩屙脏了:小毛头～嘞,衲头换其掉!

屙尿出 尿床:其拉儿子七八岁了还要～,补品吃吃也吆没用场。

尿屙出 ①尿床:昨末夜到小鬼～嘞,今末被头晒一晒。②小孩尿湿了:小毛头～嘞,尿衲布驮块来!

揩屁眼 揩音奸去声。①擦屁股。②比喻做扫尾工作:其生活做勒一半就走嘞,人家还要搭其～。也说"揩屁股""揩屙屁眼"。

嬉胚 胚音匹。男女性交;牲畜交配:娘～(骂人话)|俗语:乡方处处别,吃饭呕～。《广韵·质韵》:"胚,牝胚。譬吉切。"也作"戏胚"。

打手铳 手淫:俗语:吃饭看烟囱,坐落～。《肉蒲团》第四回:"见这光景也熬不住,常在暗地对着妇人～。"

倒阳 遗精:该人老长要～个。也说"倒夜""走阳"。

错心 神经错乱:找对象找勒～嘞。也说"失心"。

错气 指闪腰或落枕:腰缚～嘞|头颈骨～嘞。

做病 得病;形成痼疾:俗语:～容易收病难。又:尿急～,屙急丧命。

生病势痛 有病痛:年纪大嗷～难免嗬｜儿子因和总来国外,～呕也呕勿应。

风 风瘫:～手烂脚｜侬手骨～掉啦,吃过个碗盏也勿汏?｜脚骨～掉啦,介眼路也尬走?

瘍 音移。传染:肝炎要～个｜儿歌:鏖糟眼,便桶环(音掼),～来～去拨侬还。《广韵·昔韵》:"～,病相染也。羊益切。"本作"易":《东观汉记·邓训传》:"吏士尝大病疟,转易至数千人。"

癮 音很去声。(淋巴结)肿起:胖阳棚～起。《广韵·证韵》:"～,肿起。许应切。"

生脓 化脓:脚骨玻璃捣进仔～嗷,路也尬走嗷。

结痖 痖音掩。结痂:疮～嗷。《集韵·琰韵》:"痖,疮痂也。於琰切。"

开皲 皲音军。手足皮肤因寒冷干燥而开裂:今年天家特别冷,脚后跟～嗷,走起路来交关痛。应钟《甬言稽诂·释疾病》:"寒天手足坼裂,甬俗谓之～。"《广韵·文韵》:"皲,足坼。举云切。"《集韵·焮韵》:"皲,手足坼裂也。"

坍 (身体)垮下来:两夜夜车开落,人～掉嗷｜听到该消息,其当忙～掉嗷。

脱力 ①因生病或劳累过度而体力不支:今年双抢,人会做勒～。②植物肥力不足:菜～嗷,便要浇眼的。

落肉 身体消瘦;体重减轻:毛病查出后,～交关快。

罚 因病或醉酒等身体伤元气:酒吃醉,人要～个｜大病生过,人～落嗷。

还转 身体恢复正常:大病生过,一时三刻人还勿转｜上礼拜老酒吃醉,两日人还吭没～。

劳发 发烧:人有眼～。

肌身热 发烧:冷雨淋过,夜到～嗷。也说"发寒热"。

肌身火热 发高烧:侬人～,豪怹去看医生!也说"肌身渣渣滚"(渣音特)。

发出 ①因上火或发烧导致嘴唇、舌头等起泡或发炎:嘴巴～｜舌头～。②因过敏等原因皮肤出现红肿颗粒或瘾块:其老酒过敏,一吃人就～。③发霉:茶叶～｜衣裳～。

发嗝 ①耳朵进水后发炎:耳朵～。②耳朵听得得病,表示反感:侬该种闲话多讲莫讲嚸,我已经耳朵听勒～嚸。

牙齿浮起 齿音子,浮音扶。牙齿发炎,牙龈红肿,咬合疼痛:加班加勒人交关㤺力,牙齿也浮起嚸。也说"牙肉浮起"。

冻进 着凉:衣裳多穿眼,莫拨其～。也说"冻掉"。

伤风气 感冒:人有眼～,吃眼药的。

鼻头管塞煞 鼻塞:冻掉嚸,该两日每日～,交关难熬。

发酒濑 濑音近。酒后浑身发冷且哆嗦:老酒吃仔～嚸。

扶疼驼 扶音大文读阳平,疼音耗。哮喘:天家一冷就要～。

吃热 中暑:当昼过种田,人要～个。也说"发痧气":侬发痧气的嚸,我搭侬头颈骨扭一扭。

肚皮屙 屙音咋,下同。拉肚子:馊气下饭吃仔～嚸。也说"屙""屙肚皮""屙烂屙""屙烂薄屙"。

屙痢疾 ①患痢疾。②骂人话多、乱说话:侬～介来的讲啥西啦!

㾓夏 㾓音注,下同。苦夏;夏天食欲不振,身体消瘦:其要～个,格勒热天家人介瘦。《广韵·遇韵》:"㾓,㾓病。之戍切。"

㾓车 晕车;坐车时头晕甚至呕吐:我小辰光要～,该响侩嚸。

㾓浪 晕船;坐船时头晕甚至呕吐:其从小海边大个,侩～。也说"㾓船"。

脚筋吊 脚抽筋:游河顶怕～。也说"吊脚筋"。

伤筋 关节或软组织扭伤:三只西瓜挈勒屋里,手骨会挈勒～。

吃萝卜干 指篮、排球触伤手指关节:今末打排球,手指末头会～。

渍煞 渍音结。①被汗水渍得极为难受:出了介多汗,人真真～嚸。②咸得受不了:介咸下饭,吃勒～嚸｜俗语:～孤老。

滑肠 润滑肠子:香蕉吃仔～个｜侬来的肚皮屙,该东西莫咋吃,～个。

瘥 音车。病情有所好转:上两日胃痛,今末～眼嗨。《玉篇·疒部》:"～,疾愈也。楚懈切。"本作"差"。汉扬雄《方言》卷三:"差,愈也。南楚病愈者谓之差。"也说"各样":一瓶盐水吊落,人当忙各样嗨。

解缚 缚白读。暂时缓解病痛:该种药吃头痛只能解解缚,大用场呒没个。

验 又音拟。检查(身体):身体～进嗨,好当兵去嗨丨医院～过嗨,毛病呒没个。

搭脉 诊脉;按脉:医生～。也说"把脉"。

打银针 用毫针刺穴位来治病:该毛病～比吃药效果好。

将补 ①补养身体:野生河鳗吃仔～个丨俗语:穷人命生苦,只有饭～。②名词。滋补品:买眼～补补身体。《广雅·释诂一》:"将,养也。"

拔长 小孩长高:儿子～嗨,旧年买个衣裳穿勿着嗨。

养娇 小孩被娇惯:该小人～掉个,一勿依心相就做无赖。

养出 小孩养得一定程度,不需要事事由大人照料:儿子六岁嗨,该遭～嗨。

苦出 苦日子熬到头:小人养大嗨,乃遭～嗨。

趗出 趗音宕辰光之宕。历练成熟:外头奔奔人～嗨,该晌做事体交关活络丨几年副校长当落来～嗨,好当一把手的嗨!

出道 ①孩子进入成人阶段,有了一定职业,能自立:其拉儿子因早早～,该晌屋里蛮定个。②事业有所成就,取得一定社会地位:俗语:～是我早,运道是侬好。

上轭 原指牛套上轭开始干活,比喻开始承担学习、工作等任务:闲早子中学读出就～嗨,要做生活嗨。

减寿 损寿;折寿:良心介坏要～个。也说"减寿命"。

合扑 合又音鞋。人死的诙谐说法:该人～嗨《欢喜冤家》第十七回:"一交绊倒,跌个～。""合扑"本指脸朝下仆倒,引申为死亡。

死掉 死白读。死:忏念其～丨该盆花～嗨丨～掉个青蟹吃勿来个。

落材 ①入殓。也说"落殓""入木":啥辰光入木?②表示强烈不满或责难,相当于"什么"或"狗屁":烦~｜多讲讲~啊｜该种补品有~用场啊? 也说"落棺材"。

忖　想:~开眼｜~屋里｜~煞介想买部汽车｜俗语:上半夜~~人家,下半夜~~自家。《诗经·小雅·巧言》:"他人有心,予~度之。"《广韵·混韵》:"~,思也。仓本切。"

呆忖忖　呆音岸阳平。傻傻地推想:该小娘条件介好,~会搭侬找对象哦? ｜成绩介推扳,~大学也考勿进个。

毛估估　粗略地估算:该只西瓜~有靠廿斤。应钟《甬言稽诂·释货》:"俗称粗计其事,不及详审,曰~。"

忴　音伦。想;估量:~头勿到｜心里~一~。《玉篇·心部》:"~,思也。力迍切。"

防　料;估计:~勿到｜介晏嚯,我~侬嬔来嚯。

记防　提防;防备:勿~,磕了一跌｜俗语:三月初二要~,癞蛤蟆出洞有大暴。

料着　猜到;料到:该事体是会拨我~。

顾着　①留心;注意:其啥辰光走个,我勿来~｜冲开水手~,莫拨其烫开。②照顾;照看:我要出趟差,屋里搭我~记。

尚怕　生怕;担心:~落雨,带了一把伞。《醒世恒言》第二十七卷:"况且亲族蕃盛,手下婢仆,耳目众多,~被人谈论,还要存个体面。"也说"惑怕"。

吃惟　音切霍。受惊:活灵~｜小人~嚯,活灵呕呕其。《集韵·铎韵》:"惟,恐惧貌。忽郭切。"也作"吃吓":《孽海花》第十五回:"彩云不防瓦德西出来,十分吃吓。"

脑算　错算:该笔账我~嚯。

搅赚　搅音绞白读。搞错;把甲当作乙:倷俫双生儿子我老老要~个｜该本杂志封二搭封三~嚯。《正字通·贝部》:"赚,错也。"

得知　得音笃。知道:该事体我一眼勿~｜俗语:等侬~,外甥八岁。《初刻拍案惊奇》卷三十一:"我们只在厨下伏侍,如何~前面的事？"

有数 知道；明白：侬个忖法我～嘞，姶拨侬吃亏个｜药莫忘记吃。——～个。

呒数 ①不知道；不了解：该样事体我～个。②副词。也许；可能：天家～要落雨｜人有眼寒势势个，～来的发热嘞。

有数目账 知道；清楚：其阿啥想调工作，我～｜侬是咋式貌一个人，大家～个。也说"有数目""有数有目"。

呒数目账 不知道；不清楚：经费事体和总其来的管，我～个。也说"呒数倒账"。

觉着 觉音各。感觉到：今末～有眼冷｜俗语：鸭背浇水——勿～。《广韵·觉韵》："觉，知也。古岳切。"

印 领悟：该人木木个，搭其讲勒半日，脑子时格～勿进。

领 ①了解：～市面｜～行情。②带；照看：～小人｜儿子呒没人～，只好带到单位来。

接头 了解情况：该事体我勿～，侬问阿拉老板去。

提头 提示：侬一～，我忖起来嘞，是有格式貌一个人。

发心 下决心：老早想去国外旅游，时格～勿起｜其该回发大心嘞，总算买了一件皮大衣。《五色石》第三卷："我今～要如此，你休推却了。"

担漫 打算；准备：该事体侬～咋弄弄？｜辰光勿早嘞，阿拉～走嘞。也说"得漫"。

相信 ①讲究；对……感兴趣：老婆～穿，老公～吃。②信奉：其交关～菩萨。

嫌鄙 嫌音烟。嫌；不满意：～其难看，勿想搭其找对象｜俗语：吃白食还要～咸淡。《豆棚闲话》第十则："中年喉嗓秕哑，人皆～。"

惹厌 惹音麝。惹人厌烦；讨厌：俗语：三寸金莲，四寸银莲，五寸～。《何典》第五回："（醋八姐）渐渐把这活死人当作眼里钉肉里疮一般～起来。"

难看掉 讨厌；嫌弃：侬人牢骚介会发，迟早要拨领导～个。

多 认为某人多余而讨厌:侬阿勒屋里时格庵的好嚜,唸～侬个。《后水浒传》第四十回:"谁说兄弟坏事?只要一路谨慎,再不～你。"

贪 贪图;看中:侬搭其找对象,是～其行业好,还是～其屋里钞票多?一样呒告好～,找啥西呢?

看相 看中而希望得到:～其做新妇｜～大人房子。《西湖二集》第三十二卷:"见许昂年纪后生,心中也有几分～许昂之意。"也作"看想":《一片情》第十四回:"这妇人生得百伶百俐,好个身材模样,为甚到看想这腊梨?"

眼痒 眼红;眼馋:人家东西好僧～个。也说"眼睛痒"。

气勿过 妒忌;眼红:其是凭本事上去个,侬好舀～个。

肯歇 肯罢休:钞票借仔想赖,人家～啊?

勿肯歇 不肯罢休:其讪(诬赖)人家做贼,人家～嚜。

值钿 疼爱(子女、后代):俗语:自生自～,调一勿欢喜。又:阿爷～大孙子,阿爸～小儿子。

肉痛 心疼;舍不得:外甥磕破眼油皮,外婆真真～煞。《官场现形记》第三十二回:"余荩臣向来是吝啬惯的,见了～。"

罪过 过又音课。①同情;怜悯:介坏人吃枪毙,一眼好啥～其个。②客气话,对别人的帮助表示感谢:介重东西搭我背勒屋里,～!～!③形容词。可怜:该小娘蛮～个,大人老早就呒没嚜。④形容词。有过失;有罪过:好好叫饭倒带掉,～个｜小人打阿爹阿娘,～个。

拥 读上声(《广韵·肿韵》於陇切)。同情:侬就是做勒眼乌珠翻白,也吃呒人～侬个｜俗语:种田勿留种,饿煞吃人～。

见情 领情;感激:该人良心吃呒个,侬到(待)其再好,其也嬒～个。《地府志》第二十六回:"加了他一半,他断断不会嫌少的,不会不～了。"

交代勿过 交音高。①对不起:～,我先走一步｜～,呕侬等了介多辰光。②过意不去:介远路特特为为来看我,交关～｜侬忒客气嚜,反使弄勒我～。

痗心勿过 痗音每。很过意不去(比"交代勿过"程度更深):侬自家省省煞煞,还老老送东西拨我,真真~|大人辛辛苦苦赚钞票拨侬读书,侬书还孬读,脍~啊!《诗经·卫风·伯兮》:"愿言思伯,使我心痗。"毛传:"痗,病也。"

心焦 寂寞:一个人屋里庝的,~猛|驮本书看看,解解~。《海上繁华梦》初集第十五回:"一个人坐着瞧戏,真个~得很。"

坏过 坏白读。(心情、身体)难受;不舒服:该句话听仔心里交关~|今末人~,屋里快活的。也说"难过""勿爽快"。

难熬 ①难过;悲伤:钞票跌落好奣~嚸,譬如奖金呒没发仔|阿爷过世嚸,孙囡真真~煞,眼睛哭勒青血肿。②生气;受不了:讲其两句,其~嚸,闷声勿响走掉嚸。

焐心 舒心;满意:儿子公务员考进嚸,大人交关~|该套房子勿~,想换一套。

动火 火读去声。高兴;喜欢:小人养辰光辛苦,养大了交关~|俗语:帐子里头看老婆,越看越~。《二刻拍案惊奇》卷二:"小道人虽然与妙观下棋,一眼偷觑着他容貌,心内十分~。"

惶恐 难为情;不好意思:侬介多东西驮带来,交关~!《平妖传》第六回:"重重生受,甚是~。"

畏恶 恶音胡。难为情:成绩考介推扳,~哦?|该小娘交关怕~。

熬 忍;忍受:眼泪水~勿牢嚸|笑末笑勿来,勿笑末真真~勿牢。

刚 意志被某种力量支撑着:救人辰光心~的,该响忖忖也有眼后怕。

坚 ①意志被某种力量支撑着:绕伤口辰光心~的,勿觉(音各)着咋貌痛。②心肠硬:该老妪心鋈介~啦,小人也孬其嚸,跟别人走掉嚸。

逝落 (心气、疼痛等)趋于平缓:该把年纪嚸,心也~嚸,安耽眼过过日脚算嚸|头网胃交关痛,该响~嚸。

翁中 懊恼;烦躁("肮脏""鏖糟"之音转):该样事体越忖越~|簇刮新汽车墙壁里糙了一记,真真~煞。

恶 ①恼怒;怨恨:~气倒出|讲好聚队去旅游,票买好勿去嚸,人真真会拨其~煞。宋柳永《满江红》词:"~发姿欢喜面,细追想处

皆堪惜。"②形容词。凶:该人交关～,莫去睬其。

心戳煞 比喻内心充满烦恼、忧虑:因身体勿好,毛病未查勿出,老王荡呛～的。

怏 音肮,下同。烦躁;恼火:小人作业做勒一塌糊涂,看了人真真会～煞｜俗语:人是铁,饭是钢,侬勿吃,其要～。《说文·心部》:"～,不服怼也。"於亮切。

犯怏 发怒:多讲莫讲喵,再讲落起其要～的喵｜俗语:雷雨勿过江,过江要～。

发喥 喥音度。发怒:顶怕老实人～。《集韵·莫韵》:"喥,吒(咤)也。都故切。"也说"发喥性"。

光火 光音梗子之梗阴去。发火;发怒:听张该句闲话,其当忙～喵。

火大 大白读。①发火:阿爸～喵,打了儿子几记屁股。②令人恼火:等等其时格勿来,～嚄!

加气 ①生气;受气:加十六大气｜小人要息息介,莫拨大人～。②惹人生气;令人烦恼:该只热水器鉴介～啦,还只修好咦坏掉喵!

加气烦恼 使人生气烦恼:屋里～事体交关多｜出国旅游要介审批既审批,～个,甮去喵。

怨煞 很怨恨;伤透脑筋:小人勿落直,大人真真～｜火车票买勿着,～喵,屋里吭告去喵。

怨苦大结 大文读。怨恨叫苦:班主任当当十年喵,当勒～,真真孬当喵!

气恼糟 气恼;懊恼:钞票多拨其算去靠十块,忖忖有眼～。

可恶 恶音胡。①厌恶;憎恨:我顶～拆乱话｜俗语:老实就是笨,～就是恨。②使人憎恶:该人交关～,钞票借仔时格勿还。也说"克嗿"。

感冒 反感;厌恶:该句闲话听仔人有眼～｜该种行为做出来,人家交关～。

吓煞 ①害怕:意见是要提,～啥西啦｜俗语:隔壁做官,大家喜欢;隔壁做贼,大家～。②吓得要命:倒车差眼倒勒河里去喵,真真会～。

2. 与人事有关的动词

找对象 谈恋爱:儿子刚刚读大学,～还早嚿。

许 音海,又音罕。①许婚:该小娘已经～掉嚿,明年出嫁。《史记·高祖本纪》:"吕媪怒吕公曰:'公始常欲奇此女……何自妄～与刘季?'"②嫁:其拉囡～勒交关远。《糊涂世界》第十二回:"不过既～了岑府上,又生过子女,活着是岑家的人,死了是岑家的鬼。"③许诺:～愿心。

赅人家 赅音甘,又音该。女子许配人家:小娘大嚿,好～嚿。

抬 ①娶:～新妇｜～老嬭｜俗语:老婆～勿着,一世苦勿出。《新上海》第三十九回:"后来阿拉弟媳妇,果然是外国人挖出洋钱来～的。"②嫁:大囡～勒上海,小囡～勒杭州。

做新妇 出嫁:外甥囡明朝～,我要去吃送酒。也说"抬去"。

兑姑嫂 结亲两家互娶对方的女儿当儿媳妇。过去家境贫困人家娶不起媳妇,不得已这样做。

抬赆房 赆音燕。续弦,男子丧妻后再娶。也叫"讨赆房"。

吃糖 恋爱关系确定后给亲友分送喜糖:侬啥辰光～,莫搭我错落。

过岁 男女双方交换生辰八字,借指订婚。

发送 订婚的一种仪式,要办酒席,当天男方把聘礼及老酒、麻饼等送给女方:上半年～,下半年结婚。

搬嫁妆 结婚前几天,男方派人到女方家将随嫁物品搬运到男家。也叫"搬嫁资衣"。

开面 旧时女子临出嫁时用棉线绞去脸上的寒毛。《二刻拍案惊奇》卷二十五:"三日之前,蕊珠要整容～,郑家老儿去唤整容匠。"也说"绞面"(绞音狡)。

享先 男方结婚当天清晨用五牲福礼及糕点果品祭祀神灵祖先。

好日 日白读。结婚:办～酒｜正月头面～人家特别多。《拱璧缘》第八回:"(小姐)今日过礼就这样怕羞,明朝～辰光,看你哪里躲?"

传袋 新娘临门,男家用几个麻袋铺在地上,更番传递替换,让新娘脚踩着麻袋走到拜堂的厅堂。这种习俗叫"传袋",谐音"传代",取代代相传、传宗接代之意。《再生缘》第二十四回:"~~,子孙万代。"

吃酒 喝喜酒(过去多指喝男方的喜酒):外甥明朝好日,我去~。

送轿 喝女方的喜酒:外甥囡元旦做新妇,我要去~。也说"吃送酒""吃送轿米饭"。

送人情 送礼:吃酒呒数呒没空,人情先去送送好。

送嫁 结婚时给女方送礼:外甥囡出嫁,侬做舅公的嚜~要多送眼。

吵房 闹新房;婚后三日内亲友在夜里潜入新房窃取物品以换取奖赏:昨日夜到~吵进,敲了新娘一大笔竹杠。

张房 新人入洞房后,外面的人从洞孔往里张看,新郎新娘从洞孔往外塞出糖、烟等。

脱房 旧俗,结婚十天内,趁新人熟睡之际,将房门或窗户悄悄卸下,然后众人进入新房。脱房成功,新郎父母还要用好酒好菜奖赏脱房的人。

回门 婚后次日新娘和新郎一起回女家,当日返回:小俩口今末去~嚜。

有生 怀孕:~嚜,要多注意休息。也说"有身""担双身"。

呒长进 长音涨。怀孕:该老姝介要吃酸东西,呒数~嚜。

落月 孕妇将生产:囡快~嚜,搭其备眼长面的。

做三朝 旧俗小孩生下后第三天祭祀床神,以求小孩睡眠安宁,快速成长。祭品除了一般酒菜之外,还有用十二只酒盏盛的上缀红糖的糯米饭,称为"商量盏"(商音相),供奉"床公床婆"。祭毕即将这种糖饭分给邻居小孩吃。也叫"戒厌"。

做产 产音山,下同。坐月子:~得病医勿好|俗语:真真犯关,外婆~。《广韵·产韵》:"产,生也。所简切。"

送产 生下孩子一个月内,亲友给产妇送去菜肴、补品或钞票等礼物:外甥囡生嚜,我去~。

做生　生白读,下同。做寿;庆祝生日:俗语:穷做亲,富～。《古今小说》第一卷:"又到七月初七日了,正是三巧儿的生日。婆子清早备下两盒礼,与他～。"

拜生　祝寿;庆贺别人生日:俗语:请吃酒,挃～。

寄拜　认作亲属:～其为阿爹｜～阿娘｜～儿子｜～囡。

浇杠　丧事仪式之一,先将灵柩从灵堂移到大路口,摆好祭品,点燃香烛,亲属排队站立,司仪手拿酒壶,边念浇杠词(多为押韵的吉祥语),边将酒浇在棺材四周。

做阴寿　给死去的人做寿。《二十年目睹之怪现状》第七十九回:"请教,我怎么拉法呢? 又不是我给母亲～。"也说"做阴生"。

做七头　人死后每隔七天所做的祭奠活动,共做七次。也叫"做七"。

做羹饭　在先人卒日或某些节日设筵席祭祀祖宗或鬼神。

做忌日　逢先人的卒日设筵席祭祀。也说"做忌日羹饭"。

做道场　请僧道做法事以超度亡灵:俗语:蛳螺壳里～。《二刻拍案惊奇》卷十六:"第二日,急急去寻请僧道～,一来追荐毛烈,二来超度这个高公。"

做功德　请僧人做法事以超度亡灵。《水浒全传》第六十回:"寨内扬起长幡,请附近寺院僧众上山～,追荐晁天王。"

做佛事　请僧道诵经祈祷、拜忏礼佛。《红楼梦》第七十回:"话说贾琏自在梨香院伴宿七日夜,天天僧道不断～。"

排八字　算命;用人的生辰八字来推测命运的迷信活动。

关肚仙　女巫装神弄鬼替人祈福禳灾的迷信活动。

念阿弥陀佛　念经。

呕活灵　①小孩受惊吓后,长辈倒一杯水,蒙上纸,口中说些祈祷"活灵(灵魂)回来"的话,最后让小孩把水喝下去,这种民间习俗叫"呕活灵"。此外,还有请扫帚太公呕活灵、请灶君菩萨呕活灵等做法。②对别人呼喊表示厌烦,相当于"叫什么":小李! 小李! ——～啊! 我该响忙煞当,莫来烦!

坐夜　除夕或守灵、做佛事时,通宵不睡,坐而待明:今末观世音菩萨生日,其到小普陀～去嘞｜俗语:～好坐,五更难过。

送年 农历年底祭神:做～羹饭。也说"谢年"。

拔秋 宁波旧俗,立秋那天要吃西瓜,以祛暑清火,称"拔秋":俗语:立秋西瓜拔拔秋。

行会 行音行李之行。举行庙会庆祝活动,也泛指举行大型节庆活动:闲早子元宵～多少闹热啦!｜街里人像～介,挨挤勿开｜歌谣:正月拜岁轧瓜子,二月～放鹞子。

赖学 逃学:～坯｜～精。

放昼学 中午放学。

放夜学 下午放学。

关昼学 中午放学时被老师留下做作业。

关夜学 下午放学时被老师留下做作业。

嬲和 嬲音奶文读。玩:小人个打个喜欢～｜我搭侬～啦,侬莫当真。也说"嬲话":《鄞县通志》:"甬称儿童游戏相扰曰嬲话,嬲为戏扰之意。"也说"嬲胡"。

恶嬲和 玩笑、嬉闹过分,演变成恶意行为:搭其嬲和吭趣相,其老老欢喜～。

抲跌 抲音嫁送气。摔跤:俗语:上管联合国造孽,下管两老头～。也说"抲捱倒跌"。

拗手劲 劲音近。①扳手腕;比试手力。②比喻较劲:该两人来的～,和总想当一把手。

翻筋倒 翻跟头。也说"翻顶倒""翻奋斗"。头不着地的叫"翻空壳奋斗"。

打虎跳 侧身翻跟头:俗语:防贼勿到拨贼笑,贼来面前～。《禅镇逸史》第十九回:"这薛举悟性最高,只是不肯读书,候先生不在,翻斤斗,～,扯拳拽脚,嬉耍喊叫。"

拗软骨 身体向后弯,直到两手撑住地面。

笃蜻蜓 倒立:该小娃～生活交关好。

憋气功 憋气;短时间抑制呼吸:煞拱纯靠～。

䏲一字 䏲音拍。劈叉；臀部着地，双腿分开呈一字形。也说"䏲一字跌"。

滚龙灯 一种民间舞蹈，一条龙灯由十几个人同时舞动，上下翻腾。也说"滚龙"。

串马灯 一种民间舞蹈，由多名女孩表演，用竹篾做成马状，内燃蜡烛，分两节系在腰间，表演者作骑马状跑动，并有乐器伴奏。

唱书 说唱故事：闲早子有啥文娱活动啦，啥地方来该～，和总哄去听嗰。《老残游记》第二回："竟至无论南北高下的人，听了他～，无不神魂颠倒。"

闹场 戏剧开演前一阵热闹的敲锣打鼓，用来渲染舞台气氛，同时提醒观众戏将开场：儿歌：蹺蹺奔勒戏文场，戏文还只闹头场。

做戏文 演戏：明朝村里～，大家去看｜依拉两人戏文好甮做嗰，人家老早看穿绷嗰。

做谜子 谜音梅，下同。出谜语。明陈士元《归云别集·俗用杂字》："隐语曰谜，音梅。"

猜谜子 猜谜：荡唴电视台来的放中学生～比赛。

过头势 人从胯下经过，或从晾着的裤子尤其是妇女的裤衩下经过，称为"过头势"，宁波人比较忌讳。北仑也叫"过头死"（死白读）。

打潦草 写潦草的字：字写清爽，莫～。也说"打连草"。

打老K 玩纸牌：阿拉老酒吃好限板要去～。也说"打扑克""打派司""打杜路克"。

争上游 一种纸牌玩法。

斗地主 一种纸牌玩法。

炒地皮 一种纸牌玩法。

打红五 一种纸牌玩法。也叫"打红五星"。

锅大小 锅音鬏。一种儿童纸牌游戏，玩时各翻一张牌，大的赢，并把对方小牌拿过来。

叉麻将 玩麻将牌。也作"叉麻雀"：《负曝闲谈》第二十回："问问茶房，茶房说在账房里叉麻雀。"通作"搓麻将"。

推牌九 牌音排。玩骨牌。玩牌九时,对庄家而言是"推牌九",对其余三方而言是"打牌九"。

撮头钿 赌场向参赌的赢家收取一定份额的钱。

横赌 横读去声,下同。打赌:该场比赛板规阿拉赢,勿相信我搭侬横眼赌的。

横东道 赌东道;以做东道请客来打赌。

抢三 猜拳时三拳两胜喝一次酒。《官场现形记》第十三回:"先是～,三拳一碗,后来还嫌不爽快,改了一拳一碗。"

赖皮 耍赖;不认账:打牌～呒趣相个丨侬讲明朝请客,莫～嗬!

屙赖 玩牌下棋等时耍赖:打牌勿作～丨其交关会～,搭其孵和呒趣相个。

撮纸团 抓阄儿;俗语:纸团撮过,并无罪过。

拔长短 一种简易抓阄法,把稻草弄成长短不一若干份,一人握在手中,上端平齐露在外面,让人随意抽取,最长者为胜,依次类推,以决定谁该得什么或做什么。

张猫 猫文读。一种游戏,两人各自躲藏起来,然后突然伸出头,口呼"猫"声,以互相看见取乐:阿拉～来,好哦?

寻幽猫 猫音慢。一种儿童游戏,一人站在固定的地方蒙上眼睛,其余的人躲藏起来让他找。先被找着的人就接替当找人者,循环进行。也说"幽猫"(幽读去声,猫文读)。

抢窠 一种儿童游戏,一人以柱子或墙壁等为窠,蒙上眼睛,其余的人躲藏起来让他找。找人者要保窠,不能远离窠,否则让躲藏的人出来占领,就算抢窠成功。也说"保窠"。

摸暗子 ①捉迷藏。②在黑暗中摸索:好呒清头停电嗬,夜到要～嗬。也说"摸暗洞"。

摆酒粜 一种儿童游戏,类似过家家。

打弹子 ①用手指弹玻璃球的游戏。②失约;不兑现:讲好掉东西咦～嗬,可恶哦?

擂铁环 环音掼。一种游戏,用长柄铁钩钩住铁圈使它滚动。

搚水片 搚音樱白读去声,又音坑去声、晏、陷。打水漂:其~生活交关好丨当心钞票~。

踢燕子 踢毽子。

跳长绳 两人拉着长绳子并把它甩成半圆形,让一个或几个人来跳。

穿线绷 一种儿童游戏,两人对玩,先由一人绷线,绷出一个图案,再由另一人绷出另一图案,轮番进行,变出多种花样。

宕连花 宕音宕辰光之宕。荡秋千。也说"宕连沙"。

甩流星 甩音忽。两手握持对方的手臂或腋窝部位,原地旋转,对方双脚离地跟着旋转,身体几乎与地面平行,有要被甩出去的感觉。

豁趣趣 一种儿童游戏,各人一起喊玩法名称,喊末尾一字时同时伸手,以手势来定胜负。玩法多样,常见的有"剪刀破绢帕""三家轧出做头家""单双"等。也说"拱趣趣"。

呵痒趣趣 呵音花。一种儿童游戏,先以口呵自己手指,然后突然把手指伸到对方怕痒的部位,使人发痒发笑:~呵勒眼泪水也笑出。也说"呵趣趣"。

骑马嘟嘟 小孩骑在大人的肩上。也说"骑马马嘟""骑马嘟嘟"。

纠会 旧时一种自由结合的经济上进行互助的活动,类似现在的互助储金会。

过账 旧时买卖双方结算账目的一种方式,类似现在的支票转账。《鄞县通志》:"市中交易外省皆用银钱,惟宁波凭计簿日书其出入之数,夜持簿向钱肆汇录之,次日互对,谓之~。"

斗账 核算账目:~斗勿拢嘴。也说"轧账"。

撮头 开赌场的人向赌博的赢家收取一定数量的钱:该份人家闲早子开赌场个,靠~过日脚。也说"撮头钿""抽头"。

宕 音该,又音肝。拥有;用钱雇用或买进:~娘姨丨~大小老娘丨~几亩大田。《广韵·鱼韵》:"~,宕储。九鱼切。"也作"该":《欢喜冤家》第二十四回:"该下田地产业,交与管家张才掌管。"

撑 ①又音争白读。购置(较贵重物品):~家计丨行头~进交关。

②读去声。形容词。厉害;棒:三个儿子,算其顶～嚱。

行 音杭。整批低价购进货物:小商品～来卖卖其,赚头蛮好个。

判 把货物估个价一次性买进或卖出:和担～｜卖剩西瓜～拨侬算嚱。《型世言》第十六回:"还有个木商,是徽州人,拿了几千银子,在这里～山发木。"

拷 ①零买(液体物品):～老酒｜～酱油。北仑也说"舀"。②大宗地买、卖:毛蟹廿块一斤～来,廿五块一斤～掉。

斩 买(肉):～一刀肉｜白斩鸡～半只来,过过老酒。也说"割":割两斤肉。

扯 买(布):～料作｜～三尺布。也说"刮"。

称 买(按重量计价的物品):鸡蛋～两斤｜河虾～一斤,拣大眼。

回 转买;转卖:该双皮鞋是问人家～来个｜该件衣裳我穿仔忒嫩,～拨侬仔要哦?《水浒全传》第三十二回:"主人家,你真个没东西卖?你便自家吃的肉食,也～些与我吃了,一发还你银子。"

包梢 梢音骚。一人全部承担或买下:剩落个老酒我～｜便宜眼,该眼水蜜桃我搭侬～嚱。

起脚 廉价卖出或买进剩余的货物:该眼花生～嚱,便宜眼卖拨侬仔嚱。

起货 卖掉货物,也指没(了)、过去(了)等:今末西瓜交关行俏,一晌工夫半车～嚱｜下饭一大半～嚱,饭还呒没动过｜答答讲讲,半日～嚱。

下顾 生意照顾让某人做:该生意～侬仔嚱。

打烊 烊音羊。商店晚上关门,停止营业:百货商店夜到八点～。

进账 收入:今末生意特别好,钞票～交交关。《官场现形记》第八回:"耐做官一个月有几化～?"

积落 积攒下;积存:吃过用过,钞票呒没～｜外头做两年生意,钞票～交关。

背债 负债:～背勒塔塔响｜俗语:会赚铜钿多～,会讲闲话多招怪。

放生 放债:俗语:脚宕宕,饭冷冷,还有铜钿好～。

荡光 败光;消耗光:大人老家计和总拨其～嚸｜铜钿勿～勿肯歇个。

贵上 贵白读。涨价:汽油咦～嚸!

长 多出;剩余:敲瓦爿敲过,还～一百块。《世说新语·德行》:"丈人不悉恭,恭作人无～物。"《集韵·漾韵》:"～,余。直亮切。"

拆蚀 亏耗;损失:做水果生意,～交关厉害｜一冰带鱼三人账开,～大家平摊。

差 音车。①欠(钱):～侬五块钞票｜钞票一时三刻还勿出,拨我～一呛。《清风闸》第九回:"大翁在日,上了我一个会,我～他会银子。"②需要:我做一日,侬～三日做｜侬脚骨长,侬奔一步,我～两步奔。这个意思一般说"超"。③欠缺在于:鱼交关新鲜,～咸了眼｜房子大蛮大个,～地段忒单角。

拔 ①分期抽出钱来还债:介多债趸时里还勿出,只好慢慢～。《二十年目睹之怪现状》第九十九回:"如果事情成功,我便要了,也照着分六个月～还,每月还二百文罢。"②某些食物在正式加工前放在开水里煮一会儿,以去掉咸、涩等味:长面要～过,否则咸咸个坏吃个｜马兰头汤里～一～再炒。

解 音介。①支付:～钞票｜～房租。《新上海》第十六回:"利息～不出,便利上加利、息外起息的重立借据。"②消除;抵消:吃中药要忌嘴,否则药性要～掉个。《集韵·卦韵》:"～,除也。居隘切。"

听 支付(补偿性的钱款):～利钿｜～医药费｜～空舱钿。

管 花费:西装是定做个,总共～五千块。也说"管着":俗语:贪眼小便宜,～老价钿。

合着 合音革。花费;占……钱:买房子带装修,总共～多少钞票?｜组合家具两万块,五样东西,每样～四千块。

归 交付钞票(用于下对上):每月～大人三百块。

散 发(工资):～工钿。

趱预支 趱音盏。预支薪酬等:该呛手头交关紧,拨我趱眼预支好𠲎?

斗 凑(钱):小李要结婚嚸,阿拉钞票～带拢搭其买了一样东西。《古今小说》第三卷:"我们～分银子,与你作贺。"

出数 指费用在某个地方开支：赚了五百块外快,荡个月香烟钿好～嗐｜该笔钞票吭没地方～,只好自家掏腰包。

打回 三人(或三人以上)之间结清连环债：侬欠我十块,我欠其十块,俫两人～。

退皮 互相抵消：侬输一局,我输一局,正好～｜昨日侬会钞,今末我会钞,大家～。

两结结 两相抵消(账目、人情等)：侬车子有眼撞腐,其脚骨有眼撞开,大家～嗐｜今年俫儿子结婚,阿拉儿子也结婚,人情～算嗐。

直过 扯直；相抵：该批水果烂掉交关多,～还吭没｜今年赚来个钞票,吃过用过直直过花头,吭没啥积落。

扯直 扯平；相抵：该笔生意候扣～。《醒世姻缘传》第七十回："年终算账,赚得不多,渐至于～,折本,一年不如一年。"也说"扯一直"：俗语：小心扯一直(意谓小心可保平安,不能赚什么,只是扯平)。也说"一直"：俗语：养猪要蚀,养牛一直,养羊三个铜板一日。

烧饭 做饭：烧昼饭｜烧夜饭｜俗语：新妇多,～还是靠阿婆。也说"煮饭"。

煮下饭 做菜：我来的～,该响吭没空｜丈姆娘～生活交关好。

佘 音吞上声。①放在油里炸：油～黄豆｜油～果肉。②把豆腐跟菜或肉类一起煮：菠菱～豆腐。③漂浮：～江浮尸｜大水～去。《字汇·水部》："～,水推物也。土垦切。"

爆 音报。①用油炸：油～虾｜鳝丝油里先～一～。②猛然破裂：车胎～掉嗐。

煤 音石。①在油里炸：油～汤团。②在水中煮：～肉｜～鸡｜白～蛋。《广韵·洽韵》："～,汤～。士洽切。"

拖 鱼虾等外面糊上湿面粉后在油里炸：面～虾｜～黄鱼。清范寅《越谚》卷中："蒲丝饼,青蒲子切丝,～粉,油炸成。"

贴 音塔。①把食物平贴锅中用油煎：～蛋｜～带鱼｜～老豆腐。②把食物平贴锅中或炉中使熟：～大饼｜～金团｜儿歌：小兵张嘎,大饼～～,烟囱塞塞,老太婆謦欬。

焆 音各。食物加少量油,用微火炒制:～苔条｜～龙头鲓｜黄鲹鲓～勒喷酥。

拔汤 某些食物在正式加工前放在开水里煮一会儿,以去掉咸、涩等味:长面汤吮没拔过,格勒介坏吃｜马兰头先～再炒。

翻瘪 烧菜时先把青菜等弄瘪:菜先要～,油豆腐再安落去。

随镬落 烧菜时几样东西同时放下去:调合油煮下饭,油搭菜～好嘞。

下 (一)音白读。①把面条、年糕、汤圆等放入水中煮:～面｜～汤果｜年糕～～其吃。②播撒种子:～菜秧｜～秧子。(二)音挜。①使;投入:～功夫｜～气力｜～劲道吃｜我～一眼本钿拨侬做生意去。②装入:～子弹｜～火药。③施(肥):～本｜一亩田要～几斤肥田粉?

芡浆 勾芡,煮菜时加入淀粉使变成糊状:该下饭芡眼浆的好吃嘞。

转浆 ①同"芡浆":青菜～吃。②比喻乱作一团:今末人忙勒～介｜介多小人走拢,房间里～嘞。

放汤 用煮或开水泡的方法做汤:圆蛤～｜菜干～吃。清范寅《越谚》卷上:"丈姆见郎,割奶～。"

泡汤 用开水泡的方法做汤:紫菜～吃。

烤 煮;烧:～毛豆｜饭～了一大镬｜河鲫鱼～葱｜俗语:运道来了推勿开,～熟毛蟹爬进来。

炖 音顿。①烧;加热:～茶｜～老酒。②蒸:～蛋汤｜鲜白鲳鱼清～～。

煀 音笃。用文火慢慢地煮:～蹄髈｜～肉骨头。也作"笃":《飞龙全传》第十三回:"随将火炉内炭生发好了,才把药罐端上,煎笃起来。"

焐 音污。①用文火或暗火久煮使熟:～黄豆汤｜番薯干～勒交关濑｜歌谣:九月九重阳,十月芋艿～鸡娘。也作"煟":《型世言》第四回:"看罐中,是一罐烂煟狗肉。"②用热的东西接触冷的东西使变暖:～被窠｜热水袋～手。元李文蔚《燕青博鱼》第三折:"你便杀了我,到那寒冬腊月里害脚冷,谁与你～脚?"

熯　音汉。将食物放在锅屉上蒸：～下饭｜芋艿还呒没～熟。《广韵·翰韵》："～，火干。呼旰切。"

煦　音吼去声。冷饭加少量水热一热：～饭｜冷饭介多，～～其吃其掉。《说文·火部》："～，烝（蒸）也。"香句切。

煆　音化。把熟的食物蒸热：～下饭｜冷饭～一～。清范寅《越谚》卷下："～，冷饭放热镬中温之，比烝为暂。"《广韵·祃韵》："～，热也。呼讶切。"

燂　音谈。①放在火上使热：～茶｜～老酒。②烧：～火乱（小孩烧野草）｜草蓬～掉｜俗语：麻将吃谷使火～。《广韵·覃韵》："～，火爇。徒含切。"

煨　音威。把食物放在带火的灰里焐熟：～粥｜～番薯。宋吕祖谦《卧游录》："芋当去皮，湿纸包～之。"宋戴侗《六书故·天文下》："～，灰火中孰（熟）物也。"

㛧　音妈阴平。把盛有食物的器皿放入热饭或热灰中使热：下饭冷掉嘞，饭镬里～一响。

舱　音呛。用盐水腌制：～蟹｜～虾｜歌谣：红膏～蟹咸咪咪，大汤黄鱼摆咸齑。

盐　音演，下同。①用盐腌制：～冬瓜｜带鱼～～其吃。《广韵·艳韵》："～，以盐腌也。以赡切。"②身体为汗水所渍：今末出了一身汗，人真真～煞嘞。③擦肥皂：手骨介腻腥，肥皂～一～。

暴盐　短时间腌制：～带鱼｜鳗～吃。《广韵·号韵》："暴，猝也，急也。薄报切。"也作"暴腌"：明朱有燉《豹子和尚》第三折："更有那脆生生、辣簌簌、暴腌的芥菜萝卜。"

晒干　干读上声。将食物晒成干的食品：吃勿完～｜溪坑鱼～吃。

出白　家禽、家畜煺毛：～鸭。

做事体　①干活儿；做事：介大人事体一眼呒做，下日咋结煞｜其～交关顶真。②指办喜事：倷儿子啥辰光～啦，吃老酒莫搭我错落嚁！

做生活 干活儿；做活儿：闲早子人十多两岁就要～嘞。《古今小说》第二十六卷："二人来到门首便问：'张公在么？'张婆道：'不在，出去～去了。'"

做对手 做帮手：明朝老爹做生，侬早眼过来搭我～。《歇浦潮》第九十一回："(金宝)究竟学了几个月，也可同娘姨妈子做做对手了。"

把作 （活儿、工程）把关，负责：～师傅｜徒弟做生活，师傅～。《雪岩外传》第十回："就是前儿监假山工程～的，那个叫什么捷三，那人现在哪里去了？"

拆短 打短工，一般以日计酬：阿拉外婆闲早子是搭人家～个。应钟《甬言稽诂·释行事》："甬俗为佣保，不以年月长雇，但计日作短工者，谓之～。"也说"打短"。

做头发 把头发修整成某种发型（多用于女性）：明朝要去吃酒，今密去做一个头发。

做绷子 刺绣：该小娘～生活交关好。也说"做花绷""做花"。

做夜作 夜里做手工活儿：日里要上班，夜里厢还只好做眼夜作。

开夜工 加夜班；开夜车：生活来勿及，夜到～。

硬做 硬来；强硬行事：结婚要自愿，大人～弄勿来个。《八仙得道传》第十三回："软说不行，只索～。"

落档 比喻找到合适行业：该小鬼东做做勿～，西做做勿～，咋结煞！｜俗语：三百六十行，行行勿～。

落手 下手：～轻眼｜俗语：～快，勿招怪。

沫手 沫音类。沾手：衣裳已经浈勒差勿多嘞，侬好甭～嘞。《集韵·队韵》："沫，相渍染也。卢对切。"也说"遭手"。

兴出 兴读阴平。开始搞出：该种吃法啥人～来的啦？｜俗语：～花样，变种作怪。也说"作出"。

当值 照顾；服侍：～做产｜阿伯住院辰光，纯靠阿姐来的～。元高文秀《黑旋风》第一折："孙孔目哥哥到那山上要点烛烧香，回钱了愿，都是你与他～来。"也作"当直"：宋无名氏《张协状元》第四十五出："(净)从小我惜伊，伊去婆亦去。(合)病尤未可。(净)

婆一路当直你。"

打横 横读去声。①做零碎活:礼拜日只够屋里打打横。②中途顺便做别的事情:开会还早,我去打个横,当忙回来。

纠作 ①整理;收拾:饭吃好,我来～|好几日呒没～,房间一塌糊涂。②整治;纠缠:该小鬼甏介百债啦,我真真拨其～煞。也作"周捉":明李诩《戒庵老人漫笔·今古方言大略》:"整叠谓之周捉。"也说"收作"。

掸尘 过年前全面打扫房子:人家和总来～嘞,阿拉还呒没掸过。

䂶 音朗,下同。把东西放在通风透气而阳光照不到的地方使干燥:～衣裳|阴䂶丝晒勿来,只好～|俗语:借伞好甮谢,单超～过夜。《集韵·宕韵》:"～,暴也。郎宕切。"

䂶霉 梅雨季节过后晾晒衣物以防发霉:旧年～忘记䂶嘞,衣裳和总会发出。

做房 当卧室:三间屋,一间～,一间打灶,一间安杂七杂八东西。《儒林外史》第四十回:"走将进去,便是三间屋,一间～,铺设的齐齐整整。"

桥铺 搭床铺:人客来嘞,桥张铺。也说"桥眠床"。

担饭 带饭菜;送饭菜:候着吃食堂,候着自家～|阿伯阿姆种田,我～。

带信 ①寄信:我去带封信。②捎口信:你搭我带个信,呕其来一埭。

扬 音烫。在长竿上系网兜或竹器,用它在河底推拉以摄取螺蛳:～蛳螺。《玉篇·手部》:"～,推也。他浪切。"

弶 音丈。①用器具捕捉:～麻将|～老鼠。《广韵·漾韵》:"～,张取兽也。其亮切。"②暗中监视、守候:～贼骨头|墙角落头～其的。③又音茄子之茄。欺侮:莫～老实人|俗语:七岁～八岁。④名词。捕捉老鼠、鸟雀等的器具:老鼠～|黄鼠狼～。

弶猫 音丈慢。暗中守候监视捕猎对象:我每日～介弶的,该记拨我弶着嘞!

掸蚊虫 把蚊帐内的蚊子赶走:早䂶～掸好,天一暗蚊虫掸勿清爽嘞。

砌 用石块砌筑（崖岸、堤坝、道路等的侧面）：～石塍｜～海塘｜路～阔眼。明李实《蜀语》："砌石曰～。"

起屋 建造房屋：起了两间楼屋｜俗语：有福吭福,朝南～。《汉书·郊祀志下》："粤俗,有火灾,复～,必以大,用胜服之。"

卸旧 拆卸旧房子：老屋～要卸好几日。

放墙脚 造旧式房子时用大石头砌墙脚。

打墙 砌墙：俗语：泥水～,边打边相。又：儿子像阿娘,银子好～。

上梁 架设栋梁。为庆祝上梁,往往要抛上梁馒头,甚至要办上梁酒（竖屋酒）。

牮 音建。①支撑倾斜的房屋,使它平正：～屋。《字汇·牛部》："牮,屋斜用牮。"《篇海类编》作甸切。②脚斜着撑开或抵住：小船一脚～开｜拔河辰光,脚要～牢。

翻屋 把老房子的屋瓦全部整修一遍,以防漏雨。

捉漏 修理屋面漏雨的地方：俗语：泥水～,越捉越漏。又：～趁天晴,读书趁年轻。清范寅《越谚》卷上："晴天～,雨落照旧。"《鄞县通志》："甬称圬者在屋上觅雨漏处而修补之曰～,谓如捕捉盗贼也。"

刷白 在墙壁、栏杆等上面涂上石灰或白色涂料：墙壁～刷过清爽相嗬。

合 音革。制作（棺材等）：～寿材｜俗语：三岁～棺材,到老用勒着。《金瓶梅词话》第八十八回："使了六两银子,～了一具棺木。"《广韵·合韵》："～,～集。古沓切。"

笅 音秋（《玉篇·竹部》欺求切）,下同。①制作（圆木器）：～脚桶｜～高镬盖。②名词。箍儿;紧紧套在圆木器外面的圈儿：水桶～爆掉嗬。应钟《甬言稽诂·释器》："甬俗以铁、篾作环,聚物围以束之,使不溃散,呼如秋,俗字作～。"

打笅 用竹篾或金属条捆紧圆木器使牢固：脚桶散板嗬,要打两个笅。

限卯 木桶底部有缺口,锯去一段,将桶底往上移：俗语：箍桶～,越限越小。

钉碗 补碗：俗语：江西人～——自管自。《三宝太监西洋记》第十七回:"你既是会～,就把这个茶瓯儿钉起来,方才见你的本事。"

碫磨 修凿石磨。唐冯贽《云仙杂记·碫磨斋》:"都下寺院,每岁用除日～,是日作～斋。"通作"锻磨"。

兑糖 用废旧物品兑换麦芽糖:～货郎│破里破碎～吃。

看 饲养;放养:～兔│～鸭│俗语:小来怕剃头,老来怕～牛。

舂 音插。把稻谷或米放在石臼中舂去壳或使米更白:～米│米～～白。《广韵·洽韵》:"～,舂去皮也。楚洽切。"明高宇泰《敬止录·方言考》:"舂米细白曰～。"

赶水 用牛牵水车车水:牛～。

耖田 耖音抄去声。翻耕绿肥田:清明节后,当忙要～嘞。《集韵·效韵》:"耖,覆耕曰耖。楚教切。"

劖白 劖音镵上声。用钉耙把水稻田耕起的大土块弄碎弄平。

耙田 用滚耙或平耙把田弄平。

种田 ①插秧:俗语:～好甪学,行行差一拓。②泛指从事农业劳动:其拉屋里上世下代～个│俗语:～人靠天,生意人靠骗。

搁田 停止灌水,让水稻长根发棵或便于收割:俗语:秋前勿～,秋后叫皇天。

做种 做种子:该篮洋番薯～│俗语:好吃掉,坏～。《西游记》第七十七回:"送他十个,还留两个～。"

推缉 缉音切。夜间在浅海双手持方形网捕捉籨鱼(一种小海鱼)。

张网 在近海设置固定的大渔网,鱼蟹虾等随潮水进入渔网,平潮时起网捕捞。捕到的小海鲜统称为"张网货"。

朋 拼;合:三人～勒做生意│两个人～一张眠床。

打拼 合作(做生意等):该笔生意,我搭侬～好哦?

搭对 两人合作(做某事):做实验我顶欢喜搭其～。也说"搭档"。

搭班 合伙(做某事):该生活倷四人～做。

团熟 混熟;搞熟:该人交际生活交关好,上班两三日辰光人头就～嘞。《初刻拍案惊奇》卷二十六:"等我～了他,牵与师父,包你像意。"

轧道 结交;交朋友:我搭其～轧勿拢｜俗语:三更莫～,～命难保。

凑队 凑又音脆。结交;在一起:阿拉两人～已经靠廿年嗬,大家晓得心相个。

候队 相约(做某事):其来搭我～搭美国去旅游,我去过掉,勿想去。

有队 有伴:旅游顶好几个人聚头去,～,一个人啥趣相呢?

做队 做伴:侬饭慢慢吃,我搭侬～｜一个人出门交关心焦,顶好有人做做队。

做脚 做内应;做内线:吭没本厂人～,厂里东西阿难偷出去个。《古今小说》第一卷:"(陈旺)与老婆商议,教他～,里应外合,把银两首饰偷得罄尽。"

搭界 有牵扯;有关联:该样事体其有眼～个,吭数还要吃着｜该种人莫搭其～。

来去 来往;交往:我搭其吭没～个。

犯对 作对,合不来:该两人～个,闲话也勿讲个。元无名氏《马陵道》第四折:"强中手偏生～,诈风魔一命终留。"

解缆 比喻分手:其拉两人老早～的嗬,侬啥勿晓得啦?

脈鲞 脈音拍。本指把鱼鲞、鳗鲞等掰开,比喻身体被分成几份:侬也要我去,其也要我去,我人倒拨侬～嗬｜俗语:好汉勿上两,上两要～。《集韵·麦韵》:"脈,分也。匹麦切。"也说"脈蟹股"。

挽 ①请托;央人从中说合:～亲托眷｜该事体侬去讲吭没用场个,顶好～个来头大眼人去讲讲看。《二刻拍案惊奇》卷二十二:"(上官翁)遂～出前日劝他好话的那个张三翁来,托他做个说客。"也作"浼":《水浒全传》第四回:"有些小事,特来上刹浼。"也作"浼":《醒世恒言》第十四卷:"他唤作王百会⋯⋯邻里家有些些事都浼他。"②用容器舀取:河里水忒小,水桶～勿上来。《初刻拍案惊奇》卷三十一:"赛儿又～了几杓水,浇灭灶里火。"③挎;弯手钩住:手里～只篮。《水浒全传》第二十六回:"(郓哥)～着个柳笼栲栳在手里,籴米归来。"

求靠 求助:我再穷也呒〜侬个。甬剧《两兄弟》:"我有财要硬硬到底,那怕是卖田押地也勿去〜人家。"

相烦 麻烦;以事相托:有样事体要〜侬。《警世通言》第十六卷:"员外道:'我因无子,〜你二人说亲。'"

挑 读上声。给人机会或好处:介好生意〜拨侬仔嚼|该只课题是我〜拨其个。《泪珠缘》第三十四回:"好好,咱们府里的生意,明儿都〜〜你罢。"

望 音网。①探望;问候:听说侬身体勿咋好,我特为来〜〜侬|写封信〜〜其|外公外婆代〜〜。②介词。朝:〜东走|〜顺手转弯。

供 音宗。赡养:〜大人|俗语:儿子勿〜爹,孙子吃阿爷。《广雅·释言》:"〜,养也。"《广韵·钟韵》:"〜,奉也,给也。九容切。"

到 待;对待:新妇〜阿婆交关好|俗语:〜侬客气,还当福气。也说"到成"。

打发 打音躲。施舍钱物给乞丐:〜讨饭。

拆劝 劝解;劝架:俗语:夫妻造孽常事,邻舍〜多事。

出头 出面相助:莫搭人家造孽,我呒搭侬〜个。《武则天四大奇案》第三十七回:"尔等先将只(这)厮打死,看看谁人〜!"

勖脚 勖音堆上声。援引类似情况,要求一视同仁:勿按规定办,别人要〜个|侬勿值夜班,人家要〜个。《改并四声篇海·力部》:"勖,着力牵也。都罪切。"

滚 骗:该人〜也来,盗也来|小娘拨人家〜去嚼。

弄送 捉弄;欺侮;算计:做人要循规蹈矩,莫〜人家|其要〜人个,侬当心眼。《儒林外史》第四回:"就是他的佃户,商议定了,做鬼做神来〜我。"也作"弄耸":《鸳鸯针》卷四第三回:"好歹觑个方便与你,弄耸他一番,贬他那张硬嘴。"也作"弄怂":《何典》第五回:"那伙提草鞋公人,见本官软弱,便都将嘴骗舌头的来弄怂他。"也作"弄松":《隋唐演义》第二十六回:"李大哥为什么这般弄松?倘日后朝廷招安,我们还要仰仗他哩!"

解板 几个人串通一气做坏事:其拉两人来的〜,格勒今末麻将铜钿输掉介多｜派该两人去买东西,当心其拉～。

寻着 纠缠;找岔子:侬勿赔我,我时格要～侬个｜其再～我,我姶搭其客气!

引犯 招惹;触犯:莫～人家,当心人家光火!

撮引 因无聊而没事找事。俗语:行业勿寻,赌场～。

吵朋 捣乱;捣蛋:侬拉乒乓勿拨我打,我要～个。

打棚 开玩笑;打闹说笑取乐:我忙勒团团转,侬还要来～｜莫搭其～,其要当真个。

调排 ①捉弄;戏弄:莫～人家。②安排;调理:屋里～勒落落直直｜歇后语:挑柴卖,买柴烧——姶～。

背命 ①拼命;以性命相拼:其再弄送我,我搭其～嘘!也说"拼舍性命"。②竭尽全力;不要命:～用功｜～赚钞票｜俗语:头发秃顶,戏肌～。

随舍 豁出去;无所顾忌:已经弄勒介眉眼嘘,也～嘘!

横竖横 反正如此,索性豁出去:已经格式貌嘘,我也～嘘｜俗语:～,羊肉当作狗肉卖。

做记勿着 豁出去:～,一竹罐钞票和总该只股票里掼掼的算嘘!另,"记"可用其他词语替换,"做……勿着"表示"拼得牺牲……""将……豁出去"的意思,如:做眼工夫勿着,书抄其一遍;做眼钞票勿着,房子重新装修装修。《初刻拍案惊奇》卷十八:"而今拼得献些殷勤,做工夫不着,磨他去,不要性急。"

放血 ①动刀子:侬再謷,放侬血呐!②比喻使人损失钱财:下饭逢好点,呕其多放眼血。

动打场 动粗;打起来:两份人家孽造勒暗气一样,差眼～。

打相打 打架:两兄弟来该～嘘,快去拖拖(音泰平声)开!

讨饶 讨音泰上声,下同。求饶:打勒其～为止｜俗语:儿女上腰,吃饭～。

讨保 求情;说情:呒没隔壁阿婆～,侬拨倷阿姆打煞也吃数个。

搅 音绞白读,下同。①搅乱;弄糊涂:我来的算账,侬莫来～｜头也拨其～昏噢｜钞票拨其～去噢。②形容词。麻烦；复杂：该事体交关～，一时里弄勿好个。第二个意思也说"搅轧"。

搅脑子 把思路搅乱；用歪理纠缠（新说法）：侬来的～啊？

烦 ①吵闹；搅扰：姐姐来的做作业，莫～！｜真真拨侬～煞噢！②形容词。啰唆：该人交关～，一眼眼事体时格会讲过去。

作 ①（小孩）吵闹；（女子）使性赌气：小毛头有～吭～，来的做睏熟无赖噢｜顶怕老婆～，～起来只好讲好话。②时兴；流行：该晌～微信｜该种式样已经～过噢。③应该；情理上许可：打牌勿～赖｜小人是～打个，勿打怕惧吭没个。这个意思也说"作讲""作兴"。④玩牌时用钱作奖惩：叉麻将钞票～眼的，否则趣相吭没个。

作吵 （小孩）吵闹；无理取闹：莫～，姆妈搭侬买吃场。

作梗 无理取闹：该女人犯关～噢｜小人作作梗梗，讨打的噢！

作娇 撒娇；吵闹：该小人蛮会～。

百债 ①纠缠不休，惹人厌烦：好好叫自家觍和，莫来～｜该小鬼一晌要买该样，一晌要买该样，真真拨其～煞。②形容词。爱纠缠；烦人：介～老妮吭没看张过。也说"叽奏"。

刁 赌气不理人：该小娘话勿着个，话其两句就要～。

刁蹬 ①赌气不理人：话其两句～噢，饭也勿吃噢。②刁难；故意使人为难（多指摆挑子）：该生活勿只依一个人会做，侬好舀～个，～也勿怕个。《醒世恒言》第十八卷："及至施复肯与成交，却又道方员无真假，比原价反要增厚，故意作难～。"

掼锣槌 槌音除。摆挑子：事体做勒一半，其～噢。

犯夜 原指违禁夜行，引申为惹祸、出事：介晏还吭没回来，吭数～的噢｜车开勒介快，还要～的噢。

犯着 ①值得：介冷天家去看电影，勿～个｜侬骨头屁轻个搭该种人帮忙，啥～呢！②触犯：眼睛白啥西，我～侬过啦？

犯贱 不识好歹，自讨苦吃：侬该人～个，掇凳勿坐讨凳坐｜该小鬼鉴介～啦，打一顿会太平的噢。《官场现形记》第四十四回："我说他们这些人是～的，一定要弄得人家上门，不知是何打算！"

生痒 发痒;自我作践招惹是非:骨头～｜几日吰没打,屁股来的～嚜｜手骨勿～(指不去赌博),日脚会过勿来啊｜嘴巴～讲人家,讨眼謦謦。

致怨 招致抱怨:俗语:心直口快,～招怪。

招怪 惹人责怪;得罪人:俗语:落手快,勿～。《醒世恒言》第二十卷:"又恐说时,反要～,不敢启齿。"

做恶 做得罪人的事:其头两个月吰没上班,照理讲要处理个,领导眼开眼闭,啥人会～呢?

做恶人 做得罪人的人:侬做好人,我～,我介寿啊!《赛红丝》第七回:"弄是弄得他死,只是百十两银子,人看了不动火,未必肯～,下毒手。"

背耙 失约受累;上当受骗:明朝天亮六点钟动身,莫～嚹!｜货发过去嚹,钞票时格勿汇过来,真真背其耙嚹。也说"背老耙""背木梢"。

上狗当 ①上当(语气比"上当"更强烈):该爿服装店本格两人朋个,一晌其孃弄嚹,上其狗当嚹!也说"上老当"。②上狗的当(诙谐说法):养狗要～,揞掉末勿舍得,养养末忒疙瘩。

穿绷 穿帮;露馅儿:俗语:天下十八省,马屁勿～。

坍台 丢人:争眼气的,莫拨大人～。

吃瘪 无言应对,难以招架:把柄拨人家捏牢,该遭～嚹。

吃着 受惩处:该事体影响交关大,弄勿好领导也要～。

落轧 言行不慎被人抓住把柄:闲话讲～嚹｜俗语:牛怕上轭,人怕～。

落薄 落泊;穷困失意:该份人家闲早子势口多少好啦,该响～嚹。《醒世恒言》第三十卷:"但目下虽是～,少不得有好的日子。"

交运 交白读。走运;交好运:该两年～嚹,钞票赚进交交关。另,晚年交好运叫"交老运"。

行运 行音行李之行。走运:该呛～嚹,股票做一只赚一只｜行狗运(戏谑语)｜行桃花运｜俗语:心猛猛,运勿行。

抆 (一)音衣。①弄:票买勿着,咋～～～?｜该东西莫去～其,弄坏要赔个｜钞票～眼拨我。②在单音节动词重叠式后重叠使用,表示动作持续和反复:晒晒~~｜写写~~｜揩揩~~弄勒半日。③用在完成体句子中,表示前一动作的反复态:房间整好~好上班差眼来勿及｜讲过~过算掉嗰,莫时格心里记的。也作"伊":《型世言》第二十七回:"皮匠道:'便四六分罢。只陈副使知道咱(咋)伊?'"(二)音意。①给器具装上柄等:~锄头柄｜茅刀柄脱出嗰,~~好。②钉纽扣等:~纽子。

杭 承受;支撑:一百斤担子我~勒住个｜当班长我~勿消个｜两日两夜吙没睏觉,真真~勿消嗰。

钶 音鬏。抵住;相持:侬也勿让,其也勿让,大家~的｜两人拗手劲~勒交关辰光｜~大小(一种儿童纸牌游戏)。《玉篇·金部》:"~,固也。"《广韵·映韵》:"~,坚~。陂病切。"

韧 音白读。相持;较劲:拔河辰光先要~牢｜搭领导~的,看其咋办办。

校 音告。校正;对正:~秤｜钢琴还只买来,顶好~一~。

范 把握(分寸):盐舭蟹咸淡分寸要~好｜和面粉燥湿交关难~。

装 准备(钱、物):想买屋,钞票先~好｜野营去个家生搭侬~好的嗰。

盛 音绳。用容器接住往下坠或往下滴的东西:侬倒好嗰,我篮~的｜屋漏嗰,驮只面桶~~。

候 ①时间、位置、数量等相扣、相接或相当:~机会｜~侬有空,阿拉大家去旅游｜侬袋皮~好,我米倒落来嗰｜尿急勒~头颈｜~好尺寸再裁料作。②随;任:~肚皮吃｜~胡咙嘶｜钞票~侬用爽快｜样样事体~小人,大了咋结煞!

候榫头 比喻等待或遇到机会:介大年纪对象蛮难找个,只好~介候的｜公司来招聘,正好拨其~候着。也说"候榫"。

汭 音内。①垫进(钞票):该个月开支特别大,工资用用还勿够,老底子钞票~进交关。②沾湿;把水吸干:落雨天家布鞋莫穿,要~湿个｜茶倒翻嗰,毛巾~~燥。

儾 音囊去声。①比实际尺寸、数量放大点:绳子莫裁勒候分候数,稍势～眼的。②形容词。宽余:料作还～哦?《玉篇·人部》:"～,宽～也。"《广韵·宕韵》:"～,缓也。奴浪切。"

捱 音外,下同。①拖延:～辰光｜老早呕其去看医生,时格～的｜外婆屋里～勒勿肯走。《康熙字典·手部》:"～,俗谓延缓曰～。"②过:～两日再来看侬。

捱过 勉强度过;勉强躲过:一夜总算～嚯,吪没事体｜闯了介大祸,该顿打好坏捱勿过个。

借 ①绕;避;移:石头～其出,否则轮胎要戳破个｜车停勒忒拢,～过去眼｜棕绷安勿落,再～过来眼。②弥补:单位收入低,有空做眼小生意,～眼转来。

拣 挑选:捞把～～｜一样货色,介～既～～啥西呢｜俗语:笋里～花,越～越花。

调 换;调换:～来换去｜该支笔写勿出嚯,～一支｜俗语:自养自值钿,～一勿欢喜。

趱 音盏。挪动;变换(时间或位置):～墙脚｜明朝大家吪没空,会～到今末开｜该里人忒多,～个地方讲。宋周密《癸辛杂识前集·贾母饰终》:"初择六月初九日安厝,以急于入觐,遂令～前于五月九日安厝。"

岔翁 岔开;对不上:我荡边介去,其该边介来,两人～嚯｜丈姆讲天,女婿讲地,两人闲话和个～掉个。

撞头 相撞:汽车～｜脚踏车～。

晏到 迟到:上班莫～｜开会老老～。

跌落 跌又音笃。①掉下;也特指小产:茶杯～地垟里敲腐嚯｜俗语:～地,撮着自｜小人～嚯,两老头真真会难熬煞。②遗失:钥匙～嚯,屋里也走勿进嚯。

错落 ①掉队;落下:走快眼,莫～｜做部汽车轧轧去算嚯,一两个人～仔交关疙瘩。②错过:侬忙啥西啦,介好电视剧会～看｜今末睏失觉嚯,班车会～。③遗忘在某处:要落车嚯,行李莫～。

脱落 拉下;落在后面:生病请了一个月假,成绩～嚯。

沓 音塔。①拖延：老早想去补牙齿，～记～记～落嚯｜其人做事体心觳急个，好拖拖，好～～。②形容词。拖沓：其人交关～，托其事体要催催其｜俗语：急急一日，～～一月。

压进 ①被雨、雪、台风等所阻：雨～嚯，屋里呒告去嚯。②受到牵累：该钞票是我问别人代借拨其个，其还勿出，带我也～嚯｜俗语：吃百姓，压勿进。

失撇 失着；失算：老鬼～｜其是生意精，该回～嚯，蚀勒暗气介。

脱空 空闲；间断：阿拉图欢喜吃零食，嘴巴勿～｜办公室事体真多嚯，电话勿～。

脱绞 绞白读。中断；接不上：该种药我长年来吃个，呒没～过｜上昼时格停电，小店蜡烛也会～。也说"断绞"。

庉门 庉音屯。旧指酒接不上，喝酒的人坐而等酒：老酒吃勒～当嚯，快眼烫来！

伤料 大材小用；浪费：介好木头做床板，有眼～｜俗语：少讲为妙，多讲～。

狼藉 藉音舌。糟蹋；浪费：饭莫～，罪过个。也作"狼籍"：唐李商隐《杂纂》："狼籍米谷。"

晦气 浪费；糟蹋：买该种补品～钞票个，吃仔明其一眼呒没个。

搭浆 敷衍；应付：房子忒小，该响～庉庉。

配办 拼着；豁出去：我～屋爿卖掉，小人毛病也要看其好｜俗语：～一个头，皇帝老官打其跑。《鄞县通志》："甬称不顾一切而为之曰～。"也说"抵配"：《邻女语》第七回："抵配一死，顿时放开脚步。"

闸出 ①鼓出来：胴肛～｜脚䯊头里有块骨头～嚯。明冯梦龙《挂枝儿·情淡》："圆纠纠紫葡桃闸得恁俏，红晕晕香疤儿因甚烧？"②不同于一般：阿拉屋里别人和总欢喜吃海鲜，只有其～掉，海鲜碰搭勿碰。

和拢 和读去声。混杂：大凑大，小凑小，莫～。

做认 认白读。做记号：行李箱和总差勿多个，做个认的，省勒驮错。也说"做记认"。

做拨 换;换成:～我仔,老早搭其造孽噱│该事体～老张,跳也跳起来噱。也说"做""做仔""调""调拨""调仔"。

做则 做参照物:倒车吮没东西～,阿难倒│合同闲早吮没写过,顶好弄份做做则。

看起 看情况或对象而定:夜饭来吃勿来吃,～个│其也看人起个,碰着厉害眼人末唅抖噱。《九尾龟》第一回:"你取笑也要看地方起的……倘被他真个板起面孔来,你我岂不大家没趣!"

看样 学样;效仿:人家吃东西,阿拉囡唅～个│俗语:阿姆点亮,阿婶～│儿歌:看我样,烂肚肠。《花柳深情传》第八回:"吃了烟……妻子儿孙皆要～,而且个个偷吃。"

认样 认白读。炫耀(自己好东西):该种嬲和东西阿拉屋里也有个,侬好笃～个。

充阔 炫耀自己富裕或本事大:该人交关欢喜～,听起来头大不刺。

作讲 ①流行;讲究:闲早子办酒水～收礼个,该响有星人家勿收噱│该人～吃个,单超有吃,别样吮告个。②应该;情理卜许可:儿子囡是～謦个,勿打勿謦唅听闲话。也说"作""作兴":《负曝闲谈》第十七回:"媛媛道:'大少,耐啥能格早介?'子文道:'啥故歇辰光勿作兴打茶围格?'媛媛道:'作兴格,作兴格。'"

做客 客气(多指到别人家做客时吃东西过分客气):莫～,随便吃│到俫屋里来,我唅～个。《济公全传》第一百九十七回:"既然到我家里,不要～。"

惯常 习惯:第一勿欢喜吃辣,慢慢也～噱。

依依名 形式上做一下:吃勿落也要攃两口,～。

3. 其他动词

啄 音笃,又音答。禽类用嘴叩击或夹住:泥鳅拨鸡～煞噱│俗语:鸡～米,猪拱地。《广韵·觉韵》:"～,鸟～也。竹角切。又丁木切。"

搜 鸭、鹅等用嘴寻取食物:鸭~食。

毢 音叟,又音水文读。禽类用嘴整理羽毛:小鸭~毛｜脚抖抖,毛~~。《广韵·铣韵》:"~,《书》曰:鸟兽毛~。传云:~,理也,毛更生整理。苏典切。"

搰 音骨浊音。①禽类扇动翅膀:~翼梢膀。②双手各持一种特制的小渔网的一边,一开一合以捕鱼:~鱼。

爪 读去声。禽类用爪子拨拉;也指用手抓挠:晒的谷拨鸡~腐嚯｜俗语:~一脚,吃一脚。又:头~~,脚捞捞。

胀膛 膛音登。吃得过饱,嗉囊或肚子发胀:鸡吃谷吃勒~嚯｜草子多吃牛要~个。清平步青《霞外捃屑·释谚》:"越人称鸡鸭之胃谓膛。"也说"縋膛"(縋音住):吃勒縋膛嚯,再好东西也吃勿落嚯。

积食 食物滞留在胃里不能及时消化:糇多吃要~个。

孵 音部,下同。①孵卵:~小鸡。也作"伏":《广韵·宥韵》:"伏,鸟菢子。扶富切。"②将浸透的豆、稻谷等放在容器里使发芽:~豆芽｜~秧子。

赖孵 母鸡停止下蛋并赖在窝里:阿拉该只黄草鸡蛋交关会生嚯,荡晗~嚯。

打水 水白读。禽类交配:鸡~。清徐时栋《烟屿楼笔记》卷六:"一老妪言将伏卵时,取此卵向灶门,呼曰:'雄鸡~。'随以釜底心之煤点卵上,伏之雏即出矣。"也作"打势":清范寅《越谚》卷中:"打势,鸡鹅鸭鸟挚尾皆名打势,本于宫刑男子割势之势。"

噇 音馋。①动物用嘴叼或捕取:钓了半日,鱼时格勿来~｜鸭~来一梗泥鳅。②稍微吃点儿:吃饭~记~记,相势真难看的嚯｜饭~一口就走嚯。元石君宝《紫云庭》第一折:"嘴尖~脖子,爪快撮天灵。"《广韵·衔韵》:"~,《说文》曰:小啐也。鉏衔切。"

饮 ①牲畜喝水:牛~水。《儒林外史》第一回:"牛要渴了,就在湖边上~水。"②给植物浇水:菜秧刚下落,要~眼水的。明李实《蜀语》:"浇花菜瓜曰~水。"

拖 (一)音泰平声。①兽类用嘴叼东西:鱼拨猫~去嚯｜俗语:咿胡噢胡,猫～老虎。②(舌头)伸出:狗～舌头｜舌头～勒蛮长,像吊煞鬼介。《海上繁华梦》初集第二十七回:"逢辰把舌尖一～,道:'利害利害!'"③拿(含贬义):告东西我㑚其,侬要侬～去!④拉开吵架或打架的人:侬去～～开哪,再打落去要出人命的嚯!(二)读本音。①吃饭时,使劲夹菜吃:小鬼饭勿肯吃,～下饭生活交关好。②携带;领:小人～仔,样色事体好㑚㑚做嚯。③挂;垂下:介大人还要～鼻头,难为情哦?｜裤脚忒长,～地埲嚯,去改一改。

𠴱 兽类用嘴叨东西:猫～老鼠｜肉骨头拨狗～去嚯。

蝘 音演。(蜗牛、螺蛳、蜒蚰螺等)爬行:蜒蚰螺～勒墙壁里嚯｜田螺～出面桶外嚯。《集韵·㳄韵》:"～,虫行貌。以浅切。"

𢈈 音耕去声。①(鱼、蛇等)拱;挤;钻:蛇～洞｜泥鳅～进烂泥里去嚯。也作"耿":《醋葫芦》第十三回:"翠姐姐自知那晚被你放了热腾腾一股的溺在肚底……肚中结成一块斗大疙瘩,时常耿来耿去,好不恨杀你哩!"②(三轮车等)车把不听使唤,难以把握:三轮车交关难踏,龙头要～个。

㪍 音菌。猪用嘴鼻拱:菜拨㪍猪～掉嚯。《集韵·焮韵》:"～,豕发土也,一曰豕求食。俱运切。"

觙 音掘。牛羊等用角顶人或触物:该只牛要～人个。《说文·角部》:"～,角有所触发也。"《广韵·月韵》:"～,以角发物。其月切。"

架 兽类直立,前两脚搭在人或物上:猪羊～｜一日吪没看张,门一开,阿拉该只宝贝狗就～上来嚯。

打浑 浑音稳。鱼类在水中搅动把水搅浑:泥鳅～｜该梗河鲫鱼差眼拨我㧓着嚯,打了一个浑,咦拨其逃走嚯。

褪壳 褪音吞去声。①蜕皮:蛇～｜蚱蜢～。②比喻附着物脱落:俗语:烂泥恶做恶,燥了会～。《字汇·衣部》:"褪,卸衣。吐困切。"

做市 比喻蚊子等成群地聚集在一起:该埲蚊虫～嚯。

关胎 牲畜交配:猪～｜该只牛娘～关进嚯,有生的嚯。

交搞 交音搞。鱼、蛇等交配:鱼～｜蛇～。

闷 音门。牛羊等不会生育:～牛娘｜该只牛～掉嚯。樊恭烜《浙江象山方言考》："邑凡牝牛牝羊之不生者,呼曰～。"

瘂 音哑。（树木）枯死：～大树｜该株杨梅树～掉嘞。《集韵·马韵》："～,色败。乌瓦切。"

延 ①藤攀缘：藤～勒枪笆顶嘞。《豆棚闲话》第二则："那豆藤还未～得满,棚上尚有许多空处。"②火蔓延：火～到屋头顶嘞。《通天乐》第三种："因灶下的余火未曾全熄,不意～出来烧着壁柱,致有此灾。"《广韵·仙韵》："～,进也,长也。以然切。"

延藤 藤蔓攀缘：西瓜～嘞｜儿歌：外婆纺花,纺出南瓜；南瓜～,延到屋山尖头开门。

上蕻 蕻音轰。某些蔬菜长出长茎：菜～嘞,介老吃勿来嘞。《广韵·送韵》："蕻,草菜心长。胡贡切。"

发稞 分蘖：稻～嘞。

朗花 朗音朗。稻等抽穗开花授粉：稻～辰光,顶怕每日落雨。

眠倒 稻麦等因病虫害或遭大风而成片倒伏：台风做过,稻和总～嘞。《集韵·霰韵》："眠,偃息也。眠见切。"

倒瓤 瓤音练。西瓜切开时瓜心倒下；西瓜过熟变质：该只西瓜～嘞,晓得介早眼好吃掉个。《广韵·霰韵》："瓤,瓜瓤。郎甸切。"清范寅《越谚》卷中："瓤,瓤谓之瓤。"

起沙 西瓜过熟,瓜瓤脱水而呈沙粒状：该只西瓜～嘞。

扶藤 扶音大文读。拉秧；瓜类过了生长期后,把藤蔓清理掉：西瓜～｜黄金瓜～｜儿歌：芥菜开花,我种南瓜；南瓜～,我种菠菱。也说"了藤""攋藤"（攋音癞）。

落脚 蔬菜、瓜果过了成熟时节：茭白～嘞｜杨梅快来吃,再过几日～嘞！

落市 蔬菜、瓜果过了时令：上市菜搭仔～菜,价钿大推大板个。

犯熟地 ①某些作物在同一块土地上连续种植而导致生长不良、产量下降：西瓜要～个,顶好隔年种。②比喻人在同一地方呆久了而产生厌倦感。

馕掉 馕音意。①饭菜变质,发出酸臭味:饭~嘞|下饭~嘞,吃勿来嘞。《广韵·至韵》:"馕,食伤热也。乙冀切。"②东西损坏:锁~嘞|汽车~嘞,发动勿起嘞。

餲掉 餲音压。食物变质,发出霉味:花生米~嘞|米莫买忒多,日脚长了要~个。《广韵·曷韵》:"餲,食伤臭。乌葛切。"《集韵·曷韵》:"餲,食败也。阿葛切。"

馊气 馊;饭菜变质:下饭安冰箱里,否则要~个|俗语:吃~冷饭,背杀头罪名。《集韵·尤韵》:"馊,饭坏也。疎鸠切。"

𩞜 音足。酒及腌制品变质,发出酸臭味:热天家老酒交关会~|酱豆腐~掉嘞。《玉篇·食部》:"~,臭败之味。"《集韵·薛韵》:"~,臭也。之列切。"

发醭 醭音朴。酒醋酱等变质后表面长出白色霉菌或白色泡沫:米醋~嘞。《广韵·屋韵》:"醭,醋生白醭。普木切。"

泛 ①酒变质:老酒~嘞。②变色;褪色:蓝衣裳旧嘞,~红嘞|照相日脚多嘞,~掉嘞。

出气 因未密封导致气味散失:米醋瓶盖头旋牢,莫拨其~|俗语:烧酒~,等于吃屁。

性 饭煮熟后在锅里闷一段时间:饭刚煮熟,再拨其~晌。也说"性煞"。

过性 米饭、番薯、土豆等煮熟后过了一段时间,冷了硬了,以致不好吃:早米饭本身石硬个,~了越加硬嘞|番薯要趁热吃,~了就坏吃嘞。

胀脯 脯音部。米、面条等泡在水中过久而涨大:煮饭莫煮煮停停,否则饭要~个|面~嘞,一眼吆吃头。

打冻 鱼、肉等汤汁遇冷结冻:肉~嘞|鱼~仔反向好吃。

离骨 鱼煮熟后鱼骨与鱼肉分离:鱼还吆没~,再蒸一晌。

蚀 食物经过煮、腌、晒后体积缩小:马兰头煮起来交关会~|新鲜海蜇盐过~拢吆没多少东西。

绐 音队,又音代。绷紧的物体由于受压而松弛凹下:沙发有眼~嘞|歌谣:江桥~~动,弯转灰街弄|俗语:冤家夫妻~棕绷,擂来擂

方言词·动作行为类·其他动词

去当中央。《说文·糸部》:"～,丝劳即～。"徒亥切。

勩 音已。器物磨损:地欱荙～│薄刀磨～。《说文·力部》:"～,劳也。"余制切。段玉裁注:"凡物久用而劳敝曰～。今人谓物消磨曰～。"

炀 音洋。①熔化;融化:～锡│镴～掉│雪来的～嚯│糖快吃,莫拨其～掉。②衣服日久磨损:该件衬衫～掉嚯,穿勿来嚯。《广韵·阳韵》:"～,释金。与章切。"也作"烊":《集韵·阳韵》:"～,烁金也。或作烊。"

炀勩 音洋已。衣服、被单等日久磨损变薄变脆:衣裳～嚯,补勿好嚯│床单～嚯,一拉就破。

腐 ①坏;损坏;弄碎:该种皮鞋交关快～│纸袹箱雨一淋就～开嚯│面孔扙～│碗盏敲～│纸头煨～│介老牛肉嚼勿～。②用在动词后面表示动作重复且程度深:烦～一样│谏～一样时格会谏过去。

烂腐 ①腐烂:苹果～嚯│桌凳脚～嚯│衣裳再勿汏,烂搭要～的嚯。②形容词。差;不好:～货│～结夹│～衣裳其嫑穿。

褪 音吞去声,下同。①脱落:狗～毛│～头发│牙齿～落│裤～落。②使脱落;卸掉:麻袋里谷～～出。《字汇·衣部》:"～,卸衣。吐困切。"

褪缺 刀等刃口缺掉一块:锄头～│肉骨头斩过,薄刀会～。

反牙 螺纹磨损失效:螺丝～嚯,旋勿牢嚯。

倒角 书页卷角:该本字典我用了十多年嚯,呒没一页～。

连牢 连着;连在一起:两张火车票位子～掉个。

打结 线状物绞在一起:头发～│棉纱线～│小狗毛要梳梳其,莫拨其～。

打跔泥 跔音狗浊音阳平。线状物卷曲绞绕在一起,不顺直:该种绒线萦起来老老要～│电话线～嚯,回回直。

皵 音切。指甲、竹木等裂开或表皮翘起:指甲～掉嚯│该梗木头～勒交关厉害。《玉篇·皮部》:"～,木皮甲错也。"《广韵·昔韵》:"～,皮细起。七迹切。"又《药韵》:"～,皮皱。七雀切。"

翘 音酷。东西干后与粘着处脱开,中间鼓起:墙壁石灰～起一大块｜日脚长嗨,花绿纸(彩色画)～起来嗨。《集韵·觉韵》:"～,爱～,干也。克角切。"

豁 音忽。①裂开:扁担～掉嗨｜俗语:雨打黄梅脚,井底要开～。②划拳:拳头～两记,该眼老酒弄其光。《九尾狐》第十二回:"士诚就拉着子青等众人,～了十几个抢三。"

抢 裂开:该种石头颗粒忒粗,雕刻辰光一凿,～掉嗨。

拗抢 断裂;也比喻抵触、合不来:两个领导其要介弄,侬要既弄,～嗨!

离缝 出现缝隙;有缝隙:地板～嗨｜该人牙齿生勒交关难看,～掉个。

散板 圆木器散架:水桶～嗨,要打两个箍。

脱隔 相连的东西脱开:铰链～嗨｜鞋底奔勒～。

脱底 ①器物底部脱落:水桶～｜～茶箩。②铝茶壶、铝锅等换底:茶壶底燂穿嗨,～脱一脱还好用。

脱出 ①柄、把儿等与主件分离;脱位:锄头柄～嗨,拣拣好｜绞股(关节)～嗨。②落(là)下;不在其列:值夜班吙没一回～过｜有好事体会呕侬个,验拨侬～个。③解脱:孙子养了两年,真真掷力煞嗨,该晌儿子新妇领回去嗨,总算好～嗨!

滑脱 松开;因打滑而脱离:绳拉牢,莫～｜晓猪脚骨缚牢,莫拨其～｜该梗鱼已经抲牢嗨,其一颠,咦～嗨。

朵开 朵读阴去。张开;展放:花～嗨｜鸡翼梢～｜谜语:后门口头一株菜,落雪落雨会～(伞)。《鄞县通志》:"甬称物展放曰～,谓如花朵之展放也。"

发雹 雹音朴。①在水里浸泡后体积增大,也泛指涨大:死尸～｜～泥螺。②脸或身体浮肿、发胖:激素打过,面孔～嗨｜其该几年～嗨,样子也吙没嗨。《说文·雨部》:"雹,雨濡革也。"匹各切。段玉裁注:"雨濡革则虚起,今俗语若朴。"清梁同书《直语补证》:"雹,俗以物着湿雹凸隆起谓之雹。"

占摆 占(地方):纸桁箱～地方,塞勒眼床底下去｜老家具～地方,送掉退过。

塌地垟 塌音塔,垟音羊。紧贴地面;席地(而坐):箱子莫～安的｜侬人清爽腻腥勿怪,～坐倒算账。《禅真后史》第四十三回:"羊雷塌地坐了,偷眼觑是什么嗄饭。"

宕 音趑街之趑。①悬;悬挂:蜘蛛～落来｜钥匙～勒腰里｜大橱阳台介一上去｜钟摆～来～去《新上海》第四十四回:"弯下身子去,那串朝珠又～了前来,碰在扫帚柄上,滴辣滴辣响一个不止。"②拖延:～日脚｜该事体阿难弄,拨其一 一 旵再讲。

縋 音住。用重物往下压;东西因重而下垂:莫拨其单头翘起,石头～记的｜杨梅生勒～上～落。《说文·系部》:"～,以绳有所县(悬)也。《春秋传》曰:'夜～纳师。'"持伪切。

脯 音部。①沙、土等受挤压而往不同方向移动:新做个田塍一蹦就～开｜草屋一落｜花种落,烂泥～～拢。②脸长得阔大,向外扩展:该小娘面孔～带开交关难看。

遮煞 遮住。前头人坐带落来呐,阿拉拨侬～嚡!也说"遮牢"。

塞车 堵车:该埭路式小,上落班每日～。

震 音进。(车子)颠簸:拖拉机交关会～,屁股也拨其操痛嚡。

舢 音额清音。(船、车)摆动;晃动:船～来～去,头也拨其晕煞嚡《说文·舟部》:"～,船行不安也。"五忽切。

倒没 翻船:渡船～嚡,人浸煞交关｜俗语:老大多,～船。

翻向 ①翻倒;覆转:矮凳～｜汽车～｜俗语:脚踏地中央,勿怕路～。②比喻吵闹或乱得天翻地覆:老公轧姘头拨老娘晓得嚡,屋里～嚡｜听说企业要倒闭,单位里～嚡。以上两个意思也说"翻大向"。③里外倒过来:衣裳～晒,覂褪色嚡。

倒翻 倾倒:酱油～嚡,揩揩清爽｜草莓一篮一篮安落直眼,莫拨其～｜雨落勒～一样。

倾转 倾音近。凳子等因受力不均而倾倒:长矮凳停当中眼,当心～。

翻肚 肚音赌。里外或正反颠倒:蚂蟥～｜风介猛,当心伞～｜裤汰好翻个肚晒｜俗语:网～,天打暴。也说"翻肚肚"。

刮　①黏;附着:雨淋着,鸡毛～拢嚯|胡咙头里～勒一洎痰|俗语:五月端午晴,烂稻～田塍。②用手或工具往外泼水、舀水:～水缸脚|沟里水～其燥好扨鱼。③人工流产:结婚几个月就离婚嚯,小人也～掉嚯。④吃(含贬义):饭～带落,每日游四门|裁头刮脚时格会～过去!

沫　音类。沾;沾上污物:～碗刮盏|簇刮新鞋爿一晌工夫就～腻腥嚯|衣裳汏末殇汏,～末一件一件交关会～。《集韵·队韵》:"～,相渍染也。卢对切。"也作"累":《飞龙全传》第四十回:"那园公跌得昏天黑地,扒将起来,手里的鱼肉多累了泥。"

遭　染;沾染:衣裳～了一个渍子|俗语:湿手～面粉。《歇浦潮》第七十二回:"难得遇有喜庆大事,他方肯穿一套宁绸袍褂,有时偶不留心,～着了一点污积,他就要怨张怪李,懊悔到二十四分。"

滞　音住,下同。凝积成一层:坐便器鏖糟～起嚯。《集韵·祭韵》:"～,《说文》:凝也。一曰积也。直例切。"

滞底　东西烧焦后粘仵锅底:饭～嚯|锅子来的煮麦片,顾着眼,莫拨其～。

积起　逐渐积聚起来:雪～嚯|鏖糟～嚯。

结殭　凝积:眼屙～|鼻头屙～。

上灰　蒙上灰尘:茶杯莫出天露水摆的,要～个。

扬　(雨水、灰尘等)飘:雨～进来嚯,窗门快关拢!|汽车开过,灰沙彭彭～个。

走　①(汗、泪等)流:眼泪水～出|鎏介热啦,人还只汏好,汗咦～出嚯。②下(棋):阿拉象棋～一副好哦?

崩　音白读。(汗、泪等)大量急剧流出:山爬上,汗～嚯|眼泪水～一样。

滮　音彪。液体从小孔中急速射出:水管爆掉嚯,水～勒半天高。也作"标":《活地狱》第十九回:"刚打了两下,那一股热血早已标了出来,标了单太爷一脸。"

灒　音赞。溅:书～湿|裤脚～腻腥。《西游记》第四十四回:"祝罢,烹的望里一捽,～了半衣襟臭水。"《说文·手部》:"～,污洒也。

一曰水中人。"《广韵·翰韵》:"～,水溅。则旰切。"通作"溅"。

潄　音理。液体往下流、滴:～涎唾水｜眼泪水～落来噢。《玉篇·水部》:"～,滴也。力悌切。"

溢　音革。满出:水～出噢｜饭齿勒～进～出。

漫　音满。水涨;淹没:大水～进屋里噢｜菜和总拨水～煞噢｜水～金山。

滉　①音迕,又音旺。(液体)晃动:水～～动｜水挈当心,莫拨其～出。②音旺。(车船等)晃动;摇摆:脚踏车刚刚学会,踏起来～来～去｜船～记～记,再乘落去要吐噢。

浘　音很去声。液体渗入固体物或被固体物吸干:湿衣裳快脱掉,莫～的｜水瀸勒书里噢,纸巾～～燥。《鄞县通志》:"甬语水浸渍而入曰～。"

释　音色,下同。融化:棒冰～掉噢｜糖～掉噢｜俗语:落雪勿冷～雪冷。《广韵·昔韵》:"～,解也,散也,消。施只切。"

释水　①融化成水;东西收缩并放出水:冰砖～噢｜新鲜海蜇交关会～｜放豆腐汤水安缺眼,豆腐自家会～个。②比喻贬值:银行里存该钞票,辣辣来该～啦!

还潮　返潮:花生米～噢,一眼吭没吃头｜俗语:石板～,落雨明朝。

做梅　黄梅季节出现连续下雨、空气潮湿、衣物返潮等气候特征:该晗来～噢,格勒介潮湿｜俗语:动雷勿～,～勿动雷。也作"做霉"。

做燥梅　黄梅季节没有出现阴雨潮湿的气候特征:今年难得～。也作"做燥霉"。

做重梅　出梅后重复出现黄梅季节气候特征:俗语:小暑一声雷,翻转～。也作"做重霉"。

瞹　音矮去声。天转阴;云遮住太阳:天家～掉噢｜天～拢来噢。辽希麟《续一切经音义》卷三引《通俗文》:"云覆日为～瞹也。"《集韵·代韵》:"～,～瞹,云暗貌。於代切。"

朗炕　炕音杭清音。久雨暂晴:每日落雨,该晌天家倒～噢。《集韵·唐韵》:"炕,张也。虚郎切。"《鄞县通志》:"甬称久雨暂晴曰～。"

㬝亮　㬝音汪去声。天由阴沉转亮:上半日㬝愁愁个,该响倒～嘞。《集韵·宕韵》:"㬝,㬝眼,明貌。胡旷切。"

捂雪　捂音污。酝酿降雪:介冷啦,天家来的～嘞。也说"做雪"。

开雪眼　雪天短暂放晴:俗语:～转阴有连雨。应钟《甬言稽诂·释天》:"甬俗称雪天乍霁日出,少顷覆(复)雪者,谓之～。"

响雷　打雷:外头来的～,莫走出去｜俗语:冬至～,谷米要贵。

出虺　旧指山洪暴发。《鄞县通志》:"甬称山洪暴发曰～,犹他方言出蛟也。"巴人《灾》:"这时,一切的叹息声、呼唤声、哭声、鸡声、狗声,全吞没在雨声、水声、风声、雷声的合奏声里了。'是～了呢?'到此,每个人心里又另有一番想头了。"

做大水　发洪水;闹水灾:旧年～,田畈漫勒有两日｜自来水管爆掉嘞,屋里～嘞。

做风水　①刮台风:风水做过,马路边沿树和总刮倒嘞。老派也说"做风潮"。②比喻挨打:侬再作吵,后施枕咦要～的嘞!

鱼转侧　侧音卒。旧指地震。也说"鲤鱼转侧""鳖鱼转侧"。

煏　①音必,又音别。烘烤;灼烤:衣裳淋湿嘞,电熨斗～～燥｜双抢辰光顶苦嘞,太阳～勒其还要割稻种田。《玉篇·火部》:"～,火干也。皮逼切。"也作"逼":《豆棚闲话》第二则:"更立一铜柱,炭火逼红,叫人抱柱,立刻焦枯。"②音必。(手电筒)照:电光灯莫对勒人家眼睛～。

煝　音美。①烧:饭～焦嘞｜衣裳拨香烟火～勒一个洞眼。②吸(烟):～香烟。应钟《甬言稽诂·释食》:"甬谓然(燃)烧为～。"

灼　音结。烧;炙:面孔拨火～痛嘞。《广韵·药韵》:"～,烧也,炙也,热也。之若切。"

焐　音乌。(灯、火)熄灭:灯～掉嘞｜煤球风炉～掉嘞。《野叟曝言》第五回:"豁琅一声,两只茶杯落地,把灯盏都震～了。"《字汇补·火部》:"～,火熄也。乌古切。"

烫开　烫着;烫伤:手骨拨香烟火～嘞｜火热粥慢慢吃,当心嘴巴～。

火着　着音直。着火;失火:俗语:～真好看,可惜着勿起。又:贼偷一半,~着完。

呒 音姆妈之姆。没有:~趣相｜~陶成｜俗语:百步~轻担。又:有愁~愁,愁六月~日头。

有告 有;有什么:平时电话也勿打个,~事体末寻着我嚪｜我到街里去,侬~东西要带哦?｜镬里~燠伐? 我要煮饭咧。

歇作 拉倒;了结:介眼老酒,吃光~｜外币好甪带回去嚪,用完~。也说"算数"。

歇过 没有;不存在:阿伯老头怕惧呒没个,儿子当其~一样｜俗语:当侬~还有多。

歇勿来 不能缺少:防盗门~个,贵做贵要装个｜侬勿想做走好嚪,觥歇侬勿来个!

来 ①在:钥匙~桌凳高头｜俗语:老酒一埕,还~绍兴。②介词。在:上回碰头是~旧年国庆节｜我~车站等侬。③副词。在;正在:我~汏衣裳,饭庵晌吃。也说"来勒"。

来的 ①在;在(这里),近指:我今末夜头屋里~个｜包~,人勿结阿里去嚪。②副词。在;正在(这里),近指:我~煮下饭,该晌呒没空。也说"来当""来东"。

来该 ①在;在(那里),远指:我昨日夜头~看电影｜头网我街里~。②副词。在;正在(那里),远指:上晗我~出差｜其~剃头,一晌就来。

来的嚪 ①在了;发生了:事体~也呒没办法。②有了:~,我忖起来嚪,其是我同事勒阿妹。③好了;如愿以偿了:头奖擞(音浊)着嚪,该遭~｜该记~,把柄拨我拘牢嚪｜~,该只牌摸进,限板好赢嚪!

走出该 出去了:其该晌~,庵晌会来个。

临着 轮到(临即"轮"之音转):明朝~我值班。《肉蒲团》第十七回:"香云道:'如今~我了。'"

轧进 勉强进入某个范围:总共取五名,我刚刚~。

轧出 ①排除在外:三家~做头家｜悟侬敲瓦爿,搭我轧带出,看我勿起啊？②没有赶上：末班车也～嘞。

赶进 四舍五入时得好处：五斤八两算六斤，拨侬～仔。

赶出 四舍五入时舍去：买东西辰光赶进～总是有个。

差扳 差音车。相差：两夫妻～一年。也说"推扳"。

统扯 平均；平均计算：汽油钿每个月～要五百块。《鄞县通志》："甬称平均计算曰～。"也说"扯统"。

打倒 足够；使满足；搞定：我酒呒吃个，一瓶啤酒好～嘞｜该张眠床贵做贵，一万块总～了呐｜其人指甲交关伸嘞，呕其帮忙，一两万钞票打勿倒个！《二刻拍案惊奇》卷三十六："若要周全这事，依在下见识，须得与他千金，才打得他倒。"

起家 家白读。开始：十月份～，头颈骨时格有眼痛。

散场 了结；收场（多用于消极方面）：该两老头三日两头造孽，落去要离婚～的嘞｜亲眷朋勒做生意，有星交关好，有星弄勒造孽～。

着把 成功：职称时格评勿上，该回～咧。《桮棬萃编》第十八回："每逢科岁乡场，就是他发财的时候，至少也有一两个～，从没有放空的。"

到靶 （时间、年龄等）达到一定阶段：辰光～嘞，是要冷嘞｜年纪～嘞，好结婚嘞。

趸出 趸音爿。出头；用在整数后表示略有超出：六十～嘞，莫介辛苦做嘞，好享受享受嘞！也说"趸上"。

过格 过分；超过一定程度：冷～嘞｜该人经纬好勒～掉个｜俗语：盘算打～，呒好也呒法。

数 符合命数；命该如此（含有感叹的意味）：该盘象棋我再输掉，～嘞｜介好水性会浸煞，真是～嘞。也说"天数""数结结"。

造好掉 命中注定：长命短命，～个｜财与命相连，会发财呒发财，～个！也说"数好掉"。

该死 死白读。活该：棉袄勿肯穿，冻煞～个｜拨人家鬐～个，啥人呕侬嘴巴生痒啦！

该应 该又音甘，应音形。本该：晓得介，～好甩来个。

难为 看在……份上：～俉大人面孔，今末饶侬一回｜俗语：好看～钿。

肖 （生肖）属：阿拉两人同年个,和总～狗。

逢 ①挑；拣：牌～大出｜今末老板请客,下饭～好点！②凡是；所有：该种断命行为,～人瞖个｜其如话考勒进,～人好考进㗎！

兜 正对着：～头拨其撞一记｜东西～面前摆的也会寻勿着。《金瓶梅词话》第十二回："被西门庆～脸打了个耳刮子,把妇人打了一交。"

超 ①要；需要：该只西瓜～廿块｜介厚书看好,总～三四日。②该；还是：介晏㗎,侬～睏㗎｜该只包样子叆介嬿啦,侬～回拨我仔㗎！

赛过 赛又音碎,过又音课。好像；如同：倷徕后生家～天亮头八九点钟个日头｜叆介会吃啦,～饿煞鬼投人身。《醒世恒言》第三十九卷："大凡僧家的东西,～吕太后的筵宴,不是轻易吃得的。"

譬如 ①权当；就算：钞票跌落筲难熬㗎,～奖金吪没发仔｜介坏小鬼抲去抲去仔,～吪没生仔。《型世言》第二十八回："沈氏道：'罢！～旧年少收百十石米,赏与这秃罢。'"②胜过；强似：中末奖也好,～吪没中奖｜下饭推扳做推扳,～吃淡饭。《警世通言》第二十五卷："某有二子,长年十二,次年十一,但凭所爱,留一个服侍恩人,少尽犬马之意,～服役于豪宦也。"

譬开 用别的事来宽解；想开：人生毛病吪没办法个,只好～眼｜事体已经出㗎,难熬也吪没用场,只好譬带开。《歇浦潮》第三十二回："你又是秉性懦弱的,请你～些罢,休得气坏了自己身子。"

是介 ①算了；就这样（含有求情、妥协或商定等意味）：～㗎,驾驶证拨我还仔㗎｜侬～饶其一网㗎｜～㗎,该事体下日再讲。②罢了（含有容忍、勉强接受等意味）：价钿介大,东西好眼倒～㗎｜成绩介推扳,用功眼倒也～㗎,还一眼勿用功。③副词。相当于"是这样""又"：龙虾贵～贵,只有一眼肉,一眼吪陶㗎｜房子～小,天家～热,庲仔交关难熬｜俗语:笨～笨,还要怪刀钝。

介话 不是说：～侬㜮吃？吃起来比人家还吃勒多｜～其勿去,咋去了呢？

能只 只音结。哪有（常与"多少……""几……"等配合使用,表示数量少)：小人吃来～多少｜介小行李箱，～多少东西好齿｜介眼钞票，～几日好用呢！也说"能有"。

且可 且音笪阴上。罢了：态度好眼倒还～，还要警人家｜用功眼还～，每日只忖嬲和。

省省 免除；不要说或不要做：俗语：勿是怕老婆，为了～祸｜焐烦嘴，侬搭我～嘴！

好省 可以省掉；不必去做：该笔钞票～个｜为了介眼小事体搭人家孼造造其，～个。

性质状态类

1. 感 觉

写意 写音卸。①舒服；轻松：南风吹吹，烧酒注注，做人交关～｜调了一个部门，钞票缺眼，人～嘴。②好；让人满意：字写勒交关～｜北大考进啦？～足嘴！《鄞县通志》："甬称慊心曰～，谓输泄心中所欲也。"

舒意 舒适；惬意；妥帖：该顿饭吃勒蛮～个｜新房子装修勒舒舒意意。

如心像意 称心如意：该套房子买勒～｜找对象要找勒～，蛮难个。也说"依心依相"。

足心 满足：簇刮新车子拨侬撞了格貌样子，赔我多少钞票也勿～个｜红脚梗出身做到介大公司老总，做人也有（够）～嘴。

快活 活又音华。①轻松；闲暇：该学期课勿多，人交关～｜俗语:～朴尸,饿煞肚子。又:雨打梅头,～黄牛。②动词。休息;不劳动:其身体勿咋好,该呛屋里～该｜年纪大嚯,吃～米饭。

乐胃 舒服;如意:该句闲话听仔勿～｜日脚过勒乐乐胃胃。也作"落胃""落位":俗语:勿求地位,只求落位。

安耽 安定;安稳:～眼算嚯,做生意有风险个｜安安耽耽过日脚。越剧《一日千里》:"人家说我怕老婆,其实我是为了图～。"《玉篇·耳部》:"耽,乐也。丁含切。"

调大 大文读。有空闲;不忙:田种落,生活～嚯｜该呛调调大大个,想搭外头去走走。《鄞县通志》:"甬称闲暇曰～。"

清势势 形容清闲,无事可做:落雨天家走也走勿出去,屋里庖仔～个交关难熬。

定 安定;安稳:该小人蛮～个,睑作吵个｜儿子囡管团圆嚯,做人交关～。

笃定 ①很安定;很从容:人家真真急煞,侬倒～个,只管自家看书｜该眼生活三日做好,～个。②副词。肯定:上班～来勒及｜明朝天家～会好个。

笃悠悠 从容不迫;慢悠悠:我忙煞快,侬还～个看电视｜撩勒一只包,～走进办公室。

笃定泰山 形容很稳当,不用担心:介好成绩,考重点大学～个｜大家和总会搭侬帮忙个,侬～介来的好嚯。

稳笃六株 本指稳稳地种田(笃:插秧;六株:插秧一行六株),后形容稳稳当当:～过日脚｜巴西队～介踢赢对手,轻轻松松进入八强。

铁蛋一样 形容安定无忧:儿子囡和总出道嚯,该响做人～｜呒没该小鬼,做人～。也说"铁蛋介"。

宽心 ①不着急;不紧张:吃介眼老酒,～个｜～弄好嚯,来勒及个。②动词。放宽心,排除烦忧:俗语:矮子会长,宽宽心。

定定心心 形容心绪安定:侬～屋里庖的,身体好实仔再去做生活。

惼力 惼音直。①疲倦;劳累:上了一日课,人交关～｜俗语:～勿赚钿,赚钿勿～。②费力;吃力:三年还出按揭,～猛｜该样事体要办成功,～个。《说文·心部》:"忉,劳也。"其虐切。《玉篇·心部》:"忉,疲力也。"也作"着力":《西游记》第八十八回:"虽然打几个转身,丢几般解数,终是有些着力:走一路,便喘气嘘嘘,不能耐久。"

麻扎 发麻;因局部血脉不畅而产生麻木感:坐便器坐仔看报纸,看勒脚骨～嗨。

酸出介 形容很难受的酸痛感觉:脚骨～｜肌身热过,腰缚～。也说"酸出一样"。

酸顿顿 形容酸痛的感觉:超市垈介远啦,脚骨走勒～嗨。

痛稀稀 形容有点儿痛:昨日夜到吭没睏好,今末头有眼～个。

头痛膨胀 形容头痛并发胀的感觉:算了一日账,算勒～｜今末发热嗨,人有眼～。

枚枚碎碎 ①形容隐约细微的酸痛感觉:该唅腰缚时格～来的痛。②细小零碎:～送来个东西和总拨其还｜家务事体～个,看看看勿出,做做做勿完。

烟灼辣辣 灼音结。形容皮肤被弄破、烫伤等刺痛的感觉:皮肤扶破嗨,碰着～个。也说"灼辣辣"。

痒搜搜 形容有点儿痒:胡咙头～个,吭数冻掉的嗨。

痒麻喽搜 麻又音木。形容痒得很难受:顶怕人家扶我脚底,～个,比死还难熬。也说"痒麻色喽"。

怕势势 ①形容有点儿害怕:车开式快,乘仔～个。②形容有点儿可怕:过山车～个,我媥乘! 也说"吓老老""吓势势"。

寒势势 ①形容因身体不适而引起的寒冷感觉:今密人～个,吭数来的发热嗨。②形容有点儿害怕:一个人走夜路,有眼～个。

寒抖抖 形容有点儿害怕:阿拉老板交关狠,员工看张其～个,响也勿敢响。

寒懔懔 懔音领。形容非常害怕:夜到头讲活鬼,听仔～个《集韵·寝韵》:"懔,惧貌。力锦切。"也说"寒毛懔懔"。

吓人倒怪 形容很吓人:刀驮仔作啥啦,～个｜～个闲话莫讲。也说"吓煞倒人"。

刮刮抖 形容不停地发抖的样子:吓勒～｜冻勒～。

慌稀稀 形容有点儿惊慌、害怕:外语勿懂,一个人搭国外去旅游,总有眼～个。

愁顿顿 形容有点儿愁:侬每日～个,到底有啥心事啦?

黄央央 形容因羞愧而脸色不好看:公款吃喝莫去吃噢,拨人家查着仔,面孔～个。

面刺刺 形容让人脸上不好受:闲话讲勒软相眼,～个闲话莫讲。

肉割割 形容心疼,舍不得:买介贵衣裳,心里～个。

殟煞 殟音挖。郁闷;烦闷:儿子搭囡和总离婚噢,心里真真～。《广韵·没韵》:"殟,心闷。乌没切。"

快勃勃 快音肮。①形容恼怒、烦躁:产品销路打勿开,人拨其弄勒～。②形容天气闷热:今末天家～个,交关难熬。也说"快躁躁""快勃儿糟"。

心烦几糟 形容心烦意乱:该几日单位事体一大堆,人弄勒～。

恶气倒出 形容非常恼怒:好好文章拨编辑删勒一塌糊涂,人拨其弄勒～。

忋忋动 忋音叶。形容心跳不正常或因惊慌而心悸:我心脏勿咋好,时格有眼～个｜汽车差眼搭人家撞头噢,到该响心还～个。《广韵·职韵》:"忋,心动。与职切。"

悇悇动 悇音答。形容有所愧疚,内心不安:大人身体勿咋好,呒没工夫去看,心里一直～个。《集韵·盍韵》:"悇,心恐也。德盍切。"

戚戚动 形容提心吊胆,放心不下:儿子过两日要高考噢,我人时格～个,睏也睏勿熟。《广韵·锡韵》:"戚,忧也,惧也。仓历切。"

晕晕动 形容有点发晕的感觉:乘勒一日长途汽车,到该响头还有眼～个。

戳戳动 形容皮肤轻微受刺而不舒服的感觉:羊毛衫贴肉穿仔～个｜剃头辰光头发钻进领头里去噢,～个交关难熬。也说"戳人刺色""戳人色刺""刺戳伶仃"。

隐隐动 形容隐隐约约,模模糊糊:脑子里～个好像有格貌一句宁波老话,一时三刻忖勿起来。

浑顿顿 ①形容糊里糊涂,昏头昏脑:今末忙勒～,介要紧一封信也会忘记带出丨俗语:～,弄口饭吞吞。也说"昏顿顿"。②形容液体浑浊不清:水～个,澄(音订)其一晌丨老酒～个,吮数餐掉的嚞。以上两个意思也说"浑淘淘"。

忘记气介 忘白读。形容似乎记得,似乎忘记:该本书借借有两年嚞,～,一直吮没拨依还丨今密啥是重阳节啊? 人～。

懈门 懈音解胡琴之解,下同。不感兴趣:该东西送拨其也～个丨我欢喜吃蔬菜,大鱼大肉～个。《广韵·卦韵》:"懈,懒也,怠也。古隘切。"也说"懈口"。

懈舒舒 形容不大感兴趣:普陀山闲早子去过掉个,再去～个。

厌糟糟 形容吃腻等感觉:每日红烧洋芋艿,吃勒～嚞。

闷饱 闷读清音。很饱:饭吃勒～。

胀勃勃 形容肚子发胀,胃不舒服的感觉:饭吃忒多嚞,肚皮～个。也说"胀鼓鼓":俗语:苋菜股,盐茄糊,肚皮吃勒胀鼓鼓。

饱膯膯 膯音登。形容肚子饱或过饱的感觉:昼饭吃忒多,肚皮到该晌还～个。《广韵·登韵》:"膯,饱也。吴人云。他登切。"也说"饱闷闷"。

殟老老 殟音挖。形容因饥饿而胃不舒服的感觉:天亮饭来勿及吃,该晌肚皮～交关难熬。

移移动 形容因吃了过甜、过油食物而反胃想吐的感觉:糖炒年糕糖安忒多嚞,吃仔～丨油肉吃勒～。也说"抬抬动"。

恶心脪脪 脪音痒。形容恶心想吐的感觉:该呛人勿对,东西吃进去时格有眼～。《集韵·养韵》:"脪,脪脪,欲吐。以两切。"

肚饥 饿:侬～的嚞,先吃眼点心丨麻将该东西顶好嚞,戒热戒冷戒～个丨俗语:听过忘记,吃过～。《古今小说》第三十八卷:"我～了,要饭吃!"

迫煞 迫音百。口渴:真真～嚞,快搭我倒杯茶! 也说"燥煞"。

急 ①(大小便)憋不住:尿～煞嚞丨屙～煞嚞丨俗语:屙～造茅坑。

②动词。憋(大小便):屙～勿牢噢｜尿～出噢｜俗语:尿～做病,屙～丧命。③绷得紧;扎得紧:绳劲骨～｜带缚～眼。《三国志·魏志·吕布传》:"遂生缚布,布曰:'缚太～,小缓之。'太祖曰:'缚虎不得不～也。'"

急急动 形容急于要大便的感觉:该哈便秘噢,屁眼～,屎末屎勿出。

2. 形 态

大箌 大白读,下同;箌音道。大:～眼青蟹买两只｜小官人生勒大大箌箌《集韵·号韵》:"箌,大也。大到切。"也作"大淘":《文星榜》第四出:"气力忒大淘,身体忒(很)胖壮。"

雷大 很大:雨落勒～｜小人～噢。也说"雷大大":该种草莓吭没看张过,雷大大个。

大膨膨 形容体积大:箱子～个,交关占摆地方｜行李～个,带仔勿方便。

长大 ①(身材)高大;(衣服等)又长又大:后生家生勒长长大大,交关架势｜小人衣裳买～眼,念年(明年)还好穿。②名词。指衣服的长短大小:该件衣裳～正好有数。

呆长呆大 呆音碍平声。形容身材高大:人生勒～,正经事体一眼呒做。巴人《莽秀才造反记》第一章:"咱们老前辈人讲,山东佬吃白枣长大,是～的。"也说"蛮长蛮大"(蛮读本音)。

大面大得 形容面孔阔大:该人～个,看上去厚道相｜该小娘生勒～个,欠细巧。

大眼睩索 形容眼睛大:小毛头生勒～,交关好看。

倒大 夫妻或情侣女的年龄比男的大:该两老头年纪～个。

大只小 本该一样大的两物大小不一:两只拖鞋一只爹一只娘,～个｜俗语:眼睛～,看张东西样样要。

横阔大 横向宽大:衣裳横条是直条好,横条看上去有眼～介。

中帮 中等;中不溜儿:鲳扁鱼好孬买弎大,～顶好吃│儿子成绩来班级里属～。也说"中帮管"。

半中大 不大不小:～河鲫鱼买一梗。

小结结 形容身材小:新娘子个子头～,生勒蛮好看。

小罗嗦 形容小小的:眼睛～│～西瓜买一只。

小格楞敦 形容小小的:人生勒～。

米米大 米音眯。形容相当小:钓勒半日,只钓着～一梗鱼。

虱末鬼 鬼白读。形容非常小:字写勒～介大,看也看勿清爽。也说"虱末老鬼"。

极细 非常细:屙钻～个,看末看勿清爽,咬着犯关痒嚯│俗语:脚骨～,纯是力气。

郁 (东西)多:小店里货～猛│过年下饭交关～。《文选·张协〈杂诗十首〉》:"溪壑无人迹,荒楚～萧森。"吕向注:"～,盛多也。"

有夥 夥音货。很多。铜钿赚～│俗语:戏文婩做,刀枪～。又:阿妹当老婆,陶窑省～。《小尔雅·广诂》:"夥,多也。"

木佬佬 形容很多:屋里花种勒～。

崩倒 形容很多:汗～介│今末市日,街里人～介。

翻倒 形容多而盛:广告做勒～介。

造大反 ①形容很多:公园里人～介│旁边和总是稻田,屋里蚊虫～介。②形容很吵闹的样子:三个小人客走进,屋里～嚯。也说"造反"。

甚多没少 甚音净;少音小,下同。很多;过分地多:衣裳穿穿够嚯,～买其作啥啦?

哜告多少 很多;不知有多少:鱼钓带来～,吃也吃勿及。

无千大万 大文读。很多;成千上万:屋里钞票～│参观个人～。《缀白裘·寻亲记·茶坊》:"那一日夫妻两个在府场上分别,看个人～。"

行情行市 行音杭。形容很多:菜场里人～│该哈街里西瓜～。

有多有少 少音小。无论多少:介好杨梅阿拉～要个。

人多人势 形容大庭广众,人数众多:该闲话~莫讲│该老娘头埭吼没个,~地方会譻老公。

透 多(与花头、花样经等搭配,含贬义):该女人花头交关~。

独猛 好些;好几:酒水办了~桌│乡下头庢了~个月。也说"特猛""有猛""好猛"。

对带 带又音打。很多(用于不好的方面):裤脚烂泥~│米里沙子~。一说字作"堆打",由成堆成打引申为很多。

满掉 很多:该小娘面孔里雀子斑~│房间灰尘~,揩也勿揩揩其。

一大搋 搋音理。形容很多;一大堆:屋里事情~,国庆节吼数吼告出去走嚼。《集韵·狝韵》:"搋,负担也。力展切。"

少 音小。①数量小:~数人│~见多怪。②孩子:和家老~。也作"小"。

缺 少:饭齿~眼│头发越来越~嚼│俗语:人多好用力,人~好吃食。

极刻 最少;最低限度:~十块一斤,再便宜斺卖个│八点钟飞机,~六点钟要动身嚼。

有还 不多;有限(还即"限"之音转):开会人~个│米~嚼,要去买嚼。应钟《甬言稽诂·释语》:"甬俗称事物之少小者曰有限,音转为还。"

老口 ①不多:兴趣~│花头~│今年是小年,杨梅生勒~个。②不好:味道~。《鄞县通志》:"甬称不多或不好曰~。案古口法以六十五岁以上为老口,盖谓其来日无多且精力衰颓也,故以为喻。"也说"老汤"。

好忖 可以估算或想象;不会太多或太好:做眼小生意,赚头~个│介啬鄙鄙人,送出人情~个│依煮出来下饭味道~个。也说"忖勒来"。

好商量 商音相。不多;有限:今年收入~个│该人本事~个。

一刨花 形容极少;一点儿:两人长矮只差~│依当我老酒介会吃啊,我酒量只只比依好~。

精光的滑 ①一无所有;一点儿不剩:下饭吃勒~│钞票用勒~。也说"精打光""滑脱精光"。②形容非常光滑:头剃勒~。

空屁 什么都没有:鱼钓着多少?——～咾,鱼毛也呒没个!

懈 音解胡琴之解。次数少;频率低:香烟吃勒蛮～个｜丈姆屋里去勒～～个。《广韵·卦韵》:"～,懈也,怠也。古隘切。"

有 够:红酒开一瓶～嗌｜该件衣裳拨我穿穿～长嗌。《海上花列传》第十八回:"(素芳)随取酒壶给蔼人筛酒。蔼人道:'酒～哉,倪吃饭罢。'"

尽够 尽音紧(《广韵·轸韵》即忍切)。完全足够:该碗饭吃落～嗌｜退休工资用用～嗌。《红楼梦》第六十二回:"大夫不许我多吃茶,这半钟～了。"

欠 不够:～大｜～好看｜介管差旅费坐火车有嗌,乘飞机还～。

欠够 不够:介冷天家穿一件羊毛衫～个。

冤绷 不宽裕;略显不够:该眼饭三人吃还～个。也说"扣刻""扣分"。

口没煞 食物略显不够:该碗年糕拨我吃吃还～个。

八分形过 形又音应。比喻留有余地,不达到极点:饭吃～顶好｜做事体～好嗌,莫做过头。

扣好 ①刚刚好:皮鞋大小～｜我吃一瓶啤酒～。也说"扣扣好""候扣好""扣正好"。②副词。恰巧;今末～我值班｜屋里～有事体。第二个意思也说"扣扣""候扣""扣正"。

正好有数 正好;刚刚好:该件衣裳拨我穿穿大小～。

候分刻数 刚够;一点不多余:该块料作～个,差眼一条裤做勿落。也说"候成刻数""候分刻毛""候眉刻毛"。

候分候数 刚好;一点不差:每日～六点钟调觉｜该双皮鞋我穿仔～个。

分眼分榫 一点不差;很准确:我手表交关准,～个｜讲好八点钟见面,其～八点钟到。

伸 音信。①(草木、毛发、指甲等)长:指甲～｜头发介～,好剃嗌｜俗语:犀肩壅～草(意谓锦上添花)。②动词。(草木、毛发、指甲等)长;生长:雨一落,棉花田里草～勒交关快｜俗语:有力～头发,呒力～指甲。

方言词·性质状态类·形态

长 ①身材高:人交关～｜其比我～一个头。②整;全:～夜睏勿熟｜～年到头来外头。③副词。常;老是:上海我～来该去｜介小人～吃补药坏个。

蛮长 蛮读本音。很高;很长:人～｜～一梗棒头。

长孟孟 孟读清音阴平,又音妈。形容长长的:冬瓜～｜等小人好赚钞票,日脚还～嚡。

长敹敹 敹音燎。形容细长:人生勒～｜棒头～｜歌谣:校场～,弯转卖席桥。《广韵·小韵》:"敹,长貌。力小切。"也说"长敹条"。

长夭夭 形容东西长长的:南瓜生勒～。《三宝太监西洋记》第十九回:"腰儿～,脚儿矮熇熇。"

遥凌凌 形容很高:该人鋆介长啦,～个｜篮球架～个,手骨撩勿着。

长股短 本该一样长的两物长短不一:该双筷～个｜新裤裤脚忒长要裁眼掉,结果弄勒～。

侏 (草木、毛发等)短:草交关～｜头发剃～眼,省勒时格剃。《广雅·释诂二》:"～儒,短也。"

短猝猝 猝音促。形容短短的:指末头～｜人生勒～。《广韵·术韵》:"猝,吴人呼短。侧律切。"章炳麟《新方言·释言》:"今江淮浙西于物之短者称为～。"通作"短促促"。也说"短侏侏"。

矮跍跍 跍音姑,又音姑浊音。形容矮矮的:人生勒～｜该种花木～,呒大个。《广韵·模韵》:"跍,蹲貌。苦胡切。"

厚笃 厚:该块料作交关～｜天家有眼冷,～眼衬衫穿件的。《尔雅·释诂下》:"笃,厚也。"

厚笃笃 形容很厚:棉袄～个,穿仔真难过嚡｜粥煮勒～。应钟《甬言稽诂·释语》:"甬语状液体之稠厚者曰～。"

厚圳圳 圳音层。形容厚厚的:羊毛～｜垫被垫勒～。《说文·言部》:"圳,厚也。"如乘切。通作"厚层层"。

厚嘴厚得 形容嘴唇或唇沿厚而难看:该人生勒～｜该只碗盏～个,欠细巧。

薄 稀;水分多:～粥汤｜羹煮忒～｜烂～屙。

的薄 ①很薄:该块料作摸上去～个,勿结经穿煞? ｜牛肉切勒的的薄个。②很稀:粥煮勒～。也说"的薄里""菲薄""菲薄里""叶薄""叶薄里"。

阔刺柴 形容阔而难看:嘴巴～。

狭佷佷 佷音伦。形容狭长:肉切勒～｜该埭路～,汽车开勿进个。《玉篇·人部》:"佷,长也。力曾切。"

滚得斯圆 形容非常圆:汤团搓勒～。也说"骨勒斯圆"。

扁窄窄 形容扁扁的:纸箔箱压勒～｜歌谣:蒲荠～,能使买甘蔗。也说"扁得得"。

方顿顿 形容方方的:面孔生勒～。

的角四方 形容很方正:被头折勒～｜～一块田。也说"的角方""四方的角"。

笔尖 很尖:下巴～｜棒头削勒～。也说"笔笃尖""笔笃斯尖"。

贼钝 很钝:薄刀～嘞,磨一磨。

锋快 锋音芬。很锋利:刀磨勒～。

骨直 很直:马路造勒～｜该人心～个,闲话讲出算账。

直佁侗 佁侗音笼统。形容直直的:～一梗弄堂｜讲闲话～。《五灯会元·荐福休禅师》:"瓠子曲弯弯,冬瓜～。"清范寅《越谚》卷下:"～,直貌。"也说"直白佁侗"。

弯折格乱 折音结。形容弯弯的:该埭线描勒～｜铅丝～个,拗其直。

水平 水白读。很平:瓷砖贴勒～｜酒杯㧟～。也说"雪平"。

笔笃 ①很陡:路梯～｜该座山～个,阿难爬。②很直;竖起来的:牙须气勒～翘｜俗语:神绽力足,犀屙～。③(精神)足;(气势)盛:精神～｜沙头～。也说"骨笃"。

骨敦 ①很挺;很直:小朋友上课人坐勒～｜俗语:秧种七根八根,田要种其～。②(精神)足;(气势)盛:精神～｜沙头～。《广韵·慁韵》:"敦,竖也。都困切。"

骨挺 笔挺:人立勒～｜裤脚烫勒～。

轩 音鲜。称东西时秤尾往上翘,所称东西略多于秤星所标记的重量:称～眼｜该梗鱼称平眼两斤一两,称～眼算两斤。蒋礼鸿《义府续貂》"轩"条:"以衡秤物,物重则衡高举,嘉兴名之曰～。如云:秤得～一点。"也说"翘"(音轿):称翘眼｜活大翘。《广韵·笑韵》:"翘,尾起也。巨要切。"

倒拖 称东西时秤尾向下垂,所称东西分量不足:称勒～的嗰,做生意心介黑啦!

倒笃 头或顶端朝下:其是～个翻落去个｜酒瓶莫安～个。也说"倒笃顶倒""倒笃筋倒"。

耸 读去声,下同。陡;坡度大:山交关～,爬勒气呼大呼。《广韵·肿韵》:"～,高也。息拱切。"也说"笃"(通作"陡")。

倒笪耸 笪音且顾之且阴平。倾斜;有坡度:地坪～个,水反向流进屋里来嗰。也说"笪面耸""倒塌耸"(塌音塔)。

翘耸耸 形容向上翘起:谜语:老公公,牙须～,活着吭血气,死后满身红(虾)。越剧《九斤姑娘》:"要箍无底无盖桶,两只耳朵～。"

笔笃翘 形容翘得很高、很直:秤称勒～｜牙须气勒～。也说"骨陡翘"。

侧棱 音卒轮。向一边斜:～睏｜坐仔～个惼力哦?｜混滚带～(意为笼笼统统、糊里糊涂)。

杂角 形状不规整;歪斜:～饕餮｜甬剧《拔兰花》:"头上帽子～戴(音带),身穿衣衫大襟斜。"也说"闸角""侧角"(侧音卒)。

笪 音且顾之且阴平,下同。歪斜:人坐勒～个｜字写勒～个。《广韵·祸韵》:"～,斜逆也。迁谢切。"也作"趄":元无名氏《陈州粜米》第一折:"休要量满了,把斛放趄着,打些鸡窝儿与他。"

笪摆 不正;不平:横幅挂勒～个,真难看的嗰｜羹架安勒～个,格勒下饭会倒翻。也说"笪摆笪""笪格楞敦"。

歪笪 歪斜;不正:帽子带～,人像阿横介。也说"攱笪""攱歪"(攱音技,下同)。

歪七攱八 形容歪斜不正:字写勒～｜花盆安勒～,难看哦?

歪嘴辟得 形容歪斜难看:该只瓜～个,看看难看,吃吃倒蛮好吃个。

蹉跷 不平:地板有眼～个｜该份人家儿子囡交关勿落直,屋里弄勒～瓦爿介。《挂枝儿·送别》附明丘田叔《送别》:"那砖儿自块块方正平实得好,那瓦儿一片片反覆又～。"

垗垎 垗音俏,垎音各,又读各浊音。不平:石板铺勒～｜桌凳～个,东西垫眼的。《玉篇·土部》:"垎,垗垎,不平。口角切。"

齐气 齐音前,下同。整齐:东西安勒～眼,莫摆勒乱七八糟。

齐过 与……一样高:台风加大潮汛,海水搭路面～嘞｜人长咋介快啦,搭桌凳～嘞!

斩齐 很整齐:队排～｜书安勒～。也说"簇齐"(簇音尺)。

面面叫 面音眯。依次整齐的样子:人～坐好｜书～书架里安好｜商店里货色～摆勒斩齐个。也说"面面排排"。

排排 形容小孩并排端坐的样子:小朋友～坐。顾颉刚《吴歌甲集》:"～坐,吃果果。"

一排生 形容并列排在一起:～三只书橱。也说"挨排生""挨面排"。

和排 全排;整列:脚踏车～拨大风吹倒嘞｜线脚～脱开嘞｜阿拉老公十只指末头～个,样色尴弄。

错拼 错开;对不上:瓷砖缝道～个｜镬盖～盖,拨其出眼气｜该人脑子有眼～个｜俗语:上梁勿正,下梁～。

绞花 绞白读,下同。交叉重叠;错位无序:东西挨五头进摆好,摸安勒～。

绞只 鞋、手套、裤脚等左右颠倒:鞋穿～嘞｜裤脚穿～嘞。

花泡 花样多;花色繁多:下饭煮勒交关～｜后生家衣裳是要穿勒～眼。

花里花绷 里又音立。形容色彩繁杂:～衣裳我老太婆穿勿出去个!也说"花里不剌"。

杂格楞敦 杂七杂八:我买个书～个,样样统有。也说"杂七格勒"。

绽 音站。①饱满:毛豆荚交关～｜老头伯神～猛｜俗语:南风甩,稻谷～。道光《象山县志》:"物饱满曰～,言饱而欲开也。"②突起:筋骸～出。

没 满;整:下饭～篮买｜瓜子～把捞｜死话～夹箩。《金瓶梅词话》第八十九回:"那和尚～口子说:'小道岂敢!'"

满嘴满得 形容食物塞满嘴巴的样子:该小鬼吃东西慌气介,下饭塞勒～。也说"没嘴没得"。

弥满 弥音眯。很满:饭齿～｜老酒鬳～。

穿顶 东西装得高出容器:～一箩谷｜饭齿勒～。

胖顶 中间鼓起:老酒鬳勒～｜该盆下饭看看交关多,实货盆子底～个,吪没多少东西。

侏侻头 侏侻音麦塔。形容很满:～一碗饭。《广韵·末韵》:"侏,侏侻,肥貌。莫拨切。"

满进溢出 溢音革。形容很满,满得容不下:老酒鬳勒～｜大水做过,河里水～。也说"溢进溢出"。

芮丝弥缝 芮音瞒,弥读本音。形容严密无缝:窗门关勒～个,螚闷煞啊?也说"弥丝弥缝"。

实别别 ①形容满满的,实实的:～一盆牛肉｜箱子齿勒～个。②形容踏实,实在:其人～个,虚头把戏事体螚做个。③副词。十足;实打实:～有十里路｜～靠气力赚钞票。

密擦紧 形容很密,很紧:田种勒～｜盖头旋勒～。也说"密擦斯紧"。

绞绞动 绞音搞。形容密集交织的样子:黏馋～｜虱生勒～。

骨急 绷得很紧:绳劯～。

急绷绷 ①形容绷得紧紧的:介小衣裳,穿仔～个｜面孔～个,面油搽眼的。②比喻不宽裕:今年钞票赚勿着,手头～个。

戳里戳煞 戳音浊。形容很局促,很拥挤:屋里头～个,小人搭外头去嬲和!也说"戳戳煞煞"。

轧立轧煞 立又音里。形容很拥挤:车子小,后排坐三个人～个。也说"轧轧煞煞"。

挨挤勿开 形容非常拥挤:火车站里纯是人,～。《醒世恒言》第十八卷:"四方商贾来收买的,蜂攒蚁集,挨挤不开。"

秕 音益。①子粒不饱满:～谷｜毛豆交关～。《集韵·叶韵》:"～,

禾不实。益涉切。"②名词。物体表面凹进去的窝儿:汽车撞了一个～｜俗语:横溪一个瘃,白杜一个～。③动词。凹陷:饼干箱～进去嘞。

秹 音敛。插秧时,每株秧苗插得少:秧勿够嘞,田种～眼。《广韵·忝韵》:"～,禾稀。力忝切。"

朗 稀疏:田种忒～｜杨梅生勒～～个｜俗语:豆～多荚,麦～多叶。《三刻拍案惊奇》第五回:"～～数株榆柳,疏疏几树桑麻。"

朗泛泛 形容稀疏不密:街里人～个｜年纪还吪没大,头发已经～嘞。也说"朗稀稀"。

宽舒 ①宽敞;不拥挤:儿子囡和总搬出去嘞,该响庬庬～嘞。②宽裕:钞票用用蛮～｜该响去开会,辰光～猛。

空壳 空的;里面没有东西:～花生｜棉袄｜该只箱子～个。

空省 ①宽敞:沙发搬出,房间～多嘞。②空闲:荡眙店里交关～,吪没啥生意。

空势势 形容空闲:夜到头～个,要么电影去看一场?

空佬佬 ①形容空空的;空荡荡:房间里～个,吪没几样家具。②形容很空闲:暑假里每日屋里庬的,～个,还是上班有趣。

四散 分散在各处,不集中:阿拉村大交关大,只勒忒～｜俗语:田要买做畈,屋要买～。

各岔 不同方向;不同道路:我搭侬～个,我自家打的回去。

坦 (锅、盆、篮等)浅;内壁弧度较小:～盆｜该只镬交关～,一镬年糕汤,两碗齑过吪没嘞。《广韵·旱韵》:"～,平也。他但切。"

塌 音塔。低凹;不挺:鼻头管～～个。

浅松松 形容浅而松散的样子:～一碗饭｜～一盆瓜子。

松朴朴 形容松散柔软的样子:被头晒勒～｜水贴糕～个交关好吃。也说"松勃勃"。

宽馀馀 馀音答。形容皮肤松弛的样子:老相扮出嘞,皮肤～嘞。《集韵·合韵》:"馀,皮纵。德合切。"

豁朵朵 形容门窗等大开的样子:门～开仔,当心贼骨头走进!

撩手 手够不着:工具箱摆近眼,～个,难过哦?

悬凌 悬空;不靠边:写字台～摆│歌谣:彩灯～宕,花灯雪刮亮。也说"悬势"。

悬凌个消 形容物体孤零零的样子:热水瓶桌凳里～个摆的,咋会呒没看张啦?│其庹河边头,～一透屋,交关好寻。

出天 ①没有遮盖的:下饭莫～安的,苍蝇要叮个。②露天:叫花子～个睏勒路边沿头。也说"出天相""出天露势"。

向抛天 ①没有遮盖的:下饭食罩罩好,莫～安的。②脸朝上背贴平面手脚撒开的样子:～睏的│～磕一跌。以上两义也说"向天"。③指事情没人去做或没有着落:工作调调半年嚯,到该晌还～,翁中哦?④指对事情抱无所谓态度:领导真真急煞,员工～介装的。

向白篮 形容多而且乱:屋里东西堆勒～介,走路也走勿来。

和白篮摊 形容杂乱,不好收拾:事体弄勒～,真真拨其头痛煞│屋里弄勒～,见客勿来。也作"河白烂摊"。

嫵 音血。漂亮(有时含有戏谑意味):人生勒交关～│头发烫介～,相亲去啊?《广雅·释诂一》:"～,好也。"《集韵·屋韵》:"～,《说文》:媚也。许六切。"也说"嫵头":俗语:嫵头嫵头嫵只头,蹩脚蹩脚蹩只脚。

细巧 漂亮;精细灵巧:该小娘生勒蛮～个│俗语:逐魂装翠鸟,毛羽欠～。

细相 ①好看;精巧:大人生勒粗粗个,囡倒生勒蛮～│家具敲勒～猛。②爱挑食:吃东西介～,忒有吃的嚯!

时道 ①好看;漂亮:该小娘人倒还生勒～个│歌谣:小小姑娘要～,青青背单绿夹袄。②自鸣得意:屋里钞票多眼,～煞嚯│蓝扮考一百分,有啥好～呢?

登样 模样好;好看:小官人蛮～个│人生勒登登样样,交关摆勒出。

吃格 ①好看;派头大:新郎官～猛│该件大衣鋆介～啦!②价格特别高:价细讨勒介～,啥人杭勒住啦?

出势 好看;有气派:儿子生勒交关～。

架势 ①有气派、有风度:小官人生勒交关～｜该件西装穿仔交关～。②名词。模样;风度:看看阿爹～,生出儿子硷难看个。

映起 能映衬出来:该幅画裱一裱就～噜｜侬人长啦,连衫连裙穿仔交关～。

上照 上相;照片拍出来比本人好看:其人倒总只(音结)是介,拍照相蛮～个。

难相 ①丑;不好看:人生勒交关～｜该件衣裳穿仔～猛。②差劲;低劣:介～地方我腰去｜介～白蟹送拨我也腰其。③言行、情况等不正常,惹人讨厌:该人～哦,呕其吃饭,其勿来｜天家～哦,一晌落,一晌晴。④客气用语:侬人～哦,来走走好噜,东西驮带来作啥呢! 也说"难看"。

粗刺柴 粗糙;不精细:皮肤～｜人生勒～｜生活做勒～。

贼呒狗样 形容难看,不像样:人生勒～,主持人当勿来个｜画出来东西～个,还想考美术专业?

蛮气 蛮读本音。粗壮;彪悍:人介～,饭咋介硷吃啦?

武耍耍 形容举止粗犷,不文气:该女人～个,像男人介。

后生 ①年轻:人生勒蛮～｜俗语:五更走路趁风凉,廿岁嫁人趁～。《初刻拍案惊奇》卷二:"未到渡口,望见了个花朵般～妇人,独立岸边。"②名词。年轻男子:俗语:～怕激,老头怕逼｜～三斗三升火,草蓬脚下勿可坐。

嫩面 相貌年轻:侬荡两年反向～噜。也说"嫩相"。

黑嫩 很嫩:小白菜～｜四十岁人还～个,看上去像三十多两岁。也说"黑刮嫩""黑刮斯嫩"。

嫩势 不老练;不成熟:该人忒～,当班主任有眼勿放心。

贼老 很老:人生～｜毛笋贼贼老,根头多削眼掉。也说"贼刮老""贼刮斯老"。

老结 ①老练:该后生年纪轻轻,做事体讲闲话蛮～个。②成熟:该只西瓜欠～｜字写勒～猛｜病还只好,身体养～眼再去上班。

老肯肯 形容长得老:人生勒～呒没办法,只好衣裳穿其嫩眼。

皱皮打襇 襇音减。形容皱纹很多:年纪一大,面孔~嘞|纸头~,字写勿来嘞。

健 ①健康(多指老年人):阿爷交关~,九十多岁了走路还腾腾响。《二刻拍案惊奇》卷三:"你父亲如今还~么?"②盛;猛:沙头~|水滢出来交关~。

壮 胖;肥:该只蟹交关~|过年过出人~交关|俗语:人怕出名猪怕~。《醒世恒言》第一卷:"别人家丫头,那要你怎般疼他?养得白白~~,你可收用他做小老婆么?"

滚壮 很胖;很肥:人~|毛豆~|毛蟹~。

壮得得 形容肥胖:面孔~|俗语:人弄人弄勿煞,天养人~。也作"壮瘩瘩"(瘩音得)。《集韵·合韵》:"瘩,《字林》:肥貌。德合切。"

肉及及 形容体肥肉厚:肚皮~个,纯是肉|小毛头脚骨~个,摸摸交关有趣。也说"肉骨及及"。

魄莫 魄音朴。(婴儿)肥胖,块头大:小毛头生勒交关~。《鄞县通志》:"杨柏嵒《臆乘》:'物之虚浮而不实者俗谓之~。'案~实即𩺑之反语字。"

绽柱 ①身体结实强壮:依人㩳介~啦,手骨比我脚骨还粗。②器物粗大结实:该把矮凳~猛,用了十年还毛羽勿动个。

结棍 ①身体结实有力:其后生辰光多少~啦,两百斤担子挑起算账。②厉害:价钿忒~|该一跌磕勒交关~|该小娃做生活交关~。③负担重:屋里有两只书包,~个|该生活要三日做好,~个。

铁仓介 形容身体结实强壮:~后生,三榔头也敲勿倒个。

红出酡酡 酡音蚶。形容红光满面的样子:该老头伯七十多岁了还~个,神交关绽。《广韵·覃韵》:"酡,面红。火含切。"

黤色 黤音哑。脸色灰暗,气色不好:该人面孔~个,眈数生啥毛病的嘞。《集韵·马韵》:"黤,色败。乌瓦切。"

僵 ①个子小;发育不良:该人交关~|~蚕。②动词。中途停止发育:小人~掉嘞,吃眼补品的|晓猪~落嘞,燶大嘞。

疲 音息,下同。①身体瘦弱:其人~~个,做体力生活吃勿落个。

②器物不坚固:介～椅子,拨我坐坍也难话。③不好;差:味道～|俗语:好做酒,～做醋。《集韵·缉韵》:"～,病劣也。迄及切。"

疲东东 形容身体瘦弱,器物不坚固:人生勒～个|该张桌凳～个,停上去当心哎!也作"疲㑈㑈"。《集韵·东韵》:"㑈,优㑈,劣也。都笼切。"

瘦㤢㤢 形容身体瘦瘦的:两兄弟和总生勒～个。《醒世恒言》第十六卷:"我这～的身子可是熬得刑的么?"也说"瘦削削"。

立骨瘦 形容极瘦:大病生过,人～嘞,交关怕人|该只野狗饿勒～个,真罪过嘞。

熟 ①老态龙钟;反映迟钝:老王七十多眼年纪,人已经～～嘞。东汉安世高译《阴持入经》:"老相为何等?为转～,是为老相,令从是致堕死处。"《型世言》第四回:"他祖母年高,渐成老～。"②动词。(睡)着:擂倒就睏～|生头眠床睏勿～。

萎 音威,下同。衰弱;萎靡:阿爷九十多嘞,荡两年人～～嘞|俗语:老虎装～。《广韵·支韵》:"～,蔫也。於为切。"

萎笃笃 形容衰弱,萎靡:病是好嘞,人仍规～个|拨领导骂了一顿,人拨其骂了～。也说"萎得得"。

萎头萎脑 形容萎靡不振:铜钿输光嘞,格勒其每日～个。也说"萎头脱脑"。

环头环脑 环音掼阳平。形容打蔫儿的样子:一夜吥没睏,今末人～,书一眼看勿进|菜晒勒～,要饮眼水的。

瘪塌塌 塌音塔。①形容精神不振:职称泡汤嘞,该呛人一直～个。②形容干瘪;不饱满:当昼过日头顶毒,树叶也会拨其晒勒～|皮夹～个,吥没几块钞票。

瘪觅觅 觅音喊去声,下同。形容身体虚弱,精神不振:该呛人时格～个,勿结会生啥毛病唅?

瘪觅介 形容身体瘦弱或肚子凹陷:～人啥奔勒快的啦?|肚皮饿勒～。也说"瘪觅一样"。

黄肠瘪西 形容面黄肌瘦,萎靡不振:三日吥没吃东西,人饿勒～嘞。

干姜瘪枣 瘪又音百。形容很干瘪的样子:该人～,看上去交关怕人｜菜买买有两日嚸,叶儿～嚸。

瘪嘴瘪得 ①形容嘴唇瘪而内凹的样子:该人生勒～,难看猛。②形容中空的物体向里凹陷的样子:酒壶敲勒～。

刺毛伶仃 形容毛发零乱或竖起,憔悴病态的样子:发热发过,人～个,自家看看也怕人煞。

滚记滚记 滚读浊音。形容蠕动、扭动的样子:屙虫～｜芋艿屙虫～。

骨辣辣 形容转动或滚动的样子:眼睛～东看西看｜皮球～擂去嚸｜黄鱼车翻向嚸,轮盘～还来该转。

白泥其 形容故作糊涂的样子:侬明明晓得个,还装勒～。

眼睛地牌介 形容干瞪眼的样子(地牌是牌九中的一张牌,两点,形状像两只眼睛):奔勒车站,汽车刚刚开走,～,一眼吭没办法。

差把 差音车。(视力、脑子等)不好,有问题:我眼睛～依稀个,看勿清爽｜脑子～。

眼花棋 眼花:看书看勒～嚸。

的落花 形容因困倦而视觉模糊:眼睛～,真真想眍觉嚸。也说"喷花"。

瞌眬面貌 形容昏昏欲睡或尚未睡醒的样子:电视看勒～,困仔嚸｜介早吭我爬带起,该响人还～个。也说"瞌眬懵懂"。

眯过眼笑 眯读阴平。形容眯缝着眼睛笑呵呵的样子:外婆看张外甥囡介得人惜,～个。

哭作面貌 形容哭丧着脸的样子:考了勿及格,～来该求老师。也说"哭作环脸""哭作无赖":俗语:哭作无赖笑嘻嘻。

青大肿 又青又肿:眼睛哭勒～｜面孔磕勒～。也说"青肿"。

血出糊刺 ①形容血肉模糊的样子:脚胴头磕勒～。②形容撕破脸皮,弄僵关系:大家客客气气算嚸,弄勒～有啥意思呢?

好模好样 好端端:～来的蹶和,一晌打起来嚸｜～车子咋会发动勿起来?

恶嘴眼相 形容脸色凶狠的样子:闲话好好叫讲,～作啥啦?

跔头缩颈 跔音狗浊音阳平。形容缩头缩脑的样子:走路腰板挺其直,～个难看哦?《说文·足部》:"跑,天寒足跑也。"其俱切。

活脱印过 形容非常相像:两兄弟生勒～介。也说"活脱塑子""活脱过塑""印板印过"。

俨乎正经 一本正经:讲起来～个,阿拉和总拨其骗进嘀│穿勒介～,今末作啥去啦?

嬲和嬉头 开玩笑性质的:该人玩笑开勿来个,阿拉～讲讲,其要当真个。

3. 性　质

儠 音乖白读。①聪明:该人交关～,书交关会读│俗语:能使搭～人背包袱,勿可搭笨人出主意。②(小孩)听话,不闹:小人要～,莫做无赖│俗语:～～个,明朝拨侬吃祭灶果。《说文·人部》:"～,慧也。"《广韵·仙韵》:"～,智也,慧也。许缘切。"

在行 行音杭。机灵;聪明:该人～猛,样样事体验吃亏个│俗语:像狗介～。《型世言》第七回:"那～的不取厌,取厌的不～。"②懂行;内行:讲讲交关～,样样晓得个,做做死蟹一只。

活络 机灵;灵活:阿弟比阿哥～│该梗金鱼出格～│俗语:头子～,小苦勿吃。《鄞县通志》:"甬称伶俐活泼曰～。"

活相 ①灵活;顺畅:年纪大嘀,关节勿～嘀│手套摘掉,做事体～嘀│钥匙蜡烛里糙糙其,开锁～嘀│其开了一爿店,荡年把弄弄交关～。②手头宽裕:今年赚头好,钞票用用交关～。

活吞活滚 形容说话极为伶俐、圆滑(含贬义):生意人嘴巴～个,莫上其当哎!

看见生情 灵活行事;见机行事:做生活要～,莫等别人讲│人情送多少,侬～好嘀。也说"看起生情"。本作"看景生情":《水浒全传》第七十四回:"非是燕青敢说口,临机应变,看景生情,不到的输与他那呆汉。"

出跳 出众:该小娘来学堂里交关～|同学里头,其算顶～嚛。也作"出趒"。《集韵·啸韵》:"趒,身长貌。他弔切。"

幼羞 怕羞;举止不大方:该小娘交关～,看张生头人,面孔红仔,闲话也勿敢讲。

老勿出 ①同"幼羞"。②动词。因怕羞而不敢见人或做某事:呕其上台去唱歌啊?该其～个|自家找对象～,人家介绍勿中意。

认生头 (小孩)认生,怕见生人:阿拉儿子蛮利朗,脍～个。

斯文 (小孩)规矩;文气:外甥娃交关～,一日到夜幽勒屋里勿出门。

息息介 形容小孩安分,听话:其拉儿子交关～,一眼脍拨大人加气个|俗语:～,尿屙屋里犀。又:～,好还债。

得人惜 小孩讨人喜欢:小毛头胖乎乎个,生勒交关～。

老气 小孩显得老成:阿拉儿子交关～嚛,幼儿园老老表演节目个。

大人体料 形容小孩懂事,言行接近成人:阿拉囡～嚛,会搭我做对手嚛。

腊皮介 形容对人很服帖,很畏惧:其拉阿伯老头规矩交关重,儿子囡看张其～介。也说"腊皮一样"。

老实头 老实巴交:该人～个,当领导欠煞辣。也说"老实头气"。

一老一实 老老实实:做过事体～讲清爽。《荡寇志》第一百二十六回:"当日李义见严刑可怕,便～将凌振怎样栽埋地雷的话一一招供了。"

实惠 朴实;实在:穿勒蛮～|讲闲话交关～,虚头把戏勿来个|人忒～,单位里吃咋勿开。也说"实阿惠"。

停当 稳重可靠:该人蛮～个,托其办个事体侬放心好嚛。

落直 ①品行端正:其人交关～,出格事体脍做个|勿～人是有,好好叫桂花拗带断揞勒地垾里。②妥帖:五官生勒蛮～个|对象时格找勿～|屋里安排勒落落直直。

爽 爽快;干脆:后生家做事体欢喜～|吃酒莫忒～,忒～要吃醉个。

爽气 爽快;干脆利落:便宜眼,和总搭侬买去,～好嚛|做事体～眼,莫泥西格登。也说"爽脆"。

直肚白肠 形容性子率直:我该人～,有闲话园勿牢个。也说"直头白脑"。

天胆地大 形容胆子很大:其该人～,偷抢骗拐样样来,总有一日要吃生活个。

泼 音派。做事粗线条,不精细:俗语:快快个,～～个。

利朗 小孩独立性强,易于抚养:阿拉儿子交关～,自管自会孵和个,好甮咋管其。也说"泼赖"(泼音派)。

煞 ①泼辣;厉害:阿拉院长交关～,讲出闲话独句头个。②副词。非常:思路～清爽。

煞辣 ①辣又音纳,②同。泼辣;厉害:新班主任交关～,学生和总怕其个。②名词。说话、办事的果断劲儿:其人讲闲话～吭没个,人家险咋听其。③副词。非常:桌凳揩勒～清爽。第三个意思也说"煞辣斯"。

大气 大白读。大方,不吝啬:其人蛮～个,险在乎该几块钞票。

大度 大文读。不馋;不贪食:其吃东西交关～,随常眼东西覅吃个。

注意 特意做某事,以表示客气或诚意:外甥囡交关～,驮来两盒月饼|介远路注注意意来看我,真真交代勿过。

热石 热情;客气:老同学交关～,活拖介呕我吃饭。

热络 亲热;热情:两份人家走勒交关～|俗语:朋友～,脱勒出髀。《孽海花》第二十回:"两人此往彼来,非常～。"

务心 替人办事全心全意:～竭力|其搭人家帮忙交关～。

勤力 ①勤快:该后生交关～,一日到夜勿庹个|俗语:～拨懒笑。清李渔《连城璧外编》三:"那个家人平时极懒,及至锄园种菜,就忽然～起来。"②名词。指跑腿事儿:差侬一个～,搭我去打斤酱油来。

巴结 勤快;勤:黑清早就落田头嚼,鉴介～啦?|丈姆屋里去勒交关～|俗语:若要牛出力,夜草喂～。《海上花列传》第十回:"做生意末～点,阿晓得?"

恳苦 刻苦:该人读书交关～,考试时格考勿好,勿结啥道理。

上路 ①公正合理：阿拉做生意交关～，七骗八拐勿来个。②够交情：侬该回～个，帮了我一个大忙。

做家 家白读。俭省；节约：该老娘搭人家犯关客气，自家是多少～啦｜俗语：少年勿～，老来当狗爬。《醒世恒言》第十七卷："他虽然是个富翁，一生省俭～，从没有穿一件新鲜衣服，吃一味可口东西。"也说"做人家"：《孽海花》第二十六回："再者我的手头散漫惯的，从小没学过做人家的道理。"

省省煞煞 形容很节约，很俭省：大人～，积落钞票和总拨儿子买房子噃。

做忌 检点；顾忌；小心：讲闲话～眼，莫时格放大炮｜派派交关～，衣裳渍子勿结咋遭上的个｜俗语：前磕跌，后～。《醒世姻缘传》第二十九回："注我该死于水，我第一不要过那桥，但是湖边、溪边、河边、井边，且把脚步～这几日。"

阗阗侧侧 阗侧音益卒。形容拘谨，不敢放开：人家屋里去做人客总有眼～个｜亲家公、亲家母，阿拉头回碰面，大家随便眼，好觉～个。

顶真 真音准阴平。①认真；一丝不苟：其做事体交关～，上班从来呒晏到个。《官场现形记》第五十六回："抚台于此举甚是～。"②副词。一定；准定：该场比赛，～阿拉赢个。

仔洁 （使用东西）仔细：其用东西交关～。也作"仔迹"：清范寅《越谚》卷上："仔迹，仔迹，一百廿个污迹。"

面孔重 重情面，不轻易求人或拒绝人：其人面孔交关重，一势眼呒问人家借钞票个｜其～猛，托其事体呒咋推托个。

贼笨 很笨：～佬｜该人贼贼笨个，书一眼呒读个。

倒爷笨 越长越笨：侬该小鬼～个噃，闲早子会做题目今密反使呒做噃。

外行结夹 形容不懂行，没经验：讲出闲话～个｜驾照还只考出，开车还～个。

脑髓粉燥 髓音洗。形容很笨：俗语：糨糊吃饱，～。

脑子敲秾 敲白读,秾音一。形容人脑子有问题(新说法):其人～掉个,好歹勿晓得个。也说"脑子进水""脑子短路""脑子搭错""脑子错拼"。

屙塞煞 屙音窝去声。形容极其愚蠢:大人好罄啊？ 侬人～的嚯! 也说"屙塞饱""屙塞头底心"。

木 ①反应迟钝;动作不灵敏:其人老勒交关快,上两年神还绽猛,该回碰着人～～嚯｜该人真～嚯,人家和总退房嚯,其还来房间里整东西。②表情呆板:一副～相｜该只面孔交关～。③器物大而笨:该把矮凳绽绽柱,～～～个。

木性性 ①形容反应迟钝,不灵活:其人～个,大用场派勿来个。②形容器物笨重,不灵巧:自家做个家具～个,总是买来个细巧。③形容麻木:手骨冻勒～。也说"木东东""木笃笃"。

木头木脑 形容头脑迟钝,不灵敏:该人～个,考公务员忖都好弗忖个。

木知木觉 觉音各。形容反应迟钝,麻木不知觉:该样事体地球人和总晓得嚯,侬还～｜皮夹拨充手充去嚯,其还～。《广韵·觉韵》:"觉,知也。古岳切。"也说"木而觉知"。

木头木绪 形容完全不知情或听不懂:悟侬来的讲个事体我～个,一眼勿晓得｜该门题目老师讲勒半日,我还～个,一眼㑴做。

老木龙东 形容因年老而反应迟钝的样子:年纪大嚯,～嚯,用场呒没嚯。

老木跾踵 跾音龙去声,踵音冲去声。形容因年老而走路不稳的样子:阿爷～个,侬搭其挡一记呐! 《广韵·用韵》:"跾,跾踵。良用切。"又:"踵,跾踵,行不正也。丑用切。"

呆 音岸阳平。①傻;愚蠢:侬人鉴介～啦,人家来的弄送侬也勿晓得。②反应迟钝;动作不灵活:该只青蟹～～～嚯,快眼煠熟吃掉! ③发愣;表示惊讶或感慨:听张落榜消息,其～掉嚯｜侬该种事体也会做啊? 我拨侬～煞嚯! 《集韵·哈韵》:"～,痴也。鱼开切。"

呆剥剥 形容傻气,不灵活:该人～个,做生意老长拨人家骗去｜该只鸡～喵,吭数有病喵。也说"呆性性""呆顿顿""呆的剥落""呆剥龙东"。

呆脸呆得 形容傻气,迟钝:该人～,一眼灵气也吭没个。也说"呆头呆脑"。

呆大刮气 大白读。形容非常傻里傻气:侬人～个,该种闲话咋好搭其讲呢?

戆 音眈底之眈,下同。傻;憨蠢:侬人鉴介～啦,介好手机也会送送拨人家?《青楼梦》第二十七回:"若说了不允,他有些～的,说甚么为僧为鬼,情愿取义舍生。"

戆得得 形容傻傻的:该人～个,人家城隍抬抬其,其骨头屁轻要请客喵。也说"戆性性"。

大糊其其 大白读。形容疯傻,神经不太正常:该人～个,短裤穿仔会搭街里去。也说"大糊稀稀""大糊性轰""大糊得气"。

寿 傻;言行不合常理:俗语:女怕团荡男怕～。甬剧《呆大烧香》:"咳,侬勿要～啦。"

寿得得 形容傻乎乎,言行不得体:该人～个,介死样胡咙还抢勒要唱歌,人家听勒隔夜饭要冒出来其也勿晓得个。也说"寿刮刮"。

寿头刮气 形容傻里傻气,言行很不得体:该人～个,小娘嫑睬其喵还每日跟勒人家后屁眼。也说"寿头刮得""寿头刮脑""寿头寿脑"。

惹 音麝,下同。自以为是,言行不合常理:该人～哦,该事体人家和总晓得喵,其还当作秘密勿肯讲 | 该人交关～,好心呕其吃饭,定规勿肯来。

惹得得 形容自以为是,言行不合常理:该人～个,一眼眼事体就要搭领导打小报告。

投 音豆,下同。做事鲁莽,不稳重:该人交关～,摩托车开勒飞一样,多少危险的啦 | 今末座谈会人家和总勿想讲,其勋来扯去会讲勒半日,侬看～哦?《论衡·率性》:"齐舒缓,秦慢易,楚促急,燕戆～。"

投投动 形容做事有点冒失,不够稳重:该人～个,领导当勿来个。

投七投八 形容做事莽撞轻率,不顾前后:后生家做事体要实实在在,莫~。

旺 骄傲自大:开勒一部宝马车,~煞一样｜该人花头老口个,~交关~。

旺旺动 形容有点骄傲自大:同学里头其比人家混勒好眼,~个,交关难相。

旺七旺八 形容骄傲自大,目空一切:总只当一个小小科长,~,鲜索煞嚯。也说"旺三无程"。

旺兴夹结 形容说话浮夸,做事莽撞:该人~个,讲出闲话一大半听勿来个｜俗语:~,走路瓶脚。也说"旺兴结夹""旺兴带烂泥"(烂音奶文读)。

老三老四 形容说话口气大,傲慢不虚心:该人~个,欢喜指手画脚｜侬还嫩嚯,讲闲话莫~。甬剧《两兄弟》:"我生你出来是叫你~的来教训阿爹的呀?"也说"老三刮气"。

屙 音窝去声,下同。①脾气倔,执拗:其人交关~,该笔生意摆明要蚀个其偏生要做,随便啥人劝其勿进。②事情糟糕,麻烦:讲好今密订合同,到该响反悔嚯,侬看~哦!也作"倭":1935年《萧山县志》:"事之纠葛难了,及人之难以理喻者皆曰倭。於禾切,读若阿。"

屙泥脾气 形容执拗,不爽直,或爱纠缠不休:该人~个,搭其凑队呒趣相。

屙赖脾气 形容耍赖,言行不算数:其人~个,下日麻将骚搭其叉咧。

屙臭 形容为人处事差劲,令人厌恶:该人做出事体~个,单位里呒没人睬其个。

泥 优柔寡断:该人交关~,买样小东西介忖既忖也要忖半日。

泥西格登 形容优柔寡断,拿不定主意:买勿买?爽好嚯,莫~!也说"泥气格登"。

疑心疑惑 惑又音哑。①犹豫不决:房子买落算嚯,好崩~嚯!②抱怀疑态度:阿拉屋里该把红木椅子值介多铜钿?我有眼~个。

嗯嗯支支 嗯音恩。①形容支支吾吾,态度不明朗:我想调个岗位,领导～个。②形容隐约细弱的疼痛感觉:该呛胃时格～来的痛。第二个意思也说"嗯嗯切切""缒嗯头"(缒音住)。

忮 音技,下同。固执,不听劝告:小人贼～个,呕其读理科其偏生读文科。《说文·心部》:"～,很也。"段玉裁注:"很者,不听从也。"《集韵·真韵》:"～,很戾。居企切。"

忮顿顿 形容有点固执任性:该人～个,搭其讲勒半日一眼吙没用场。

屙忮出 形容非常固执任性:该小鬼～掉,大人闲话一句也瘪听,下遭小苦有勒吃嚜!

候自 自白读。执拗;任性而为:小小人介～,大了咋结煞?

艮 音耿浊音,下同。脾气倔,说话生硬:笨是介笨,～是介～,真真吙告话头。

艮古古 形容脾气倔,不知变通:该人～个,交关难商量。

独头 ①形容只顾一端,不知变通:其人交关～,脑子螁转弯个|该人～个,只会读读书,别样告事体和总勿晓得个。②名词。指称只顾一方,不知变通的人:书～。

独头独脑 形容偏执一端,不会灵活变通:其有眼～,侬莫去睬其。

背 音佩,下同。①不合时宜:介热天家羊毛衫还穿仔,侬人～哦? | 侬鎏介～啦,到阿拉屋里来挈包头作啥啦? ②糊涂;健忘;爱唠叨(多指老年人):外公九十岁嚜,还一眼吙没～|侬鎏介～啦,这句闲话讲过吙百廿遍嚜。也说"背时背得"。

屙背出 形容非常健忘、爱唠叨或不合时宜:多讲连账莫讲嚜,～自家还勿晓得!

神志无知 形容神志不清,糊里糊涂:老酒吃勒～,生活也哙做嚜。

神经稀稀 形容神经有点不正常:该人～个,莫咋搭其搭界。

尊 ①自高自大,难以接近和交往:做人要和气,莫～煞介|该人交关～,问其借本书也勿肯个。②动词。尊敬;敬重(常叠用):人家～～侬,呕侬坐上横头。《广韵·魂韵》:"～,～卑。又重也,高也,贵也。祖昆切。"

鲜索 自以为了不起而神气、得意:蓝扮得个第一名,～煞嚜|侬好

舄~个,该东西阿拉屋里也有个。清范寅《越谚》卷上:"告化子吃死蟹——~煞哉。"也说"悢"(音郎清音去声)。

尴尬 性情异常,不好相处:该小娘交关~,话勿着个。也说"尴里尴尬":人要做和善,莫尴里尴尬。

难弄 人或事难对付、难处理:介~人吼没看张过,好话讲勒勋百筋,还是勿同意|该事体~个。

异样 言行古怪,与众不同:该人做出事体~个,欢喜兴出花样。也说"异样刮得"。

头大 大白读,下同。①自高自大,看不起人:其官当上,~嚯,同学会也勿来嚯。②头发胀,表示厌恶等:该人交关要充阔,听仔头辣辣介大起来嚯。第二个意思也说"头大不刺"。

大戳戳 戳音打饺之饺。形容直来直去或不很热情:男人家总有眼~个|其老婆~个,到其拉屋里去吃趣相个。

刻 ①手头紧;不大方:该人交关~,人情矮送多个。②数量不宽余:饭煮勒交关~|料作扯勒忒~,两条裤吼数裁勿落个。③心思坏;刻毒:良心莫介~。

奸 小气;吝啬:侬噄介~啦,借梗矮凳也勿肯?

精明 会算计(多含贬义):其人忒~,凑队吼趣相个|老实人莫拨其吃亏,~人莫拨其占便宜。

黑心 贪心;不知足:吃起来~个,吃人家介吃。也说"起黑心"。

刮皮 ①吝啬;小气:其介~人,呕其请客忖都好舄忖个。②动词。指白吃白拿:礼拜日头老长搭大人屋里~去个。

啬鄙鄙 啬音色。形容吝啬,小气:该人~个,送出人情好忖个|讲末讲要好好叫请客,点末点介推扳下饭,侬人也忒~嚯。也作"啬啬啬"。《说文·亩部》:"亩,啬也。"段玉裁注:"凡鄙吝字当作此。鄙行而亩废矣。"

狗皮倒灶 形容小气,不大方,做事不光彩:蓝扮做会生,下饭买好眼,莫~|自家请客到单位报销,该种~个事体亏其做勒出来。

小鬼里气 鬼白读,下同。形容不大方,出手小:送出去东西~个,还是勿送好。

做鬼勿大 原意是做鬼也只能做小鬼,形容人小气:其人～个,呕其出钞票,忖也好𠲎忖个。

指甲伸 甲音克,伸音信。形容贪欲大,好攫取不义之财:该人指甲忒伸,迟早要吃生活个。

眼孔浅 形容气量小,妒忌心强:该人眼孔交关浅,人家比其钞票多赚两块就气勿过煞嘛。

眼壳子高 形容看不起人:处长当上～嘛,呕侬吃饭也请勿动嘛。

猴 获得财物欲望大,不知满足:该人交关～,屋里介富庶,赚起钞票来还性命骔其介。

吼 读阴平。急迫;着急:年纪介轻,找对象好𠲎～煞介|乘动车饭吃仔去也来勒及个,介～做啥啦?

烫煞 形容非常急躁,迫不及待:～鬼|其～介想买一部汽车。

忖煞介 形容非常想:～搭欧洲去旅游|～想买一套房子。

慌气 形容急切,不从容:小人吃东西～介,每日拨其饿的一样。

慌急慌忙 形容慌乱,慌忙:～出门,手机也忘记带嘛。也说"心急慌忙"。

气呼大呼 大文读。气喘吁吁:啥事体介要紧啦,奔勒～个?也说"气急大呼"。

躁 音操。性情暴躁,不温和:脾气～猛|性格～,胡咙胖,事体办勿好。也作"懆"。《广韵·号韵》:"懆,言行急。七到切。"

耐心耐相 形容性情温和,有耐心:该小娘～个,当当老师交关好。

惀 音态上声。性子缓,不会着急发愁:该人心交关～,夜火米吭没嘛也𠲎难熬个|俗语:有佬佃倌讲～话。

细碎 过分仔细,好管琐事:男子汉介～,派头也吭没嘛。

低皮 低人一等:我介～啊,吃人家吃剩货? |闲早做上门女婿总有眼～相,该响也吭告嘛。

吃素 比喻懦弱,没有用:侬想寻我肯头,当我～啊?

可怜可相 可怜巴巴:残疾人～个,莫难看人家|俗语:烂腐泥水臭

漆匠,～学篾匠。也说"可怜相"。

花 好色:～癫│～老头│俗语:十个胡子九个～。

馋痨 馋;贪食:俗语:嘴巴～,一世难熬。又:偷力勿旺,～勿壮。明冯梦龙《山歌·镬子》:"过日子你搭(前几天你们)多烧子介一把了,烧子个饭滞,倒说我～了要吃。"《鄞县通志》:"甬称人贪食曰～,盖患痨疾者常思食也。"也说"痨槽":儿歌:懒惰嫂,介痨槽,黄狗拖来一梗臭年糕,糖炒炒,油煠煠,吃勒味道交关好。

讨饭相 像要饭的:其人～个,屋里瓶瓶罐罐一大堆也勿舍得揞掉│阿拉该只狗～,样色要吃│俗语:亲家母,～,泥螺勿吃吃蟹酱。

懒呵呵 形容懒惰,不勤快:该人～个,每日麻将叉叉,生活勿咋肯做。也说"懒塔塔"。

狗筋懒断 形容极其懒惰:该小鬼～掉个,侬想差其勒动啊! 也说"狗筋懒出""肩懒出"。

环襻头 襻音盼。①形容精神不振,对什么都抱无所谓态度:后生家要有上进心,莫～介。②形容衣衫不整:衣裳穿勒～个去吃好日酒,拨人家大牙也笑落嘴。

强 嘴硬:～癫头│侬打了人,嘴巴还要～? 无法无天的嘴!

强头倔脑 形容倔强,不顺从:该小鬼～个,大人闲话嫑听,苦头有勒吃嘴!

强横霸道 横读零声母阴平,下同。形容蛮横,不讲理:侬人嗲介～啦,自家车道开带错还要謷人家! 也说"强横"。

横劼 劼音堆上声。①偏执;不顺常理:侬人～个,医生呕侬老酒莫吃偏生还要吃│我人也有眼～个,其弄送我,我也嬇拨其太平个。②副词。硬是:我嫑其,其～要捱拨我。

促掐 掐音克。刁钻;狠毒:该人交关～,老老要弄送人个│闲话讲勒交关～│题目出勒交关～《才人福》第二十八出:"媒人忒尖酸,堂眷更～。"

恶尖尖 形容凶狠的样子:莫～弄人家。

臭要死 死白读。形容挨打受骂程度深:拨其打勒～│謷勒其～。

方言词·性质状态类·性质

贼腔 言行怪异;模样难看：～介人睬过也呒做嚣｜该件衣裳穿仔～介,真难看嚣。

贼头狗脑 形容举动鬼鬼祟祟:该人～,张记望记,莫是小偷呢｜该小鬼～,看张外婆呕也勿呕。

死样怪气 死白读。形容神态冷漠,言行怪异:问问其～个,勿晓得其啥忖相。

呒气懒魄 形容无精打采,没有活力:小王女朋友搭其解缆嚣,格勒该两日做生活～个。

坏 音白读。(小孩)爱闹,不听话:阿拉囡交关～,勿依心相就要做无赖｜外婆屋落去莫～,听外婆闲话。

忙 (小孩)手脚不停,过分好动:阿拉外甥交关～,变形金刚一晌工夫拨其弄勒腐沓沓嚣｜阿囡偬,人家屋里～勿来个。

皮 (小孩)顽皮:小人贼～个｜该小鬼鋈介～啦,老师看张其也呒没办法。

洋皮皮 ①形容小孩调皮:俗语:小人～,大人勿欢喜。②形容小孩由于常受责骂而感到无所谓:大人多謦嚣,小人反使～嚣。也说"皮顿顿""皮榨榨"。

热拆 (小孩)手脚不停,爱弄坏东西:该小鬼～哦,好好叫嬲和东西一晌工夫拨其拆骨头嚣。

活狲的剥 形容手脚不停,忙忙碌碌:吃饭嚣!～介还来忙啥西啦?

邪术胡道 邪又音洋。形容不正经,不规矩:小人要循规蹈矩,莫～。

风 读去声。纵情嬉闹(多指小孩、青少年):三个小人客走拢,～煞嚣｜老朴尸嚣还介～!《水浒传》第七十四回:"众人忧得你苦,你却在这里～!"也说"风作烂气"。

泡冲 过度兴奋;纵情玩耍:俗语:小人～头磕开,外婆屋里去勿来。又:小人～头磕开,大人～落棺材。

嗲 音爹上声。形容撒娇的声音或姿态:～声～气｜依人介～啦!

扭扭作作 形容脾气不爽直:该小娘～,交关难弄。

生头 生白读,下同。陌生:该人～个｜～眠床睏勿熟｜俗语:～熟人客,装勒勿认得。

生头陌脚 形容陌生,不熟悉:到～地方自驾游,勿带导航仪路要摸赚个。

熟客熟主 形容买卖双方彼此很熟悉:～个,价钿拨侬便宜眼。

苦 ①穷:～人家出身｜其拉屋里老底子蛮～个。②用在"动词(动宾)+勿+补语+苦"结构中,有"只怕……""以……为苦""因……发愁"等意思:钞票用勿完～｜蚊虫打其勿煞～｜贼骨头轲其勿着～。

富庶 庶音世。(财物)富裕;充足:荡两年钞票用用蛮～个｜今密下饭～猛,且顾吃好嚞。

有佬 富裕:其拉屋里交关～｜俗语:～儿子甩(音忽)差鱼。

呒佬 贫穷(很少说):儿歌:十二月～人家打相打,有佬人家杀猪羊。

勇 神气;风光:年纪大嚞,呒没几年好～嚞。

海会 神气;威风:该份人家闲早子多少～啦,阿爷撑外国轮船个,屋里厢东西和总是外国货。

唵错 对;是:侬算的～个｜钞票阿讲赚,赌末莫去赌,我讲的～哦?

嫙 音赞。好:下饭交关～｜字写勒交关～。《说文·女部》:"～,白好也。"《广雅·释诂一》:"～,好也。"《广韵·翰韵》:"～,美好貌。祖赞切。"

泛 好;熟练:舞跳交关～｜小小人算算账倒阿～。

泛登 好;熟练:还只上幼儿园,字已经写勒～介｜俗语:～陆阿二。

灵光 ①好;效果佳:该只手机交关～。②聪明;灵活:脑子～｜该人办事体蛮～个。③灵验:气象预报蛮～个｜听人家讲,小普陀菩萨交关～嚞。④灵通:消息交关～。

头挑 最好;头等:该种牌子电冰箱,质量算～嚞。《官场现形记》第三十回:"女儿今年十七岁,长的真是～人才。"

一级 最好;一流:该件西装～嚞。

好好叫 好好儿:～一本书拨其扯勒腐咎咎｜～做作业,莫嘲和电子游戏｜～打其一顿。

好算算 数得上;比较突出:儿子交关长,班级里~噢｜北仑港集装箱吞吐量全国~噢。

上资上格 有资格,有品位:侬是~个人,该种地方去过派头也呒没噢。

在内 像话(多用在反问句中表示否定):该人~哦,到该响还勿来!

体托 妥帖;圆满:该事体办勒蛮~个,大家和总交关满意。

倭妥 柔顺;妥帖:闲话讲~眼｜事情办勒交关~。《说文·人部》:"倭,顺貌。"《广韵》乌禾切。

对章 ①合适;适宜:下饭~饭多有眼好吃｜如话价钿~,买来退过。②合得来:阿拉两人老凑老,讲讲交关~。

调直 妥贴:吃勒交关~｜小人养勒勿~｜屋里弄勒蛮~个。

落槛 服帖;服气:该句闲话听仔勿~｜该事体格貌处理侬有啥勿~,且顾讲。

领径 方便;不复杂:贪~｜昼过头~眼,年糕汤吃眼算噢｜该响总只养一个小人,交关~。《鄞县通志》:"甬称简便曰~,甚言之曰领领径径,谓作事得其要领则径直也。"

省力 ①省事;方便;电脑改文章交关~。②差不多;即将完成:该本书写写两年快噢,该遭~噢。

随水 ①毫不费力,足以胜任:挑一百斤担子~个｜其当当校长~个。②随便;松弛:介眼生活我~做做也做勒好个｜抽血辰光手骨莫做劲道,~眼好噢。

顺汤 顺当;顺利:事体办勒蛮~个｜顺顺汤汤过日脚。也说"顺流""顺阿流"。

行俏 行音杭。商品销路好:荡两年城市越野车交关~。

准足 准确:该只钟头交关~｜俗语:木匠好劏学,榫头敲~。

灵清 清楚:弄勿~｜讲勿~｜该笔账算勿~。甬剧《两兄弟》:"怀抱宝宝看~,越看越爱爱煞人。"

煞格 ①厉害;数量多,程度深:开会整顿考风,校长闲话讲勒交关~｜该碗饭~猛｜煞煞格格打其一顿。②过瘾:蛸蟹过饭顶~。

也说"煞缚"(缚音婆去声)。

煞泼 言行泼悍(多带有赌气性质):～闲话好啥讲个｜小人造孽吃亏嗬,拖来当勒对方大人面一顿～打｜俗语:做人勿能翻白,闲话勿能～。

有力 ①有补力;有营养:甲鱼～个,买两只将补将补。②土地肥力足:该块田交关～,东西种落会大猛。

速朗 爽快;没有二话:其人交关大方,问其借两块钞票,～介就出来嗬｜呕其出一埭差,其～介去嗬。

摆摊 ①坦率;不隐瞒:我搭侬～讲好嗬,侬格貌弄人家是有想法个。②肯定;显然:侬想调工作?领导～赊答应个。也说"摆明"。

从直 ①从实,坦率:～讲好嗬,阿拉看张侬和总有眼头痛个。②不推辞;不客气:侬饭吃没吃过该底吃眼,～好嗬｜介眼钞票好啥就嗬,侬定规要拨我,格我～嗬。《警世通言》第十五卷:"阿哥～些罢,不嫌轻,就是阿哥的盛情了。"

直利利 形容说话直率,不加修饰:侬讲闲话介～,人家听仔要难熬个。也说"直白白"。

亮穿穿 ①形容说话坦率,不隐瞒:我～搭侬讲,其业务比侬做勒好。②形容公开,明了:该事体～个,想瞒也瞒勿牢。也说"明当当"。

明显显 明显;显然:该样事体～是侬错｜侬普通话～比我讲勒好。

循规蹈矩 循又音琴、寻。形容正经规矩:我～搭侬讲,赌博赌落去吃没好结果个｜该人做事体蛮～个。

敲钉转脚 ①形容做事扎实稳当,能敲定落实:其做事体～,交关牢靠｜啥辰光签协议一定要搭其～讪实。②形容追根究底:该事体其～,定规要问清爽。

一钉一眼 形容做事非常认真,中规中矩:其人做事体～,交关顶真。

安板一样 形容做事有规律,守规矩:该小娘做生活～,领导交关中意｜每日夜到十点钟～睏觉。也说"安板子"。

赚 ①错:弄～｜算～｜写～｜俗语:只有一错,吃没二～。《正字通·贝部》:"～,错也。"宋释普济《五灯会元》卷十:"但恐无益于人,翻成~误。"②挣(钱):~钞票。

伤 糟;倒霉;表示极不满意:该房子买过买~嚡,价钿末介贵,地段末介推扳|该后生看过看~嚡,搭年纪大人来该抢位子。

好 ①反话,表示糟、倒霉、苦等意思:该只西瓜买过买~嚡,一眼唲没甜气|搭人家眼睛笃笃睏,一生世拨侬害~嚡。②助动词。可以;应该:飞机几点钟~到?|该只教室有一百个人~坐|八点钟嚡,~爬起嚡|俗语:面孔~白勿白,屁股~黑勿黑。

次毛 差;不好:下饭交关~|文章写勒介~,改都呒没办法改。

推扳 ①差;不好:味道~|字写勒~|侬人~足嚡!②动词。相差:两兄弟~七年|俗语:师傅徒弟,~三年;老板伙计,差眼本铏。第二个意思也说"差板"。

推位 差;不好:生活做勒交关~|侬开车水平算~嚡。

勿对 ①不好;不行:今密身体~,屋里快活的|介冷东西吃仔胃要~个|送到医院,人已经~嚡。②连词。要不:雨介大,电影~甮去看嚡。

差差 差音车。不好;不足:其人能力~个|搭其搭档,味道~个|打扑克我兴趣~个。

死样 死白读。①差;劣:介~衣裳,送拨我也躴穿。②言行怪异讨人嫌:问其借本书也勿肯,介~啦!

拉打 拉音冷清音阴去。质量等低劣:该种~货呒人要个|钞票呒没,新房子~装修装修算嚡。也说"拆搭"。

吭做 吭音姆妈之姆。①差;不好:该只手机~个,能可贵眼买好眼|该只蟹~个,再拣一只。②能力、身体等弱;没用:我人该晌交关~,动吭没动着要惼力。③动词。坏掉:日光灯~嚡|手表~嚡,勉走嚡|儿歌:木拖木拖,三年好拖;拖过~,还好烧火。

老爷 陈旧;质量差:~车|~货|~手机|~电视机好搭掉嚡,放也放勿出个!

贼勿贪 原意是连贼都看不上,形容差劲,不像样:~介东西我躴其|贼腔介人碰着~介人,事体会弄勒蹊跷瓦爿介。也说"贼勿偷"。

屙衲一样 屙音窝去声。形容差劲,没用:文章写勒～个│该人～个,一眼眦没用场。

听名声 名声好听,实际不怎么样:鱼翅、鲍鱼、燕窝该星东西听听名声个,吃吃也眦没啥味道。

一般般 一般;普通:相貌～│家境～。

总只介 只音结。不过如此:和总讲该部小说交关好看,我看看也～嚼。也说"总只是介"。

总是介 按常理得这么做:去看病人,水果买眼去,～│节头节面亲眷呕带拢吃餐饭,～。

呒话 没话好说,表示失望或无奈:侬人～嚼,考试门打门会勿及格│儜儜人该种事体也会做出来,真真～嚼!

现眼现报 惹人讨厌;丢人现眼:䇿生出该种～子孙啦!│俗语:勤力无价之宝,懒惰～。也说"现眼现得"。

呀呀乎 形容马虎,差劲:该人做事体～介,靠勿住个│椅子敲勒～介,一坐就眦做│俗语:～,皮老虎。《海天鸿雪记》第十四回:"俚格做生意,本来是～格。"

野 ①非真正的;非正当的:～舅舅│～老公│～牌子。②不亲近;不亲密:儿子外婆养大个,搭外公外婆交关亲,搭阿爹阿娘反使～│阿拉上代是亲眷,该响已经～～嚼。

野气 不正规;不合套路:其人做事体交关～,章法眦没个。也说"野勐"(勐音堆上声)。

野气百出 形容言行出格,不合套路:～生活莫做│该篇考证文章～个,和个是脑袋拍拍忖出来个。也说"野气白出""野豁豁"(豁音忽)。

卖野人头 商品外表好看,质量很差:该只包～个,样子交关好,眦没多少日脚就破掉嚼。

邪火倒气 ①形容见风是雨,随大流:人有眼～个,人家讲该爿饭店好,和总去吃嚼。②形容言行不正经、不规矩:其讲个闲话～个,听过算数。也说"邪火烂气""邪火气"。

虚头把戏 虚情假意:看张其~个样子,寒毛管也竖起来嚅。也说“虚头把气”“虚头把脑”。

豁边 出圈儿;过头:侬该闲话和个~嚅。

活脚 言行不确定:其讲勒~个,勿晓得到底来勿来。

呒根脚 言行没有准儿:其做事体~,侬要盯其牢眼|叉麻将人~个,吃饭好甮等其嚅。也说“呒根烂脚”。

混滚 含混;笼统:老板~讲两句,下底人勿晓得咋弄好|该笔账~算算其退过嚅。也说“混滚倒账”“混滚带侧棱”“混滚加侧棱”(侧棱音卒轮)。

含胡桃 口齿不清;含糊:其讲闲话有眼~依稀个|该句闲话~个,勿结是啥意思。

哈答糊涂 哈音黑。形容马虎,随便:作业~做做,考试咋考勒好呢!元李文蔚《蒋神灵应》楔子:“我做道官爱清幽,一生哈答度春秋。”王学奇、王静竹《宋金元明清曲辞通释》:“哈答,意为马虎、随便、不经意。”

断头烂脚 断又音头,下同。形容言行冒失莽撞:人家来该造孽,呕侬~插一脚作啥呢?

断头落环 环音掼。形容做事没有条理,不能善始善终:介大人的嚅,做事体时格~个|侬人~个,毛线织了一半咦揞好的嚅。

爹头娘脚 形容牛头不对马嘴:做出事体~个|讲出闲话~个,拨人家大牙也笑落的嚅。

脚高脚低 ①形容道路高低不平:该埭路~,交关难走。②形容言行不太正常:该老嬷讲闲话~,团荡阿姆介|俗语:~,大小月底。

呒头夹脚 形容言行没来由或没有意义:其人~个,好听其啊|一日到夜做眼~个事体。

连头搭脑 形容言行乱套,不合常理:该人做出事体~个,头也拨其弄痛煞嚅。也说“连头活搭脑”。

七衣八舫 舫音堆上声。形容东拉西扯,文不对题:侬~来的讲啥西啦?|俗语:~,裤裆脈碎。也说“瞎舫西舫”“搅衣八舫”。

方言词·性质状态类·性质

扶扶腐 扶音大文读。形容杂乱无序,乱七八糟:字写勒～介｜做出来事体～介。

屙里拌糟 本指粪便拌和酒糟,形容杂乱无章,乱糟糟:其人讲末交关欢喜讲,讲起来～讲勿清爽｜俗语:～,越拌越糟。

牵丝扳凳 扳音扮。形容拖泥带水,纠缠不清:做事体要爽气,莫～个｜该事体～个,䰀拨侬弄落直个。《集韵·裥韵》:"扳,绊也。博幻切。"

搅轧 搅音绞白读,下同。①麻烦;复杂:调工作事体～猛,只能慢慢来。也说"搅"。②名词。纠葛;疙瘩:办营业执照碰着～喏｜其拉两人闲早交关要好,该响有眼～。

搅嘴搅得 麻烦复杂,纠缠不清:该事体～个,真真䰀管账喏｜侬还算男人哦? 鉴介～啦! 也说"疙嘴疙得""屙嘴疙得"。

搅七搅八 形容胡闹,纠缠:明显显是侬抢道撞我车,～搅啥西啦? 也说"七搅八搅""搅七廿三"。

奥搅 深奥;复杂:该事体忒～,弄勿清爽｜侬讲介～,中学生听勿懂个。

奥里奥搅 复杂难办;深奥难懂:该种～事体拨领导去处理｜题目出勒～个,看也看勿懂。

疙瘩 ①麻烦,费事:办出国手续交关～｜俗语:有钿勿买～产。②人不好相处,多事:介～人我䰀其搭档｜侬人真～的喏,一晌要介,一晌要既。③名词。麻烦事:俗语:哑子多～。

疙里疙瘩 麻烦,费事:包饺子～个,吃年糕算喏｜呕侬带～个,下日我自家去买。也说"疙疙瘩瘩"。

烦难 难;费劲:忖忖求靠人家介～,总要靠自家。

烦杂 麻烦;费事:依人䰀介～啦? 一晌讲去,一晌讲勿去｜屋里请客烦烦杂杂个,饭店吃眼算喏。

烦腐一样 形容很烦人:要吃䰀吃,～｜侬～来的烦啥西啦? 也说"烦煞一样""烦腐介""烦煞介"。

谏嘴谏得 谏音拣浊音。形容唠叨、责备个没完:一眼眼事体～时格会涑过去。也说"涑腐一样"。

啰里百唣 ①事情琐碎,麻烦:～事体一大堆。②言语繁复:阿拉领导讲闲话～个,一眼眼事体有半日好讲。

喽吼 做法或想法离奇怪异:该小人鉴介～啦,屋瓦头顶也会爬带上去?｜其动出脑筋交关～,一势眼人忖也忖勿着个。也说"稀吼""稀里吼喽"。

剞脓刮髓 髓音洗。比喻奇特怪异,匪夷所思:问出问题～个,老师也要拨其问倒｜～介痒。也说"剞形刮髓"。

丫角乱经 稀奇古怪:～东西我嬲吃｜夜到时格做～乱梦｜荡两年污染越来越结棍,～毛病也越来越多嚱。也说"奇出古怪"。

硬伤 本不该搞坏而搞坏:热水瓶敲碎嚱,～!｜该门题目我实货会做个,真真～!

倒运 运气不好;倒霉;糟糕:～年口｜俗语:人～,鬼捣门｜老酒吃过莫开车,拨警察抲牢～嚱!《初刻拍案惊奇》卷一:"人都道他～,而今想是运转了。"

倒灶 倒霉;糟糕:该记～嚱,钥匙忘记带嚱。

倒作 倒霉;处境难堪:今密～嚱,汽车拨人家撞了一记｜该人行为交关坏,好几个人拨其弄勒～。

灰箩倒掉 倒霉;晦气(灰谐音晦):该事体我拨其弄勒～｜上礼拜我～嚱,屋里贼骨头走进,东西偷去交交关。也说"灰箩倒翻""灰箩扑出""灰箩覆出"。

犯关 ①糟糕;麻烦:该遭～嚱,护照寻勿着嚱!｜语文倒还好,顶～是数学｜俗语:真真～,外婆做产。又:前秃僖,后秃奸,中秃顶～。②难受;受不了:该小娘话勿着个,我话其一句,其当忙～嚱｜其人肚量交关小,人家比其好眼,其就要～煞嚱。

退过 ①糟透;完蛋:坏毛病生着,人总～嚱｜侬人～嚱,驾照考了五六网还考勿出。②算了:该瓶茅台酒吃掉～｜介难相房子卖掉～。

寻死 死白读,下同。①倒霉;糟糕:～嚱,钞票拨撮佬撮去嚱。②动

词。干什么(含斥责意):吭告事体,其拉屋里～去啊!|饭吃落吭踪吭影,侬来～啊?

死蟹喵 糟糕了;惨了(由"死蟹一只"缩略而来):乃～,钥匙锁进喵!|手机电吭没喵,～!

死快喵 糟糕了;完蛋了:～!飞机要趫出喵!|死快的喵,该种钞票好驮啊!余姚、慈溪说"死快郎哉"。

做人勿来 ①糟糕;不得了(表示情况很严重):～喵!火着喵!|闯大祸喵,该遭～喵!②不得了(表示程度很深):两份人家孹造勒～|忙勒～|运道好勒～|钞票多勒～。

阿难 很难;很不容易:该事体～弄|介小地方,倒车～倒|该座山骨笃个,～爬。

阿难死 很为难:上勿上,落勿落,弄勒～|俗语:人家介客气,弄勒我～。

阴瑷 瑷音矮去声,下同。天阴;不见阳光:～天家|梅时里每日阴阴瑷瑷,交关难熬。

瑷愁愁 形容天阴沉沉的:天家～个,莫要落雨的喵|俗语:天亮红霞～,夜快红霞晒开头。

迤风斜雨 形容风雨交加:今末～个,出门勿来喵。《说文·辵部》:"迤(迤),衺(邪)行也。"移尔切。

乌风猛暴 暴音报。形容狂风肆虐、天昏地暗的样子:～天家,船开勿来喵|俗语:天怕～,人怕露齿冷笑。

雨毛其其 形容下毛毛雨的样子:外头～个,出门带顶伞的。

雾露且且 且音且顾之且。形容雾很浓的样子:今末天亮～个,轮船吭数开勿来喵。

窝风 背风:该里风忒猛,到～眼地方坐一晌。《清平山堂话本·快嘴李翠莲记》:"快快夹了里面去,～所在坐一坐。"

斗风 逆风:撑～船|～踏脚踏车交关憽力。《水浒后传》第三十二回:"偏生遇了～,白浪滔天,扯不得篷,只好泊在沙洲上。"

斗水 逆水:～游河游勿上去。

热温温 形容水等不冷不热:茶壶里水还～个,汏汏面候扣好。

热度度 形容水等有点儿热:介热天家,啤酒勿冰过～个坏吃个。

热焗焗 焗音同,下同。形容温热;暖暖的:饭来电饭煲里,～个还好吃｜被窠～。《玉篇·火部》:"焗,热貌。"《广韵·东韵》:"焗,热气焗焗。出《字林》。徒红切。"

火热焗 形容比较热;热热的:面孔晒勒～｜电热毯开一晌,被窠当忙～嘞。

潐潐滚 潐音特,下同。形容滚烫,非常热:茶～个,当心烫｜肌身～。《说文·水部》:"潐,涫溢也。今河朔方言谓沸溢为潐。"徒合切。

火热潐潐滚 形容很热,很烫:粥还只煮好,～个,冷冷其再吃。

矮暖 矮音窝。暖和:天家～猛｜该间房间朝南个,冷天家交关～。《集韵·戈韵》:"矮,暖貌。乌禾切。"

闷勃勃 形容天气闷热:天家～个,呒数要落雷雨个嘞。也说"郁勃勃"。

热勃勃 形容天气有点热:今末天家～个,羊毛衫好矞穿嘞。

灼辣辣 灼音结。①形容阳光灼热:太阳～个,爬了一日山,人拨其晒勒漆黑。②形容皮肤被弄破、烫伤等刺痛的感觉:手骨烫开地方鋻介痛啦,～个。第二个意思也说"烟灼辣辣"。

日头发猛 阳光灿烂,光线强烈:刚刚还～,勿打记头落雨嘞｜～个,趋街啥趋头啦! 也说"太阳发猛"。

冷幽幽 形容凉凉的:绿豆汤～个,喝落去交关舒服。

冷刮刮 形容冷冷的:被头～个｜介冷天家吃饮料,～个一眼呒没味道。

冰冰阴 形容很凉,冰凉:啤酒冰箱里冰一晌,～个好吃多嘞。

冰刮斯冷 形容很冷:～茶莫吃｜手骨冻勒～。也说"冰刮冷"。

冰冷气出 ①形容很冷:下饭～个,微波炉里去热一热。②冷冷清清:过年过出,儿子呒回去嘞,屋里咦～嘞。也说"冰冷活气出"。

渗人 人白读。透骨地冷:西北风吹来～个。也说"吸人"。

冷阴 凉;凉快:雷雨落过,～交关｜秋天家嘞,早夜晚头～嘞。

阴湿 湿音色,下同。阴凉;太阳照不到而凉爽:朝北房间冷天家交关冷,热天家交关～。

潮湿湿 形容有点儿潮湿:衣裳～个,还呒没燥｜每日落雨,被头也有眼～嚜。

冷清清 形容有点儿冷:天亮头爬起～个,衣裳多穿眼。《素问·五藏生成论》:"腰痛,足清,头痛。"王冰注:"清,亦冷也。"也说"冷漱漱"(漱音搜)。《广韵·侯韵》:"漱,冷漱。速侯切。"

冷势势 形容比较冷;有寒意:今末天家～个,羊毛衫要穿个｜人有眼～,呒数发热的嚜。

冷冻冻 形容天气寒冷:俗语:天家～,麻皮当火熜。

寒濈濈 濈音近。形容因受寒或受惊而哆嗦:冷风一吹,人～个。《广韵·沁韵》:"濈,寒濈。巨禁切。"《正字通·冫部》:"濈,寒战貌。"

燥 ①稠;水分少:～粥皴饭｜砂浆拌式～。②干:衣裳晒～｜嘴巴讲～｜俗语:若要草子好,经常三分～。③空;没有意义:～讲讲啥西啦｜～走多走好甮走嚜。《说文·火部》:"～,干也。"酥到切。

粉燥 很干:饭煮勒～｜一日晒过,床单～嚜｜脑髓～。也说"粉刮斯燥""粉刮的燥""粉刮头燥"。

燥嗽 嗽音束。干;干燥:天家交关～｜衣裳晒勒燥燥嗽嗽。《集韵·屋韵》:"嗽,燥也。苏谷切。"

起燥 ①(气候)干燥:天家介～,嘴唇皮也开豁嚜｜该两日天家～,汏出衣裳一晌就燥嚜。②动词。发干:该晌有眼上火,嘴巴时格～。

燥皲皲 皲音酷。形容略干:夜头晾出衣裳,该响～嚜｜日头介猛,鲞头一日晒过～嚜。清范寅《越谚》卷上:"九月十二零(落),晚稻～。"《集韵·觉韵》:"皲,岌皲,干也。克角切。"

燥剥剥 形容干干的:番薯干晒勒～嚜。

燥得得 形容稠,水分不多:粥煮勒～｜紫菜安式多嚜,紫菜汤～个反使坏吃。

燥夫夫 形容干干的,缺少水分:牛肉烤勒～,坏吃个｜手骨～,护手霜搽眼的。

燥迫迫 迫音百。①形容食物缺少水分:饼干～个,多吃吃勿落去。

②形容口干:上了半日课,嘴巴~个时格忖吃茶。也说"燥迫廿三"。

干剥剥 形容干硬,缺少水分:鳗鲞风勒~嘞|面包日脚多嘞,~嘞。

湿渍渍 渍音卒。①形容有点儿湿:外头来落雨毛丝,地垾有眼~嘞。《欢喜冤家》第九回:"二叔又去摸着下边,~的。"②形容数量不多:叉麻将辰光~个弄眼刺激,趣相足嘞。

溚溚滴 溚音答。①形容很湿或液体不断往下滴的样子:衣裳淋勒~|眼泪水~。《集韵·合韵》:"溚,湿也。德合切。"也说"渣渣滴"(渣音特)。②形容程度深:穷勒~|寿勒~|该人脑子毛病~个,睬其作啥啦!

水出烂糟 形容瓜果饭食等湿且烂:该杨梅~个,吃勿来嘞|饭煮勒~,交关坏吃。

餲馞几糟 餲馞音压薄。形容潮湿发霉的气味和感觉:还潮天家~个,被头也交关气息。《集韵·曷韵》:"餲,食败也。阿葛切。"又《没韵》:"馞,馞馞,臭败气。薄没切。"也说"餲馞馞"。

湿馞几糟 湿音色,下同;馞音白。形容潮湿闷热的天气和感觉:今末天家~个,蹅介难过啦!

湿格格 ①形容出汗后身上黏糊糊的:汗出过~个,汏个人就爽快嘞。②形容有点儿潮湿:衣裳有眼~个,馱出去太阳照一照。

汗滋滋 形容微微出汗的样子:天家介热,人还只汏好咦~嘞。

汗出汤瀺 汤音朵开之朵送气,瀺音理。形容出汗很多的样子:~个人眠床莫去瞓。《玉篇·水部》:"瀺,滴也。力悌切。"

汗爬雨淋 形容大汗淋漓的样子:奔勒~|一埭田种落,人~嘞。也说"黄汗直淋"。

汗霡霂响 霡音外白读。①本指汗水涌出并发出响声,形容大汗淋漓的样子:奔勒~,快去汏个人!②喻指达到某种程度要费很大劲;到了极点:该部两手车卖三万块~嘞|按照其平时成绩,高考考500分~嘞。《广韵·佳韵》:"霡,雨声。五佳切。"

的滑 很光滑;很滑溜:头剃~|水泥路结冰嘞,的的滑个,走路当心。也说"的滑里":谜语:的滑里,的滑里,眼睛生勒屁眼里(针)。

滑相 滑溜:缎子被面摸上去交关～。

滑汏汏 汏音特。形容滑滑的:肥皂水吭没汏清爽,手骨～个｜雨落过马路～个,当心溜跌。《禅真逸史》第十回:"虽然有路,～陡壁难行。"《玉篇·水部》:"汏,滑也。他达切。"也说"滑立滑汏"。

滑馋馋 形容滑溜又黏糊:泥鳅～个,抲也抲勿牢｜黄鳝抲过,手骨～个。也说"滑石石"。

油光水滑 形容滑溜而有光泽:背脊晒勒～。

䎃 音刺,下同。细腻,无颗粒:慈城年糕交关～｜粉磨其～眼。《集韵·荠韵》:"～,软谓之～。土礼切。"

极䎃 非常细腻:皮肤～｜汤果粉磨勒～个。

䎃洁 (皮肤)细腻;光滑:该小娘皮肤交关～。

糙粒不刺 形容粗糙,不光滑:面孔开皱破嘴,～个｜蛇皮袋～个。

粒粒瘃瘃 瘃音足。形容不光滑,有颗粒:面孔～个,纯是胀面瘟｜墙壁欠砂滑,涂料涂上～个难看猛。《说文·疒部》:"瘃,中寒肿覈(核)。"陟玉切。

腐其其 ①形容又湿又粘糊:雨落过烂泥路～个,交关难走。②形容腐烂;杂乱:该带鱼～个,臭掉嘴,我䞝其｜拟羹桶～个,样子交关难看。这两个意思也说"腐其刮刺"(其又音直)。③形容数量多:钞票多勒～｜家计多勒～｜歌谣:一场乱梦真稀奇,钞票会赢～。铜板钞票袋袋园,警察抲赌到处藏。

腐爁爁 爁音特。①形容又湿又黏糊:外头地坪～个,莫走出去。②形容血糊糊:磕了一跌,脚䯁头磕勒～。③形容乱糟糟:房间碎勒～｜字写勒～｜好好叫玩具拨其拆勒～。《集韵·盍韵》:"爁,烂也。敌盍切。"

粉浆粉腐 形容粉碎稀烂:一篮鸡蛋揉勒～｜碗盏敲勒～。也说"末末头腐""末末腐""末末碎"。

黏牙齿 齿音子。黏得沾牙齿:汤团还吭没熟,吃进去～个。

黏胶胶 胶音高。黏糊糊:甘蔗吃过,手骨～个｜汗出过,人～。也说"黏格格""黏得得""黏结格牢"。

散滔滔 形容松散,不粘连:早稻米煮出饭～个｜柴缚其紧眼,莫～｜儿歌:芦稷开花～,扁豆开花像弯刀。

两隔生 形容不能合二为一,有隔阂:路面窖窖补是补好嚜,总归～个｜新妇搭阿婆总有眼～个。

糯 ①软;有黏性:饭煮勒交关～｜歌谣:家乡糯米白又大哟,做出年糕滑又～哟。②柔和;柔媚:唱歌声音交关～｜该小娘性格蛮～个｜塑子交关～。

的糯 ①很软:糯米饭～个。②声音很柔美:普通话讲勒～个。

的软 很软:丝绵被头～个,盖仔交关爽快。

软相 柔软:坐垫垫只的,坐仔～嚜｜羽绒被头交关～。

软塌皮 塌音塔,下同。①形容柔软,不挺:该件衬衫～介,一眼勿挺括。②形容疲软无力:一礼拜加班加落来,人～介嚜。

软宕宕 宕读太鼻化音。①形容柔软,不挺:菜还只种落,日头一晒～嚜。②形容疲软无力:"双抢"做落来,人做勒～嚜。也说"软塌塌"。

软泛泛 形容挑担时扁担两头晃悠:小扁担,～。

软口汤 说话口气较软,没有断然肯定或否定:问其到底想离婚殆,其～个。

肭 音内,下同。①松软;不硬:外公牙齿勿对,毛豆烤～眼。②饭等煮得过湿过烂:燥粥～饭｜饭忒～,坏吃个。《集韵·勘韵》:"～,柔革。奴绀切。"

肭脯脯 脯音部。形容软软的:席梦思～个,我还是欢喜睏硬板床｜该只西瓜～个,吭数臭掉的嚜。

肭气气 形容软软的(多含贬义):鳊鱼肚皮～个,我嫑吃。

塌塌肭 形容非常软:蹄髈熰勒～｜脚踏车轮胎～嚜,要打气嚜。

瀮 音理,下同。粥等煮得烂熟:粥煮其～眼｜番薯干熰勒交关～。《广韵·霰韵》:"～,熟～。郎甸切。"

稠瀮 粥等煮得又稠又烂:粥煮勒交关～。

黄 音往,下同。本指蛋黄、蟹黄,引申为柔软(多用于食物):～壳蟹｜番薯烤勒交关～。

拖黄 很柔软：～老泥螺｜柿子～嘞,再勿吃要烂掉嘞。也说"拖得斯黄"。

黄脯脯 脯音部。形容软软的：蟹刚换壳,～个交关壮｜西瓜～个,里头吭数烂掉嘞。

崩脆 崩读去声。很脆：海蜇皮子～个｜该瓜～个,交关好吃。

屙末烂脆 形容很脆,很容易破碎：该件衣裳炀勋嘞,已经～嘞｜该梗草绳～个,东西缚勿来个。

喷酥 （食物）很酥脆：油馓子～个｜兰花倭豆～个。

辣酥 非常酥脆：烟叶晒勒～嘞,一捏就碎。

石硬 ①很硬：冰结～｜小胡桃石石硬,牙齿推扳咬勿开｜其人做事体～个,随便啥人勿买账。②足足：我～比侬大十年｜～坐勒十个钟头火车。也说"石刮硬""石刮铁硬"。也作"石骨硬""石骨铁硬"。

硬蜡 海鲜等因新鲜而显得硬而挺：小黄鱼透刮新鲜个,交关～。

蜡棱头 形容挺括：衣裳～｜钞票簌刮新,～个｜带鱼～个,交关新鲜。

囥注 囥音扎,下同。①坚固；牢靠：家具做勒～猛。②结实；强壮：人生勒交关～。《广韵·麦韵》："囥,硬貌。陟革切。"通作"扎注"。

囥硬 ①强硬；坚强：闲话讲勒交关～｜该小人蛮～,磕勒介结棍也吭没哭。②商品信誉好：该只牌子蛮～个,用过人都讲好。也说"硬囥"。通作"扎硬""硬扎"。

檀硬 坚强；挺得住：该人～个,屋里出了介大事体,一眼吭没萎头萎脑。

靠硬 过得硬；可靠：牌子～｜其人做事体交关～,唸拆烂屙个。

硬黄 过得硬；俗语：金字招牌～货。

硬结结 形容食物有点儿硬：乌贼鲞～个｜茴香豆～,关交好吃。

硬剥剥 形容硬硬的：沙炒倭豆～,老成人嚼勿落个｜袋袋里～个,啥西园的啦？也说"硬的剥落"。

硬拗扻 扻音技。生硬；不熟练；不灵便：普通话讲勒～｜做该生活我有眼～个｜上昤手骨挪出,到该响还～个。也说"硬绞扻"（绞白读）。

硬碰硬 实打实:考大学～,成绩推扳就是考勿进｜我～比侬大五年。

藤韧 韧白读,下同。像藤一样柔韧,不易拉断:魀吃起来～个｜该根草～个,劰也劰勿断。

韧结结 形容食物韧韧的:鳗鲞～个,交关好吃｜俗语:马兰头,～,太婆要吃自家扚(音的)。也说"韧的的"。

韧皮皮 形容比较韧,不易弄断弄碎:肉皮～个,嚼也嚼勿腐。也说"韧比比""韧皮刁气":韧皮刁气牛皮糖。

骨僵 形容饭半生半熟:～饭。《鄞县通志》:"甬称饭半生半熟曰～。"

硬骨粒 形容食物半生半熟,还硬硬的:饭煮勒～个｜六谷还～个。也说"丁硬骨粒""僵硬骨粒"。

半生里熟 食物半生半熟:肉～个,再去煠一响。

生辣 瓜果等不十分熟;菜炒得嫩:桃子买～眼,好多园几日｜芹菜炒～眼好吃。

熟泥其 形容瓜果等过熟不爽口:死藤西瓜吃起来～,一眼呒没味道。也说"熟泥泥"。

黄肿烂熟 形容青菜等烧得过熟且发黄:碧绿里青菜拨其炒勒～,咦难看咦坏吃。

重顿顿 形容分量重:箱子～｜水果～个甪带去嘸,路里好买个。

单头重 担子一头轻,一头重:俗语:能使挑勿动,勿好～。

屁轻 很轻:丝绵被头～个｜空箱子～个。《连城璧外编》六:"前日掇进去是极重的,如今都～了。不知甚么原故?"也说"屁得斯轻""屁得烂轻""屁得烂屙轻"。

轻省 说话、动作等轻:讲～眼,小人睏的莫吵醒｜包伤口手脚～眼。

轻可 ①轻;程度浅:毛病～｜处分～｜谜语:～生活阿弟做,重头生活阿哥做(牙齿)。②容易;简单:种种菜顶～,我也会种｜好话讲两句算啦?呒没介～个。③便宜;耗费小:吃眼饭顶～,侬来吃好嘸｜该回旅游～个,呒没用掉多少钞票。张相《诗词曲语辞汇释》卷一:"可,轻易之辞。……可与轻同义。"

轻泛 ①重量轻:～眼担子拨侬挑。②轻松自如:该生活其做做交关～。

轻轻叫 轻轻儿:门～关│东西～个安落去。也说"轻轻个"。

拗轻重 轻重、大小等比例失调:该人上身特别长,下身特别短,看上去～个。

簇刮新 簇音尺。崭新;很新:皮鞋～│家具～。也说"簇刮刺""簇括刺新""簇刮斯新"。

旧那那 形容陈旧,不新:该件皮夹克买买独猛年嗬,已经～嗬。

毛羽勿动 比喻器物一点没有变样或损坏:该张吃饭桌凳质量交关好,用了五年还～。也说"毛衣勿动"。

活龙 形容水产品鲜活且会蹦动:河鲫鱼～一样│～介河虾快来买。

透刮新鲜 形容食物很新鲜:带鱼～个,刚刚㧢上│蛋糕还只做出,～个。也说"透新鲜"。也作"透骨新鲜"。

嫣 音烟,下同。①鱼肉等不新鲜:该眼蟹交关～。《广韵·仙韵》:"～,物不鲜也。於乾切。"②关系不亲密:俗语:一代鲜,一代～(谓血缘关系一代疏于一代)。清范寅《越谚》卷上:"养老日日～,养小日日鲜。"

嫣糟糟 形容鱼肉等不新鲜:该梗叉扁鱼～个,我㼆其,调一梗。

霉头脱脑 ①形容水产品不新鲜,掉头缺尾:该虾～,交关嫣嗬。②形容言行不合时宜:侬人讲出闲话～个,拨人家大牙也笑落嗬。

半死烂活 死白读。半死不活:阳台里翻落来,人跌勒～。

精 (肉)瘦;不肥:～肉│肉斩～眼。也作"䐛"。《集韵·清韵》:"䐛,肉之粹者。咨盈切。"

油 ①(肉)肥;不瘦:～肉│肉介～,吃仔人要壮个。②食物油多或沾有油腻:下饭忒～嗬,吃勿落去│油条捞过,手骨～～～个。

清汤寡水 寡又音光火之光。①形容菜少汤多味薄或稀饭里米粒少:青菜煮勒～个,一眼呒没油气│该粥～个,三碗吃落也谂饱个。②比喻没有额外收入或好处:当老师～个,呒没啥花头。

油挪挪 形容油腻:侬来的犀肚皮,～东西莫咋吃│碗盏～,汍辰光洗洁精摆眼的│歌谣:猪油汤团烫丫麻,吃勒嘴巴～。也说"油注刮得""油渍格勒"(渍音结)。

煞清爽 很干净;很清楚:字写勒～｜脑子～｜俗语:～,梅兰芳。

怪清 怪音光火之光。①(水)很清:河水～。②反语,形容头脑很糊涂:头埭～。

腻腥 脏;不干净:衣裳莫弄～｜桌凳～不刺,揩一揩《玉篇·肉部》:"腻,垢腻也。女致切。"《鄞县通志》:"甬称不洁曰～,谓垢腻腥臊也。"

鏖糟 鏖音拗。①脏;不干净:皮鞋介～,擦其一擦。明冯梦龙《山歌·后门头》:"结识私情后门头,地上～弗好偷。"②倒霉:该生意做过～个,钞票会蚀掉。③名词。污物;脏东西:衣裳～掸掸掉。《醒世恒言》第十七卷:"今日这浴,就如脱皮退壳,身上～,足足洗了半缸。"④名词。特指妇女经血:～布头｜～来嗄。

邋遢 音辣塌。脏;不干净:该份人家交关～,坐也坐勿倒个｜俗语:吃勒～做菩萨。又:～冬至干净年。

污素 脏;不干净(老派说法):该房间交关～｜坟堆里莫去走,～不刺个。

体汰 脏;不整洁:该人懒呵呵个,屋里交关～｜牙须养(音样)介长,看上去～相。

体里汰刺 ①形容脏乱,不整洁:孵和东西～碎勒晐(音含)地垯。②零零碎碎;杂七杂八:工资、奖金、补贴,～加起来,一个月有五六千块。也说"体体汰汰"。

烟 烟弥漫的样子:房间交关～｜嗄介～啦?窗门开开透透气。《金莲小史》第八回:"他三人烧起,热得可怜,～得要死。"

滚洞烂烟 形容烟雾弥漫:香烟吃勒整个房间～个｜灶跟间～个,呒数烟囱塞煞的嗄。也说"崩洞烂烟"。

彭彭扬 形容尘埃飞扬:汽车开过,灰尘～个。

灰尘膨蓬 形容灰尘覆盖或飞扬:储藏室长久勿用,～｜工地里～个。

滚天黑地 形容烟雾、沙尘等遮天蔽日:啥地方咦来该焐稻草嗄,焐勒～个。

崇气 ①脏,乱,样子吓人:房间介～,纠作也呛纠作｜头磕勒血出糊刺,交关～。②言行低级,使人厌恶:介～闲话莫讲｜该人交关～,牙签用过也勿舍得撂掉。③口头禅,含有嗔怪的意味(女性常用):侬人～哦,介两块钞票也要驮过! 好啢拨我嚅!

崇勃勃 ①形容脏,乱,样子吓人:厕所呒没人打扫,走进去～个。②形容言行低级,使人厌恶:该种～事体侬也做勒出来!

牵扯 ①形容不修边幅:～阿姆。②形容事情紊乱,不顺:事体弄勒～个。

夜 夜深;晚(用于晚上):介～嚅,电视莫看嚅｜俗语:～做～,豆腐慢慢卖。《何典》第三回:"全亏六事鬼早起～眠,尽心竭力的照应。"

晏 音鸭白读去声。迟;晚:～到｜俗语:早睏～爬起,败光爹娘老家计。《初刻拍案惊奇》卷四:"今日～了些,还可到得那里么?"《玉篇·日部》:"～,晚也。於谏切。"

未 音米。为期还远;(还)早着:儿子刚刚读大学,毕业还～嚅｜该梗桥啥辰光造好? ——～嚅! 《三笑》第十一回:"(脱衣睡觉)还～勒,还要靠靠勒。"清范寅《越谚》卷下:"～,(音)米去声。"

长远 很久:北京～呒没去嚅。

窎角 窎音吊。偏僻:介～地方开旅馆,生意呛好个。光绪《镇海县志》:"俗谓路远曰～。"《说文·穴部》:"窎,窎窵,深也。"多啸切。也说"单角""单角落头"。

弯角 地方拐弯抹角:其庝勒交关～,摸也摸勿着个。

单边 ①靠近边上:走路走～眼｜东西安勒～眼。②本该对称的两边不对称:船装勒～个｜面孔有眼～肿。

过边 僻静:荡岸人介多,阿拉到～眼地方去讲。

蹽河隔水 蹽音僚。路途遥远,有阻隔:其庝勒海岛里,～个,走走交关勿方便。也说"蹽远隔水"。

远天白地 距离非常遥远:近横里走走好嚅,～地方啥去头啦! 也说"远天百地"。

静注 安静;清静:学校来郊区,旁边交关~|该地方静静注注个,读读书交关好。

静注注 形容安静,清静:一个人庯勒屋里,~个交关心焦。

闹热 热闹:今密是国庆节,街里特别~。也说"闹猛"。

红红响 ①沸沸扬扬:该事体外头讲勒~嗰,侬还勿晓得啊?也说"红起一样"。②发出"红红"的响声:耳朵~|发动机~|俗语:灶洞~,人客到门墙。

活 用劲地;拼命地:~撞~颠|~拖介呕我吃饭|呕其唱只歌,~奔介逃走嗰。

促 又音尺。形容快速;利索:~介跳上车子|钞票~介囥进|俗语:~~快,伛倒拜。

刮得 一下子(拟状兼拟声)。儿歌:一只粽子四只角,解缚脱壳,抲筷割角,白糖一沰,~咽落。又:锣鼓咚咚响,~变麻将;麻将咕咕叫,~变花轿。

活奔 形容动作很快:一看勿像,逃勒~|其顶欢喜打牌,呕其一声,~介来嗰。

豪忪 忪音燥。赶快:落雨嗰,~收衣裳|下饭冷掉嗰,~吃。《集韵·号韵》:"忪,快也。先到切。"

缓泛 慢慢;慢悠悠:饭~吃好嗰,上班笃定来勒及个|其做事体计划性吪没个,开头~弄弄,笃壁日脚敲紧急锣鼓嗰。也说"缓泛头""缓泛泛"。北仑也说"缓调弹"。

慢泛 慢,迟缓:俗语:手脚~,起早落晏。

慢他他 他读鼻化音。慢腾腾:走路~|讲闲话~。明冯梦龙《山歌·老人家》:"结识私情没结识个老人家,老人家做事~。"也说"慢拖拖"。

慢慢叫 慢慢儿;慢一点:饭~吃|酒~吃,吃快酒要醉个|侬~走,我还有眼事体搭侬讲。

辣 ①价格高:毛蟹价钿忒~,只好蓝扮吃吃。②狠;厉害:手段~|该几句闲话讲勒交关~。③形容快速;利落:眼睛~介睁开来|巴

掌～介驮过去｜饭吃好,桌凳～～整过。

瞎讲相 价格贵得吓人:介贵东西～个,舀买嘸｜介两只河虾超廿块,忖忖有眼～。

值铜钿 值钱:该把红木椅子交关～｜该幅画是仿制品,勿～个。

嗆 音强。价格便宜:撮～货。独脚戏《关店大拍卖》:"价钿～,只买到十二元八角八。"《负曝闲谈》第十回:"南边人的俗语,叫作'贪～买猪婆肉'。"又,商店门口常写一个大字"～"来招揽顾客。也作"强":《古今小说》第十二卷:"红个也忒贵,白个也弗强。"

巧 价格便宜:该只包价钿蛮～个。

挖打 ①价格便宜:价钿～眼,该只甲鱼我搭侬买去。甬剧《呆大烧香》:"～点,减掉一半好勿好?"②动词。精打细算:该老妳交关会～,屋里拨其弄勒落直猛。《鄞县通志》:"甬称专谋节省费用曰～。"

烂贱 价格非常便宜:荡呛橘子～个,多买眼去。《二刻拍案惊奇》卷二十二:"一向家中牢曹什物,没处藏叠,半把价钱,～送掉。"也作"滥贱":《朴通事》:"将银子来,滥贱的卖与你,你的手里难寻钱。"

相因 ①上算;占便宜:五斤二两算五斤,拨侬～眼｜俗语:吃亏了叫,～了笑。②名词。便宜;好处:占～｜格貌算法,我一眼～也呒没嘸。

有陶成 东西损耗部分少:今年杨梅时雨水少,杨梅交关～。

呒陶成 东西损耗部分多:龙虾贵是介贵,只有一眼肉,一眼～。也说"呒陶白成"。

呒账得算 算不出价值;不必细算价值:西瓜是自家种个,～个,随侬吃爽快。

呒进呒出 无关紧要;感觉不到:做该生活多一人缺一人,～个｜该药吃末吃勿煞,吃末吃勿好,吃仔～个。

呒要得紧 无关紧要;无所谓:该门课选勿选～个｜该人～个,想调走就拨其调走。也说"有要呒紧"。

有得呒便 无所谓;可有可无:老酒吃勿吃～个｜评奖～个,顺其自然好嘸。

空头白脑 白又音百。①多余;没有意义:～闲话好舀讲个│东西驮来介多啥干啦?真是～。②没有事情或原因:～街里好舀去个│～个请啥客啦?也说"空头"。

呒清白头 无缘无故:～磕了一跌│～甓我作啥?也说"好呒清头""呒清夹头"。

白白力力 力又音里。白费力气;没有效果和意义:劝劝其～个,其覅听侬个│钞票拨其～个,其覅见侬情个。也说"白力力"。

做 ①同;同一:～日生│坐～桌│～只学校毕业│歌谣:夫妻恩爱睏～头,生出儿子大块头。明冯梦龙《山歌·伯姆》:"三月里清和四月里天,伯姆两个～头眠。"②全;整:杨梅～篮买去,拨侬便宜眼│俗语:田要买～畈,屋要买四散。

做样 相同;一样:～牌子│两篇文章题目～,内容各样。也说"做号"。

一色一样 完全一样:高考分数～│两人衣裳～个,撞衫嚯!也说"一色斯样""做色做样""做色做号""贴色一样""贴色做样""贴色做号""贴色无离""贴色葫芦"。

各样 ①不一样:味道～│两姊妹性格和个～个。也说"各号"。②指有所好转:该人年纪轻辰光火气交关大,该几年～眼嚯│昨日肌身热,今密～嚯。

各色各样 各种各样:超市买东西顶方便,～东西和总有个。

大推大扳 大白读。相差很大:水平～│做爹做娘生出来,儇搭笨会～。也说"大差大扳"(差音车)。

各有人 因人而异:老酒会吃覅吃,～个│有星人要晕车,有星人覅晕车,～个。三国魏曹植《辩道论》:"寿命长短,骨体强劣,～焉。"也说"看人起"。

各起管 各管各的,各不相同:评三好生搭评奖学金～个,评比条件各样个│博士搭仔教授～个,一个是学历,一个是职称。

或上或落 ①或多点或不够点:高考考勒勿咋好,一本分数线～个。②时好时差:儿子成绩～个,勿咋稳定│老娘身体～个,诶唅倒蛮好。

同年 同岁:阿拉两人～个,和总属狗。

同年相仿 仿音绑。年龄相仿:该几个人～,交关要好。

脚碰脚 碰音鬃。比喻相差不多:该两人走象棋生活～个。《新歇浦潮》第十七回:"我一班朋友你大概知道,都是和我～没有力量的人。"

脚上脚落 ①比喻相差不多:打乒乓水平～。②指处在可上可下之间:其评高级～个,好拉拉其一把。

差来无去 差音车,下同。差不多;相差很少:长矮～│颜色～。也说"差来无几"。

差咋勿多 ①相差不多;相近:大小～│口味～。②指接近某个界限(有时含有不用再继续的意思):报告写勒～嘞│茶再燀一壶～嘞│侬讲勒～嘞,拨我讲两句│吃勒～嘞,阿拉唱歌去! 也说"差勿多"。

对半夹起 各一半:班级里男生女生～。

大头朝上 大文读。比喻大部分已完成:荡本书写写笃长两年嘞,该遭～嘞。

前脚后跟 紧随着;前后脚儿:老姆一出门,老公～也走嘞│倷两人啥人早到啦?——～个。也说"前脚后头"。

牢 用在动词后,作补语,相当于"住""紧"等:鱼拘～嘞│屁股坐勿～│绳缚～│眼睛眯～│钞票园～。

和 ①所有(用在数字前):西瓜～三只生个│语文、数学～两门考一百分。②全;整:～家老少│脚踏车～排吹倒│俗语:一人屙尿出,～家勿得安。《九尾龟》第六十回:"宋子英放出～身本事,十分巴结,满口恭维。"③读去声。动词:掺和;混杂:瓜子搭壳莫～拢│青菜、黑木耳、红萝卜～带拢炒。

是 凡是;所有:该种断命行为,～人和总要謷个│该种药～药店都去买过嘞,买勿着。张相《诗词曲语辞汇释》卷一:"～,该括辞,犹凡也。"

晐 音含。满;遍:～地垾│～头～脑│～到各处│～身骨头痛│书摊勒～桌凳。《说文·日部》:"～,兼～也。"《广雅·释言》:"～,包也。"

一节势 平常;普通:该篇古文～人看勿懂个│其吃东西交关细

相,～下饭嫑吃个。也说"一势眼""随常"。

淡口 ①光吃菜不吃饭:剩落下饭～吃吃掉算嗫。②指口气冷淡:问其该小娘欢喜硷,其～个。

修闲 菜肴不就着饭吃:面拖虾交关淡,好～吃个。

独碗注 吃饭时认准一碗菜吃到底:该小鬼别样告一眼嫑吃,有肉就～吃肉。

4. 颜 色

䏙红 䏙音动。大红:～布｜～被面。《集韵·董韵》:"䏙,赤色。杜孔切。"

血血红 形容非常红:西瓜～｜老酒吃勒面孔～。也说"血得斯红"。

红丢丢 形容红而有光泽:嘴唇～。明杨慎《升庵外集·古谚》:"早霞～,晌午雨浏浏;晚霞～,早晨大日头。"

红煦煦 煦音虚去声。形容红而略黄:日头～｜皮肤晒勒～。《说文·火部》:"煦,赤貌。"香句切。

红冬冬 形容红红的:手骨冻勒～｜活猢屁股～。

红稀稀 形容有点儿红:昨末夜到吼没晲好,眼睛有眼～。

紫得得 形容紫的颜色:介冷西北风一吹,嘴唇冻勒～。

紫绛红 深红而略带紫的颜色:～窗帘布。

铁锈红 像铁锈那样的颜色:地板漆～。

栗壳色 像栗子壳那样的颜色:整套家具～个,看上去稳重相。

松黄 嫩黄,像松花那样的颜色:金团吃过,嘴唇皮～个。也说"松松黄""松得斯黄"。

黄亨亨 形容有点儿黄:该书出出独猛年嗫,纸头也～嗫。

黄古古 形容黄黄的:该种树一到冬天树叶～个,交关难看。

黄爆爆 爆音报。形容黄而略焦:镬焦～｜带鱼贴(音塔)勒～。

焦得斯黄 形容很焦很黄:香烟吃勒牙齿～。也说"焦焦黄""焦黄刺里"。

焦齈齈 齈音朴。形容焦黑:番薯煨勒～｜年糕燂勒～。《集韵·屋韵》:"齈,色暗。一曰浅黑色。普木切。"

燕青 青而带紫:穿勒一条～色裙子。

怪青 怪音光火之光。颜色很青:面孔气勒～｜杨梅～个,咋吃啦!

青䈛䈛 䈛音樱桃之樱白读。形容颜色发青:胡子刚刮过,下巴～个｜儿歌:广橘～,能使买金孟(石榴)。《广韵·庚韵》:"䈛,青貌。於惊切。"

碧绿青翠 形容翠绿:菜～个,交关新鲜｜雨落过,稻田～个。

蓝结结 形容蓝蓝的:海水～｜闲早天～个,该晌多数日脚灰蒙蒙个。

本白 布匹、衣服未经漂白的白色:～裤子。

白咪咪 形容有点儿白:该块料作～个,我勿咋欢喜｜俗语:白露～,秋分稻头齐。

白殕殕 殕音浒。形容像发霉一样白白的颜色:冬瓜～｜花生米外头～个,吭数餲(音压)掉的嚼。《广韵·麌韵》:"殕,食上生白毛。芳武切。"也作"白肤肤":《醒世奇言》第六回:"那头上不住作痒,白肤肤的皮一片片脱下。"

白黭黭 黭音塔。形容灰白:头发脱顶嚼,头底心～嚼｜蓝衣裳多汏汏勒～嚼。《集韵·合韵》:"黭,黑也。托合切。"

白涂涂 形容灰白或光线不明亮:该果汁～个,样子交关难看｜雾露天家看过去～个,开车小心眼!

白洋洋 白茫茫:俗语:雪落～,沙锅焐鸡娘。

皻白 皻音料。形容脸色苍白,毫无血色:面孔吓勒～｜奔勒虚脱嚼,面孔～个。也说"夹皻白"。《玉篇·面部》:"皻,面白皻皻也。力小切。"

雪雪白 形容非常白,有时也形容非常干净:牙齿～｜墙壁刷勒～｜衣裳汏勒～。也说"雪里斯白"。

雪白粉嫩 形容皮肤白皙细嫩:大姑娘生勒～。《文明小史》第四十回:"虽然脚大些,依我看来,一个脸～很下得去。"

273

红粉鲜白 形容肤色红润白皙:面孔～个,来的吃啥补品啦?

乌嘴乌脸 形容又黑又脏的样子:大扫除做过,人弄勒～。

漆乌 漆音尺,下同。很黑:头发～｜该眼杨梅漆漆乌,货场交关好。

漆黑 很黑:头发～｜丫脸～｜人晒勒～。也说"墨黑""墨漆黑""墨漆铁黑""墨漆地黑""墨里墨黑""墨地漆黑""漆黑泥蓝"。

黑黮黮 黮音塔。形容浅黑:人生勒～个。《集韵·合韵》:"黮,黑也。托合切。"

黑黢黢 黢音出。形容黑黑的:皮肤～｜夜到头～个,一个人走路怕势势。也说"黑的剥落"。《集韵·术韵》:"黢,黑也。促律切。"

黑黐黐 黐音支。形容皮肤黑:该小娘五官蛮落直,只勒皮肤～个。《集韵·之韵》:"黐,手足肤黑。庄持切。"

黑千千 黑压压,形容人或物繁多密集:广场里人～一片,起码有头两万。

雨暗 因为下雨或将要下雨而天暗:该响是～,雨落过天家咦锃亮嘴。

漆暗 漆音尺。①很暗:房间～｜天家漆漆暗,呒数要落雨的嘴。也说"墨暗""墨漆暗""墨里墨暗""墨漆地暗""墨里漆暗""墨地漆暗""墨漆斯暗""漆暗墨胧""漆暗卜胧"。②信息很不灵通:乡下角落头庀仔,消息～个。

暗黢黢 黢音促。①形容光线昏暗:大会堂里头～个,位置也寻勿着。②私下;背地里:～搞小动作｜～赚外快铜钿。《集韵·术韵》:"黢,黑也。促律切。"也说"暗洞洞"。

暗寸寸 形容有点儿暗:房间～个,看书要开灯｜天还～个,还有一响好睏。

暗笛卜胧 形容光线暗:夜到～个,开车要当心｜做眼小生意多少辛苦啦,每日～就要出门嘴。也说"暗力卜胧""暗铁扑胧""暗墨胧充""暗墨仑寸"。

灰噗噗 噗音朴。①形容灰黑:房子庀庀十多年嘴,墙壁～嘴。②形容精神不振,心灰意懒:今密牌运勿对,人会输勒～。《集韵·屋韵》:"噗,色暗。一曰浅黑色。普木切。"也说"灰的剥落""灰铁噗落"。

锃亮 锃音砥洞之砥。很光亮;很明亮:皮鞋～│～鲜带鱼快来买│眼睛～│九十岁人,耳朵还～。也说"锃刮亮""锃刮斯亮"。《广韵·映韵》:"锃,磨锃出剑光。除更切。"

木夫夫 形容缺少光泽:眼睛～│家具漆勒～。

炀顿顿 炀音乌。形容火光不明:蜡烛～嘞,炀掉快嘞。《字汇补·火部》:"炀,火熄也。乌古切。"也说"幽炖炖"。《广韵·幽韵》:"幽,微也,隐也。於虬切。"

5. 味 道

蜜甜 很甜:黄岩蜜橘～个│奉化水蜜桃蜜蜜蜜甜。

甜口 有点儿甜:米馒头刚出笼,吃进去～个。

甜嫩嫩 形容有点儿甜:蒲荠～│糯米酒～,多吃要背木梢个。也说"甜嫩头""甜咪咪"。

甜浆浆 形容过分甜,甜得发腻:甜羹～个,多吃嬲吃。也说"甜浆咪咪"。

怪酸 怪音光火的光。很酸:橘子～个,我嬲吃!也说"怪得斯酸""怪得头酸"。

酸口 ①有点儿酸:该老酒～嘞,吃勿来嘞。②形容令人讨厌:该买主～个,睬勿来个。

酸滋滋 滋又音朱。形容酸酸的:醋溜带鱼羹～个,味道交关好。也说"酸丢丢"。

贼苦 很苦:中药～│发热发过,嘴巴～。

苦口 有点儿苦:黑啤～个,有星人吃勿惯。

苦意头 形容有点儿苦:河鲫鱼苦胆汏破嘞,吃起来～个。

苦得得 形容比较苦:苦瓜～,清口倒蛮清口个。也说"苦顿顿"。

辣呵呵 呵音货。形容辣辣的:羊肉汤～,味道交关㷲。

生咸 生白读。很咸:盐鳖摸着嘞,下饭煮勒～。也说"生古铁咸""生苦铁咸""生古结咸""生苦结咸""生铁苦咸"。

咸苦 极咸;咸中带苦:羊尾笋纯是盐,水里勿泡过,～个。

咸咪咪 形容有点儿咸:茴香豆～,交关好吃。也说"咸滋滋"。

咸辣 较咸:老成人要吃清淡眼,～东西莫咋吃。

咸辣辣 形容比较咸:齙蟹～,过饭顶煞格。

咸克克 形容咸咸的味道或气味:咸笋～,多吃莫吃｜海风吹来～个。

雪淡 形容很淡:该碗鱼～个,盐忘记安的嚯。也说"雪刮淡""雪刮斯淡""雪刮泥淡"。

淡呵呵 呵音货。形容淡而不咸:新风鳗鲞～个,味道筲派嚯。

淡刮刮 形容淡而无味:白切肉勿揾酱油,～个一眼呒没味道。也说"淡息息""淡刮里浆""淡刮泥浆"。

淡沙沙 ①形容淡而无味:该梨头～个,呒没啥味道。②形容平淡无趣味:该本书写勒～个｜叉麻将勿作钞票,～个呒叉头。③形容冷淡,不感兴趣:问其老师要当验,其～个｜该笔生意我～个。也说"淡水水"。

淡水刮得 形容味淡,缺少油水、甜味等:青菜油安介眼眼,～啥吃头啦｜该眼蒲荠～个,一眼呒没甜气。也说"淡水毛气""淡水毛浆"。

涩口 有点儿涩:柿子还呒没熟,有眼～个。

涩肯肯 形容味道涩涩的:吊红呒没熟透,～个。也说"涩肯头"。

大舌头 大白读。形容味道发涩、发麻:儿歌:吊红～,能使买梨头。也说"麻舌头"。

麻口 味道有点儿麻:鳗鲞日脚多嚯,吃起来～嚯。

麻辣辣 形容味道麻辣:牛肉面辣酱安眼的,～个交关过瘾。

槽槽动 形容类似笋未煮熟或笋过淡吃了使喉咙发痒的感觉:笋呒没煮熟,吃起来～个。

油咪咪 形容略有油味:油汆花生米香喷喷,～。

油蒿蒿 形容食物日久变质渗油那种味道或气味:饼干～嚯,吃勿来嚯｜黄鱼鲞日脚多嚯,～个呒吃头。也说"油蒿气"。

漆蒿蒿 形容食物日久变质渗油那种刺喉的味道(比"油蒿蒿"程度

更深,相当于普通话"哈喇"):鳗鲞生油喵,～个吃勿来喵。也说"蒿蒿动"。

粉慈慈 慈又音字。形容食物吃起来有粉质感:该年糕嗒介坏吃啦,～个。

透鲜 味道很鲜美:咸菜大黄鱼～个。也说"透刮鲜""透刮斯鲜"。

鲜朵朵 朵读浊音。形容味道过分鲜:紫菜汤味精安忒多喵,～坏吃个。也说"鲜豁豁"(豁音忽)。

飘 鱼类口感鲜嫩,滑爽:铿亮带鱼清蒸蒸,肉多少～啦!

坏吃 坏白读。不好吃:下饭～个｜桃子～个。

及味 味白读。可口;入味:该梗鱼煮勒交关～。

6. 气　味

香烘烘 形容香香的:檀香一点,房间～喵。

气息 味儿异样、难闻:羊肉交关～,我嬲吃｜该下饭～不刺喵,吃勿来喵。《醒世姻缘传》第四回:"被底下又～,那砍头的又怪铺腾酒气,差一点儿就鳖杀我了!"也说"气味"。

贼臭 很臭:烂屙～｜黄鼠狼屁贼贼臭。

臭稀稀 形容有点儿臭:带鱼～个,只好油煠煠其吃。也说"臭稀头"。

臭𩺊𩺊 𩺊音农清音。形容像鱼肉等腐烂那种刺鼻的气味:该虾～,吃勿来喵｜墙角落头有只死老鼠,格勒～个。

尿臊臭 尿音书。尿的臭味(名词兼形容词,下同):小人尿屎出喵,被头有股～。也说"尿臊气"。

屙腥臭 屙音窝去声,下同。粪便的臭味:屙蹓着喵,鞋底～个。

脚屙臭 食物浓郁的酸臭味:年糕园勒六月里,～喵。也说"脚屙烂臭"。

汗酸臭 汗酸味儿:汗出介多,衣裳～个莫穿的喵。

酸汪汪 ①形容酸臭的气味或味道:泔水～｜绿豆汤～,馊气喵。《广韵·宕韵》:"汪,水臭也。乌浪切。"也说"酸汪气"。②形容酸痛的感觉:俗语:三日勿吃咸齑汤,脚骨有眼～。

酸浆气 食物略微发酸的气味:浆板有眼～。

鱼腥气 ①鱼腥味儿:老酒多安眼,解解～。②形容有鱼腥味儿:河鲫鱼剖过,手骨～个。第二个意思也说"腥气刮得"。

药腥气 中药的味儿(名词兼形容词,下同):药店总有～｜五加皮有眼～。

生腥气 食物不熟的气味或味道:花生米呒没炒熟,有一股～。

生油气 油未爆熟的气味或味道:菜里有一股～。

酱朴气 酱制品中的酵母气味或味道:酱油安忒多嚯,有股～。

腥咸气 腥而带咸的气味:海风～｜扪鱼船里～。也说"腥咸刮气"。

羊臊气 羊肉的臊味儿:俗语:羊肉呒没吃,～贼臭。

泔隔气 油等日久而发出的一种特殊气味或味道:麻油日脚多嚯,有眼～。

火烞气 烞音白。衣物烤焦的气味儿:来的煝啥西啦?～个。《说文·火部》:"烞,火气也。"蒲拨切。也说"火烞臭"。

焦芽气 食物烧焦的气味:香瓜子炒焦嚯,有一股～。

灰墣气 墣音朴。尘埃的气味:房间纯是灰尘,～个,我嫑庵。《说文·土部》:"墣,块也。"匹角切。

餲䭇气 餲䭇音压薄。发霉的气味:衣裳交关潮,有股～。《集韵·曷韵》:"餲,食败也。阿葛切。"又《没韵》:"䭇,䭇䭇,臭败气。薄没切。"也说"青沙气"。

酒冒气 酒喝多了泛上来或呕吐出来的气味,也指盛过酒的器皿用热水洗后留下的一股不好闻的酒味:昨日夜到吃醉嚯吐了一地垟,今末房间里纯是～｜该只茶杯～个,调一只。

7. 声音、情貌

沓沓 沓音特。形容连续不断的说话声:该人～交关会讲｜闲话～讲

方言词·性质状态类·声音、情貌

勿完。《说文·曰部》："沓,语多～也。"徒合切。也说"答答""带带""大大"（大文读）。

咚咚 形容轻而不断的说话声:侬两人～来的讲啥西啦?《玉篇·口部》:"咚,多言～也。丁动切。"

哝哝 哝音农清音阴去。形容轻而模糊的说话声、哭泣声:～讲｜～响｜～哭。

唶唶 唶音茄子之茄去声。形容很响的叫声、哭声等:～嘶（音西）｜～叫｜～哭。

红红 形容很嘈杂的声音,也形容耳鸣声、燃烧声等:飞机～响｜会场里～响｜耳朵～响｜俗语:灶洞～响,人客到门墙。

环环 环读去声,下同。形容很响的叫喊声、哭骂声等:～呕｜～嘶（音西）｜～謦｜～哭。

环天倒地 形容喊声、哭声等很大:～来该呕｜哭勒～。

切切促促 形容窃窃私语的声音:～讲小货说话｜开会好好叫听,莫～讲空话。

诶诶偻偻 诶音理阴去,偻音路阴去。形容话多又含混不清:～讲勒半日,勿结讲眼啥西。《集韵·狝韵》:"诶,诶偻,语乱。力展切。"也说"黏黏呶呶"。

噢胡噢胡 形容说话含混不清:侬～来的讲外国话啊?｜俗语:～,三只老虎。也说"咿胡噢胡""咿哩呜噜"。

哚哚 哚音朵浊音。形容哭声、流水声等:～哭｜雨落勒～响｜俗语:阿毛娘,犀尿～响。

沌沌 沌音顿。形容喋喋不休的责骂声:～謦。

咖咖 咖音加浊音去声。①形容骂声、鼾声、水声等:～謦人｜睏勒～响｜一杯茶～喝落去。②名词。开水,儿童用语:吃～。

嗐嗐 嗐音害。形容哭泣声:～哭勿好。《集韵·泰韵》:"嗐,大开口。一曰声也。下盖切。"

吼吼 吼音后。形容哭得很响、很伤心的声音:头捧仔～哭。

吸吸嚯嚯 形容泣后余声:侬～多哭哭啥啦?

哝克哝克 形容小孩持续而轻的纠缠声:小鬼~时格会响过去,来的作梗啥东西啦?

鸡鸡狗狗 形容争吵声:傣两老头每日~造眼啥西啦?也说"鸡狗鸡狗"。

哈哈 哈音汉。形容笑声:~笑。《广韵·哈韵》:"哈,笑也。呼来切。"

茄茄 茄音番茄之茄。形容从喉咙发出的笑声:听了~笑。

嗤嗤 嗤音趣。形容睡着时的呼吸声或鼾声:睏勒~响。也说"住住"。

哏哏 哏音肯,又音根浊音。形容咳嗽声:~呛|~嗽。

霏霏 霏音外白读。形容大雨声、急流声等,也形容液体流得很猛、很多:~落大雨|山水~佘落来|汗~响|血~流出来。《广韵·佳韵》:"霏,雨声。五佳切。"

喳喳 喳音茶。①形容液体不断流出:~流眼泪|馋唾水~流。②形容叫喊声:~呕|~叫。

宅宅 ①形容液体流得很急:血~流出来|水~滤出来。也说"健健"。②形容用力、快速的样子:字~写其快|东西~整拢。第二个意思也说"插插""促促"。

勤勤 ①形容敲击声:~敲|~打。②形容走路很快声音很响的样子:~奔来,~奔去。也说"剧剧"。

勤梗括得 梗读梗子之梗浊音。形容动作响动很大:手脚轻眼,莫~乱弄|小人~个,人真真拨其烦煞嘞。

蹦蹦 蹦音必,又音别。形容跳动并发出声音的样子:走路~跳|吓勒心~乱跳|歌谣:五月弹胡~跳,三国英雄算马超。《集韵·屑韵》:"蹦,跳也。必结切。"

蹬蹬 蹬音钝。形容走路很快声音很响的样子:走路~响|~奔来,~奔去。《集韵·等韵》:"蹬,~,行貌。徒等切。"

跫跫 跫音共。形容走路很快声音很响的样子:~来,~去|儿歌:~奔到戏文场,戏文还来闹头场。《集韵·钟韵》:"跫,人行声。渠容切。"

趓趓 趓读梗子之梗浊音。形容走路很快声音很响的样子:~走勒

方言词·性质状态类·声音、情貌

该边,～走勒荡边。《集韵·唐韵》:"趪,走貌。姑黄切。"

逷逷 逷音尺。形容走路轻快的样子:～走来,～走去。《集韵·洽韵》:"逷,行貌。测洽切。"

趞趞 趞音切。形容走路轻快的样子:～奔来,～奔去。《说文·走部》:"趞,行貌。"七雀切。

趠趠 趠音超。形容走路悠闲的样子:～走人家｜俗语:日里～走四方,夜到生三补裤裆。《说文·走部》:"趠,行轻貌。"牵遥切。

咕咕 ①形容认真思索的样子:心里～忖忖。②形容肚子饿时发出的声音:肚皮饿勒～叫。

愁愁 愁读阳去。①形容快而持续的样子:头发～白起来｜米缸～会浅落去。②形容哭声:～哭。

辣辣 ①形容快而持续的样子:火～大起来｜面孔～红起来｜人～瘦落去。②形容用力、快速的样子:～做生活｜～吃带进｜衣裳～汏其出。③形容咀嚼声、破碎声、说话声等:～嚼｜瓦片蹓勒～响｜应嘴～响｜～话其一顿。

克克 形容辛苦用力的样子:～做生活｜～挑担子。

切切克克 形容辛苦费劲的样子:～弄勒半日,家具总算摆落直噢。也说"嗯克嗯克"(嗯音鱼白读清音)。

四

虚词类

1. 副 词

（1）表示范围

划　音餐,下同。只;仅:该套衣裳～买上衣,好买哦? 唐李廓《长安少年行》诗:"～戴扬州帽,重薰异国香。"张相《诗词曲语辞汇释》卷四:"～,犹只也。"也作"灿"。明李诩《戒庵老人漫笔·今古方言大略》:"单谓之灿。"

划只　只音结,下同。只是;只有;仅仅:～一个人,电冰箱扛勿动个｜介多东西,～一只背包,齿勒过啊? 也说"划是"。

只只　只;仅仅:～一眼眼东西｜离分数线～差两分。

是只　只;只有;只是:钓了半日,～钓着一梗鱼｜该事体～其晓得｜其～讲讲,防来会买兮。

总只　①只是;只不过:～做眼小生意,赚勿着大钞票｜屋里～两个人,有啥好忙呢! ②只能;只好:侬下饭兮煮,～我来煮｜和总勿肯去,～我去。

纯　全;都:俗语:脚骨极细,～是力气。又:先生只是引路人,窍门～靠自家寻。《周礼·考工记·玉人》:"诸侯～九,大夫～五。"郑玄注:"～,犹皆也。"清刘淇《助字辨略》卷一:"～,全也。"

纯光　一共只有;总共:～一只苹果,拨侬吃仔嚄｜～介眼钞票,买了该样呒没该样。也说"纯做""纯只"(只音结)。

净根　①全部;一点儿不剩:房子买过,钞票～荡光嚄｜介眼东西,～拨侬仔也弄勿好嚄。②着实;真正:虾想煮咸眼,盐安忒多嚄,乃遭～咸嚯｜介难题目出带出来,～来的为难阿拉!

刮刮煞煞 全部;一点儿不剩:所有家当～来的嚯｜屋里～只有十万洋钿,再多也驮勿出嚯。

和总 全部;都:开会人～到齐嚯｜生了三个小人,～是囡。也说"统整""都整"(都又音土阴平)。

和落三姆 全部;统统(英语 all sum 的音译):大水做过,地作货～冲光嚯。

亨白冷打 一共;全部:～八个人｜～加起来,一年十万还勿到。也说"亨白冷""亨棚冷":独脚戏《关店大拍卖》:"一段印花乔其纱旗袍料,市面卖到三元一尺,阿拉亨棚冷卖十六元来!"

一塌刮子 一共;总共:班里～三个女生。也作"一塌刮仔":《九尾龟》第十回:"一塌刮仔勿到五千洋钱,说起来是也呒啥稀奇。"

凡到 大凡;凡是:～先响雷,雨限板落勿大个｜～碰着该种事体,心情和总一样个。也说"凡仔"。

聚头 ①一起;一块儿:夜到阿拉～去看电影。②名词。同一个处所:我搭大人庇勒～个。③动词。一起或同时做某事:侬走慢眼,搭我～。也说"屯头"。也作"聚队""屯队"。

大家 大音毒,家白读。一起;共同:积木拨弟弟～覅和｜侬去游河,我～去｜侬坐过去眼,拨其～坐。《雨花香·双鸾配》:"子芳方才省悟,两个～哭起来。"

叾注 叾音等。一并:账～算｜衣裳～汏｜三十年夜叾叾注注打一顿。《字汇补·足部》:"叾,俗字,零叾也。东本切。"

(2)表示程度

忒 音塔。太:～瘦｜～客气｜天家～热。《水浒全传》第二十一回:"宋江道:'你女儿～无礼,被我杀了!'"

太 音拖去声。表示程度过头:饭吃～多｜该人～老实。清段玉裁《说文解字注·心部》:"忒之引申为已甚,俗语用之。或曰大,他佐切,或曰～,或曰忒。"大、太古今字,"大"有徒盖切、唐佐切两读,故"太"也有他盖切、他佐切两读。

顶 最(表示程度最高,宁波话不说"最"而说"顶"):～好｜～坏吃｜～欢喜踢足球｜～多三日还侬。

极 只修饰个别形容词。①最:～刻。②很;非常:～细｜～鞯(音剃)。

阿 很:～难弄｜～难死｜面子～要｜小小人,跳跳舞倒～泛｜俗语:屁股像尺八磨,阶沿～要坐。

蛮 读清音。挺;很:～多｜～冷｜～爽快｜儿子～争气。《海上花列传》第十七回:"只要耐心里明白,就～好。"

贼 ①很;非常(多用于不好的方面):～苦｜～臭｜～皮｜～难看｜～～笨｜俗语:衣裳～破,胆子～大。②名词。中老年夫妻背称自己配偶时加在"老太婆"(婆又音盘)、"老头"(头又音队)前,表示亲昵或厌恶:阿拉～老头顶欢喜看体育节目｜阿拉～老太婆每日叉麻将,屋里弄勒和白篮摊,走也走勿进。第二个意思有的也说"瘟""死"(白读)。

的 很;非常(只修饰少数形容词):～滑｜～糯｜～软｜～～薄。

呆 音岸阳平。①很;非常:～好｜～快｜～客气。②形容词。很多:街里人～噢｜走过去路～噢,还是打个的哦。

侅 音看阴平,又音开。①很;非常:～大｜～闹热｜～坏吃。也说"侅煞"。②形容词。很多:报名人～噢｜今年房价涨～噢。《说文·人部》:"～,奇～,非常也。"《广韵·咍韵》苦哀切。北仑也说"碎"。

有眼 有点儿:头～晕晕动｜下饭～馊气噢。

时眼 ①挺;比较:雨～大｜箱子～重。②形容词。许多:下饭买～｜家计撑进～。

交关 ①很;非常:～热｜～忙｜相貌～好。《冷眼观》第二十八回:"再菊唱两声改良格新曲子,到～好笃。"②形容词。很多:汗出～｜新屋起～｜考进一本人交交关。

犯关 非常;极其(程度比"交关"深):蟹～壮｜价钿～贵。

胥派 胥音文。①非常;别提有多么:用场～大｜讲口～好。②形容词。别提了;多形容味道非常好:咸齑大黄鱼,味道～嘴!

唅好 ①非常;极其:本事～大｜跑步～快。②形容词。不得了;形容数量多、程度深或情况严重:钞票赚～嘴｜该里苍蝇～嘴｜介远路走去～嘴,眼乌珠也走勒翻白嘴。

放命 特别:该人～儴｜今年～冷。也说"放命头"。

出格 格外;特别:价钿～便宜｜题目～难做｜该小人～皮。

意外 ①格外;特别:该人～笨｜其大戚戚个,搭侬是～客气的嘴。②形容词。言行异常(含贬义):该种闲话也～个,好舀讲个｜该种人也是～个,吭没咋看张过。

阴鹭 鹭音结。①非常;极其:走路～慢｜屋里事体～介多。②名词。阴德:三缺一,勿来伤～。

兜心 完全;彻底:该样事体～忘记嘴。也说"兜底"。

和个 完全:该两种酒味道～各样个｜两年吭没看张,人～变样嘴。也说"整个""全个"。

大笔头 大白读。大大:我年纪～比侬大｜格貌算法,我～吃亏嘴。

笃长 足足;整整:今末～走了廿里路｜该本书～看了两个钟头。

多少 少音小。多么:～有趣｜其字写～好啦,我搭其咋比啦!另,"多少"可急读为"多"(上声):牙齿多痛啦｜昨末夜到雨落多大啦!

益加 益音意,又音怨。更加;越发:啤酒吃吃,肚皮～大嘴｜雨一落,～冷嘴。《林兰香》第五十一回:"虽因红雨一时反目,然于妇道～小心。"

稍势 稍微:盐～安眼｜电视机声音～关幽眼好哦?

差眼 差音车。差点儿:今末上班～晏到。也说"差一眼"。

煞 ①用在动词、形容词后面表示程度极深,相当于"死":走～｜笑～｜热～｜气～｜忙～｜写意～｜有趣～。②很;非常:桌凳揩勒～清爽。③动词。死;因……而死:苍蝇打其～｜吊～｜浸～｜俗语:吃～总比饿～好。又:做做唅唅～,吃吃要吃～。

煞死 死白读。①用在动词、形容词后面表示程度极深:奔～｜冻～｜哭～｜愁～｜烦～｜忙～｜急～。也说"煞快"。②动词。

死;因……而死:其是饿~个|狗是拨人家药~个|儿歌:飞机倒头飞,白眼㧟~。

煞人 用在动词、形容词后面表示程度极深(一般用在泛指的场合,不能指确定的人):该天家冻~|牙齿痛起来痛~|该只视频要笑~个|老板勿欢喜,做~也朊没用场个。

足 ①用在形容词后面表示程度深,相当于"极":儚~嚸|写意~嚸|有趣~嚸|笨过笨~嚸|快过快~嚸。②表示不会超过这个数量或程度,相当于"最多""到极点":该梗鱼两斤~嚸|该篇毕业论文打个"良"~嚸。③表示足可以过得去,相当于"足够":房子、存款和总拨侬总~了呐|买一只做色做样新照相机赔其~了勿啦?

足输赢 用在形容词、动词后面表示程度深或数量多,相当于"到了极点":面子大~|小苦吃~|该桌酒水两千块算~|六小龄童搭其拉阿爸六龄童像~。

猛 用在形容词后面表示程度深,相当于"很"或"得很":路远~|人多~|下饭好~|带鱼新鲜~。

朊采去 朊音姆妈之姆。用在形容词加"勒"的后面,表示程度深(多用于消极方面。朊采:没地方):笨勒~|懒勒~|瘦勒~。

塔塔响 用在动词后面,表示程度深:耙背~|债背勒~|亏勒~|蚀本蚀勒~。

暗气介 用在动词、形容词等后面,表示程度深或数量多:孽造勒~|该笔生意,公司损失~|食堂里人多勒~|其勒屋里钞票积带落~。也说"暗气一样"。

阿姆阿伯勿认得 用在动词、形容词加"勒"的后面,表示程度深(多用于消极方面):钞票输勒~|债背勒~|笨勒~|寿勒~|忙勒~。也说"阿伯阿姆勿认得""阿爹阿娘勿认得"。

算账 用在动趋结构后面,表示完成动作很容易、很轻易:课文背出~|介高围墙爬上~|菜场交关近,门口走出~|讲闲话要忏忏看,莫讲出~|歌谣《催生歌》:"快生快养,滑落~!"

可怜 用在动词加"勒"的后面,表示完成动作很费力气,或表示程度深:西瓜种勒～,和总拨贼骨头偷去噜｜謦拨其謦勒～,啥人还会睬其嚹!

躓去 躓音冲去声,去白读。用在动词加"勒"的后面,表示完成动作很费力气:生活做勒～｜账算勒～。《广韵·用韵》:"躓,跳躓,行不正也。丑用切。"

劯百筋 劯音堆上声。用在动词加"勒"的后面,表示完成动作费尽力气:写勒～,还只写一半｜讲勒～,其一句也嬲听。《改并四声篇海·力部》:"劯,着力牵也。都罪切。"也说"眼乌珠翻白""劯九筋""劯八劯九筋"(由百谐音八衍化而来)。

(3)表示时间

暴 ①初;刚刚:新花～热｜俗语:～吃馒头三口生。《照世杯·掘新坑悭鬼成财主》:"～学三年赢,他后来有得输哩。"②指腌制的时间短暂:带鱼～盐盐再清燉。《广韵·号韵》:"～,猝也,急也。薄报切。"

暴时 ①初;刚刚:～来宁波,路也会摸错｜俗语:～种田,碰着闰年。②偶尔:俗语:～做世人,何必介认真?也说"暴生"。

先勿先 首先:侬想买汽车?～侬老娪就勿同意｜该顿饭,单单酒水,～要五六百块。《金瓶梅词话》第二十六回:"先不先只这个就不雅相。"

本格 原本;本来:我～想到外头过年,后头忖忖算掉噜｜该地方～是郊区,该晌变成黄金地段嚹。也说"本当""本生"。

否则 原来;本来:我～派去个,后头人客来嚹,吪告去嚹。也说"否格""勿然"(然又音泥)。

蓝扮 偶尔:香烟～吃吃｜汽车～开开,多数坐地铁。也说"蓝扮头"。

千年蓝扮 偶尔;次数极少:电视每日看,电影～看一回。

赖花头 偶尔;有时候:麻将～叉叉｜忙做忙,～也要出去走走。

候着 ①有时候:昼饭～吃食堂,～自家担去。②有机会:我搬勒波波城的嚹,～好来走走呐!这两个意思也说"候着记把"。③动词。

方言词·虚词类·副词

碰到机会:侬莫拨我～,拨我～仔䈎搭侬客气个！｜侬介欢喜吃肉,今末下饭纯是肉,该记拨侬～噢！

有两遭　有时候:双休日～去爬爬山｜台湾水果～宁波也有卖个。也说"有辰光"。

每遭　经常:其拉屋里我～去个｜该个字我～要写错。

老老　经常:～做好事｜～要请假。也说"老长":俗语:老长来走走,好䈎挈包头。

随常　①经常:阿拉屋里其～来的来嗨｜电视～看看其,格䈎心焦噢。②形容词。一般;普通:～东西好䈎买个｜咦勿是请大人客,～眼下饭弄眼吃好噢。

三八两时　经常:两老头～要造孽。也说"三时八节""三八时"。也作"三不时":《何典》第五回:"(牵钻鬼)三不时在娘面前添枝换叶装点他短处。"

三日两头　日白读。经常(程度比"三八两时"深):阿拉老头～要出差。

打长　长久地;不间断地:其身体推扳猛,～要吃药｜介多人吃饭,一个人～弄饭还来勿及。

时格　老是;一直:介难听闲话～会讲过去｜等了半日,～勿来。

一到　一向:其人～交关做家｜阿勒两人～交关要好。也说"一到里""一到来""随到里""随到来"。

一日到夜　日白读,下同。一天到晚:～吭没庵,勿结忙眼啥东西。

逐日　每天;天天:看张其～加气。《初刻拍案惊奇》卷十五:"卫朝奉～着人来催逼,陈秀才则不出头。"

随路　随时:衣裳～汏眼出,莫积到礼拜日㕷注汏。也说"逐节"。

日加日　一天一天地:该呛鲜白蟹～便宜。

迟早点　迟早:该人介旺,～要出事体个,侬看的好噢。也说"早晏"。

傍早　趁早;提前:火车快到站噢,行李～整好。《一片情》第二回:"(杜云)晓得邵瞎子早晨有生意忙的,～钻入羞月房中去。"

老早　①很早;早就;早已:该小娘蛮罪过个,大人～就吭没噢｜该响去吃饭？食堂～关门噢！②名词。从前;过去:其拉阿伯～是当兵个｜该里～有个电影院。第二个意思也说"老早子"。

老早百里 早就;早已:饭～煮好嘞｜等我爬起来,其～上班去嘞。也说"老早百年"。

迟了百迟 了音燎。很迟;很晚:该事体～我还只晓得。

还只 音活结。①刚刚:饭～吃过｜被头～晒过。②才:教授评勒三年,～评上｜俗语:肉卖完,秤花～晓得。

随手 随即:侬先去,我～来｜我去打个横,～会来个。也说"由手""由数"。

当忙 随即;立刻:其来来～去嘞,饭也勿肯吃。也作"当马"。

晏眼 晚些;等会儿:雨介大,～再走｜该响忙猛,～再讲。

捱两日 捱音外。过几天;过一段时间:心莫介急,～我会搭侬弄好个。

庞响 庞音屯(庞即"停"之音转),响音上,下同。过一会儿:先吃饭,衣裳～汏｜该响呒没空,～搭侬打电话。也说"庞点""过响""庞一响""过一响"。

再响 再一会儿;再过一会儿:会～开好嘞｜侬坐响,其～好来的嘞。

庞呛 呛音抢(呛即"顷"之音转),下同。过一段时间:该事体～再讲｜好好养身体,～再来看侬。也说"庞一呛""过呛""过一呛"。

再呛 再过一段时间:杨梅快来吃呐,～要落脚嘞!

临时口紧 临时;临到事情发生的时候:机票傍早买好,～买勿着个。

趚时里 趚音石。一时;一下子:介多债,～还勿出个｜～起风嘞。《广韵·洽韵》:"趚,行疾也。士洽切。"也说"趚时"。

一时三刻 一时;一下子:天家～阴落来嘞｜调工作事体烦杂猛,～弄勿好个。也说"一时里""立时三刻""立时里"。

勿打记头 突然:～肚皮痛嘞｜～忖起一样事体。也说"打勿记头""打末知头"。

(4)表示语气、情态

啥 音束,又音梭。①难道:介大事体侬～勿晓得啦?｜该生活我~嬔做啦？②语气词。用在反问句句末:格貌人好当领导~？｜榴莲依讲好吃~？我是碰也𠄔碰｜该眼梨头啥有五斤~？我倒要称称看(本例"啥……啥"呼应,相当于"难道……吗")。③语气词。相当于表示列举的"啊":蟹~、虾~、鱼~、肉~,摆勒一桌凳。

怕 难道:其~来的骗我啊？｜介好天家~会落雨啊？《水浒全传》第六十二回:"你那瞒心昧己的勾当,~我不知!"

怕其 难道:格貌~弄勿来啊？｜介眼饭~吃勿落啊？也说"得怕"。

吪本 难道;难道可以:依答应嗄,我~摘依帽子啊？｜其电话时格打过来,我~勿接啊？应付总要应付个。也说"依本"。

且看 且音筶阴上。哪里见得:吪没杀猪屠,~会吃带毛猪嬔｜该种闲话其~会讲嬔。也说"看其""且叩""倒叩"。

防来 哪里;怎么:依煮出来个下饭~会好吃哦？｜介好天家~会落雨哦？也说"防依来"。

亲 读去声。表示位置上紧挨着:~门口｜我坐勒其~旁边｜书驮勒~面前也看勿清爽。

可 大约:我要买梗鱼,~两斤重。《史记·高祖本纪》:"夺其军,~四千余人。"清刘淇《助词辨略》卷三:"此~字,约计之辞也。"

净 用在数量词前,表示多,相当于"好":鱼煮好就吃掉,莫~几日摆过去｜阿爷胃口交关好,饭~两碗好吃嗄!也说"甚"。

头 用在"两""两百""两千""两万"等数词前,表示接近这个数目:~两斤｜~两个月｜~两百里｜~两千块。《官场现形记》第四十八回:"~两万银子,算来难不倒他。"

靠 用在"十""廿""百"等数词前,表示接近这个数目:儿子~廿岁嗄｜该只箱子有~百斤重。《官场现形记》第二十二回:"他说认得老爷有~十年光景。"

毛 ①用在整数前,表示接近这个数目:该篮杨梅有~廿斤｜看上去~五十岁个人,已经退休啦？②大约;大致:~估估｜~约约。

大约目 大约;大致:到会人~有三百横里｜该笔账~算算好嗄,好孵一钉一眼算个。也说"大节目""大题目"。

撩表 大致;粗略:屋里报纸交关,呒没辰光细看,只能～翻翻。

莫 音猫文读,下同。恐怕;别是:天介怕人,～要落雨呢｜手机～办公室里错落该嗒。

莫怕 恐怕;别是:介多年数呒没见面,碰着～勿认得的嗒｜该笔账～算赚的嗒。

呒数 ①恐怕;可能:介晏嗒,其～赡来的嗒。也说"阿爬""阿防"。②动词。说不定;没准儿:呒没别人讨保,该小鬼拨我敲煞也～个。

作兴 ①也许;可能:再等响,～其会来个。甬剧《两兄弟》:"小凤！你还是先到村头小酒店里去看看,～他还在那里！"②连词。万一;假如:～车票买勿着,自家开车回老家过年｜衣裳多带眼,～冷空气来嗒好穿穿。

落去 这样下去;可能:账时格对勿拢,～要吃赔账嗒｜天家闷勃勃个,～要落雷雨的嗒。

弄仿 也许;可能(仿即"勿好"之合音):今末～要晏到的嗒｜到该响还勿来,通知～呒没收到。也说"弄勿好"。

像人家 好像;仿佛:天～要落雪介｜人壮勒～柴油桶一样｜其今末整日闷声勿响,～有啥心事。也可急读为"像家"。

像煞 好像;似乎:该地方介熟悉啦,我～来过嗒。

顶好 可别;该不会:其阿啥勿来考试？～日脚记错了嗬！｜明朝～落雨嗬,格运动会呒告开嗒。

派派 按理说;照理:讲好掉东西,～赡背我木梢个｜其～好来嗒,咋还勿来啦？

大面 大白读。①多半;很可能:看相势,～生囡个。②形容词。可能性较大:我看生儿子～。

稳 肯定:该笔生意～赚｜该副牌我～赢个。

限板 肯定;必定:该场比赛～阿拉赢｜读书介用功,一本～考勒上个。也说"板规"。

好坏 坏白读。肯定;必定:格貌弄落去～要出事体个。

堪好 堪音看。肯定;必定(堪:坏):该只西瓜～熟个。《生销剪》

第十四回:"不管几等秀才,见他时节,～横晕饭、竖晕饭,尽情轻薄。"通作"看好"。

生好 ①肯定;必定:该网考试我～勿及格个。②形容词。肯定如此:老酒吃勒格貌样子,回去要拨其拉老婆謷的嚹。——～嚹!

百发百中 百又音必。①肯定;必定:电瓶车～是其偷个。②形容词。肯定如此:我蛏子一吃就要肚皮犀,～个。

有呒 总是;肯定:屋里有事体要出力嚹,其～要生病嚹。

定规 一定;硬是:呕其莫去,其～要去｜拨其钞票,其～勿肯驮。《官场现形记》第四十四回:"谁知这位老爷一根针也不肯放松,～不答应。"也说"定规性""定坚";也作"定归":《官场现形记》第三十七回:"我定归不答应,你快别闹了!"

千定万定 千万;务必:该封信交关要紧,～搭我带带到。

硬劲 硬是;坚决:其～勿肯去,格就算嚹。

硬致致 硬是;硬生生:该毛病～是吃出来个｜侬～要去,我也呒没办法｜其勿想当班主任,～答应个。也说"横致致"(横读零声母阴平)。

血心 拿定主意,不顾一切:～要买汽车｜～要考公务员。

前生前世 生白读,世音细。①绝对;无论如何(多用于否定式):该闲话我～嫑听｜侬会做生意? 我～勿相信个。也说"万生万世"。②形容词。形容蹊跷,意想不到:该事体～嚹!｜两个队～扣扣会来勒八强里碰着。

随悟咋 悟音鱼白读。无论如何(多用于否定式):介多下饭,～吃勿完｜问问其～勿肯讲。也说"随便咋"。

总归子 总是;终究:大人闲话～要听个｜房子～要买个,迟买勿如早买。

真 才(多用于否定式):告地方我～嫑去嚹｜该种人我～呒去睬其嚹。

真可 真的;实在(可即"个"之音转):～来勿及,明朝再讲｜～吃勿落,剩的算嚹。也说"真个":唐韩愈《盆池五首》诗其一:"老翁真个似童儿,汲水埋盆作小池。"

真真 真正;实在:～忙煞｜～心焦煞｜俗语:～犯关,外婆做产。《红楼梦》第八十九回:"(宝玉和黛玉)两个人见了面,只得用浮言劝慰,～是'亲极反疏'了。"

真道话 ①的确;确实:其酒～赡吃个｜该闲话我～呒没讲过。②形容词。真的;果真如此:阿督出事体嗷。——～啦? 也说"真到话""认真话"。

正式 ①的确;确实:～有格貌一样事体｜该部电影～交关好看。②形容词。真的;果真如此:人家讲侬要辞职,～啦?

是会 真的;果然:～拨我料着｜气象报告要落雨,～落雨。

老少无欺 少白读。真的;着实:该份人家交关穷,屋里～呒没啥东西｜侬嘴巴再强,～搭侬勿客气!

断窍 居然;实在:介死样东西,～还鲜索煞｜俗语:清清白白,～苦煞。

断命 ①真正;实在:钞票跌落介多,～会难熬煞。②形容词。令人讨厌的;该死的:～老鼠｜～老头｜～行为｜过年过节会碰着该种～事体!③口头禅,相当于"真要命":～个,手机咦忘记带嗷。

实货 ①其实:该只包～交关贵｜其～呒没读过几年书。也说"实为"。②形容词。实在;实惠:驮到手～｜纪念品好焅买个,还是吃场买眼～。

扣 ①恰;正:汤锅水热温温,汏汏面～好。②偏偏:其呕我莫去,我～要去。也说"扣扣""候扣""扣正"。

眼眼叫 恰巧;凑巧:酒吃过车子莫开嗷,～拨警察查着仔死蟹嗷｜俗语:～碰着～(巧而又巧)。

亏煞 亏音区。幸亏;亏得:该事体～侬帮忙｜～带伞,勿然淋煞嗷。也说"亏勒"。

侬掉 本来就:我～忙煞,侬还要来加忙｜我～睏勿熟,侬电视机还开介响｜侬～已经介黑,红猛日头还要晒的! 也说"因掉""呒掉""因即"。

且是 且音管阴上,下同。自然;定然:人大嗷,～会懂道理个｜汽车多开开,～会熟练个。

且顾 只管;尽管:～吃,莫做客｜侬～读书好嗷,屋里事体好焅记挂个。

横纵 反正;横竖:～勿出去,雨随便其落勿落。也说"横直":《四明山革命歌谣选》:"横直阿拉自己人,一定勿会来看轻。"

偏生 偏偏:依呕我莫讲,我～要讲。《石点头》第八回:"理上取不得的财,他～要取;理上做不得的事,他～要做。"

特为 ①故意:～装勒咉没看见｜该事体我～勿拨其晓得。②特地:介远路～来看我,情致足足嚠! 也说"特特为""特特为为""特意""特特意""特特意意"。《负曝闲谈》第二十回:"因为要故作匆忙的样子,特特为为把帽子留在他家。"

偶凑 音暖彩。不小心地;非故意地:小人～饭碗敲碎,莫謦其｜～搭依碰着个,火气介大阿啥干啦!

顺埭 埭音大文读阳平。顺便:依出门辰光～垃圾带带落去。甬剧《康王庙》:"依门口等一等,我拿香篮～去呕出来。"也说"顺埭过便"。

顶头摸脚 径直;直接:车票买好,依～交拨其好嚠｜夜学放出～回勒屋里,路里莫嬲和。

依路 依即"沿"之音转。①顺着路边上;顺着道路:～寻过去｜奉化城里出来,～有卖水蜜桃个。②一路上:买包香瓜子,～吃来｜儿歌:呕其淘淘米,～喂小鸡……呕其倒痰瓶,～拘蜻蜓。

依埭 埭音大文读阳平。顺着路边上;顺着行列:两边～是新房子｜浇花～浇过去,莫拨其错落。也说"挨埭"。

咦 音已("又"之音转)。又:昨日落雨,今末～落雨｜两亲家公～是同学～是同事。明冯梦龙《山歌·嫖》:"有子吹笙～要箫,有子船行～要桥。"

原方 原又读清音。依旧:书看好～安勒书架里。也说"原旧"。《官场现形记》第十八回:"他回省之后,原旧可以当他的差使。"

仍规 仍音成。依旧:夜到～吃年糕｜病是好嚠,人～萎笃笃个。

同同 ①依次;相应:位子～移过去眼｜每节课～提早十分钟。②一同;一齐:两老头恩恩爱爱～到老。

直落 ①接连:拳头～输了五记。《古今小说》第二十六卷:"～打了三十下,打得皮开肉绽,鲜血淋漓。"②动词。径直往下:歌谣《宁波码头孅》:"北京是心脏,火车通苏杭;苏杭名气大,～到宁波。"

煞扣 拼命;竭尽全力地:～哭｜～吃｜～赚钞票。

生三 生文读。拼命;竭尽全力地:～奔｜～写｜雨～落｜菩萨面前～拜。也说"生死"。《金瓶梅词话》第四十一回:"于是生死把大姐子留下了,然后作辞上轿。""生死"与"生四"谐音,避讳"死(四)"字,故说"生三"。

恨性命 拼命;死命;竭尽全力地:～吃｜介壮人～奔也奔勿快个。也说"要煞性命""要条性命""恨命""恨死命""恨死老命"(死文读)。

阿讲 阿又音屋。使劲;好好地:书～读｜饭～吃｜俗语:勿冷勿热～做,十二、六月好坐坐。

枉为 白白地:鸡也勿敢杀,侬～做男人。

门门账 ①应该;理该:该埭路～半个钟头好开到咧,今末开了一个钟头。②形容词。理该如此:小人供(音宗)大人,～个｜侬搭其客气相,其当作～。也作"门分账":《黄绣球》第十四回:"当了尼姑……虽然吃念素经是门分账,到底这募化就是第一件苦事。"

单怕 只怕;惟恐:～其勿得知,得知限板会来个。也说"独怕"。

怕敢 因有所顾忌而不敢:生头地方一个人～去。鲁迅《呐喊·一件小事》:"我走着,一面想,几乎～想到我自己。"

能可 宁可;宁愿(能即"宁"之音转):俗语:～做蚀,勿可做绝。元严忠济《天净沙》曲:"～少活十年,休得一日无权。"也说"能使":俗语:能使搭儇人背包袱,勿可搭笨人出主意。

反使 反而:过年过出,天家～冷嘞｜礼拜日屋里事体一大堆,～比平时日脚还忙。也说"反向"。

三弄四弄 居然;竟然:该小鬼活灵死出的嘞!～偷人家东西!

偷盘 偷偷地;暗暗地:～搭其讲一声｜儿子钞票～塞拨阿娘。《黑籍冤魂》第九回:"这是吃鸦片～过瘾的苦处。"也作"偷伴":明冯梦龙《夹竹桃·怕有渔郎》:"姐道:郎呀,偷伴来时依旧偷伴去,怕有渔郎来问津。"

管且啥 啥音梭。随随便便地:下饭好甮去买嚤,～吃眼好嚤。

跌倒势讲 ①退一步说:白酒吃勿落,～啤酒吃眼|出脾难看不刺个,～背单穿件的。②大不了:打的打勿着,～走去|大学总有读个,本科考勿上,～读专科。第二个意思也说"跌落马"。

（5）表示否定

勿 音物,又音发。不:～去|～相信|～上～落。也作"弗"。"勿",《广韵》文弗切,音物,浊音;"弗",《广韵》分勿切,音发,清音。两字本来不同音,意义也不完全相同。宁波话的否定词本来是"弗","勿"是"弗"的弱化形式,今从俗统一作"勿"。

莫 音猫文读,下同。别;不要:～动|～难熬|～去睬其|俗语:吃饭～饱,饭后～跑。

莫咋 别老是:香烟～吃|牢骚～发|其拉屋里～去。也说"莫大"（大文读）。

呒 音"勿会"急读。①"勿会"的合音词。不会（读阳平）:该只歌我～唱个|俗语:会做也勿难,～做拔筋骸。②不;不愿意（读阳去）:衣裳我～汏|落雨天家下饭我～去买。③语气词。用在句末,表示疑问语气（读阳平,"哦"之音转）:上海去～?|该闲话侬到底讲过～?

呒咋 不大会;不怎么会:歌～唱|老酒～吃|闲话～讲。也说"呒大"。

甮 音文,下同。①"勿用"的合音词。别;不用:～客气嚤|多讲～讲嚤|～多老娘钿嚤!清范寅《越谚》卷上:"曼心宽,～屋宽。"②用在疑问句里,相当于"要""用":我～搭侬帮忙哦?|昨末下饭买介多,今末啥～再买啦?

好甮 不用:俗语:借伞～谢,单超眼过夜。又:天起鱼鳞斑,晒谷～翻。

嫑 "勿要"的合音词。音如番,下同。不要:～看|～穿|～睬|羊肉我～吃。

嫑其 不要:带鱼勿新鲜,我～│该东西送拨我也～。

嫑咋 不大要;不怎么要:肉～吃│电视～看│老师闲话～听。也说"嫑大"。

呒没 常读成一个音节,读密清音,下同。①不:人～来的│生勒～难看│该只西瓜～大。②没有(否定动作或状态已经发生):雨～来落│开会～去│天还～亮。③动词。没有("有"的否定式):～花头│～铜钿│～工夫看电视。④动词。死的婉辞:阿太旧年～嗻。

呒没咋 ①不大;不怎么:西瓜还～熟│该哈丈姆屋里～来去。②形容词。不大有:味道～│亲气～│花头～│趣相～。也说"呒没大"(大文读)"呒没啥"(啥音梭、沙)。

呒没只 只音结。用在表示数量的词语前面,强调数量少:～几年│～多少辰光│过年屋里庼勒～几日│荡双鞋便宜个,网购～几块钞票。

呒告 呒音姆妈之姆。①不能:停电嗻,电视～看嗻│驾照吊销嗻,车子～开嗻。②动词。没有;没有什么:～啥东西拨侬吃│～事体街里好孬去个│俗语:下饭～饭吃饱。又:～话头,眼泪鼻头。③不要紧;没关系:对勿起!——～个│该种小毛病～个,好孬担心。④一场空:弄弄㑷力煞,来的弄眼～!

只勿 只音结。要么不:其～来,来了我就搭其讲│天～晴,晴了阿拉就动身。

勿结 不知(结即"知"之音转):其～姓啥,我忖勿起来│每日忙煞介,～来的忙眼啥东西。

勿及 及音其。用在动词后面,表示来不及:做～│看～│穿～│杨梅驮带来介多,吃～嗻! 清范寅《越谚》卷下:"及,(音)其。'来弗及''来碌弗及',两及皆音其。"

勿来 用在动词或动宾结构等后面,有"不能……"的意思:鞋忒小,穿～│饭生个,吃～│做人～│过日脚～│赚钞票本事及其～│俗语:小人泡冲头磕开,外婆屋里去～。

勿像 ①用在动词或动宾结构后面,有"不会……"的意思:汽车开～｜普通话讲～｜滴滴打车打～｜自家做人～,好甭怪人家。也说"勿相像""勿相相"。肯定式说"……勒像""……勒相像""……勒相相"：该门题目我做勒像个。②形容词。不妙；不好：一看～,活奔就走｜俗语：大人～,小人看样。

勿过 ①用在动词后面,表示容纳不下,有"……不下""……不了"的意思：介多人,小教室坐～｜介多东西,一只包甴～。肯定式说"……勒过"：介管人,两部车子乘勒过。②用在形容词后面,表示程度深,有"……得很""非常……"的意思：手脚慢～｜年纪大人毛病多～｜该人生勒嫩～,看勿出有五十多岁嚅。

勿好 用在动词后面,表示数量少,不能令人满意：开爿小店,赚～嚅｜靠眼净工资,钞票积～嚅｜介眼东西,和总拨侬仔也弄～嚅！

勿有 用在动词后面,表示数量少,收效微：海瓜子吃～个｜靠打工过日脚,钞票赚～。

勿相似 用在动词后面,有"做不胜做""收效甚微"等意思：海瓜子吃是好吃个,只勒吃～｜介厚一本书抄落来,抄～｜靠介眼工资积钞票,积～个。肯定式说"……勒相似",但只出现在反问句里,表达与字面相反的意思：介多垃圾,一个人撮勒相似啊？

2. 介词、连词

（1）介　词

拨 又音北。①被：鱼～猫背去嚅｜衣裳～雨淋湿嚅｜蚊虫～我打煞嚅。②给：勿讲～侬听｜书啥辰光还～我？③让：该事体再～我忖忖看｜门～其开的,好通通风。

搭 ①跟；同：儿子～阿爹一样长嚅｜俗语：穷勿～富斗,富勿～官斗。②替；给：～我帮记忙｜门～我关关拢｜东西莫～人家弄坏。③对：其～我点点头｜该本书～我蛮有启发。④把：～我呕带来,做啥啦？｜～人家玻璃窗敲敲碎,还要装小货。⑤到:侬～阿里去？｜～明年该辰光,小人会走嘞。⑥从:～阿里介走？｜～商店里出来,天已经暗嘞。⑦连词。和;跟:包～手机莫错落｜苹果分两堆,大～小搭带开。⑧又音塔。副词。都:该事体侬忖～好峒忖个｜药吃仔用场一眼～呒没个。⑨副词。倒:东西～还好,价钿忒辣｜衣裳再勿汏,烂～要烂腐的嘞｜大人还呒没动筷,侬～先吃起来嘞！另,"搭我"可合音为"躲",如:侬躲呕其一声。"搭侬"可合音为"等",如:点心等买来的嘞。"搭其"可合音为"底",如:该封信侬底带带去。

向 给(与表知道义的"道"搭配使用):话～其道｜点～我道｜俗语:河泥草子壅早稻,勿可话向亲家道。

使 拿;用:小鬼,再坏坏我要～呼筱丝掼嘞！｜镬滞底嘞,后头来我～清洁球擦个啦,还只汏起｜俗语:麻将吃谷～火燀(音谈)。

带 连,表示包括:～我八个人｜苹果～皮吃｜我生病,～侬也吃小苦。

连兼 连,表示强调:介大人～衣裳都呒汏｜今末忙勒～吃饭工夫也呒没。

除出 除了:～上课,还要当班主任｜～老张,别人和总通知到嘞。

活被 都怪;都因为:～其,我拨阿拉阿姆謷一顿｜～侬拖勒我讲闲话,弄勒上班会晏到。

（2）连　词

凑 音脆。和;跟:书～书,杂志～杂志,分带开安｜俗语:老～老,讲讲有味道。

搭仔 和;跟:其是色盲,红灯～绿灯分勿清爽｜该人吃素个,鱼～肉碰也勿碰。也说"搭"。

为仔 因为:～身体推扳,只好提前退休。

格 ①那么:侬勿肯去,～总只我去｜药吃吃呒没用场,～咋弄弄呢？②助词。用在某些名词或代词后面,没有实在意义:其杭

方言词·虚词类·介词、连词

州～来｜荡边～走｜我～搭侬忖忖还是勿买好｜该种～事体莫去做。第二个意思也作"介"（实即代词"介"的弱化形式）。

格末　那么：如话飞机票买勿着，～乘动车。

格勒　所以；怪不得：今年杨梅是大年，～介便宜｜该人整容过嘞，～认勿出嘞。也说"格勒格""介勒"。

格勒话　所以说：荡呛特别忙，～侬身体勿好也吭没去看侬。

否格　否则：走快眼，～来勿及嘞｜明朝候扣有事体，～陪侬去一埭。也说"反格""反即""勿然"（然又音泥）。

虽则　虽然：蔡老师学历～勿高，教书生活交关好。也说"虽即"。

勿是　或者：红酒～啤酒，随侬选一样｜该个会侬去～我去，总超一人去开。也说"勿得"。

勿生好心　不料（用在后半句的开头，表转折）：兴冲冲去春游，～落雨嘞｜旧货摊里淘来一只手镯，～是假货。

必可　不过（"不过"之音转，表转折）：药吃来的吃，～吭没啥效果。也说"必过"。

做　尽管；即使（用在两个重叠的形容词中间）：俗语：夜～夜，豆腐慢慢卖。又：穷～穷，还有三两铜。《鼓掌绝尘》第十一回："若是小弟去寻他，又说是公子这里，决然忙～忙，料来没甚推却。"

竟　真要是（表假设）：～大家勿同意，其也吭没办法｜其～丫脸犯落，我倒㑚怕其个。

竟得　如果；都：讲其两句～要难熬，下日啥人还会睬其嗬｜格貌一碰～要碎，该只杯子还有啥用场呢？

如话　如果；假如：侬～勿去，我也勿去｜～来勿及，夜到大家加班。也说"是话"。

笃知　或许；万一（笃即"得"之音转）：衣裳多穿眼，～夜头要冷｜～软卧买勿着，买硬卧好哦？

铁爬　如果；万一（疑为"倘"之缓读）：～落雨呢？伞带的仔好｜外头出去钞票多带眼的，～要买眼东西。也说"铁防"。

只勒　只音结。只是；只不过：房子地段交关好，～价钿忒结棍｜下饭没桌凳个,～差眼酒。

但便 ①随便;不管:～其咋勿咋,搭我勿搭界│自助餐一百块一人,～侬吃多少。②动词。随;任凭:劝劝其骠听,～其│呕是呕其过嗜,来勿来～其。

省勒 省又音山。省得;免得:伞带去,～淋雨│记一笔的,～忘记。

单超 只要:～货色好,价钿贵眼吭告个│俗语:漆匠好崩学,～漆勒薄。

3. 其他虚词(附象声词、词缀)

(1)叹　词

哎 音安,又音含。①用于招呼及应答:～,侬来呐!│小黄!——～!啥事体啦?②语气词。表示强调、提示等语气:揩玻璃窗当心～!│外婆～,侬来呐!

呕 用于应答:姆妈,侬来呐!——～,我来嘴。

唊 音肮,又音杭。表示领悟:～,还是介貌一回事体。《广韵·唐韵》:"～,应声。乌郎切。"

噢 表示领悟或突然想起:～,我晓得嘴│～,还有一样事体要搭侬讲。

嚄 音霍,又音或。表示惊讶:～,该回考勒一百分!《史记·外戚世家》:"武帝下车泣曰:'～!大姊何藏之深也!'"司马贞索隐:"～,盖惊怪之辞耳。"

嘻 音害。表示赞同或惊叹:～,是格貌个│～,侬猜的一眼唥错│我讲其会来个,～,果然来嘴。

咦 音已。表示厌恶:～,蹩介腻腥啦?

咳 音汉。表示惋惜或后悔:～,介好一只花盆会敲碎│～,晓得介好崩去个。

啊 音鞋去声。表示追问:～?侬来的讲啥啦?

嚛　音舒吸气。表示疼痛。～,䇦介痛啦?
吖　音丫。表示疼痛:～!肚皮真真痛煞嚛!

（2）象声词

吼　读平声。耕地时吆喝牛行走的声音。
溜　音柳。耕地时吆喝牛转弯的声音。
嚯　音活。耕地时吆喝牛停住的声音。
朒朒　朒音足吸气,又音揸。呼鸡的声音。《广韵·屋韵》:"朒,呼鸡声。之六切。"
喁喁　喁音愚。呼猪的声音。
嘱嘱　嘱读吸气。呼狗的声音。
咩咩　咩音蛮好之蛮。呼羊的声音。
咪咪　呼猫的声音。

（3）语气词

嚛　音雷,下同。①用在句末,表示已经出现或将要出现某种情况,或表示催促、劝阻等,相当于语气助词"了":开太阳～|被头好晒～|我晓得～,侬多讲莫讲～|去～,去～,再响来勿及～。②用在句末,表示感叹、夸张等语气:告地方我真㸠去～!|其拉图生勒交关好看～!|快来看呐,该只相声犯关滑稽～!通作"了"。
的嚛　①表示已经出现、将要出现或可能出现某种情况,相当于"了":名报好～|天家介怕人,吼数要落雨～。②表示感叹、夸张等语气:侬人真难看～,几块钞票还啥西啦!|该小人真儇～,介长一首诗背出算账!
仔嚛　用在句末,表示商量、提议、请求等语气,相当于"了吧":阿拉去～|生意下顾侬～|该本书送拨我～。
介嚛　用在句末,表示仅此而已,相当于"罢了":其讲讲～,防来会辞职勿啦｜我真道话会怕其啊？拨其扎眼面子～。

哦 音伐。①"勿啦"的合音词。用在句末，表示疑问，相当于"吗"：饭吃过～？｜该橘子有甜～？｜明朝天亮六点钟动身，好～？②用在句末，表示商量、认可、揣测等，相当于"吧"：介晏嚄，阿拉走～｜就格貌～，好觴修改嚄｜路交关远，还是打个的～。

勿啦 音物辣。①用在句末，表示疑问，相当于"吗"：侬到底要～？｜我讲勒对～？②用在句末，表示揣测、估计等，相当于"吧"：胃口再大，一餐吃一斤足勒～？

啦 音辣，又音喇。①相当于用在句末表示疑问语气的"啊"：啥人～？｜啥事体～？｜该是真道话～？②相当于用在列举事项之后的"啊"：鱼～，肉～，蟹～，虾～，摆了一桌凳。③用在句末，表示增强语气：我嫑去～｜啥人？——我～｜其来的嚼麦糕～，侬莫去听其。

呐 ①音纳，又音那阴平，②同。表示祈使语气：快吃～｜莫烦～｜让一记，拨我走走过去～。②表示同意、认可等语气：格貌好哦？——好～，好～。③音那阴平。叹词。表示让人注意自己所指示的事物：～，该本书还拨侬。也作"哪"。

末 ①用在上半句末尾，表示假设语气：吃勿落～觴吃嚄｜吤没事体～，我先回去嚄。②用在句中，表示提顿语气：晓～勿晓得，闲话～介多｜笨～是介笨，懒～是介懒，咋结煞呢！

嘀 音和。①用在句末，表示强调、提示、祈使、揣测等语气：再会～｜走好～｜侬莫皮～｜我上班去了～｜今末莫落雨～｜做勿肯做，吃要吃好，钞票阿里来～！②助词。相当于"的"（"个"之音转）：该只包是我～｜年纪大～人生病势痛难免～。

是 ①用在句中，表示提顿语气：侬人～，呒告话头｜老陈该人～，一眼派勿来用场。②用在上半句末尾，表示假设语气：明朝落雨～，我勿去嚄｜调仔我～，甏搭其客气个｜该事体拨老婆晓得仔～，孽有勒造嚄。《九尾龟》第一百六十七回："耐要动气～，倪勿来格。"

东西 用在句末，表示肯定、强调语气：侬本格是好觴去～，阿啥去呢？｜侬号码我手机里存好掉～,该响翻勿着嚸｜屋里总只两个人～,房子大大做啥呢？

一声响 用在上半句末尾,加强语气:如话侬要个～,我当忙搭侬送来｜老师话"落课"～,小朋友和总活奔介奔出教室。

（4）助　词

个　音各浊音,又音或。①相当于结构助词"的":其是我小学～同学｜该本书是我～。《鼓掌绝尘》第三十七回:"你表弟～事,就同我表兄～事一般,再弗用话得。"②相当于结构助词"地":老老实实～做人｜东西轻轻叫～安落去。③相当于语气助词"的":该事体我晓得～｜小李啥辰光走～？

勒　①表示动作的实现,相当于"了":上～三节课｜过年老家庒～一礼拜。这个意思通常写作"了"。②表示动作的方式或动作状态的持续,相当于"着":睏～看书｜肋胳肢下摘～一只包。③表示程度或结果,相当于"得":弄～一场呒结果｜俗语:吃～落,睏～熟,屄～出。④表示所有格,相当于"的":贼～儿子｜侬是小王～阿娘啊！⑤趋向动词。到:车子开～半路里抛锚嚸｜走～门口还只忖起。⑥介词。在:俗语:羊毛出～羊身上。又:眼睛生～额角头。

勒其　①表示动作的方式或动作状态的持续,相当于"着":跍～吃饭｜立～上课｜包背～惴力哦？该底安的｜一日到夜丫脸黑～,啥人欠其的一样。也说"勒眼"。②用在动词后面,表示祈使语气:窗门开～,透透气｜立勒眼阿啥啦？坐～呐！

的　①表示动作状态的存在、实现或持续,近指:人来～｜下饭冰箱里有～｜钥匙寻着～嚸｜东西安～,人走嚸。②用在句末,表示祈使等语气:大人闲话听眼～｜棉袄穿件～,当心冷｜面包吃只～,人真真饿煞嚸。

仔　①表示动作或状态的实现,相当于"了":饭吃～去｜作业做好～再嬲和｜俗语:人心节节高,好～还欠好。②用在两个名词之间,相当于"以后"(实为省略了动词):语文课～数学课｜周朝～秦朝,秦朝～汉朝。③表示动作的方式或动作状态的持续,相当于"着":嘴巴扪～笑｜面孔红～｜俗语:米缸盖擺～,眼药瓶塞～。④用在句末,表示祈使语气:电灯关掉～｜嫘吃甭吃～｜宝宝,阿姨呕～!⑤用在上半句末尾,表示假设语气:拨其晓得～,有勒烦喏｜其当老总～,公司鲶弄勒格式貌喏。

的仔 ①表示动作的实现,相当于"了":药吃～病会好个｜饭煮～咴没人吃。②表示动作的方式或动作状态的持续,相当于"着":坐～吃｜该副眼镜戴～交关难熬。③用在动词后面,表示祈使语气:苹果吃～,莫客气｜房间介气味,窗门开～。

当 表示动作状态的存在、实现或持续,近指:我办公室来～｜汽车买进～喏｜杨梅红～喏,好来吃喏｜我大门口等侬～｜我自家也忙煞～,侬莫来烦!也说"东"。

该 表示动作状态的存在、实现或持续,远指:䊨蟹其拉屋里有～｜屋起好～喏｜衣裳外头晒～｜该种花木阿拉屋里有交关～。

掉 用在动词或动补、动宾结构后面,表示动作的完成:上回团拜会,其也去～｜该本书我看过～｜烂香蕉擋其～｜落班辰光电脑关掉～个(前一"掉"表示动作的结果,相当于扔掉的"掉";后一"掉"表示动作的完成,相当于"了")。

其 用在单音节动词重叠后,表示祈使语气,有的没有实在意义:被头晒晒～｜要考试喏,书看看～｜莫做客,下饭吃吃～｜年糕下下～吃｜小人冻冻～咴告个。

带 用在动词与表示结果或趋向的补语之间,表示动作的完成或请求完成动作,在语气上带有委婉的色彩:饭煮～好,侬勿来吃｜衣裳淋～湿,快换掉｜走～过来｜看～落去｜头抬～起来。也说"担":《鼓掌绝尘》第三十七回:"表兄,我表弟做人到也是大量的……其余的都驮担来送子表兄便歇。"

介 ①相当于"似的":神经病～人｜人多勒造反～｜侬忙煞～来的忙啥西啦?②相当于"地":恨死老命～奔｜火辣辣～大起来｜门

轻轻叫～关拢去。

一样 相当于"似的"：烦腐～｜谏腐～｜呆大～看的｜人弄勒小讨饭～。也说"介"。

依稀 相当于"似的""……的样子"（多用于不好的方面）：戆大～｜眼睛差把～｜讲闲话有眼齉鼻头～｜该地方有眼弯角～。有时也说"稀稀"。

排场 用在"当+某人+名词+～"（"把某人看作……"）结构中，没有实在意义：当其呆大儿子～｜介坏人，侬还当其好人～。

（5）词　缀

阿 名词前缀。①常用在单音节称谓词前；也可用在单音节姓、名或排行前（多含有亲切或随便的意味）：～太｜～爷｜～爸｜～姆｜～哥｜～嫂｜～姑｜～弟｜～陶（陶为姓）｜～平（平为人名）｜该房子是阿拉～三个｜俗语：新～大，旧～二，破～三。②用在其他一些成分前构成名词（多含有鄙夷或戏谑的意味）：～乡｜～木林｜～曲死｜其是烂好人，～狗～猫和总凑队个。

子 名词后缀。①用在双音节时间名词后面：旧年～｜前年～｜今末～｜后日～｜闲早～｜老底～｜下遭～｜该日～。②用在其他成分后面：哑～｜学生～｜新娘～｜小刀～｜帐～｜壳～｜塑～｜弹～｜角～｜鹞～（风筝）｜谜～（谜音每，谜语）。

头 后缀。①用来构成名词：棒～｜纸～｜窗～｜被～｜冷饭～｜天亮～｜夜到～｜外～｜角落～｜滑～｜寿～｜找～｜赚～｜苦～｜忖～｜吭吃～｜一角～｜该个～。②用来构成形容词：生～｜老实～｜苦意～｜涩肯～｜甜嫩～。

动 后缀，用在单音节动词或形容词重叠式后面，有"……的感觉""……的样子"等意思：心代代～｜头晕晕～｜牙齿拐拐～｜油肉吃勒抬抬～｜该后生投投～个。《型世言》第五回："那董文虽是醉眼，早已看见，道：'活作怪，怎么米桶的盖会这等动起来？'

便蹚蹚～要来掀看。"

叫　后缀,用在单音节形容词重叠式后面:闲话慢慢～讲｜作业好好～做｜东西轻轻～个安落去｜书面面～书架里排好。

个　后缀,用在单音节形容词重叠式后面:粥煮勒薄薄～｜侬定定～屋里庅的｜碗盏轻轻～介安落去｜俗语:儇儇～,明朝拨侬吃祭灶果。

相　后缀,用在形容词、名词等后面构成形容词,表示有这种样子或感觉:老～｜软～｜滑～｜活～｜讨饭～｜呆大～｜寿头～｜瞎讲～｜欢喜～｜难熬～｜恶嘴眼～｜难为情～。

里　①形容词后缀:碧绿～｜雪白～｜的薄～｜的滑～｜骨直～。②副词后缀:一到～｜趫时～｜立时～。

不剌　后缀,用在双音节形容词后面,表示某种情状或感觉(多用于不好的方面):危险～｜畏恶～｜怕人～｜难熬～｜晦气～｜头大～｜罪过～｜面孔糙粒～｜腻腥～地方莫去走。元范康《竹叶舟》楔子:"你穿着这破～的旧衣。"明闵遇五《五剧笺疑》:"～,北方语助词,不音铺,剌音辣去声,如怕人云怕人～的,唬人云唬人～的。"

剌柴　形容词后缀:粗～｜阔～。

肯肯　形容词后缀:老～｜涩～。

咪咪　形容词后缀:甜～｜咸～｜油～。

呵呵　形容词后缀:淡～｜辣～｜麻～｜懒～。

稀稀　形容词后缀:痛～｜慌～｜红～。

剥剥　形容词后缀:干～｜燥～｜硬～｜呆～。

得得　形容词后缀:燥～｜黏～｜扁～｜苦～｜寿～｜戆～。

顿顿　形容词后缀:重～｜方～｜酸～｜愁～｜浑～｜皮～。

笃笃　形容词后缀:木～｜厚～｜萎～。

性性　形容词后缀:木～｜呆～｜戆～。

刮刮　形容词后缀:寿～｜淡～｜冷～。

刮得　形容词后缀:寿头～｜异样～｜淡水～｜腥气～｜油注～。

结夹 形容词后缀:旺兴～｜外行～｜烂腐～。

刮气 形容词后缀:寿头～｜呆大～｜老三～｜死样～｜腥咸～。

几糟 形容词后缀:心烦～｜馊馍～｜湿馍～。

得 形容词后缀:用来构成四字格形容词:背时背～｜呆脸呆～｜大面大～｜厚嘴厚～｜搅嘴搅～｜瘪嘴瘪～｜谏嘴谏～｜快嘴快～｜多讲多～。

格楞敦 形容词后缀:用来构成四字格形容词:小～｜杂～｜仄～｜笪～。

的剥落 形容词后缀:用来构成四字格形容词:呆～｜灰～｜黑～｜硬～。

刮 中缀,用来构成三字格形容词:冰～冷｜雪～淡｜黑～嫩｜贼～老｜簌～新｜锃～亮｜嫡～亲。

刮斯 中缀,用来构成四字格形容词:冰～冷｜雪～淡｜黑～嫩｜贼～老｜簌～新｜锃～亮｜粉～燥。

得斯 中缀,用来构成四字格形容词:血～红｜焦～黄｜松～黄｜滚～圆｜屁～轻｜拖～黄(黄音往)｜怪～酸(怪音光火之光)。

不 中缀,用在"双音节词＋不＋双音节末字"结构中,该结构含有"什么……""……之类"等意思:微信～信我弄勿相像个｜人写意眼算啰,课题～题好匄弄啰｜年底到啰,考核～核交关烦｜同学会我勿参加啰,省勒请假～假｜老太婆啰,还讲啥漂亮～亮啦！也说"里"。

西 中缀,用在"乱＋单音节动词＋西＋单音节动词"结构中:乱讲～讲｜乱写～写｜乱摸～摸｜乱开～开｜乱揸～揸｜乱坐～坐。另,"乱"也可以换成"瞎"等:瞎匄西匄来的匄啥西啦？

记 后缀,用在"单音节动词＋记＋单音节动词＋记"结构中,表示动作的重复或某种情态:张～望～｜撮～引～｜立～隍～｜眼睛眨～眨～｜走路腰～腰～｜该人头侧～侧～,交关难相。另,个别单音节形容词也可进入这一格式:面孔红～红～｜小人嘴巴瘪～瘪～要哭啰。

三千 后缀,用在"乱+单音节动词+三千"结构中,强调动作胡乱随意:乱话～｜乱写～｜乱弄～｜钞票莫乱用～｜药乱吃～吃勿来个。《新天地》第十九章:"这时二郎神、王灵官等都在会场,听魁星说话乱扯～,牵动了他们,心中很不舒服。"

生 后缀,多用在数量词后面,表示与数量有关的某种状态:一排～｜两隔～｜三股～｜屁股磕勒两架～｜东西做堆～安的。清范寅《越谚》卷上:"春暖百花香,腰骨两秃～。"

打 中缀,用在重叠的量词中间,构成"量词+打+量词"格式。①表示无一例外,相当于"个个""每一个"(量词可替换,下同):考试个～个通过｜打牌回～回输掉｜河虾只～只活龙介。②表示论某个数量单位,相当于"论只(的)""一只一只(的)":西瓜只～只买勿合算,是箩～箩买上算｜该套丛书总共十本,要套～套买,本～本阿拉勿卖个。③用作形容词,表示成某个数量单位,相当于"一粒一粒(的)":饭吰没煮熟,米还粒～粒个｜该块料作拨侬剪勒片～片嗬,还有啥用场好派?｜歌谣:三月桃花朵～朵。又:甘蔗节～节,能使买广橘。

式 音束。后缀。①用在形容词后,表示情状或程度:车开勒啥快～｜侬人啥长～啊｜小小人闲话啥多～啊!②用在动词后,表示动作的方式:鏊该种吃～｜格貌打～,小人要拨侬打煞的嗬!

法 后缀。①用在形容词后,表示情状或程度:其格貌红～,要升官的嗬｜该小鬼格貌坏～,迟早要进去个。②用在动词后,表示动作的方式:格貌汰～,衣裳搭拨侬汰腐嗬｜爬山格貌爬～,年纪大人杭勿消个。

贰

短 语

短语

一手落 事情由一个人做到底：该回装修房子，阿拉老婆～个，交关辛苦。也说"独手落"。

一只鼎 比喻在某一方面出类拔萃，也喻指这样的人：李师傅修车技术来厂里算是～嘞｜研究浙东文化，其来宁波是～嘞。

三勿像 不伦不类：俗语：忖忖好像诸葛亮，做出事体～。

上笃落 上级指令下级做某事：～事体勿想做也要做。也作"上督落"。

开伙仓 开办伙食，起火做饭：结婚后头倷俤自家～。也作"开火仓"：《官场现形记》第六回："这几天就叫这外国人不必开火仓，统通在我们这里做好，叫打杂的替他送去。"

扎面子 长脸；脸上添光彩：电视台主持人来主持倷儿子婚礼，该记拨侬～嘞。

占相因 占便宜：相貌好人堆堆地方～｜该老娘对手交关好，随便啥事体勿～勿肯歇个。

见肨鬼 肨鬼音匹举。骂人话，见鬼：～！告东西也会买带来！｜来的烦眼啥西啦？甮见倷娘肨鬼嘞！

勿上课 形容人品行不良：该人交关～，钞票借仔勿还，自家浪吃浪用。《鄞县通志》："甮詈人品性不良曰～。盖以卜课之时，一家之人于课中皆有象，惟夭死者不入课，故有此语。"

勿长毛 长音涨。形容人品行不良：该小鬼～个，大人住院看都勿去看。《鄞县通志》："甮詈人品性不良亦曰～。盖必成人，而后身上之毛始备也。"

短语

勿出产 产音山。用在动词后面,有"不会有出息"的意思:光靠摸六株总是摸～｜普通话也唸讲,教书教～。肯定式说"勒出产":单超用心,打工也打勒出产个。

勿在内 不像话:该人～个,人家搭其帮忙,连谢一声也呒没个。

勿在乎 乎音胡。没问题;不要紧:大学只勿考进,考进～嚼｜手术动勒蛮好个,该遭～嚼,过几日好出院嚼。

勿讨妙 不好;不理想:外行人做出生活总是～。

勿舍得 舍得:介大年纪嚼,吃好眼,穿好眼,好匎～个。

勿怯气 不甘心;不服气:介好房子只卖五十万,忖忖有眼～。

勿做肉 ①不长肉:我胃口交关好,只勒吃仔～,人唸壮个。②比喻保不住,没有好结果:该种钞票捞的仔～,迟早要出事体个。

勿着港 没有着落:咦想考研究生,咦想考公务员,结果弄勒两头～。

勿管账 不管;不闻不问。俗语:小头哏哏响,大头～。

双夹嘴 同时碰上两件麻烦事:台风、大潮汛～,格勒会做大水｜鼻炎加重感冒,～夹拢嘴,人比死还难熬。

未见得 未音米。不见得是这样:侬一竹管筒钞票和总拨儿子仔,老了儿子会到成侬好啊？～嚼!

打后手 做小动作;私下得好处。俗语:眼睛乌溜溜,吃食～。

打把势 吵架时以蛮横霸道的声势压人、吓人:该造孽精造起孽来交关会～。清梁中书《直语补证》:"俗以无所凭藉而妄自炫赫者,谓之瞎～。"

打迩轧 迩音辣。说话、朗读或背诵时卡住,不连贯:该人口才匎派好,作报告一眼唸～个。也说"吃栗子"。

打独溜 溜音流。单独行动:其人性格交关怪,做事体欢喜～。《海天鸿雪记》第一回:"俚耐是欢喜小路道,一干仔独溜格。"

打探动 试探:侬搭我去打打探动看,其拉图拨阿拉当媳妇仔勿结有心相唸？也说"打探动鼓"。

轧一脚 插脚,参与不该参与的事:勿是侬管个事体好匎去～个。

只欠多 只音结。只怕不够多;越多越好:钞票～｜做生活人～个,侬且顾来好嘴!

叹苦经 诉苦:别采讲勿来,只好搭侬地方叹叹苦经。

仗人势 侬仗人多势众欺负人:有闲话好好叫讲,介多人呕带来,~啊?脸怕侬个!也说"行人势"(行音行李之行)。

仗毛力 凭借自己力气和冲劲(行事):做生活~,弄勒勿好要伤身体个。

甩翎子 甩音忽。暗示,用含蓄的言语或动作提示对方:该小娘电影票塞拨侬是来的~,侬还木知木觉个! 另,接受这种暗示叫"接翎子"。

头出角 比喻与众不同,高人一等(含贬义):人家晏到要扣奖金其好甭扣,其啥~掉啊!

出大汗 ①出大力:该事体纯靠侬,该回侬~嘴! ②比喻大破费:其该回~嘴,买了介贵一件皮大衣。

出闲话 批评;指责:拨其评先进,别人要~个|电视声音轻眼,隔壁邻舍要~个。

出枪花 耍花招:其逢人讲要辞职,实货来的~啦,防来会辞职唅。也说"调枪花"。

出事体 出事儿:开车子转弯调头顶会~|该人旺七旺八,迟早要~。

出披头 找借口:该人老老问我借钞票,该回我出了一个披头,呒没借拨其。

发大兴 大文读。夸张地宣扬;尽情地闲扯:侬大兴发爽快了哦? 好做生活去嘴!

发呆劲 劲音近。发愣;发呆:盯勒电脑~|侬来的发啥呆劲啦,呕侬也勿应?

发热昏 比喻头脑糊涂,失去理智:侬人~的嘴,大人好瞽啊!

有心相 有兴趣:该笔生意如话侬~,阿拉大家做。

有脚力 有经济能力:我~买房子,装修定规要装其好。

有数目 ①知道;清楚:该眼人底细,我和总~个。也说"有数账"。

②数量有限:个人捐款～个,救灾总要靠政府。

扶头皮 扶音大文读。挠头;形容事情麻烦,棘手:该事体咋介烦啦,真真拨其头皮扶糊嚁!

吊心火 惹人生气:～介闲话莫讲。

吊燥水 引发欲望:一晌讲请客,一晌勿请嚁,侬来的吊我燥水啊!

吃小苦 吃苦头:大人闲话嫑听,小苦有勒吃嚁 | 俗语:头子活络,小苦勿吃。

吃勿落 ①吃不下:介多老酒～个。②吃不消:还只毕业呕其带高三,吭数～个。③比不上;对付不了:打乒乓吃侬勿落,打网球总打勒侬过 | 介厉害人侬吃其勿落个。肯定式为"吃勒落"

吃巴掌 打耳光:俗语:拘贼拘赃,拘勿着～。又:啥人诬我做贼,巴掌吃其腐爌爌。

吃生活 受到惩罚;尝到厉害:该人老三老四,下日拨其吃眼生活的!

吃老苦 老来受苦:年轻辰光好吃懒做,该遭要～嚁。

吃死饭 死白读。指小孩、老人等不会挣钱,要靠人供养:儿子囥出道嚁,屋里～人吭没嚁。《醒世恒言》第三十五卷:"那婆子绩麻纺线,也不是～的。"

吃夹饼 喻指夹在中间,两头受指责:老嬭搭阿娘讲勿来,儿子夹饼真真会吃煞。

吃后扑 用手掌拍打后脑勺:再坏坏,当心～!

吃花菜 逢初一、十五吃素叫"吃花菜"。另,长期吃素叫"吃长菜"。

吃豆腐 ①调戏妇女:其人交关花,老老吃人家小姑娘豆腐。②拿人开玩笑:老王西装一穿,头发一剃,人像后生家介。——觍吃我豆腐嚁!

吃轮饭 轮音临。父母年老后,轮流到儿子家里吃饭。

吃软弶 玩弄花招使人受骗上当:勿吃人家软弶,钞票咋会赢啦 | 该笔生意拨人家～吃去嚁。也说"吃搅势"(搅音绞白读)。

吃面孔 碍于情面:其是～招进来个 | 我勿做家教个,该回是～,搭其拉儿子辅导辅导。

吃赔账　赔偿因算错账、弄丢别人财物等造成的经济损失:账对勿拢,吭数要～的嘛｜人家呕我买东西个钞票拨撮佬撮去嘛,该遭要～嘛!

吃蛋糕　挨批评;批评:乃遭～嘛,味道好哦?｜作业吭没做好,要拨老师～个。也说"打蛋糕"。

吃㑒头　㑒音劂。挨批评,受训斥;批评,训斥:该事体拨领导晓得仔,当心～｜俗语:奔奔前头,驮驮零头,弄勒勿好还要拨领导～。也说"吃喷头""吃排头""吃排山"。

吃趄饭　趄音宕辰光之宕。不务正业,东荡西逛,以不正当手段为生:该人～个,莫搭其搭界!

吃翻桌　饭桌在一拨人用完后马上让另一拨人用:该爿饭店生意交关好,老老要～个。

回脚出　找个台阶下;摆脱窘境:我格貌讲,是拨其回回脚出｜把柄拨其拉老婆拘着嘛,该记其回脚勿出嘛。

伤阴鸷　鸷音结。伤阴德;缺德(阴鸷,阴德):好好叫一对夫妻搭人家拆拆散,～个｜俗语:三缺一,勿来～。

自晓得　自己心里明白:苦勿苦,～。

自管自　自己照顾自己;自己管自己:其～还管勿过来,咋有钞票供(音宗)大人呢?｜人家和总打牌,其～看书。

多花头　①主意、想法等过多:侬也～个,该种闲话搭其讲啥呢!②女人的媚态很足:该女人～个,侬莫上其当。

多闹热　多事;多烦:～个,该种会开开啥意思呢!｜人家闲账管啥西呢?犇～嘛!

多做多　即使很多(做:尽管,即使):有星东西,钞票～也买勿来个。另,"……做……"是个固定格式,如"夜做夜""忙做忙""慢做慢""贵做贵"等,意思可类推。

冲口出　未加思考,脱口说出:该句闲话我是～,后头来忖忖后悔煞。

忖心事　①想心事:头低勒～。②责备人注意力不集中或考虑不周全:～啊?汽车来了也勿让!｜一晌要,一晌腰其,侬来的忖啥心

短语

事啦！

忖野心 想异性；萌发春心：该小娘呒数来的～嘴，格勒书会读勿好。

安阴阳 原指祈求阴间、阳间都平安，后多指通过某种方式来避祸求福：汽车后屁股阿啥贴只壁虎的啦？——人家～，避避祸祟｜歌谣：手拿酒壶七寸长，连厉三杯～。安得阴阳多富贵，富贵荣华万年长。也说"爱阴阳"。

安落去 说到底：莫看其胡咙交关胖，～该人底子蛮老实嘀。

讲大道 闲聊；聊天：做生活辰光莫～。也说"讲聊天"。

讲斤头 讲条件；论理：钞票借仔勿还，我要搭其～去嘴！苏青《结婚十年》第二章："我茫然站在中央，心里又急又恼，只凭着伴娘们在同他们交涉～，自己不知如何是好。"

讲闲话 ①说话：大人～，小人莫插嘴。②批评；指责：当领导私心介重，要拨人家～个。也说"讲说话"。

讲忮话 忮音技。讲与别人观点相反又没有道理的话：该人欢喜～，莫去听其。

讲空话 上课、开会时私下说话：上课要好好叫听，莫～！

讲故事 喻指说话离谱，不切实际：呛蟹五十块一斤会卖哦？——侬来的～啊，一百块一斤也兪卖个。

寻吼势 故意找碴儿，以惹起事端：其敲敲毁毁（音笃）来的～，想搭我造孽。也说"寻肯头""寻敲头""寻轧迥门"。

寻造孽 故意引起争端：侬撮记引记，～啊！

收罪过 处置不忍心扔掉的食品或物品：小人吃剩个饭菜阿娘来～｜该两件旧衣裳揞掉勿舍得，今密拨一个老太婆～收去嘴。

弄勿好 ①所获不多；没什么意思：做眼小生意，～嘴｜年终奖只发两千块东西，～嘴｜纯光介眼东西，和总拨侬仔也～嘴。②副词。也许；可能：该埭路车子多，～要塞车。

走人家 串门儿。儿歌：舅姆趒趒（音超）～，走勒鞋拔呒根渣。

走空埭 埭音大文读阳平。白跑一趟：先打只电话约约好，省勒～。

还报门 回答问题；说出实情：有人来领失物招领辰光，呕其还还报门看,报门还勿出,东西莫拨其驮去。

扯木人 把人当作傻瓜耍:装修费用一笔一笔算清爽,莫扯我木人。

扯野书 不着边际地瞎扯:该人正当正气事体呒做个,扯扯野书生活交关好。

扳价钿 商贩在价格上不肯让步:台风天家,格勒青菜价钿扳勒介牢。

扳后脚 暗中阻挠:其人肚量交关小,该回老李评职称,其限板要～个。也说"扳脚后跟""挈后脚""助后脚"(助音堆上声)。

抢荒年 像荒年抢东西:该边勿结来的卖啥西,人蓬带拢～介。也说"抢荒年羹饭"。

投人身 ①投胎:饿煞鬼～｜枪毙鬼～。②骂人语,找死:汽车来了也勿让,侬派～啊!

呒介事 呒音姆妈之姆,下同。没有这回事;指不放在心上:考试当其～｜人家真真搭其急煞,其～一样。

呒心相 没兴趣:该房子地段勿大好,我～个。

呒出产 产音山。没有出息:其人忒懒,～个。

呒百廿 后面加上不同的量词,强调数量极多:～日｜～个｜其拉屋里我去过～埭｜该闲话讲过～遍嘞,多讲讲嘞。

呒后还 没有好回报、好结果:俗语:高鼻头管老鹰眼,一世凑队～。

呒设法 想不出办法:我真真～嘞,只好呕侬帮忙。

呒话说 不再被提起:该人现在～嘞｜钞票借拨其有两年嘞,～个,阿防忘记的嘞。也说"呒话呒说"。

呒相干 没有用:俗语:命与财相连,做煞～。

呒结果 没有好下场:该小鬼～个,该种断命行为也会做出来!

呒样范 没有样子:该件衣裳穿仔～个。

呒脚力 没有经济能力:～起楼屋,只好矮平房庳庳其算嘞。

呒脚色 没本事;没能耐:俗语:～,养老鸭。又:当面呒～,背后要气煞。

呒商量 商音相。没有办法:身体勿好～,今末生活好啥去做嘞。

呒清头 没有头脑;不明事理:侬人鉴介～啦,介好行业会辞辞掉。

短语

呒趣相 没有趣味:看电视～,还是牌打两副好|该种毛病生着,做人～嗐。

呕勿应 叫了不能到或不方便到:本想呕其兼职当翻译,其忒忙,～,算咧|小人和总来国外,有眼事体呕也呕勿应。

呕勒应 ①一叫就能到:儿子房子买近眼,有眼事体～嗐。②听到、看到能明白:白字眼写个的,～好嗐|取名字介讲究做啥啦,～好嗐!

呕呕其 用在整数后,表示姑且算作这个整数:十个人吃八百八十块,九百块～好嗐,还便宜个。也说"话话其"。

听壁脚 躲着偷听别人说话:闲话讲轻眼,当心人家～。

岔夹饼 误会:好好一样事体弄勒两人冤家一样,实货是～嗐。

饭吃煞 工作性质决定如此:五一节还要加班?——服务行业～,呒没办法。

忌一脚 对某人有所顾忌,让他几分:其人翻白个,领导也忌其一脚。

苦勿出 苦日子熬不到头:小人一上学,就～嗐。肯定式说"苦勒出":小人生介多,该辈子还苦勒出啊!

苦相出 显示出要受苦:小人还介小,老公呒没嗐,该遭～嗐。

杭勿消 吃不消:年纪大嗐,打篮球～嗐|阿拉只会做做,当领导～个。也说"杭勿住"。肯定式则说"杭勒消""杭勒住"。

直落三 划拳时连输三次:该回～,连吃三杯。《青楼梦》第十四回:"豁毕,挨次而下。至爱卿,挹香输了个～。"

奔脚头 跑腿儿:侬来抲章程,我来～|俗语:爬山头,～,驮零头。

抲白郎 指浑水摸鱼窃取财物:头网生意忙,我勿来顾着,一梗鱼拨人家～抲去嗐。

拔苗头 从表面揣测实情:其来的找对象嗐,苗头老早拨我拔出嗐!

拆骨头 把物品拆坏、搞坏:好好叫一只变形金刚,一晌功夫拨其～嗐。

拆烂屙 比喻做事马虎,不负责任:该人做事体一到里～个,搭其打交道要当心眼。

抬城隍 给人戴高帽子,怂恿人做某事(城隍原指守护城池的神):

该眼人和总来的～,侬莫去听其｜侬莫忖自家了不起,人家是城隍抬抬侬啦!

拗壳子 定框架:我只搭其拉拗拗壳子,做其拉自家去做。

咋结煞 怎么办;如何得了:书唅读,大了～!｜该遭～,钞票输勒精打光!

败门枋 败坏家风:侬该人～个,偷鸡摸狗事体也会做出来!

受委气 受窝囊气:搭老板打工,苦眼倒吭告,顶怕～。

念毛经 原指含糊其词、有口无心地诵经,喻指含糊不清、重复絮叨地说话:该人讲闲话～介,听也听勿清爽｜侬来的～啊,时格会讲过去个?

夜驮出 骂人话,原意是尸体只能在夜里偷偷拿出去埋葬,骂人不得好死,多用于骂小孩。

夜新鲜 晚上精神反而好,也指这样的人:其是～,一到夜头神反使绽嚯。

放上杠 垫付:该生意侬去做,本钿吓没我搭侬～。《海上繁华梦》初集第十二回:"我也知你输钱,却不晓得撺掇白湘吟～钱的是那一个!"

放白鸽 比喻有去无回或中途爽约:该笔钞票揞落去,好坏～嚯!｜讲好掉车子来接我,该响搭我～嚯,可恶哦!

放铜铳 铳音充去声。比喻把话很冲、很直地说出来:该事体拨老周晓得仔,限板要～个。

话勿起 说不响;没有名气:该人单位里～个。

话勒起 说得响;有名气:天一阁来全国也～个。

话勿睬 不接受批评或劝告:该人脾气交关屙,～个。也说"讲勿睬"。

话勒睬 能接受批评或劝告:小人～末,大人好觉咋加气。也说"讲勒睬"。

牵头皮 小孩做坏事而牵连到长辈受指责:儿子勿争气,连兼阿爹阿娘都拨其～。

牵空磨 比喻白费力气:资金勿投落去,呕我～啊?

挑肩胛 胛音革,又音克。承担责任:侬只管去做,有啥事体我来～。

短语

也说"挑担子"。

背木梢 失约受累;上当受骗:讲好闲话要算数,莫背我木梢。

是介讲 是这么说,确实这样:介大年纪莫去做嚜! ——～呐,阿拉死老头屋里庵勿牢个｜咳嗽还呒没好啊? ——～呐,嗽嗽一个多月嚜! 也说"是介话"。

看三色 指察言观色:该小鬼三色一眼唥看,大人依掉火大煞,其还要来作吵｜俗语:三色勿看,两色半也要看。

鬼掳头 鬼白读。被鬼摸了头。比喻头脑不清,糊里糊涂:～的嚜,钥匙也会忘记带!

甪加气 别烦;别多事:甪加十六大气｜～嚜,该眼钞票我一个人驮驮出算嚜!

派勿来 说不定:明朝～要落雨｜夜饭来吃勿来吃,～个。

起血性 下狠心;不惜性命:～要考上公务员｜其该睏已经～嚜,侬还是避一避哦!

眣眼火 眣音必,又音别。用尽目力,仔细审视:打枪先要～｜西瓜好坏,各人自家～。

鸭尿臭 尿音书。形容做事不光彩:该领导勿搞专业个也来该评职称,有眼～个｜介两块麻将铜钿也要赖,侬人～哦! 也作"鸭屎臭":《歇浦潮》第五十二回:"我吗,可早已如数还了木器店咧,不像你这般鸭屎臭。"

跙洪洞 跙音车。比喻遭受大挫折:其做生意一直蛮稳个,该网～嚜,会拨人家骗去介多。

乘风凉 乘音绳。乘凉:大树底下～。

借肩背 比喻假借某人某事来说另一人另一事:其讲来的讲小王,实货～来的讲侬啦｜其～介闲话讲讲,我是唥上其个。

候着候 没有准儿:台风～,旧年呒没啥做过,今年刮勒交关厉害｜生意有辰光好,有辰光推板,～个。

唥难熬 不会难过;不会着急:其人～个,债背一屁股还呒心呒事。

屙捱的 捱音怪酸之怪。用在反问句里,原意是难道沾上或抹上粪便了吗,表示毫无问题,不在话下:该眼老酒吃勿落?～啊!｜两百斤挑勿动?～啊,挑拨侬看!｜有一种舒服叫胥派写意,有一种洒脱叫～啊!

捋顺毛 本指顺着动物的毛抚摸,比喻顺着别人的脾气说话:其人要～个,侬搭其撑撑斗风船,跳也跳起来嚼。也说"顺毛捋"。

掏尸骨 比喻找东西时乱翻乱掏:侬～介来的寻啥东西啦?

掏糨糊 比喻把事情搅糊涂:侬来的～啊,事体签拨侬弄勒越来越疙瘩啦?

掼锣槌 槌音除。本指扔掉锣槌不敲锣,喻指撂挑子:侬有啥好鲜索呢?～也奤怕侬个。

啥搭界 啥音束,又音梭、沙。①有什么关联:侬搭其～啦,时格打听其事体?②有什么关系:就格貌弄的,～啦,怕其啊!｜有一种无奈叫咋结煞啦,有一种勇气叫～啦!

做小货 因有所顾忌而不让人知道:钞票跌落嚼,大人面前还要～。也说"装小货"。

做无赖 赖音癞。指小孩因不顺其意而肆意哭闹:介大人还要～,难为情也勿怕!

做主意 作主;拿主意:该人吙没用场,屋里事体和总是老婆～,其吙没闲话成份个｜该事体拜托侬嚼,要请客送礼侬搭我主意做的好嚼!也说"拘主意"。

做初一 做领头人,做出头鸟:该样事体发牢骚人交关多,吙没人肯～。

做劲道 劲音近。使劲;用力:抽血辰光手骨放松,莫～｜该事体侬搭我做眼劲道的。也说"下劲道"(下音丫去声)。

做话柄 成为谈笑资料:结婚是大事体,酒水办勒勿好要拨人家～个。也说"做话把"。

领市面 ①了解行情:该价钿呕贵啊?侬到别垟采去领领市面看!②了解情况:我去领领市面,有啥情况再搭大家讲。

鹿过江 相传老虎初遇鹿,见其长角,惧而避之。后知鹿性温驯,追

短语

捕之,鹿已过江远去。后以"鹿过江"比喻失去机会:等我得知,已经~喵,报名老早结束喵。

随玩玩　轻而易举:该生活三日做好,~个。

绷场面　撑场面;摆排场:开幕式辰光,顶好请几个名气大眼人来绷绷场面。也说"绷门面":俗语:门面要绷,志气要争。

绷袋口　趁机使人多花钱:其想请客,索性袋口搭其绷大眼,吃西餐去!

落沙货　趁机私下克扣钱物:货款阿里去啦?呒数拨其~的喵!

落岱山　公款进入私人腰包(岱山:舟山海岛名,谐音袋衫):公家钞票~,啥人有介大胆子啦。也作"落袋衫"。

插蜡烛　比喻车船等抛锚:汽车半路里~喵,弄勒上班会晏到。

赌东道　打赌:该场比赛限板阿拉赢,勿相信,我搭侬~。也说"横东道"。

等于讲　口头禅,说话时的多余成分。

装翠眼　眯缝起眼睛:小毛头~喵(指小孩作态)｜俗语:木匠师傅~,种田人对屁眼。

游四门　四处闲逛:侬来该~啊,半夜过还只回来?也说"游五门""游六门"。

摸六株　指种田(六株:种田每行六株):阿拉屋里上世下代~个。

跳勿落　比喻因不满而不肯罢休:迟到半个钟头奖金扣掉介多,其限板~个。

触霉头　碰到难堪的事情;惹得不愉快:兴冲冲去兑奖,人家讲我号码看错喵,触了一个霉头｜连侬面子都勿买,我再去讲限板要~个。

解心焦　①解寂寞;解闷:买本杂志看看,解解心焦。《歧路灯》第五十六回:"不成赌,满场中不够四十文,俺们在此~哩。"②开玩笑:张老师五十岁喵人还黑嫩个,两娘并排立的像人家两姊妹介。——侬莫~喵!

戳白皮　戳音打饺之饺,下同。揩油;依附人占便宜:今末妇女节,该顿饭阿拉是戳㑚女同胞白皮｜自家伙仓勿开,每日大人地方~,难为情也勿怕。也作"隑白皮"。

戤牌头 依仗别人的面子或势力:其是戤其舅舅牌头上去个,自家有啥花头啦!也作"隑牌头"。

摘帽子 摘音足。不给面子:侬答应嚜,吭本摘侬帽子啊?我限板会答应个。

管团圆 指把子女的事情都管好了:侬福气好,小人和总~嚜;我还吭没~嚜,正要苦嚜!

管闲账 管闲事:俗语:~,淘闲气。又:多~多吃屁。

孵豆芽 孵音部。①将浸透的豆放在容器里,盖上草等以保温,定时浇水,使发芽。②比喻天冷时赖在被窝中不起床:其眠床里来该~,到该晌还勿肯爬起。

敲瓦爿 敲白读,下同。几个人凑分子,多指凑分子聚餐:昨末夜到搭几个凑队家来该~。

敲横档 ①敲诈;借机获得不正当好处:一个钟头停车费要收五十块,该勿是来的敲人家横档啊!②让人破费请客:其评奖评上的嚜,横档好好叫敲其一顿。

瘟跌倒 像得了瘟病似的无精打采,也指这样的人:夜里吭没睏好,今末人~介|俗语:讲讲纯劲道,做做~。又:滑进大好佬,滑出~。

撮白失 捡好处;捞便宜:马路里一车橘子倒翻嚜,贪小人想去~。

撮外快 获得意外的财物、好处:第一名犯规,第二名~嚜。

撮便宜 占便宜:该人撮记引记,专门撮人家便宜。

鲠胡咙 食物卡在喉咙里,多用于骂人贪食:孰侬偷我西瓜,吃仔~个!

戳壁脚 暗中伤人,拆台:该人肚量交关小,老老要戳人家壁脚|好好一样事体,拨其~戳掉嚜。

劖着劖 音镵上声。说……没有准儿("劖"原指用锄头等猛击,喻指说话):气象预报~,有辰光交关准,有辰光乱话三千。另,"……着……"是个固定格式,"劖着劖"是"说着了就说着了"的省说,隐含意思是"说不着就说不着",也即相当于"说……没有准儿"。

短语

他如"买着买""撮着撮""抽着抽""坐着坐""吃着吃"等,意思可类推。

嚼麦糕 嚼白读。胡说八道:其来的~啦,侬好甪听其个。

一五一十 如实;无遗漏:每个月工资~交拨老婆。

一长二短 原原本本:该样事体我老早~搭领导讲清爽嗰。《负曝闲谈》第十回:"麻花儿~诉说了一遍。"也说"一长两短""一长五短"。

一手一脚 形容一个人独自(做某事、使用某物品等):账目~弄,唅弄赚嗰|该顶伞我~来的用,用了十年还蛮好个。

一打一授 授音糯阳平。比喻恩威兼施:该人讲闲话~,交关圆滑。

一包一揥 揥音直。形容拿的东西很多:侬~阿里来该啦?—— 外头旅游还只回来。也说"一包一折"。

一直鼻头 鼻音白。一直;顺着一个方向:~介去,走到底,就是其拉屋里。

一转一回 一个来回,指收支相较:儿子读书每个月要驮出去,该响工作嗰每个月好赚进来,~推扳四五千块。也说"一进一出""一来一去"。

一定不易 确定不变:处长位子~是其坐,该倒也呒没个|其~要介弄,我也呒没办法。

一带两便 顺带做另一件事:我去接小人辰光搭侬儿子也接来,~个,省勒侬再奔一埭。

一眼呒告 ①一点没事:吃了一斤白酒,~。②毫无结果:办法想勒可怜,弄到结煞~。

一搭一档 互相配合(有时含贬义):该两人~,双簧演勒甪派好嗰。

二五八六 形容喝醉的样子:昨末夜到同学聚会,老酒吃勒~,该响头还交关痛。也说"二五打八六""八猫介"(猫白读)。

十人九傲 受众人称赞(傲,夸赞):该后生人缘交关好,~个。

十人九骂 骂音辱。受众人责骂(骂:骂):该种断命行为,~个。

七七八八 形容零零碎碎,多而杂乱:一年到头奖金、补贴、福利,~加起来也蛮好看个｜今末单位里～个事体一大堆,忙勒犀屄工夫也吃没。

七讲八讲　①说东道西;闲聊:倷两人正经事体勿去做,～已经讲勒半日的嚄。②胡说八道:该事体莫到外头去～｜～,啥有介事体啦!

七高八低　形容道路凹凸不平:该埭路～个,走路要当心。

七搭八搭　①随便跟人搭讪、交友:其人交关欢喜搭小娘～｜火车高头,其搭一个老板～搭上嚄。②乱搭腔:阿拉来的商量要紧事体,倷莫来～。

七骗八拐　言行不实,又骗又拐:该人讲闲话～个,莫上其当哎!｜其拉老婆是其外头做生意辰光～骗来个。

七错八改　改又音㦎牌头之㦎。形容屡出差错:小人做事体总是～,勿依心相。

七缠八缠　纠缠不休:一眼眼事体～,烦也拨侬烦煞嚄!

七蹼八跌　蹼音冲去声。形容走路不稳:老酒吃醉嚄,走起路来～个。也说"七闯八跌"。

人看人样　学别人的样子:上班一步路,汽车吃没啥用场,我是～买部的。

三勿相信　原意是不信天、不信地、不信人,指不轻易信从(多含贬义):倷讲老李围棋走勒好啊?我该人有眼～,啥辰光搭其切磋切磋。

三兄四弟　指很多兄弟:屋里咦吃没～,大人家计下日和总勿是倷个啊?｜俗语:～一条心,门前烂泥变黄金。

三头六面　当着第三者的面,也指当着所有相关人员的面:该事体～讲讲清爽,省勒下日搅嘴搅得。也说"三对六面""三脚六面"。

三搭六桥　随便;凑合:昼饭～弄眼吃吃好嚄,吃仔我还要去赶火车。

大大勿大　大白读。大是大的,但不是很大;不算很大:雨～｜该只西瓜～。另,"大……勿……"是个固定格式,如"大快勿快""大远勿远""大笨勿笨""大忙勿忙""大贵勿贵"等,意思可类推。

万试万应　屡试不爽:我蚍黄吃勿来个,一吃犀肚皮,～个。

上嘴勿得　不屑提及,表示极为厌恶:该人～个,下两遭再也嫑搭其搭界嘿。也说"上嘴勿来"。

千恩万谢 一再感谢：钞票借拨其辰光～个，问其讨还，响动也呒没嘿。《二刻拍案惊奇》卷八："两人喜出望外，道是丁生非常高谊，～而去。"也说"千过万谢"。

丫脸黑仔 板着脸(仔:着)：～训人家｜一日到夜～，啥人欠其的一样。

开庎橱门 庎音介。指酒醉呕吐(含有委婉、诙谐意味)：昨末夜到老酒吃忒多嘿，回到屋里～嘿。

五花散飞 形容四处散开：烟花放上去～个，交关好看｜东西摆勒～个，整也呒整整其。

日长时久 时又音四。日子长，时间久：天亮饭勿吃，～要做胃病个。

日长夜大 长音涨。(人或动物)长得快：小人～个，来的发育嘿。

见大头鬼 骂人话，见鬼：侬有啥好鲜索啦？甮见倷娘大头鬼嘿！

介小数目 这么小的数目；这么小的事情(含有不值得一提的意思)：该事体亏煞倷帮忙。——～也会话话其。

介话既话 这样说，那样说；说来说去：～好甮话嘿，我定规要退货！也说"介讲既讲"。另，"介……既……"是个固定格式，如"介忖既忖""介弄既弄""介烦既烦""介拣既拣""介看既看"等，意思可类推。

勿二勿三 不三不四：～人莫搭其凑队｜俗语：～，洋装打扮。

勿问长短 问白读。不询问事情原委：儿子书包跌落嘿，阿爹～就打。也说"上落勿问"。

勿燥勿湿 不上不下；不尴不尬：该眼老酒～个，顶好再来一瓶｜该块料作～个，做大人衣裳还勿够，做小人衣裳有眼伤料。也说"勿上勿落""勿尴勿尬"。

为好除妙 好心办坏事：我好心搭倷出主意倷还要埋怨我，真道话是～嘿。也说"为好成怨"。

为来为去 与后面介词"为"相呼应，强调动作行为的对象和目的：大人介辛苦，～勿是为倷啊！

火种彭生 种又音宠。形容有失火的危险：香烟蒂头莫乱搉，～个。

心塞眼闭　比喻死心：再拨我考一回,该回考勿进我也～嘞。也说"心塞塞"。

巴勿能够　巴不得：小组长我本来就孬当,侬呕别人当,～｜做大人～儿子囡和总有出息。也说"巴勿得"。

正当正气　正当；正经：～行业寻一个｜侬人～事体煞做个,扯扯野书生活交关好。

打强嘴巴　用事实回击别人口气强硬的话语：旺兴介人,我偏生要打打其强嘴巴。也说"打硬嘴巴"。

东借西拽　拽音叶,又音月。东挪西借：大人～拨侬读书,侬要争眼气的。

轧出铴锣　铴读太鼻化音。原指与其他乐器不合拍的小铜锣声音,喻指不合拍、不合群的人：其来单位里像～介,人家和总搭其有眼看法｜班级里其是～,呒人睬其。

生隔壁气　为跟自己无关的事情生气：人家两老头造孽,呕侬生啥隔壁气啦?

头头顺流　祝颂词,事事顺利：新年新岁～。另,旧时小孩头部碰撞后,长辈往往说"头头顺流"表示抚慰。

头发甩散　甩音忽。比喻豁出去：为了屋地基,两份人家和总～嘞,定规要打官司。

头苦萝卜　形容很辛苦：单位介忙,屋里事体介多,做勒～介。

边打边相　相机行事：随便啥行业先寻一个,下日～｜俗语：打铁呒样,～。

耳朵闪腰　耳朵有毛病的戏谑说法：四点半会听成五点半,侬～的嘞!

百依百顺　样样顺从：搭小人莫～,要养娇个。

百筋百骸　骸音喊平声。指身上所有的筋：种了三日田,～勋拢嘞｜推拿推过,～交关舒服。

有讲呒讲　①随随便便地讲：轮着我发言,我～讲勒两句｜俗语：～,譬如勿讲。另,"有……呒……"是个固定格式,如"有看呒看""有听呒听""有吃呒吃""有写呒写""有揩呒揩""有汰呒汰"等,意思可类推。②瞎扯:其～啦,侬莫去听其｜～,啥有介事体啦?

老相扮出 显出衰老的模样:头发白嚞,面孔打裥嚞,～嚞。

死人勿怪 死白读,下同。什么事情都不管:该老姎看过看伤嚞,一日到夜叉麻将,屋里事体～。

死蟹一只 比喻一筹莫展,毫无办法:航班取消,～嚞!｜俗语:讲讲神仙阿伯,做做～(讽刺只会说不会做的人)。

死蟹吹白 吹白读。比喻再软弱的人到了绝境也会抗争(白:泡沫):弄送人莫忒过分,当心～!｜俗语:死蟹也会吹白。

夹头夹脑 迎头;劈头盖脑:一盆水～浇落来。《何典》第六回:"醋八姐大怒,拿起一根有眼木头来～的就打。"

吃人脑髓 髓音洗。形容非常精明:其～个,侬算其勒过啊!

吃气勿过 咽不下气:勿是为了两块钞票,我是～要搭其打官司。

吃脑子卜 指把食指和中指弯曲起来敲击人脑袋。也叫"吃脑子弹""吃脑子磕"。

吃萝卜干 指篮、排球触伤手指关节:今末打排球,手指末头会～。

吃豁辣面 指打耳光:再皮,当心～!

同同到老 祝颂词(用于祝颂新婚夫妇),白头偕老:祝侬两夫妻～!

伛头磕脑 伛音恮,又音瓮,下同。①低着头:其人闲账孅管个,每日～做自家生活。②低头哈腰;低三下四:该人真老实的嚞,看见随便啥人～个｜为了儿子寻个行业,只好～去求人家。

伛倒施揖 原意是弯下腰算是作揖,引申为顺水推舟:其自家要加班,我也～,巴勿能够。

自掏自撑 依靠自己力量做事过活:大人靠勿着,样样事体～。

各人管自 各管各的:～做作业,莫交头接耳｜俗语:～,手脚做忌。

多老娘钿 骂人话,原意为多花了请接生婆的钱(老娘:接生婆),即不该生出来。后骂多此一举等:～,该事体呕侬管啥西啦!

多讲多得 过分爱说话:其人有眼～个。也说"多话多得""多讲多话"。

多讲连账 反复、持续地讲(含有令人厌烦的感情色彩):～莫讲勒呐,侬人噌介背啦!另,"多……连账"是个固定格式,如"多算连账""多烦连账"等,意思可类推。

兴出花样 标新立异,搞新花样(兴出:开始搞出):就侬一个人～事体多｜俗语:～,变种作怪。

讲起垺头 在谈到某个话题时顺带地(提及):该闲话平时我朆讲个,该晌是～讲讲。也说"讲起痕头"。

好做人情 可以迁就;可以提供帮助:该事体吭没违反政策,～末批批掉算嘱｜介近路,我也～,搭侬送送到,省勒再去轧公交车。

寻祸作孽 自找祸害;自讨苦吃:好好叫日脚勿过来该吸毒,家产会败光,真道话是～!

弄发弄发 弄来弄去;做着做着:上头政策到下底,～咦豁边嘱!另,"……发……发"是个固定格式,表示重复某一动作,如"荡发荡发"(荡发荡发,一天亮咦过去嘱)、"调发调发"(该电视机真加气嘱,调发调发咦调勿出嘱)等。

两头勿着 两边都没有着落:本格两个单位其想挑挑拣拣,结果弄勒～。也说"两头勿着港"。

吭气吭魄 没有气魄:其人～,大用场派勿来个｜校门造勒～,一眼吭没大学派头。

吭气懒魄 形容无精打采,没有力气的样子:侬闲日做生活介结棍,今末咋会～啦?

吭心到事 没有心事:吃吃用用好筲愁,做人～。也说"吭心吭事"。

吭告话头 没有什么好说的;表示失望、无奈或懊悔:该小鬼笨是介笨,懒是介懒,真真～｜～,房子早两年买就好嘱,该晌买勿起嘱｜俗语:～,老太婆肖牛。

吭没心事 吭没读密清音。不必担心;不成问题:吃两瓶啤酒～个｜介好成绩,考考一本～个。

帐子丫脸 比喻喜怒无常的脸面,也指喜怒无常的人:～犯落｜其人是～啦,一句闲话勿乐胃,就要搭侬寻造孽嘱。

乱讲西讲 乱说:文件还吭没发,莫～!另,"乱……西……"是个

短语

固定格式,表示胡乱地进行某个动作,如"乱吃西吃"(东西莫乱吃西吃)、"乱开西开"(乱开西开路开错嚯)、"乱买西买"(乱买西买旅游纪念品买了一大堆)等。

乱话三千 胡说八道:一是一,两是两,莫～!也说"乱话到底"。另,"乱……三千"是个固定格式,表示胡乱地进行某个动作,如"乱写三千""乱唱三千""乱弄三千""乱用三千""乱吃三千""乱算三千""乱忖三千"等。

连顿夹厨 一顿接着一顿(厨:顿):正月头面～吃老酒,真真吃勒吓煞嚯。

连爹连娘 骂人话。责骂小孩做坏事,连父母名誉也受到损害;也可用来骂其他,甚至用作抱怨时的口头禅:该小鬼时格搭人家造孽,～│～,买包香烟是假货│～!汽车拨人家撞了一记。也作"离爹离娘",也说"卖爹卖娘"(原意为连爹娘都被卖掉)。

近手勿来 不可收拾;无法处理:事体弄勒～│稿子狗屁勿通,～个,呕我咋改改?

闲话一句 ①一言为定:夜到侬请客。——～,吭没问题!②一句话就可以搞定:该事体其肯出面,～,有啥难啦!

闷咚勿响 不吭声;不说话:问问其,～│俗语:讲讲话话散散心,～要生病。又:～,卜桶一枪。也说"闷声勿响""闷勿声响"。

冷灰头爆 爆音报。①灰烬重新燃烧:当心～火着。②比喻旧事重提:古老百千事体今年崟～介咦讲起来嚯。

阿宝背书 喻指照本宣科,也指能流利地背出来:回答问题莫～,要按自己理解用自己闲话讲出来│介烦杂个规章制度其～介背出算账。

陈年隔古 形容很陈旧,很古老:～事体也会讲讲其│～介东西囥勒还有啥用场呢! 也说"陈年百古""古老百千"。

青草搇出 ①比喻完蛋,不会有转机:大大领导找小姐拨警察拘牢,该遭～嚯│儿子囡和总好吃懒做个,该份人家～嚯。②骂人坏事做绝,要断子绝孙:该种断命行为做落去,～嚯!

现试文章 指当场测试:侬讲汽车玻璃敲勿碎,我～敲拨侬看。

抲眉毛虫 眉音迷。原意为手伸到对方眉毛里捉虫子,指吵架时手指几乎戳到对方的脸面:该两人来该~嚯,落去还要打相打散场。

拣完卖完 卖东西时,好的先被挑走,直至卖完:鲜白蟹随侬拣好嚯,阿拉反正~个。

担心担事 担心;放心不下:介小人出远门,大人总有眼~个。也说"担心落事"。

拍桌打凳 吵架时拍打桌子等:为了一眼小事体,~个造勒介结棍,好省个!《警寤钟》第九回:"若是饭尚未煮,就~,碗盏碟子打得雪片相似。"也说"掴桌打凳"(掴音刮)。

拨拨动动 比喻做事呆板,不主动:做事体要眼头活络,莫~,勿拨勿动。

咋长阔短 ①说长道短;评头品足:该老娘嘴巴交关快,欢喜~讲人家。②如此这般;详详细细:前因后果~讲了一遍。也说"竖长阔短"。

的的刮刮 地地道道:该梗是~野生大黄鱼|其拉祖宗三代是~个宁波人。

贪肚下门 贪吃:为~,弄勒肚皮犀。

贪嘴落夜 因为贪吃而搞得很晚:夜饭勿吃老早到屋里嚯,~,勿合(音革)算|俗语:贪小失大,~。

爬上吸落 爬上爬下(吸:紧贴着爬行):阿拉儿子交关热拆,奔进公园里~,一刻勿庀个。也说"爬高吸低"。

狗介在行 行音杭。狗一样机灵:该小鬼像~,一看勿对,逃勒呒踪呒影。

放山野猪 原指放养在山里的野猪,喻指无拘无束、到处乱跑的人:该小鬼一放学就~介乱奔,人影也寻其勿着。

性命结果 没命;断送性命:该呛每日加班,人会拨其弄勒~|俗语:卵袋踢破,~。也说"性命出脱"。

空手散脚 空手;不带东西:正月头面走人家,~去勿来个|侬担子挑仔走勒篕介快啦,我~还赶侬勿上。

话上加话 说了一遍又一遍:老娘~,补品覅吃,莫买去。另,"……

短语

上加……"是个固定格式,表示动作的重复,如"吃上加吃""看上加看""做上加做""忖上加忖""算上加算""数上加数""试上加试"等,意思可类推。

驼背轧直 比喻在一定环境制约下,不得不改邪归正:该只学校管勒犯关严,外甥娃介皮读该只学校,该遭要～嚯。

要紧要慢 要紧的时候;紧要关头:钞票囥眼的,～好派派用场。《瑶华传》第十二回:"我以后连大衣服都替你预备一套,等到～的时候,你就代我出去登答。"

轻脚泛手 形容所带东西少,走路很轻松(泛:轻):行李带缺眼,走出去～个,多少爽快呢!

挜卖豆腐 挜音哑去声。比喻硬是把东西卖给或塞给人:该眼虾是其～介挜拨我个｜要买买去,孬其歇作,我勿是～。

挖烂脚疤 揭短;揭疮疤:自家屁股揩清爽眼,莫专门挖人家烂脚疤。

挖壁打洞 比喻想方设法:等其～弄到评委名单,职称已经评好嚯。

背桌凳脚 比喻同桌中最后吃完,也指落在最后(脚:腿脚、末脚双关):我吃饭吃勿快,每回～｜该回四百米比赛,其咦～嚯。

骨头屄轻 ①形容心里舒服,飘飘然:"外公""外公"呕两声,～嚯｜领导表扬两句,其～嚯,每日顶早到办公室。②形容过分主动,过分热情:新妇进门,阿婆～个咦是焐茶,咦是削苹果｜其呒没呕侬帮忙,侬～个走带过去作啥呢?也说"骨头轻煞"。

骨头脑髓 髓音洗。表示否定,相当于"什么""狗屁"(含贬义):有闲话好好叫讲,造～啊!｜该种保健品也会去买买,～用场啊!｜人家讲侬股票炒勒发财啦?——发～财!也说"骨头""脑髓""脑髓骨头"。

笃腿笃腿 "笃""腿"原指两种乐器有间隔的、舒缓的敲击声,后用"笃腿笃腿"形容不慌不忙,慢悠悠:人家真真急煞,其～,呒介事一样个｜反正呒没事体,我～慢慢叫走过去｜一个人～做做,做勒几时去嗨!

活抢活夺 比喻抢着要:该眼鸡是自家养个,驮勒街里,～个,一晌工夫卖完喏。

活灵入进 比喻心思回归正常,想干正事:人大了活灵会入进个｜该晗～的喏,每日复习到夤更半夜。也说"活灵生进""活灵捉进""活灵趟进"(趟音石);俗语:活灵趟进大好佬,活灵趟出坐监牢。

活灵死出 死音洗。丢了魂;丧失了头脑:侬人～的喏,该种事体好做啊！｜考试考勒介推扳,～的喏！也说"活灵反背""活灵趟出"。

活灵吓出 吓得丢了魂:看张警察,充手～喏｜车莫开介快呐,活灵也拨侬吓出喏！

活逼四六 六又音罗。硬是迫使别人做某事:儿子～呕我买汽车,只好借了钞票去买。

活撞活颠 身体剧烈挣扎、摆动:肚皮痛勒～。

穿连裆裤 比喻串通一气:该两人～个,小心上其当！

绝头绝脑 形容不留余地:其人讲闲话～个,听仔勿乐胃｜该幅字写勒～个,看上去勿咋舒服。

起头落脚 从开始到结束:该本书～足足写勒两年！

起早落夜 早起晚睡,表示勤劳、辛苦:闲早子"双抢"辰光每日～,多少辛苦啦！也说"起早落晏";俗语:手脚慢泛,起早落晏。

热血刮心 原意为热血糊住了心,形容为某人某事而发狂:其～介想买一部越野车｜该响其～的喏,为了搭小三结婚,老婆儿子也瓀其喏。

捞把拣拣 指挑选余地很大:侬儿子介好条件,对象～,一眼好啥愁个。

挨五头进 依次;按照顺序:队排好,～来｜考试题目～做落去,莫拨其漏落。也说"挨五接头""挨头五进"。

晓得心相 彼此知道对方的心思、想法:阿拉两人是老同学、老同事,大家～个,交关讲勒来。

贼出关门 比喻出了事故才去防范:开头末介大意,该响～,来勿及喏！

倒摸顺埭 来来回回:侬屋里真难摸喏,我～摸勒半日还只寻着｜年纪大喏记性鉴介推扳啦,今末楼上楼下～勿结会走了几埭。也说"倒摸顺踏"。

短语

倾烫火热 ①形容东西刚煮好,正热乎:羊肉汤还只煮好,～个,趁热吃! ②比喻事情刚刚发生,还没有淡出:人家检举其论文造假,该是～个事体,侬啥勿得知啦?

浪吃浪用 大肆挥霍(浪:随意):辛辛苦苦赚来个铜钿莫～!

害连百场 百音白。骂人话,责骂连累、祸害众人:赌债欠了一屁股,～,亲眷也拨其害好噓!也说"害连白道场"。

害爹害娘 骂人话,责骂小孩连累、祸害父母:小人勿落直,～,害勒大人也拨人家笃指末头。

调头调脑 (东西)方向不一致:筷莫安勒～|鞋爿摆勒～,难看哦?也说"倒头顺脑"。

调头褶角 褶音笃。比喻能合理安排家庭开支(褶角:衣料不够,拼一块上去):该老娚交关会～,日脚过勒蛮定个。

调来换去 轮流;轮换:只有一只面桶,阿拉～用|两双皮鞋～穿。也说"调来回去"。

剥出鸭蛋 比喻光滑白嫩的脸蛋:面孔～介,侬来的吃啥西啦?

屙妑屁松 屙音窝去声,妑音内。形容轻松,不费劲(含贬义):讲讲～个,有本事自家做做看!

娘死娘倒 死白读。形容凶狠刻毒地骂人的样子:～謷人家。也作"娘戏娘倒"(戏应作死):《九尾狐》第三十四回:"倘然我要瞒其,乌糟糟轧仔姘头,拨其晓得仔,其就要娘戏娘倒辱的。"

难处呒没 用在假设分句的后面,表示假设成立,那就没有难办的事了:格貌好弄,～嚯|文凭好买的话,难处也呒没嚯。

掳摸过账 粗略计算;含混处理:该事体～算嚯,弄勒清爽啊。

捼肩搭背 捼音窝。勾肩搭背:俫两人～个,骞介要好啦!

掏豆腐汤 婉辞,指人死亡。甬俗丧筵必有一道豆腐汤,故称:阿太九十多岁嚯,毛病介厉害,该回弄勿好要～嚯。

眼开眼闭 睁一眼闭一眼:屋里事体～算嚯,落得省心。

眼到三块 原意指吃东西时,嘴里吃一块,筷子夹一块,眼睛又瞄准一块。形容很会抢东西吃:该小鬼做事体呆的剥落个,吃起东西来～,随便啥人抢其勿过个。

眼睛闭仔 闭着眼睛,指轻而易举:该生活～也会做｜介眼钞票～也赚勒来个。

眼睛清盯 ①目不转睛(看),表示专注:看张吃场,～｜小朋友～个看打仗电影。②眼睛发直,表示无奈:奔到机场,已经停止检票,老王～,一眼吭没办法。

眼睛碧绿 ①眼睛发绿,表示觊觎:该份人家儿子因交关勿长毛,大人生病侬推我勿管,大人过世分起房产来个打个～嚄。②眼睛发亮,表示全神贯注:监考老师～个看的,啥人敢作弊｜看起动画片来～,一做作业就打呵欠。也说"眼乌珠碧绿"。

做小花脸 比喻用嬉笑的表情、轻松的语言等来缓和气氛、化解矛盾(小花脸:戏曲中的小丑):还只发来个工资叉麻将输掉嚄,只好搭老婆面前～。也说"装小花脸"。

做做煞煞 拼命干活;拼命工作:大人～赚眼钞票介容易啊,侬还浪吃浪用!

假痴假呆 呆音岸阳平。形容假装糊涂:侬～好甭装嚄,我老早百里晓得的嚄。

脚勿落地 形容忙得不可开交:侬人脍话嚄,我忙勒～,侬也脍来帮帮忙。也说"脚勿撩地"。

脚脚连步 紧跟着;连续不断地:阿爷～跟的,尚怕孙子磕跌｜衣裳多穿眼,多穿眼,我～来的讲,㑚听,该遭冻掉了哦?

脚筋奔断 到处奔走,极为辛苦:办该眼证件,我脚筋会奔断。也说"脚底奔穿""脚底奔洞"。

脱情勿来 无法拒绝别人的情面:估计其是～,头埭吭没个来该顶替车祸驾驶员。

剡剡挖挖 剡音镂。指想方设法增加家庭收入:其拉老娘～蛮会打算个。

寄手勿动 什么事情都不干:该老娘福气多少好啦,来屋里～,样色事体是老公做个。

随便其法 随它(他)去;随便它(他)(法即"哦"之音转):该事体

短语

侬好帮管账个,～│其要辞职？～！也说"随便其咋"。

裁头刮脚 形容贪吃、猛吃的样子(含贬义):饭吃快,～时格会裁过去！│一餐饿落,吃起饭来～裁勿饱。

欺软怕恶 软又音理。欺软怕硬:该人～,莫搭其忒客气。

揿揿塞塞 ①使劲往里填塞(揿:按压):该只包忒小,我～还只齆一半横里东西。②塞得满满的:行李齆了～一箱子│谜语:红布头,白布头,～一罐头(蛋)。

蛔虫朝下 蛔虫朝下就没有吃的,指死心,断念头:一顿謦过,其～嘞│该回评先进,侬好～嘞。

短命促死 促音尺。骂人短命:该小鬼种介坏,～个。

装棚搭架 比喻做繁琐的准备工作:办一个书画展览,～会弄勒好几日。

碎碎塞塞 碎读阴平。形容杂物占地方(碎:乱扔,乱放):老家具～个,揞掉退过！

睬侬瞎子 表示不屑理睬,相当于"才不理你":侬派我生活？～嘞！也说"睬侬老白眼""睬侬阿白哥""睬侬老白"。另,根据语境,"侬"可换成"其"等。

矮中取长 差中选好:班级里～,算其成绩稍微好眼。

嫑吃甮吃 不要吃就别吃(含有责备的语气):人家特特为为搭侬煮带好,～！另,"嫑……甮……"是个固定格式,如"嫑穿甮穿""嫑听甮听""嫑看甮看""嫑其甮其"(不要就不要)等,意思可类推。

新花暴热 比喻对新人或新事物充满热情:其拉两人该响是～,每日揍肩搭背个│刚刚当小组长,～,下日正有叫苦日脚嘞。

塞暗亮头 指行贿:该年把办事体靠硬嘞,～呒没用场嘞。

鲜龙活跳 活蹦乱跳:该眼虾～个,买斤去过过老酒│做事体瘟跌倒介,躃和起来～个。

敲开木鱼 敲白读,下同;鱼文读。木鱼有一条横的长口子,像人咧开的嘴,比喻咧着嘴的笑容。甬剧《心事》:"嘴巴笑得像～一样,啥事体这样高兴？"

敲火油箱 旧指嫖低等妓女。

遮荫遮日 遮音茶,日白读。阳光被遮住了的(日:日头,太阳):围墙旁边～个,菜种仔嗱大个。

撮来依到 ①顺手拈来,随意编造:其人讲口甾派好嘴,～,有半日好讲。②随随便便,敷衍了事:总结有啥好写啦,我～写两句交上去嘴｜该事体做落去有底啊,～弄弄其算嘴。

撑斗风船 比喻跟人对着干:其人交关技(音技),欢喜搭人家～。

瞎三话四 胡说八道:侬莫～讲人家。

瞎劰西劰 劰音堆上声。东拉西扯:今末讨论工作计划,大家莫～岔开去。也说"瞎劰百劰"。

踢脚掋手 掋音扮。绊手绊脚:走廊东西整一整,～个,路也走勿来。

赢吃输赖 赢了拿进,输了赖掉:该人脾气臭猛,～个,吮睬头。

譬如勿得 聊胜于无;聊胜于不做:中个小奖也好,～｜该事体其勿结晓得唸,～问其一声｜公务员考是考勿进个,～试试看。也说"譬如勿如"。

一场吭结果 一场空:脚筋奔断,～｜弄弄惆力煞,弄勒～。

下巴骨弹落 弹音谈。比喻因理亏而无话可说(弹落:垂下):第一胡咙咋胖呢,作案视频一放,乃遭～嘴。

勿是生意经 ①不妥;不是办法:每日庵勒屋里厢总～,行业还是要寻一个。②赌咒语,相当于"不是人":该事体弄其勿好我～！｜该回考试再通勿过我也～嘴！

勿结咋是咋 说不出怎么回事;给人异样或不舒服的感觉(结即"知"之音转):人家请侬客,我跟带去,～介｜该件衣裳穿仔～,交关勿舒服。

火光头底心 光音梗子之梗。怒火中烧:儿子应嘴辣辣响,其拉阿爹～,撩起一巴掌。

头皮削削尖 削尖脑袋:其工作勿想找,～想考研究生。也说"头削削尖"。

头拱糊烂泥 烂音奶文读。一个劲儿地钻,形容工作学习等极为艰难辛苦（拱：向里钻）：大人起早落夜～介做,赚眼钞票多少勿容易啦！｜儿子僾勿算僾,要交关要,每日～介读书,多少用功啦！

有句闲话份 有说话的份儿：老李虽则勿是领导,来勒单位里也是～个。也说"有句闲话成份"。否定式则说"呒没闲话份""呒没闲话成份"。

吃空心汤团 比喻承诺没有兑现：讲好掉年终奖要算数嘛,莫拨阿拉～。

各手勿知账 各人经手,互不知情：该事体侬顶好寻小王,我～,单怕弄赚。

呒郎看大体 郎又音囊,大文读。比喻不聪明、不内行的人随大流（呒郎：傻瓜）：别人和总来的炒股,我也～,小弄弄买了一眼。

呕侬疙瘩嘸 客套话,让你麻烦了（疙瘩：麻烦）：工会发个年货我搭侬带来的嘸。——交代勿过,～！也说"要侬疙瘩嘸"。另,"侬"也可换成"倻"。

呕侬惱力嘸 惱音直。客套话,让你受累了（惱力：疲劳,累）：上回讲个事体我搭侬弄好的嘸。——～！也说"要侬惱力嘸"。另,"侬"也可换成"倻"。本条与上条意思和用法基本相同。

泛登陆阿二 形容说话灵敏或做事熟练：讲讲～,做做咦要蚂蝗见卤滞嘸｜做做该种生活,其是～,随便啥人吃其勿落个。

板板六十四 形容做事不知变通：老王人蛮好,只勒做起事体来～个,忒死板。《鄞县通志》："盖鼓铸制钱,每板六十四文,乃定例也,不能增减。"

看手睁子头 看别人脸色（行事）（手睁子头：胳膊肘儿）：当人家下手,做事体只好看人家手睁子头,有啥办法啦！

怨气太白山 怨气大如山（太白山：宁波东部的一座大山）：为了大人一眼老家计,两兄弟～介。

浑身勿搭界 指毫无关系：该事体搭我～,搭我呕带来做啥啦？

穿呒没穿着 呒没读密清音。没穿几天：该双皮鞋像纸糊头介,～就破嘸。另,"……呒没……着"是个固定格式,如"吃呒没吃着就饱嘴""做呒没做着就悃力煞嘴""走呒没走着就脚骨痛嘴"等,意思可类推。

冤家犯死径 死白读。比喻想不到,不凑巧;关键时刻出问题:依掉来勿及,～汽车搭人家撞了一记丨千年蓝扮搭女同学聚头吃顿饭,～拨老婆看张嘴!也说"冤家犯死"。

黄狗咬痛脚 狗又音敢。比喻受伤的地方再次受伤,雪上加霜:手骨挪出还呒没好,刚刚门里咦别了一记,真是～,数嘴!

眼睛看出血 实在看不下去;表示极为反感和不满:该小鬼正经事体勿做,每日趑来趑去,真真会～。也说"眼睛看勒出血""眼窗骨头看出血"。

脚末头踢豁 豁音忽。原意为脚趾踢破,形容奔走、忙碌极为辛苦,或极为高兴:为该事体,奔勒～丨小小单位一百万块经费驮着,～嘴!也说"脚末头踢勒兰花倭豆介"。

脚跷黄天宝 脚高高地跷起,形容悠闲自得的样子:人家真真忙煞死,侬～看电视,唅瘈心勿过啊!

跌倒当礼拜 比喻顺势而为:其拉儿子结婚呒没拨我晓得,我也～,人情省掉嘴。也说"磕倒做礼拜"。

路差绞七八 绞白读。指两地距离很远:两只学校～。也说"路差汪百里"。

像煞有介事 ①好像真有这回事似的(像煞:好像):影子也呒没事体,拨其讲勒～。鲁迅《伪自由书·文学上的折扣》:"刊物上登载一篇俨乎其然的～的文章,我们就知道字里行间还有看不见的鬼把戏。"②好像有什么了不起似的:花头呒没个,还要～介装仔。《新上海》第三十二回:"钀卿脾气坏不过,动不动就要～,所以决计不去请教他了。"

懒叹心头气 形容心里不痛快又无可奈何、不愿意说的样子:女朋友搭其解缆嘴,格勒其每日～个。

肚肠骨头笑断 相当于"笑死人了"(肚肠没有骨头,这是诙谐说法):该只小品篦介有趣啦,肚肠骨头也笑断嘴!

短语

随便其咋勿咋 不管他怎么样;他爱怎样就怎样：～,搭我勿搭界｜其要离婚？离婚离婚仔,～！也说"但便其咋勿咋"。另,根据语境,"其"可换成"侬""我"等。

叁

谚 语

故乡类

1. 乡 情

穷家难舍,熟土难离。
金窠银窠,勿如自家草窠。
出门一里,勿如自家屋里。
打煞狗勿离窠,打煞猫勿离灶。
亲勿亲,家乡人;甜勿甜,家乡米。
同乡三分邻,同姓三分亲。
月亮是家乡圆,汤团是家乡甜。

走遍天下,勿及宁波江厦。
浙江三佛地,做人活神仙。
走过三关六码头,吃过奉化芋艿头。
天下各省都走过,除了苏杭算宁波。
钻天龙州,遍地徽州,还让宁波人奔勒前头。
宁波三样宝:咸齑菜,堕民嫂,瓦爿打墙永勿倒。
无绍勿成衙,无宁勿成市[1]。
宁波熟,一餐粥。
天封塔,十八格,一格亮,一格黑。
富贵贫贱四个庙,甜酸苦辣五梗桥[2]。

---

[1] 意谓没有绍兴师爷,就没有衙门;没有宁波人,就没有市面。
[2] 详参《歌谣·乡情类》。

关门吃饭寿昌寺[1]。
三日呒饭吃,凸肚过江桥[2]。
江心寺上栈,大校场赶贼[3]。
江厦大先生,走路慢他他[4]。
鄞慈镇定奉南象,柴米油盐茶醋酱。
湾头田畈勿落空,拔出萝卜就种葱[5]。
十日三市黄古林,花席双草白麻筋[6]。
东乡十八隘,南乡十八埭,西乡十八墩。

2. 乡　俗

做寿做九勿做十。
三十勿可错,四十勿可做。
请吃酒,挜拜生。
长辈勿完婚,晚辈难成亲。
男酒女茶,男借女顺。
好女勿吃两家茶。
强盗勿进五女门。
五月勿娶妻,六月勿孵鸡。

---

[1] 寿昌寺在城南,田产很多,不须出外募缘,故有此谚。
[2] 意谓人穷却高傲,不屑求人。
[3] 江心寺,旧址在战船街,建于公元977年(北宋太平兴国二年),后毁。公元1680年(清康熙十九年)重建,今圮。大校场,旧址在江东演武巷。
[4] 旧时钱庄多设在江厦街,钱业经理称为阿大,又称大先生。另,他读鼻化音。
[5] 湾头,地名,在宁波北郊姚江北岸。
[6] 鄞西黄古林是宁波草席著名产地,其中白麻筋席质量最佳。

宁波姑娘坐花轿[1]。

新妇三日吭大小[2]。

若要夫妻同到老,梁山伯庙到一到。

男人勿能进红房[3]。

乌鼻头管望外婆[4]。

小脚一双,眼泪一缸。

团荡阿姆闹花灯。

正月正,新新衣裳穿上身;

二月二,菜羹菜饭煮露天[5]。

十五十六,除酒除肉。

三月三,踏沙滩。

清明扫墓吃饝餐。

立夏称人防疰夏。

立夏吃只蛋,气力大一万。

千补万补,勿如立夏一补。

癞鼋避端午[6]。

雄黄烧酒解百毒[7]。

粽子揾白糖,香袋挂胸膛。

---

[1] 旧时宁波姑娘出嫁,穿戴凤冠霞帔,乘坐四人或八人抬的花轿。花轿雕有七层楼台亭阁,上百个戏曲人物,四周围屏衬有五彩镜片彩画、玻璃穿珠,并饰有流苏如意,玲珑剔透,光彩耀目。故又称"百子轿""百工轿"。相传此俗始于南宋,已有八百多年历史。

[2] 谓新娶媳妇在头三天内,不论长幼,都可戏谑。

[3] 红房,产房。旧俗谓产房污血冲天,入产房者称为红人。其身污秽,不得参与祭神,故男子严禁入内。

[4] 旧俗初生婴儿首次见外婆时,鼻子上要涂上一点墨,故有此谚。

[5] 二月初二,妇女露天煮饭,为甬旧俗。

[6] 癞鼋,鼋音施,蛤蟆。蛤蟆可以合药,甬俗谓端午节午时,百鸟无声,合药最灵,多在此时捕捉,故有此谚。

[7] 乡俗谓端午节喝上一些掺杂菖蒲、雄黄的烧酒,可避邪解毒。

六月六,黄狗猫汏肉[1]。

立秋西瓜拔拔秋。

八月十六度中秋[2]。

鸭肉骨头水贴糕,八月十六等勿到。

十月芋艿爊鸡娘。

冬至大如年。

僾僾个,明朝拨侬吃祭灶果[3]。

会会七月七,吃吃年夜饭。

年糕年糕年年高,一年更比一年好。

出门喜鹊噪,必有喜事到。

乌鸦当头叫,祸祟免勿掉。

蜘蛛宕落来,人客就要来。

灯头爆灯花,有客来我家。

灶洞红红响,人客到门墙。

杯筷多放,有客来访。

左眼跳财,右眼跳灾。

眉毛别别跳,勿是打就是吊。

耳朵痒,勿是传就是謷[4]。

一打喷嚏,有人在传。

一个传,两个骂,三个感冒好舄话。

出门遇红沙,到老勿回家。

七七敲,八八念。

烧香要烧三宝地,好事要做眼面前。

吃三观菜保自身。

---

[1] 六月六,甬俗给狗猫洗澡,也给婴孩洗澡,谓能主寿,如狗猫一样好养。

[2] 宁波以八月十六为中秋,相传始于南宋史浩,有八百多年历史。清袁钧《鄮北杂诗》有"鄮峰寿母易中秋,七百年中俗尚留"之句。

[3] 甬俗农历十二月二十三日夜,家家以果饵祭祀灶神。祭毕,全家吃祭灶果。

[4] 传,音篆,念叨。謷,音辱,骂。

当方土地当方灵。
灵峰关牒处处通。
四月种田落洋山。
割稻客,吃雨饭。
有人拜我生,银子一千两[1]。
公修公德,婆修婆德,自修自德。
与其远处烧香,勿如近处作福。
施庵三只,勿如筑路三尺。
念佛念一世,勿如过桥石板铺一记。
出钱有功德,好甪拜菩萨。
心好强如吃斋。
将心比心,就是佛心。
有钱难买六月雪,作恶空烧万炷香。

3. 乡 戏

老大鸿寿京班,搋搋动生三。
南词唱画堂,走书下农庄,评书进茶坊[2]。
滩簧小戏演十出,十个寡妇九改节。
犯关犯关真犯关,阿拉娘舅名叫猪头三[3]。

---

[1] 四月初十,相传为葛(洪)仙翁生日,善男信女多往镇海灵峰参拜,领取关牒。传说关牒即阴间中通用的货币,故有此谚。
[2] 南词,四明南词的简称,又称四明文书。其形式有说有唱,曲调丰富多彩,唱词典雅,用三弦、扬琴、琵琶等乐器伴奏。走书,宁波走书由四明南词演变而来,本称莲花文书。原系坐唱,后发展为边走、边演、边唱形式。评书,宁波评书为南方说书的一种。四明南词、宁波走书、宁波评书为宁波民间曲艺的三种主要形式。
[3] 出自宁波滩簧《卖橄榄》。

癞头哥摸蛳螺,荡头蛳螺多又多[1]。
天要落雨娘要嫁[2]。
关节勿到,只有阎罗老包[3]。
三本铁公鸡,刀枪磨磨其[4]。
柳隆卿怕太平。
章浦京起屋,陆文禄享福。
蔡伯喈逐日挨。
一口咬煞皇甫吟,半路趆出程咬金。
程咬金三斧头。
薛仁贵出力,张士贵得功。
吃吃刘备饭,做做曹操事。
孙权招亲,弄假成真。
老酒要吃,荆州要取。
勿怕黑李逵,只怕哭刘备。
周仓吭计较(音告),一世(音细)背大刀。
火烧连营寨,刘备熰煞快。
文章勿嫌百回改,好戏要靠十年磨。
戏文假,情节真。
勿像勿成戏,真像勿成艺。
台上一分钟,台下十年功。
一日勿练,自家晓得;两日勿练,师傅晓得;三日勿练,观众晓得。
拳勿离手,曲勿离口。
道路勿走草成窠,山歌勿唱忘记多。
冬练三九,夏练三伏。

---

[1] 出自宁波滩簧《癞头哥摸蛳螺》。
[2] 此句既是宁波谚语,又是新甬剧戏名。娘,原指姑娘、少女,甬剧里指母亲。
[3] 出自宁波走书和评书《包公案》。
[4] 出自越剧《三本铁公鸡》。

七分锣鼓,三分清唱。

煞清爽,梅兰芳。

看戏呆子,做戏癫子,编戏才子。

上台还是落台难。

一艺勿精,要误终身。

破帐蚊虫多,破戏锣鼓多。

铜锣响,脚底痒。

长看戏,矮吃屁。

千日琵琶,百日琴。

千日胡琴百日箫,锣鼓钹子日日敲。

讨饭胡琴隔壁听。

凤箫两头空,会响一半功。

家庭类

1. 家　庭

家和万事兴,家乱贼走进。

家勿和拨人欺,邻勿和拨贼欺。

一家勿知一家事,和尚勿知道家事。

当家三年,黄狗猫也要招怪。

若要好,大做小。

好男勿吃分开饭,好女勿穿嫁时衣。

树大分权,人多分家。
袋隔袋,皮隔皮;一代鲜,一代蔫。

2. 父　母

做爹像爹,做娘像娘。
种田要好秧,养儿要好娘。
狗勿嫌家贫,儿勿嫌娘丑。
儿行千里娘担忧。
阿爹做人,裤脚缚绳。
传子千金,勿如传子一艺。
好帮好底做好鞋,好爹好娘教好子。
教子有方,门庭兴旺;教子无方,家计荡光。
爹娘团圆儿孙福。
娘勤囡勿懒,爹懒子好闲。
宁要讨饭娘,勿要做官爹。
宁可死做官爹,勿可死讨饭娘。
天要落雨娘要嫁,大儿大囡也勿怕。
六月日头,晚娘拳头。
老婆香,忘记娘。
吃奶勿如摸奶亲。
大海洋洋,忘记爹娘。
父母爱少子,富贵养娇儿。

3. 夫　妻

男人无妻家无主,女人无夫家无梁。

家有贤妻,勿招横祸。
秧好一年谷,妻贤一生福。
天亮饱一日饱,老婆抬着一世好。
生意做勿着一遭,老婆抬勿着一世。
老婆抬勿着,一世苦勿出。
灶口地康看老婆,越看越动火。
男怕入错行,女怕嫁错郎。
只要老公好,苦苦也咴告。
勿怕家当空,只要有个好老公。
一夜夫妻百夜恩,百夜夫妻海洋深。
少年夫妻甜如蜜,老年夫妻恩如漆。
家常便饭粗布衣,知冷知暖是夫妻。
好孬看我妻,只要看我身上衣。
儿子越大越分开,夫妻越老越恩爱。
患难夫妻恩爱多。
夫妻恩爱,讨饭应该;一个挈篮,一个绷袋。
吃勒好,穿勒好,勿如夫妻同到老。
夫妻和,万事妥。
夫妻和睦家业兴,夫妻勿和睏勿宁。
捆绑勿成夫妻。
柴米夫妻,酒肉朋友。
穿破才是衣,到老才是妻。
半夜造,五更好。
争争吵吵,白头到老。
日里打相打,夜里摸脚梗。
夫妻造孽常事,邻舍拆劝多事。
造孽劝开,夫妻劝拢。
至亲勿伤百日和,夫妻勿生隔夜气。
好汉勿打妻,好狗勿咬鸡。

娇子勿能立业,娇妻勿能治家。
公婆嫌还且可,丈夫嫌泪成河。
怕老婆,铜钿多。
勿是怕老婆,为了省省祸。
十只黄猫九只雄,十个老婆九个凶。
冤家夫妻绐(音队)棕绷,擂来擂去当中央。
勿抬老婆讲勿起,抬勒老婆要加气。
儿子是自家好,老娘是人家好。
家花还是野花香,可惜野花勿久长。
花佬有良心,大少爷唸睏凉亭。
露水夫妻难到老,花烛夫妻百年好。

4. 兄　弟

亲兄弟,明算账。
上山打虎亲兄弟,临阵还须父子兵。
三兄四弟一条心,后山烂泥变黄金。
兄弟同心打乾坤。
兄弟相争硬如铁,夫妻相争软如绵。
兄弟兄弟顶凶,姊妹姊妹顶尖。
三兄四弟杀只牛,勿如自家杀只狗。
打死打活亲兄弟,煮粥煮饭加把米。
兄弟相打看娘面,千朵桃花一树艳。
拳头打出外,手臂弯进里。

5. 儿　女

肚勿痛,肉勿亲。
田要买东乡,儿子要亲生。
猫生猫中意,狗生狗欢喜,自生自值钿。
癞头儿子自中意。
自养自值钿,调一勿欢喜。
三代勿出舅家门。
儿子像阿娘,银子好打墙。
儿子眼眉毛,勿生呒相貌。
儿子落地香[1]。
出月女儿是草,出月儿子是宝。
儿女上腰,吃饭讨饶。
七太公,八太婆[2]。
三庯六坐九爬爬,十八个月走人家[3]。
会走走周一,呆走走周七[4]。
阿狗阿猫(音毛),生落会跑。
有爹有娘怀中抱,呒爹呒娘路边草。
养儿勿论饭,打铁勿论炭。
三岁意姿看到老[5]。
馒头蒸大,小人跌(哭)大。
老来日日蔫,小来日日鲜。
富贵养娇儿,贫贱出孝子。

---

[1] 落地,指婴儿生下来。
[2] 意谓怀孕七八个月就产出的早产儿也能健康长寿。
[3] 庯,音矮。用被子、枕头等放在背后靠着。谚语说的是婴孩成长过程。
[4] 周一,一周岁零一个月。
[5] 意姿,姿音基,言行举止。

息息介,尿屙屋里屄。
十七十八一朵花。
儿女当皇帝,爹娘做娘姨。
三岁打娘娘会笑,廿岁打娘娘上吊。
廿岁囡勿由娘,廿岁儿子勿由爹。
廿岁生儿同到老。
做客勿断杭州路,做囡勿断娘家路。
女儿总是朝外货。
女婿是娇客,生囡是瘟贼。
嫁出去个囡,泼出去个水。
两娘像做像,各人各心相。
一娘生九子,连娘十条心。
爹勿死,儿勿僵。
宁可生败子,勿可生呆子。
男是冤家女是债。
有子气难逃,呒子死难熬。
一男一女是盆花,三男四女是冤家。
长子勿得力,苦勒脚骨直。
儿子争气,先苦后甜。
冻大儿子饿大囡。
生囡勿着,连娘落薄。
儿子生一百,勿值老头脚一只。
盐多菜苦,儿多娘苦。
多子多哭,少子享福。
多子多癗(累)。
小树勤修权,小人多管教。
好钢熔炉炼,好子管教严。
小人洋皮皮,大人勿欢喜。
人小主意大。

养儿勿知娘辛苦,寒食清明上啥坟?
千里烧香,勿如孝顺爹娘。
自古痴心父母多,从来孝顺儿女少。
孝顺儿子值孝堂。
孝顺囡勿如穷菜园。
墙倒㩳着壁,吼子靠阿侄。
外甥肉里肉[1]。
值钿外甥,勿如值钿树桩。
阿爷值钿大孙子,阿爹值钿小儿子。
儿子勿供爹[2],孙子吃阿爷。
老人勿怕苦,儿孙勿知福。
儿孙自有儿孙福,莫搭儿孙作牛马。

6. 女　婿

女婿顶半子。
墙门朝稻田,丈姆寻女婿。
勿图铺砖地,单图好女婿。
丈姆看女婿,越看越中意。
丈姆一声呕,蛋壳一畚斗。
女婿是娇客,重话讲勿得。
只有女婿好,吼没儿子好。
吃儿子骂进骂出,吃女婿谢进谢出。
儿孝勿如媳妇孝,囡孝勿如女婿孝。

---

[1]　外甥,指外孙。
[2]　供,音宗,赡养。

7. 婆　媳

先来新妇后来婆。
做囡像梗龙,做新妇像梗虫。
河埠头讲阿婆,念经堂讲新妇。
新妇坏骂儿子,儿子好夸新妇。
娘夸囡好勿算好,婆夸新妇一朵花。
月里新妇勿可哄,月里奶花勿可揿。
好新妇勿怕恶阿婆。
新妇多,烧饭还是靠阿婆。
吭没新妇东托西托,有勒新妇东哭西哭。
勿做阿婆怨阿婆,做了阿婆赛阎罗。
莫讲我娘家吭人,还有个堂房阿婶。
廿年新妇廿年婆,再过廿年做太婆。
太公本是小官人,太婆也是囡出身。

生活类

1. 衣　饰

佛要金装,人要衣装。
一千家当,八百身上。

三分人,七分扮。
三分相貌七分扮,癞头扮来像小旦。
苏州头,扬州脚,宁波女人好扎括。
莫看廿岁姑娘妆,要看八十婆婆丧。
年轻勿美,老了后悔。
衣勿长寸,鞋勿大分。
春二三月乱穿衣。
惜衣有衣穿,惜饭有饭吃。
平时要好看,出门吮新鲜。
好吃还是家常饭,好穿还是粗布衣。
千层衣,勿及一层破花絮。
日当衣衫,夜当被。
笑脏,笑破,勿笑补;笑馋,笑懒,勿笑苦。
新阿大,旧阿二,破阿三,补阿四,烂阿五。
前头卖生姜,后头卖鸭蛋[1]。
一只爹,一只娘[2]。
死要俏,冻勒呱呱叫。
吃吃咸齑汤,搽搽珍珠霜。

2. 饮 食

人是铁,饭是钢,侬勿吃,其要快。
老成人,靠饭劲。
会吃就是补。
吃煞总比饿煞好。

---

[1] 谓袜子穿破。
[2] 谓鞋子不配对。

只好做半世人,勿好吃半肚饭。

差一口,差一斗。

大镬饭,小镬菜。

饭吃三碗,闲账勿管。

脚宕宕,饭冷冷,还有铜钿好放生[1]。

女馋痨,做生姆;男馋痨,奔丈姆。

面孔老老,肚皮饱饱。

吃煞馒头当勿来饭。

要好看红绿,要好吃鱼肉。

八月鳎,壮如鸭。

八月蛏,一梗筋。

八月蟛蜞抵只鸭。

六月蟹瘦瘪瘪,十月蟹壮得得。

九月团脐,十月尖。

九月九,望潮自吃手。

春鳊秋鲤,冬鲫夏鲌。

鲥鱼吃鳞,黄鱼吃唇,甲鱼吃裙。

黄鱼吃嘴巴,鳓鱼吃尾巴,鲳鱼吃下巴。

带鱼吃肚皮,鲍鱼吃脑髓。

宁可丢了廿亩稻,勿可丢了鲍鱼脑。

鳓鱼刺多,黄鱼头大。

墨鱼黑带鱼白,鳓鱼肚皮像刀割。

海蜇撑雨伞,鲳鳎单边眼。

海蜇吭活灵,小虾当眼睛。

千鱼万鱼鲻鱼,千肉万肉猪肉。

鱼吃跳,猪吃叫。

狗肉香,佛来张。

---

[1] 放生,放债收利息。

天上斑鸠,地下泥鳅。

清明螺,壮如鹅。

三日勿吃鲜,蛳螺带壳咽。

三十年夜下饭多,还差一碗割蛳螺。

油盐勿吃是梅豆。

生葱,熟大蒜。

地里三样荤:韭菜、大蒜、葱。

海里三样蔬:海带、紫菜、苔。

咸齑炒炒,冷饭咬咬。

家有咸齑,勿吃淡饭。

蔬菜三分粮,咸齑当长羹。

三日勿吃咸齑汤,两脚有眼酸汪汪。

一日三餐咸齑汤,脚骨每日酸汪汪。

长柄芋艿头,烤烤哄吃头。

烂芋艿,粽子香。

菜蕻炒年糕,越吃越馋痨。

草子炒年糕,越吃越馋痨。

生鲜,熟补,咸经吃。

八月揾酱。

三日勿吃盐,浑身软绵绵。

只有眼慌,哄没肚慌。

肚饱眼勿慌。

看羹吃饭,量体裁衣。

眼勿见为净。

吃勒邋遢做菩萨。

叫花子勿囥过夜食。

吃光用光,身体健康;东囥西囥,老鼠拖光。

恶人囥臭食。

老酒三年陈,油包当点心。
老酒糯米做,吃落闲话多。
老酒日日醉,皇帝万万岁。
今朝有酒今朝醉,明朝呒酒喝开水。
烧酒夹老酒,吃仔打娘舅。
烧酒出气,好比吃屁。
气大伤人,酒多伤身。
勿贪意外之财,勿饮过量之酒。
三年勿喝酒,买头老黄牛。
吃酒三年也呒钱,戒酒三年也呒钱。
饭后一支烟,赛过活神仙。
递烟勿送火,比死还难过。
头度苦,二度补[1]。

3. 居 住

屋宽勿如心宽。
庘庘朝南屋,吃吃陈年谷。
朝北财主,勿如朝南屋柱。
朝西屋,冬夏哭。
有吃呒吃,莫庘朝西朝北。
冬勿上楼,夏勿上楼。
连灶连眠床,对落是屙缸。
抬头勿起,转身勿来[2]。

---

[1] 指沏茶。
[2] 谓居室低矮狭窄。

蛳螺壳里做道场[1]。
稗草也是谷,弄堂也是屋。
只可同天下,勿可同厨下。
一世做人,半生在床。
冷被冷席,瞓到就热。
日里三餐饭,夜里三块板。
肚饥勿论好羹汤,瞌眈勿论好眠床。
吃着勿如坐着,坐着勿如庂着。

4. 旅　途

在家要结邻,出门要结伴。
出门要带小鸡钿。
出门看天色,进门看面色。
晴天带伞,肚饱带饭。
包袱雨伞我。
带到路里,勿如吃在肚里。
路来嘴巴里。
抬树抬小头,问路问老头。
路生地勿熟,到处叫阿叔。
问路勿施礼,多走几十里。
差一步,差一渡。
先落渡船慢上岸。
航船埠头轧出人。
车坐前头,船坐后头。
凉亭虽好,终非久留之地。

---

[1] 谓在狭窄的地方举行婚丧宴会等大事。

5. 保　　健

要想身体健,食物吃新鲜。
干干净净,吃仔太平。
灰尘彭彭扬,吃落烂肚肠。
吃饭防噎,走路防跌。
粗饭养人,粗活养身。
细嚼慢咽,勿伤身体。
贪多嚼勿烂,胃病容易犯。
少吃多滋味,多吃坏肚皮。
吃饭莫饱,饭后莫跑。
一顿吃伤,十顿喝汤。
吃饭八分饱,到老肠胃好。
早饭要吃饱,昼饭要吃好,夜饭要吃少。
夜饭省一口,年纪九十九。
早上喝盐汤,胜喝人参汤。
人参一斤,勿如白米一升。
大蒜是个宝,常吃身体好。
冬吃萝卜夏吃姜,从来好弗看医生。
萝卜熟,医生哭。
药补勿如食补。
冬天进补,夏天打虎。
冬补十进九,夏补随汗流。
鱼生火,肉生痰,青菜豆腐保平安。
六月鸡毒如砒。
六月带鱼毒如蛇。
臭鱼烂虾,送命冤家。
要想长寿,禁烟忌酒。

勿吃烟和酒,活到九十九。

早睡早起,神气活现。
若要身体好,每日爬起早。
热勿马上脱衣,冷勿马上穿棉。
䘸袆吭六月。
若要小儿安,常带三分饥和寒。
春焐秋冻。
鸡鹅鸭脚板,冻冻会冻惯。
手舞足蹈,九十勿老。
饭后百步走,活到九十九。
睏前烫烫脚,胜吃安眠药。
常洗头脚,赛过吃药。
立立人会长。
立像松,坐像钟,睏像弓,走像风。
闭眼坐勿如开眼睏。
睏觉勿蒙被。
尿急候头颈。
尿急做病,屙急丧命。
卵袋踢破,性命结果。

讲讲话话散散心,闷咚勿响要生病。
勿气勿愁,活到白头。
遇事勿恼,长生勿老。
一日大笑三遭,比吃补药还好。
一笑治百病。
笑口常开,青春常在。

6. 医　药

做病容易收病难。
新病好治,旧病难医。
年轻时人寻病,年老时病寻人。
千金万金,勿及呒痛呒病。
小人呒假病。
偏方治大病。
单方一味,气煞名医。
只医病,勿医命。
千金难买六月屙。
尿屙落眠床。
天黄有雨,人黄有病。
天冷伤风气,天热发痧气。
少年痨瘵,一百廿日[1]。
神仙难医臌胀病[2]。
眼痘焐瘖[3]。
一只脚来棺材里,一只脚来棺材外[4]。
热饭冷茶淘,爹做良医医勿好。
怕痛怕痒,做勿来外科医生。
伤筋动骨一百日。
手痛要络,脚痛要搁。
手痛做神仙,脚痛喊皇天。

---

[1] 痨瘵,瘵音切,肺结核。
[2] 臌胀病,血吸虫病。
[3] 痘,天花;瘖,音醋,瘖子,麻疹。谓天花不忌风,麻疹须忌风。
[4] 谓妇女做产危险。

牙痛勿算病,痛了痛煞人。
穷生虱子,富生疮。
疗疮破头,力大如牛。
疮痒烂,毒痒散。
针吪四两重,根根筋骨动。
穷医管三家。
穷算命,富吃药。
三分吃药,七分调理。
刀伤药虽好,勿犯为妙。
千年文书好合药。
馋唾解百毒。
馋唾一沰,处处用着。

7. 文　娱

明车暗马偷吃炮。
单车难破仕相全。
过河小卒能吃帅。
卒子过河,大如太婆。
落子须防一着输。
死棋肚里有仙着。
棋高一着,缚手缚脚。
字吪百日工。
人怕话,字怕挂。
神仙难夹色。
画人难画手,画树难画柳。
画马难画走,画狗难画头。
打球勿用腰,上下勿协调。

三缺一,勿来伤阴骘。
报纸当日鲜。

社交类

1. 集　体

单丝勿成线,独木难成林。
一只手掌拍勿响,一块砖头难打墙。
一人一个脑,做事没商讨;十人十个脑,办法一大套。
一人肚里呒没计,三人肚里编本戏。
一人挑一担,万人堆成山。
星多天空亮,人多智慧高。
人多出韩信,计高赛诸葛。
人多办法多,蚂蚁能把泰山拖。
人多讲出理来,稻多打出谷来。
人多好用力,人缺好吃食。
人多力量大,牌楼抬过河。

2. 团　结

吃饭要过口,做事要对手。

人靠人帮,花靠叶衬。

手一摇,人一潮。

要好勿能够。

为人只怕十人齐。

烂麻搓成绳,好吊上千斤。

篱笆扎勒紧,野狗钻勿进。

团结一条心,烂泥变黄金。

3. 婚　恋

娶妻娶德勿娶貌。

会拣拣才郎,呒拣拣田庄。

劈柴爿看丝流,抬老婆看阿舅。

墙门对墙门,枪笆对枪笆。

高勿来,低勿去。

要吃饭,嫁老公;要犀厕,箍马桶。

三十过,四十来,双手招郎郎勿来。

女要男一张纸,男要女隔道墙。

妻大二,米铺地。

女大三,瓦爿滩;男大三,沈万山。

天上无云勿落雨,地上无媒难成亲。

拣亲勿如择媒。

头婚媒,酒肉陪;二婚媒,拳头擂。

一嫁二嫁甜如蜜,三嫁四嫁苦如楝。

十媒九骗。

十个赌博九个穷,十个媒婆九个哄。

草子开花红彤彤,外婆做媒也要哄。

两厢情愿,好结亲眷。

千拣万拣,拣一吼底饭伞。
光棍做人活神仙,生起病来叫皇天。
五更走路趁风凉,廿岁嫁人趁后生。
眼竿挑水后头长,孤孀嫁人趁后生。
六十岁嫁人,只图吃勿图生。
小做新妇大排场,吹吹打打好闹猛。

4. 亲　邻

帝王也有草鞋亲。
皇帝老官也有三份穷亲眷。
小来外婆家,中年丈姆家,老来姊妹家。
娘舅大石头,闲话独句头。
稍微有眼亲,胜过路外人。
亲眷是只桶,敲开好箍拢;朋友是只缸,敲开吼商量。
邻居碗对碗,亲眷盘对盘。
三年勿上门,当亲也勿亲。
荒年吼六亲。
挑箩夹担望远亲,要紧要慢靠近邻。
亲要亲好,邻要邻好。
亲帮亲,邻帮邻。
新婚勿如远别,远亲勿如近邻。
远亲勿如近邻,近邻勿如隔壁。
隔壁做官,大家欢喜;隔壁做贼,大家吓煞。
邻里好,无价宝;邻里吵,三生闹。

5. 朋　友

在家靠父母,出门靠朋友。
多个朋友多条路,多个冤家多道墙。
至亲勿如好友。
浇树浇根,交人交心。
跟黄狗吃屙,跟老虎吃肉。
宁使搭儇人背包袱,勿可搭笨人出主意。
鱼找鱼,虾找虾,王八找了个鳖亲家。
一勤交十懒,勿懒也要懒;一懒交十勤,勿勤也会勤。
吃肉要吃前夹身,凑队要凑老成人。
老凑老,讲讲有味道。
朋友凑队明吃亏。
朋友热络,脱勒出膊。
好朋友勿可同赌场。
朋友妻,勿可欺。
酒肉朋友千千万,患难朋友独个无。
酒肉朋友处处有,落难之际呒人救。
朋友好做好,落雨自割稻。
朋友朋友,朋(碰)着总有。

6. 师　徒

勿经一师,勿长一智。
井掏三遍吃水好,人从三师武艺高。
师傅领进门,修行靠自身。
先生仅是引路人,窍门纯靠自家寻。

三分靠教,七分靠学。
严师门下出高徒。
先进山门为大。
三年徒弟,四年半壮。
师傅徒弟推扳三年,老板伙计差眼本钿。
偷来拳头打勿煞人。

7. 应　酬

东头也是客,西头也是客。
客人是梗龙,吃眼勿会穷。
人客都是主人做。
一日两日是人客,三日四日是便客。
高拱手,低作揖。
来客勿立起,主人呒道理。
主随客便,客随主便。
一客勿烦两主。
前客让后客。
吃对过,谢隔壁。
下饭呒告,饭吃饱。
礼让一寸,得理一尺。
侬敬人三分,人敬侬七分。
敬重田公敬重谷,敬重木匠敬重屋。
人抬人无价之宝。
侬抬人一尺,人抬侬一丈。
人熟礼勿熟,礼多人勿怪。
老老来走走,好䈎挈包头。
人家介客气,弄勒我阿难死。

请进一炷香,请出杀猪羊。
千错万错,来人勿错。
多少勿论,人人有份。
人情可削勿可却。
来是人情去是债。
人情像把锯,侬来我去。
人情急如债,镬爿掣出卖。
赖债勿如赖人情。
人情做到底,送佛到西天。
人心换人心,八两换半斤。
大人勿计小人过。
当侬歇过还有多。
吃亏了叫,相因了笑。
僧来看佛面。
打狗看主人。
三色勿看,两色半也要看。
一只手拉两人。
两硬轧煞中央人。
冤家犯死径,轧煞中央人。
热面孔贴冷屁股。
借伞好睏谢,单超眍过夜。
欠债服人管。
欠债勿过年。
六月债,还勒快。
千年勿赖,万年勿还。
坐勒借债,跪勒讨债。
屋山尖头开天门。
在家勿会迎四方,出门方知亲人少。
虾有虾路,蟹有蟹路。

提意见勿如递香烟。
香烟一支,和平共处。
马马虎虎,吃眼香烟屁股。
简单扼要,零头掳掉。

8. 谈　吐

明人勿做暗事,真人勿说假话。
茄子勿开虚花,好汉勿讲假话。
小人口里讨实话。
打蛇要打七寸,讲话要有分寸。
过头饭好吃,过头话难讲。
推开纸窗讲亮话。
舌头呒骨,随人嚼法。
拆乱话好觙忖,舌头打个滚。
呒角锄头乱劁。
应嘴辣辣响。
一句话把人讲笑,一句话把人讲跳。
刀可以割肉,话可以断骨。
三寸舌头抬煞人,三寸舌头压煞人。
良言一句三冬暖,恶言伤人六月霜。
冷粥冷饭好吃,冷言冷语难听。
相骂呒好言,相打呒好拳。
讲话声放低,走路脚抬高。
矮人面前勿说矮。
嘴巴讲勒出莲花。
死人讲勒棺材里爬起来。
屙人讲屙话。

屙里拣出来个屁话。
死人讲拨棺材听。
讲拨后施枕听也㾿听。
话越讲越多,布越扯越碎。
屙缸越抑越臭,说话越讲越多。
果子勿可择,闲话勿可扎。
闲话听音,萝卜吃心。
闲话要听音,鲫鱼要吃鳞。
甜言夺志,甜食坏齿。
天勿言自高,地勿言自厚。
传来闲话莫轻信,过去事体莫再提。
香花勿一定好看,会讲勿一定能干。
黄狗游河,出张嘴巴。
讲讲纯劲道,做做瘟跌倒。
讲讲神仙阿伯,做做死蟹一只。
会赚铜钿多背债,会讲闲话多招怪。
少讲为妙,多讲伤料。
人像蛳螺,闲话甚多。
有话吭话,譬如勿话。
宁可听苏州人吵相骂,勿可听宁波人讲闲话。
树老根多,人老话多。
老人勿掏古,后生会失谱。

行业类

1. 农　业

三百六十行,种田第一行。
人勿欺地皮,地勿欺肚皮。
人误田一时,田误人一年。
田荒穷一年,山荒穷一世。
人靠田长,田靠人养。
种田人靠三生:后生、家生、众生。
三生齐,好种田。
有收呒收在于种,多收少收在于管。
种落三分收,七分靠管理。
种好管好,丰收牢靠;只种勿管,打破金碗。
储水如储谷。
有收呒收靠水。
灯呒油勿亮,稻呒水勿长。
早稻吃混水,晚稻吃露水。
只靠双手勿靠天,修好水利长期甜。
肥是劲,水是命。
多收少收靠肥。
人黄有病,稻黄缺肥。
人呒力桂圆枣子,田呒力河泥草子。
河泥草子壅早稻,勿可话向亲家道。
勿养猪鸡鸭,肥源呒处挖。

田里吰没本,烂泥磨粉也吰份。
处暑壅本正当鲜,白露施肥枉心机。
搞一冬,肥一春,五花六月勿担心。
肥是农家宝,全靠施勒巧。
肥料泼满地,勿如田里钩条线。
年里施根线,抵过年外施三遍。
吹过小满风,批花好留种。
若要批花红,八月十六头夜种。
霜降种草子,幼苗容易死。
年里春花月里稻。
草子过冬壅遍灰,赛过冬天盖床被。
若要草子好,经常三分燥。
草子田里开好沟,落雪落雨好觟愁。
草子种三年,坏田变好田。
土地勿平整,有水等于零。
若要虫害少,除尽根边草。

好树出好桃,好种出好稻。
种田勿留种,饿煞吰人拥。
种子择一择,产量差一百。
种子调一调,好比上遍料。
宁可失收,勿可失种。
秧子落缸,夫妻分床。
芽壮七分秧。
秧好一半稻,苗好三分收。
养儿靠娘,种田靠秧。
巴结巴结,把牢季节。
清明起半畈。
二月清明早下秧,三月清明莫慌张。

谷雨前动犁,勿早也勿迟。
吃过谷雨饭,发风落雨要出畈。
谷雨起半畈,立夏耕半滩。
早稻插秧勿过立夏关。
种田勿过立夏关,过了立夏要减产。
立夏浸种,小满插秧。
芒种芒种,忙忙种种;过了芒种,等于白种。
夏至来,把秧栽。
西风种田,有谷吪米。
西风种田,勿如烤火吃烟。
糯稻糯两梗,晚稻大棵生[1]。
宁可讨大脚嫂,勿可种大脚稻。
种田早勿如插秧牢。
早稻水上飘,晚稻插齐腰。
早稻浮面插,晚稻笃勒塌[2]。
种田好笤学,株株差一拓。
木匠师傅装翠眼,种田人对屁眼。
秧种七根八根,田要种其骨敦。
若要稻种直,腰骨勿要直。
稻大自会直。
擂擂倒,种大稻。
弯田种大稻。
田种七弯八弯,谷割七担八担。
小弯一袋,大弯一傲[3]。
若要稻种大,多把稻根掳。

---

[1] 谓糯稻宜疏,晚稻宜密。
[2] 笃,直插;塌,音革,塌泥。笃勒塌,指把秧苗插到熟土与生土交界处。
[3] 一傲,一船。

头遍挡稻,二遍耘草,三遍拔稗拔长稻。
掳掳到,种大稻。
大水耘田一摸光,前头耘过后头荒。
稗草勿拔,水稻勿发。
一株稗草一餐粥,百株稗草一担谷。
夏至耘头遍,吭谷怨自己。
夏至勿耕畈,年成对半减。
六月秋,抢抢收;七月秋,慢慢收。
晚稻插秧勿过立秋关。
立秋三天遍地红。
立秋割半稻,立冬割半稻。
七月七勿拆车,八月八勿居家。
处暑勿露底,有谷吭没米。
处暑根头摸,一把泥来一把谷。
白露白咪咪,秋分稻头齐。
秋分勿抽头,割割喂老牛。
人老一年,稻黄一夜。
八成熟,十成收;十成熟,八成收。
寒露到,割秋稻;霜降到,割糯稻。
有稻吭稻,霜降放倒。
齐割轻放,多打低抖。
粒谷种九年,天下占半边。
秋前勿搁田,秋后叫皇天。
冬季修田塍,好比修皇城。
寒露早,立冬迟,霜降种麦正适宜。
寒露至霜降,种麦勿慌张。
种麦吭灰,到老吃亏。
麦浇芽,菜浇花。
小雪大雪,种麦歇歇。

麦子冬前发足苗。
水稻水多是糖霜,麦地水多是砒霜。
大寒小寒施追肥,油菜小麦过冬齐。
麦施年底肥,稻施月里肥。
小麦年前施一盏,抵过年后施一担。
冬麦要压,越压越发。
年内一片白,年外一片麦。
冬雪搭麦似床被,春雪搭麦似利剑。
冬雪是个宝,春雪是梗草。
年里削麦抵床被,正月削麦正适宜。
年里削麦正道理,二月削麦费饭米。
清明沟底白,产量增一百。
小麦勿过立夏。
小满三日望麦黄。
大麦勿过芒种。
麦到小满谷到秋,迟早成熟一路收。
谷老多米,麦老多皮。
割麦如救火。

若要豆荚圆,种在清明前。
清明前后,种瓜点豆。
头霉芝麻二霉豆,三霉还可种赤豆。
夏至种豆,勿论地瘦。
大暑前,小暑后,庄稼老汉种赤豆。
立冬勿见叶,到老呒没吃。
立冬小雪北风起,蚕豆小麦下种齐。
冬至三爿叶,立夏好过节。
豆朗多荚,麦朗多叶。
五月种番薯重十斤,六月种番薯一把根。

六月种番薯,大像秤锤,小像钉子。
做砖头靠坯,种番薯靠灰。
六谷施天花,番薯浇红芽。
十月寒露霜降到,要掘番薯割晚稻。
秋分六谷勿露头,割来只好喂老牛。
处暑荞麦,白露菜。
瓜要种勒大,清明勿可过。
立夏勿种瓜,到老一朵花。
夏至西北风,瓜茄处处空。
雨水种芋艿,大勒特别快。

小麦种迟吭没头,菜子种早吭没油。
寒露油菜,霜降麦。
十月种油,勿够老婆搽头。
油菜勿嫌迟,年前三次肥。
年内油菜哄哄大,年外油菜赶赶大。
冬水油菜命,春水油菜病。
若要油,三月田畈养泥鳅。
百粒芝麻地头摊,收拢起来一大滩。
六月种芝麻,头上开朵花。

正月初二晴,棉花好结成。
正月二十晴,棉花好收成。
清明前,好种棉;清明后,好种豆。
谷雨种棉花,要多三梗杈。
棉花好,有三宝:施肥、除虫、勤除草。
棉花勿打杈,光长火柴架。
锄头削勒勤,棉花白如银。
芒种种棉花,到老勿开花。

夏至棉花根边草,赛过毒蛇咬。
六月初一雷声响,棉花剩根梗。
六月十二一声雷,棉花剩根头。
处暑见新花,八月八收棉花。
廿亩棉花廿亩稻,晴也好来落也好。

2. 林　业

在山靠山。
若要富,竹、茶、兔。
家有千株树,一世勿穷苦。
种树造林,莫过清明。
种树呒巧,深埋实捣。
阳山油茶阴山竹,低山水果高山茶。
山洼杉木山背松,水边杨柳岩边桐。
五九九九,沿河插柳;三九四九,种花栽柳。
若要河堤固,莫斫河边柳。
白露花结子,林木采种正当时。
泡桐像把伞,五年好剖板。
十年针松一根柱,十年檫树好打船。
千年勿大黄杨树。
千年黄杨呒没一尺。
千年燥搁枫,万年水底松。
冬至种竹,立春种木。
若要笋头多,竹山铺牛屙。
二月清明挨如街,三月清明呒笋买。
立夏龙须笋,小满正当朝。
七月挖金,八月挖银。

茶地勿挖,茶芽勿发。
春茶留一芽,夏茶发一把。
头茶荒,二茶光。
蔷薇花开头朵,家家好吃新茶。
若要果树长勒好,施肥治虫水吃饱。
若要虫子少,除净树边草。
果树勿修枝,来年果实稀。
夏至杨梅满山红,小暑杨梅要出虫。
十月小阳春,种果枝枝盛。
桃三李四梨五年,杏子开花十八年[1]。

3. 牧　业

猪多肥多,肥多粮多。
养猪勿赚钱,回头看看田。
养了三年蚀本猪,好勒稻田勿得知。
养猪要蚀,养牛一直,养羊三个铜板一日。
要饭吃,拉风箱;要钱用,养猪娘。
商商(音相)量量,买只猪娘。
母猪好,好一窝;公猪好,好一坡。
小猪要游,大猪要囚;小猪要奔,大猪要眮。
猪吃百样草,看侬找勿找。
要猪肥,每日半两盐。
斗米三斤肉。
猫三、狗四、猪五、羊六、牛十二、马廿四[2]。

---

[1] 指果树结实期。
[2] 指怀孕期。

老牛难过冬,怕吃西北风。

冬牛要焐,春牛要露。

日里吃饱,夜里有草。

冬天个食,春天个力;冬天勿瘦,春耕勿愁。

牛有千斤力,勿可一时逼。

懒牛多尿屙。

要羊勿生病,脚踏高凉亭。

四蹄勿停,必定有病。

三个月鸡,门槛上嬉;三个月鸭,砧板上杀;三个月鹅,砧板上拖。

鸡啄(音笃)米,猪拱地。

红面鸡娘哆子就生。

斤鸡斗米。

毛鸡肉价钿。

若要发,养群鸭。

呒脚色,养老鸭。

鸭膪抵火烧[1]。

边吃边犀,六十日好卖。

昼喂猫,夜喂狗。

4. 副　业

水稻是米缸,席草是钱庄。

一年席草,两年大稻。

席背一掼,下饭一篮。

三月田里要封行,四月打脑见田光。

三霉要留秧。

---

[1] 膪,音登,嗦囊。谓鸭子消化能力极强。

留霉草,勿留伏草。

热黄霉大稻,冷黄霉大草。

立夏一过水莫燥,夏至芽头赶顶草。

水稻要种敦,席草要种睏。

湿润灌溉,活水到老。

稻吃一碗饭,草吃三碗饭。

冬勿燥,春勿曝,夏要燠。

小暑割草,大暑割稻。

日里席机头,夜里活狲头[1]。

要假假别,莫假黄古林卖席[2]。

贝母一袋,谷一僦[3]。

冬至罱河泥,桑树长破皮。

蚕子上山廿八日,秧子出畈百廿日。

小满勿上山,斩斩喂老鸭。

樱桃红,甘蔗空。

千盐石米。

5. 渔 业

春发作,夏财主,秋落薄。

抲鱼打猎,一世呆发。

上山一蓬烟,落海一餐鲜。

三寸板内是娘房,三寸板外见阎王。

抲鱼靠三硬:人硬、船硬、渔具硬。

---

[1] 活狲头,席筋车,打席筋的工具。谓白天二人合作织席,晚上一人打席筋。
[2] 旧时黄古林草席货真价实,誉满宁波,故有此谚。
[3] 鄞州樟村是贝母产地。

嫁个抲鱼郎,夜夜守空房。
嫁个抲鱼郎,庇进新洋房。
打狗要棒,抲鱼要网。
三冬靠一春,三春靠一水,一水靠三潮,一潮靠三网。
撑船勿失潮,跟勒月亮跑。
老大勿识潮,伙计有得摇。
潮水涨,张家老娭晒白鲞;潮水落,张家老娭偷鸡吃。
上山怕虎,落海怕雾。
种田靠种,撑船靠风。
海洋能使八面风,全靠老大撩风篷。
正月十八早春暴,摇橹出海落帆倒。
二月十九观音暴,落海还是睏觉好。
三月初二要记防,癞蛤蟆出洞有大暴。
六月南方海洋宽,小暴南方十八潮。
九月初九重阳暴,海宫龙王信带到。
十月十五三官暴,三官菩萨请侬吃蛋糕。
十二月十二彭祖暴,开船还是勿开好。
三级四级是亲人,八级九级是仇人。
东风带雨勿拢洋,东转西风叫爹娘。
廿五廿六呒风雨,初三初四莫行船。
浪叫有礁,鸟叫山到;混水泛泡,趁早抛锚。
洋上呒风有响,渔船勿可动桨。
带鱼鱼头尖,生在海礁边;要想吃带鱼,还来浪岗面。
春水勿离山头,黄鱼勿离滩头。
菜花子结龙头,小黄鱼结蓬头。
正月十四夜亮,乌贼摆摆样;正月十四夜暗,乌贼没上礁。
二月二晴,船舱前面挂银瓶;二月二落,船舱前面呒人踱。
二月清明鱼如草,三月清明鱼如宝。
清明三月节,乌贼呒处叠。

三月黄鱼要出虫,四月乌贼背板红。

四月月半潮,黄鱼满船摇。

四月半黄鱼勿叫,拘鱼人老姆上吊。

五月十三鳓鱼会,日里勿会夜里会,夜里勿会明朝会。

夏至鱼头散。

夏至发西南,鲤鱼拱深潭。

杨梅满山红,海蜇港里涌。

西风起,蟹脚痒。

蟹到立冬,呒影呒踪。

冬至水冻骨,鱼躲脚边窟。

十二月卅日夜暗,乌贼篮来挈;十二月卅日夜亮,乌贼摆摆样。

小黄鱼拘来,大黄鱼叫来,乌贼摇来,带鱼冻来。

钓鱼要忍,拘鱼要狠。

捉鲎捉双。

西风猛,浪打芦根虾打墙。

会拘拘一万,呛拘拘一篮。

6. 工 商

开店容易守店难。

外行生意勿可做,内行生意勿可错。

外行勿可收,内行勿可丢。

外行看热闹,内行看门道。

同行是冤家。

金字招牌硬黄货。

亏本勿出货。

出门勿认货。

人眼识货,狗眼识屙。

图书勿明,单子勿灵。
种田人靠屙,生意人靠货。
有货勿愁穷。
货好勿怕巷深。
一分价钿一分货。
好货勿贱,贱货勿好。
勿怕勿识货,只怕货比货。
眼睛看过别高低。
货问三家勿吃亏,路走三遍勿生头。
货到地头烂。
人靠衣装,货靠包装。
办事体看人头,做生意靠嬉头。
种田勿离田头,做生意勿离柜头。
店倌勿离柜台。
柜台立三年,见人会相面。
种田人讲节气,生意人讲和气。
和气生财,生意会来。
人无笑脸莫开店。
天下三主,顶大买主。
还价真买主。
对折拦腰环,零头掳掳翻。
皮鞋落地一半价。
买卖勿成人情在。
船多占港,客大欺行。
打来骂来,蚀本勿来。
宁可做蚀,勿可做绝。
勿怕蚀,只怕歇。
一手勿来,一手勿去。
小头勿去,大头勿来。

小店货多,小猪屙多。
闷声大发财,元宝奔拢来。
会计好做,月底难过。
倒贴工钿白吃饭,生活拨侬学学惯。
饭吃工钿驮,牌楼抬过河。
短工单等日头斜,长工单等三十年夜。
开了饭店勿怕大肚皮。
饭店门口摆粥摊。
先吃味道后会钞。
豆腐水做,阎王鬼做。
夜做夜,豆腐慢慢卖。
头醋勿酽,二醋勿酸。
好做酒,坏做醋。
打铁呒样,边打边相。
少年裁缝,中年木匠,老年郎中。
夏天个郎中,冬天个裁缝。
六月里个裁缝,十二月里个郎中。
裁缝勿落布,心里像喝醋。
裁缝勿落布,老婆出屁股。
裁缝呒纽襻,箅匠呒篮环。
裁缝袜呒底,箍桶瓶挈水。
裁缝靠熨斗,鞋匠靠楦头。
衣勿差分,鞋勿差缝。
九月十二晴,皮鞋老娭要嫁人;
九月十二落,皮鞋老娭好吃肉。
晒煞泥水,冻煞泥水。
泥水捉漏,越捉越漏。
烂腐泥水臭漆匠,可怜可相学箅匠。
木匠好舀学,榫头敲准足。

长刨、短刨、三寸刨,过年穿件破棉袄。
木匠弹线量短长,泥水拉线打大墙。
木匠走进三日烧,泥水走进三日挑。
木匠一多盖歪屋,泥水一多打弯墙。
木匠屋里吭凳坐,泥水屋里烧倒灶。
泥水木匠,先拆后量。
木匠儿子会使斧,歌手女儿会曲谱。
箍桶学了三年半,难弄一个三角钻。
漆匠好舀学,单超漆勒薄。
百行百弊,剃头无弊。
剃头好舀学,单超一刀落。
剃头怕癞头,癞头怕剃头。
卖柴老娒烧柴叶,卖菜老娒吃黄叶。
小咦小,巧咦巧,三个铜钿买管箫。
好郎中尬沿街走。
卖药郎中吭好医。
说真方,卖假药。
箬牌取牙虫。
有手艺吃手艺,吭手艺吃烂泥。
荒年饿勿煞手艺人。
家有千金,勿如薄艺在身。
扁担两头环,勿挑要饿饭。
上磨肩胛,下磨脚底。
肩胛头当栈房,脚娘肚当米缸。
春天生意真难做,一头行李一头货。
冬至起九,抬冰上手。
气力赚饭吃。
好汉勿赚六月钿。
会做也勿难,尬做拔筋骸。

惛力勿赚钿,赚钿勿惛力。
吃吃饭店饭,庵庵小客栈。
嘴巴皮卖铜钿。
生意人个嘴,溪坑里个水。
种田人靠天,生意人靠骗。
经一道手,剥一道皮。
功名要求,生意要兜。
钦天监大弄赚。
调样生活,换副筋骨。

社会类

1. 国　家

一寸国土一寸金。
家勿和要穷,国勿和要亡。
治国要良相,治家要贤妻。
主有福,将有力。
一个将军一个令。
兵垮垮一人,将垮垮千人。
养兵千日,用力一朝。
一人拼命,万夫莫当。
一朝无粮兵马散。

文官提提笔,武官打脱力。
国乱识忠臣,家贫出孝子。
天上星多月勿明,地下官多出奸臣。
官府坐堂,衙役帮忙。
瘟官多告示。
时势造英雄,英雄促时势。
深山藏猛虎,乱世出英雄。
乱世人勿如太平狗。
打仗委屈老百姓。
皇家狗,舔民油,丧权辱国勿知羞。

2. 法　律

人凭法,鬼凭理。
杀人抵命,欠债还钱。
捉贼捉赃,捉奸捉双。
强盗沿街走,呒赃难定罪。
依了皇法要打煞,依了佛法要饿煞。
十起官司九起奸。

3. 权　势

官大一品压煞人。
宰相家人七品官。
一朝权在手,便把令来行。
钱能通天,势能压人。
钱到公事办,火到猪头烂。

天大官司,只要斗大银子。
一场官司一场火,勿怕佮拉家计大。
狗勿咬屃屩人,官勿打送礼人。
十只黄狗九只雄,十个衙役九个凶。
厨下无人莫托盘,朝中无人莫做官。
将军在,门头闹如海;将军死,门头冷如冰。
勿求地位,只求落位。
吃百姓,压勿进。
有吃有用有人送,省吃俭用鬼弄送。

4. 贫　富

进门莫问穷和富,一看面色便得知。
穷难瞒,丑难遮。
良医吨药可治贫。
救急好救,救穷难救。
冷冷勒风里,穷穷勒铜里。
风来阴凉树下,钱来有铜钿人家。
有铜钿挣家计,呒铜钿挣年纪。
有铜钿人钱挣钱,呒铜钿人力挣钱。
有铜钿人坐包车,呒铜钿人吃灰沙。
经济人穿草鞋翻面,有佬人吃鸡肉剥皮。
抬轿也是人,坐轿也是人。
富贵讲命长,穷人派饭账。
穷做亲,富做生。
贫贱闹市呒人问,富贵深山有远亲。
十个光棍九个穷,十个寡妇九个富。
天怕雪后风,人怕老来穷。

尺四镬吊起。

苦如腊梅花,呒没一爿叶来遮。

呒没铜钿买草鞋,出脚走路咋爽快?

两娘拼条裤,一个穿来一个跕。

虱多勿痒,债多勿愁。

顶臭是穷,顶香是铜。

一日有,勿忘千日无。

天无一月雨,人无一世穷。

穷呒穷到底,富呒富到根。

穷做穷,还有三两铜。

穷人翻头,小屋翻楼。

5. 金 钱

自家铜钿是金子,人家钞票溪坑水。

来路勿正宗,铜钿勿经用。

钱财落人手,只好苦苦求。

钱财八只脚,一世趱勿着。

一钱逼煞英雄汉。

一个铜钿打开头。

有钱人像条龙,呒钱人像根虫。

好看难为钿。

大头赚勿来,小头眼勿开。

做官勿为财,隔海过洋作啥来。

钞票总讲人家多,本事总讲自家大。

人面长,钱财短。

铜钿也要,面孔也要。

铜钿银子通心血。

铜钿越多越爱钱。
铜钿眼里打秋千。
有了千钱想万钱,做了皇帝想成仙。

6. 祸　福

祸中有福,福中有祸。
人无全福,稻无全谷。
鸭多蛋多,量大福大。
吭痛吭痒,福寿双长。
平安就是福。
呆人自有呆人福,烂泥菩萨庵瓦屋。
鸭吃砻糠鸡吃谷,各人自有各人福。
有福吭福,朝南起屋。
病从口入,祸从口出。
积少成多,积恶成祸。
三个老姊同凳坐,三日坐过就有祸。
墙破麻将多,人穷灾害多。
财来慢慢来,祸来一时来。
勿贪财,祸勿来。
私心重,祸无穷。

7. 命　运

天勿生无禄之人,地勿生无根之草。
有了满腹才,勿怕运勿来。
算命若有灵,世上吭穷人。

钉煞秤花生煞命。
八字落勿着。
沙蟹命,吃吃壮,爬爬瘦。
财与命相连,做煞呒相干。
人倒运,鬼到门。
天堂勿见,地狱先现。
命生苦,饭将补。
心里想发财,运道还勿来。
心猛猛,运勿行。
掹掹宝,碰运道。
出道是侬早,运道是我好。
运道好,好舀爬起早。
运道来了推勿开,烤熟毛蟹爬进来。
财来,运来,抬个老姨带胎来。
下巴扣勒人家地方。
滑进大好佬,滑出瘟跌倒。
活灵趆(音石)进大好佬,活灵趆出坐监牢。
额角头锃亮。
头大享福,脚大劳碌。
头像西瓜,一世荣华。
头像尿瓶底,一世吃勿及。
头像麦水孔,讨饭路路通。
头像萝卜,一世劳碌。
面孔圆圆,必中状元。
红光满面,发财眼前。
面无四两肉,做人真恶毒。
眼睛三只角,死了呒人哭。
肉里眼凑队呒后还。
高鼻头管老鹰眼,一世凑队呒后还。

嘴巴大吃四方。

男嘴大,吃天下;女嘴大,吃厨下。

未老先白头,老来苦如牛。

三十三,乱刀斩。

六十六,阎罗大王请吃肉。

哑子开口龙虎斗。

自然类

1. 气　象

日出早,雨淋脑。

日出有晕,勿雨也风。

早晕狂风即起,午晕明朝有雨。

太阳昼过现,三日勿见面。

日落胭脂红,明朝雨夹风。

日落风忽现,风暴就要见。

日发黄,大雨打崩塘。

日头倒照,雨落倒掉。

日晕雨,月晕风。

日晕三更雨,月晕午时风。

月亮边有晕,明日要发风。

大晕晕风,小晕晕雨。

初三见星月,初八见雨雪。
夏夜星密,明朝晴热。
满天星,明朝晴。
朗朗星,密密雨。
星火闪,主风雨。
星火含水雨将临。
久雨见星光,明日雨更狂。

正月响雷雨夹雪,二月响雷雨勿歇。
一日春雷,十日雨。
春雷一声响,雷雨壁外张。
雷响惊蛰前,四十九日勿见天。
未过惊蛰响雷霆,一日落雨一日晴,晴晴落落到清明。
秋分响雷米价贵。
冬至响雷,谷米要贵。
雷打五更头,午时有日头。
雷响大天亮,雨伞好甮撑。
早响雷,当日晴;午响雷,落一阵;晚响雷,勿到明。
雷雨一过昼,下午必晴天。
雷响天边,雨在眼前;雷响头顶,有雨勿惊。
直雷雨小,横雷雨大。
雷轰轰,雨勿凶;雷哼哼,大雨生。
雷声绕围转,落雨勿久远。
先雷后雨雨勿大,先雨后雷落勿过。
雷雨隔田塍。
雷雨勿过江,过江要犯快。
东南西北龙光闪,晒煞泥鳅和黄鳝。
南闪龙,晒开头;北闪龙,雨淋头。
南闪火门开,北闪雨要来。

春季东风雨淋淋,夏季东风热闷闷,
秋季东风毒辣辣,冬季东风雪纷纷。
春多风主雨,夏多风主热,秋多风主雨,冬多风主雪。
春东风,雨祖宗。
清明南风禾稻丰。
立夏东风昼夜晴。
夏东风,燥松松。
夏刮东南井底干。
夏呒三日北,大水没上屋。
夏至南风开天门。
夏至西南没小桥。
六月北风,水浸鸡笼。
立秋西北风,秋后旱勒凶。
冬至西北风,明春燥松松。
冬至月中,日风夜风。
单日发双风,双日发单风。
东风发过更,水在门外涨。
一斗东风三斗雨,一场秋风一场寒。
旱刮东风勿雨,涝刮东风勿晴。
东北风,雨太公。
东风转北,搓绳缚屋。
夜里起南风,明朝太阳凶。
霜后南风毒如砒,老人生病好觅医。
一日南风三日暴。
南风吹到底,北风来还礼。
西风勿过午,过午便是虎。
西风勿过西,过西连夜吼。
西风歇落,雨点滴落。
西风煞雨脚,明朝太阳烈。

早西夜东风,日日好天公。
北风吹过午,台风吹屁股。

正月初九玉皇暴,廿九龙神暴。
二月初七春期暴,十九观音暴。
三月初三真武暴,初九阎王暴,十五真君暴,廿三娘娘暴。
四月初八太子暴,廿二太保暴。
五月初五屈原暴,十三关帝暴。
六月十二彭祖暴,廿四雷祖暴。
七月初八神煞暴。
八月十四伽蓝暴,廿一神龙暴。
九月初五重阳暴,廿七冷风信暴。
十月初五五风信暴,十五三官暴,廿一东岳暴。
十一月十四水仙暴,廿九南岳暴。
十二月廿四扫尘暴。

云向东,一阵风;云向南,雨绵绵。
云向西,带蓑衣;云向北,好晒谷。
天起鱼鳞斑,晒谷好菑翻。
乌云遮日头,当夜雨飕飕。
满天乌云一个洞,落起雨来呒没缝。
天起黄云,必有狂风。
天空现箭云,必定起台风。
早上乌云盖,呒雨也风来。
早上破絮云,午后雷雨淋。
早上浮云走,下午晒煞狗。
夜快火烧云,日里火炉烘。
天上呒洞,落雨呒缝。

早上红霞飐愁愁,晚上红霞晒开头。
早霞勿出门,晚霞行千里。
七月七挂虹,七个小台风。
东南海面出新虹,一两日内有台风。
东鲎日头西鲎雨,北鲎荒年南鲎米。
鲎高日头低,大水没稻田。
早鲎勿过昼,夜鲎晒开头。

春雾雨,夏雾日,秋雾风,冬雾雪。
秋雾老北风,晒煞河底老虾公。
重阳一潮雾,晚稻要烂腐。
冬雾六十日,必定有大雪。
十雾九晴。
单雾日头,双雾雨。
早雾晴,晚雾雨。
朝雾消,晒谷好觞扒;朝雾延,必定雨绵绵。
海上大雾露,日头烤番薯。
早上地罩雾,只管洗衣裤。
露水重,天家晴。
呒露作阴,有露作晴。
大露即收,天晴勿久。
露过午,勿收要落雨。
月明露重。
处暑勿露,晴到白露。

一朝有霜晴勿久,三日有霜天晴久。
一夜春霜三日雨,三夜春霜九日晴。
春霜三日白,晴到割大麦。
未到霜降先落霜,晚稻糯谷变砻糠。

霜降呒霜,廿日呒霜;霜降见霜,米烂陈仓。
冬至前头七日霜,有米呒砻糠。
浓霜猛日头。
霜夹雾,旱勒井也枯。
正月雪盖雪,二月落勿歇。
春雪多病痛,冬雪兆丰年。
春雪一百廿日有暴。
清明断雪,谷雨断霜。
冬雪多,雨水少;春雪多,天要旱。
除夕天,大雪纷飞是旱年。
开雪眼转阴有连雨。
落雪勿冷释(音色)雪冷。
雪等雪,落勿歇;雨夹雪,落勿歇。
雪上加霜,瓦爿放汤。

立春晴朗春少水,立春落雨倒春寒。
立春呒雨廿日晴。
立春雨淋淋,阴阴湿湿到清明。
头八晴好年成,二八晴好种成,三八晴好收成。
逢八落了雨,以后还有雨。
有了雨水水,才有春分水。
春分有水病人稀。
有米呒米,但看二月十二。
清明要明,谷雨要雨。
清明落雨,斗笠勿离。
清明落雨,落到茧头白。
春雨贵如油,夏雨遍地流。
四月初一晴,条条河水好种菱。
四月初八晴,高山好种麦;四月初八落,低地晒起壳。

雨打立夏,吭处洗耙。

小满吭雨晴得猛。

有谷吭谷,但看四月十六。

雨打芒种脚,低田晒开豁。

端午有雨是丰年。

端午落,燥谷燥草好进屋。

五月端午晴,烂稻刮田塍。

立夏晴,蓑衣挂墙角;立夏雨,蓑衣脱勿落。

夏至多雨水。

夏至落大雨,八月做大水。

六月做南台,河底拖镶鞋。

六月廿四雷公雨。

夏雨连夜倾,来日便朗明。

立秋吭雨廿日晴。

立秋吭雨一半收。

处暑雨,偷稻鬼。

七月乌,八月烂,晚青晚稻脱出绽。

八月十六晴,高山好种麦;八月十六落,低地晒起壳。

秋阴怕夜晴,十晴九勿晴。

早晚风凉,晴过九月重阳。

重阳晴,一冬晴;重阳雨,一冬水。

九月十三晴,钉鞋雨伞挂断绳。

立冬晴,一冬晴;立冬落,一冬落。

十月十日晴,小麦大麦像鼓钉。

干净冬至邋遢年,邋遢冬至干净年。

上半年东南风天晴,下半年西北风天晴。

上半个月看初三,下半个月看十四。

早看东头,晚看西头。

开门雨,饭后晴。

早雨勿过昼。
夜开天,晴半年。
日晴夜落好年成,气煞多少懒惰人。
久晴必有久雨,久雨必有久晴。
久旱望廿三雨,久雨望廿三晴。
久雨傍晚停,一定天转晴。
夏雨隔牛背,秋雨隔灰堆。
有雨天边亮,呒雨头顶光。
落雨落枚针,落来落去落勿停。
落雨落个泡,停落就好跑。

春冷雨,夏凉干,秋暖连阴,冬寒冰晴。
冬冷迟,春暖早;冬冷早,春暖迟,会有春寒到。
春寒多雨水。
一场春雨一场暖;一场夏雨一场热。
一场秋雨一场凉;一场冬雨穿上棉。
冷惊蛰,暖清明;暖惊蛰,冷清明。
惊蛰勿动风,冷到五月中。
三月三暖,立夏前勿冷。
立夏前头三届热。
吃过端午粽,还要冻三冻。
吃过端午粽,棉袄勿可送。
夏至有风三伏热。
六月热,五谷结;六月勿热,五谷勿结。
呒冷呒热,五谷勿结。
六月盖被,有谷呒米。
热热中伏,冷冷三九。
大旱勿过七月半。
白露秋风夜,一夜冷一夜。

白露身勿露。

八月桂花蒸,十月小阳春。

懒妇是介话,十月还有一个夏。

冬至月头,卖被买牛;冬至月底,卖牛买被。

十二月初七八冷,年三十夜也要冷。

年底交春兆天暖。

两春夹一冬,吮被暖烘烘。

霜后暖,雪后寒。

冬冷勿算冷,春冷冻煞犒。

暴冷冷煞人,暴热热煞人。

逢丙入霉,逢庚起伏。

头霉勿可错,二霉勿可做,三霉做到底,有谷吮没米。

清明有霜,霉少雨。

清明有雨早黄霉,清明无雨迟黄霉。

黄霉寒,井底干;黄霉无雨,荒半年。

早上芒种,晚上霉。

五月黄霉天,好像孩子脸。

雨打霉头,快活黄牛。

霉里西风做大水。

雨打黄霉脚,井底要开豁。

三霉过六月,好舀开田缺。

小暑头上一声雷,半个黄霉倒转来。

小暑一声雷,翻转做重霉。

大暑一声雷,要做野黄霉。

处暑响雷做重霉。

春潮五更改,夏潮黄昏送,秋潮两头大,冬潮太阳红。

初八廿三潮,早晚到余姚。

初八廿三早夜平。
夜里东风吹潮大,八月十六大潮汛。
八月十六明月照,海水浸过龙王庙。
涨潮风起,潮平风止。

春分秋分,日夜平分;夏至冬至,日夜参差。
冬至止短,夏至止长。
嬉嬉夏至日,睏睏冬至夜。
冬至日长一线。
冬至勿出十一月。
冬至百六是清明。
百年难遇岁朝春。
七月半,蚊虫多一半。
八月半,蚊虫似鸭钻。
九月九重阳,蚊虫死爹娘。

2. 物　候

海洋响闷雷,台风到门口。
海水哈哈响,就有台风降。
海水黄牛叫,必有大雨到。
吭风起长浪,勿久风雨降。
条浪打先锋,后头跟台风。
海潮乱,台风来。
海水分路,勿是风就是雨。
远望海水暗,必定风雨来。
远望海水青,天家必定晴。
海水发臭泡,台风必将到。
太白山戴帽,三日内有风暴。

有雨山戴帽,呒雨山没腰。

若要晴,望山青。

河水泛泡,雨水将到。

水里腥气雨。

水底起青苔,将要有雨来。

井水起泡要地震。

水缸出汗,必有雨来。

水缸穿裙,阴雨来临。

屙缸泛,有雨来。

盐罐还潮,阴雨难逃。

咸肉滴卤,雨落如注。

石板还潮,阴雨难逃。

石壁淋淋,落雨勿停。

础润主雨。

早晚烟扑地,老天有雨意。

烟勿出屋,滴滴沰沰。

烟上冲,呒风雨;烟下栽,风雨来。

镬底滞煤有雨。

蚂蚁上桌面,大雨在眼前。

蚂蚁爬上树,还要做大水。

蚂蚁背泥巴,大雨就要下。

大蜈蚣出,必有雨落。

蜘蛛幽网中,勿雨也有风。

蜘蛛织新网,天家要晴朗。

蚊虫聚堂中,明朝穿蓑篷。

蜻蜓高,谷子焦;蜻蜓低,一把泥。

蜻蜓结帮飞,天家要落雨。

蜜蜂迟归,雨来风吹。

雨中蝉鸣,预报天晴。

蚂蟥浮水面,呒雨也勿远。
蚂蟥沉水底,天晴必无疑。
泥鳅静,天家晴。
青蛙集中,大雨倾盆。
大蛇拦路,雨落叫苦。
鱼浮水面雨。
鱼跳水面有雨象。
鲤鱼跳龙门,大雨后背跟。
河里鱼打花,天天有雨下。
鸠唤雨,雀噪晴。
落雨鹧鸪叫,天家转晴好。
老鹰绕天飞,来日有风扇。
鸦浴风,鹊浴雨,八哥汏肉断风雨。
乌鸦成群洗澡,必有大雨来到。
乌鸦成群吵,寒潮快来到。
燕子窠垫草多,当年雨水多。
燕子地上飞,阴雨在眼前。
燕低飞,蛇过道,大雨马上就要到。
鸟儿飞勒高,天家一定好。
久雨闻鸟声,勿久天转晴。
百鸟分散,晴天多旱。
群雁南飞天将冷,群雁北飞天将暖。
鸡出笼早,当天雨到。
鸡宿早,天必好;鸡宿迟,天必雨。
鸡在高处鸣,雨止天要晴。
猪衔草,寒潮到。
狗吃水要晴,猫吃水要落。
狗猫换毛早,天家冷勒早。
睡猫脸朝天,连日雨绵绵。

修养类

1. 志 气

撑船要有方向,做人要有志向。
人有志,竹有节;人争气,火争焰。
胸无大志,枉活一世。
有志勿在年高,无志空活百岁。
人穷志气高,勿好也会好。
勿怕山高,就怕脚软;勿怕人穷,只怕志短。
学人先学志。
勿怕事难,只怕志短。
勿怕别人看勿起,只怕自家勿争气。
勿怕百战失利,只怕灰心丧气。
大海勿怕雨水多,好汉勿怕困难多。
有心大海好捞针,呒心小事也难成。
蚰蜒蛳螺上宁波,只要日脚多。
门面要绷,志气要争。
佛争一炉香,人争一口气。
配办一个头,皇帝老官打其跑。

2. 性 格

男有刚强,女有烈性。

性格生成,落雨清淋。
龙门要跳,狗洞要爬。
狗洞要砿,龙门要蹿。
后生怕激,老头怕逼。
跌勒倒,爬勒起。
头跂跂,脚蹁蹁。
有桥勿过,情愿游河。
宁受挤,勿受气。
死蟹也会吹白。
癞鼋(音施)剥皮心勿死。
莫看虾吭血,烤熟也会红。
豆腐心肠,越煮越硬。
心直口快,致怨招怪。
河直吭风水,心直吭家计。
直头白闹,平添烦恼;直肚白肠,关系弄僵。
硬到底,苦到死。
鞭竹实心根根硬,毛竹虽高节节空。
大佛灵性,一百廿斤。
捏捏怕捏煞,放放怕放煞。

3. 胆　识

懦夫胆如鼠,英雄胆如虎。
外头是狗熊,屋里充英雄。
财大气粗,艺高胆大。
衣裳贼破,胆子贼大。
力气压大,胆子吓大。
勿担三分险,难练一身胆。

鱼瘦勿怕风浪急,鹰小勿怕山头高。

胆大做将军。

呒事勿可胆大,有事勿可胆小。

敬了父母勿怕天,纳了官税勿怕官。

勿怕官,只怕管。

贼勿做,心勿虚。

除死呒大事,讨饭永勿穷。

见识见识,勿见勿识。

天也掇勒动。

长线放远鹞。

前怕狼,后怕虎,只好摸摸鸡屁股。

树叶爿跌落怕头挜开。

走路怕踊煞蚂蚁。

满眼生人,自抲章程。

呒没章程,苦勒伤心。

4. 德 行

花美勒外面,人美勒心里。

马好勿在鞍,人美勿在衫。

万贯家财勿算富,一分仁义值千金。

宁可清贫,勿可浊富。

宁亏自家,勿亏人家。

见强勿怕,见弱勿欺。

地枕莫踏错,袋袋莫囥错,眠床莫睏错。

勿是侬个财,勿落侬个袋。

人要心好,树要根牢。

人靠良心树靠根,走路全靠脚后跟。

人要面子树要皮。
金钱如粪土,脸面值千金。
好事勿可错,坏事勿可做。
天地良心,到处通行。
好心勿怕人猜疑。
身正勿怕壁斜。
脚踏地中央,勿怕路翻向。
脚踏路中央,勿怕人家论短长。
积德百年,丧德一天。
好事做到底,砻糠变白米。
做眼好事千年存,做眼坏事万人恨。

5. 谦　慎

开水勿响,响水勿开。
整瓶醋勿摇,半瓶醋要摇。
牛勿知角弯,马勿知脸长。
强中自有强中手,能人背后有能人。
火要空心,人要虚心。
讲侬长勿要笑,讲侬矮勿要跳。
知过改过勿为过,重搭戏台重敲锣。
知错改错勿算错,知错勿改错中错。
若要好,问三老;三老勿应,必有毛病。
勿听老人言,吃苦在眼前。
自傲馒头白,咬开纯大麦。
自屙勿觉臭,野屙臭煞人。
处处让三分为高。
吃亏就是便宜。

让人勿算低,过后得便宜。
忍一步少闯祸,让三分平安过。
骄傲来自浅薄,狂妄来自无知。
眼睛生勒额角头。
旺兴夹结,走路㧢脚。
毛毛细雨湿衣裳,勿注意要上大当。
防勒前头,少吃苦头。
小心无大错。
小心扯一直。
大意失荆州,骄傲失街亭。
一言提醒,价值千金。

6. 勤 俭

勤是摇钱树,俭是聚宝盆。
当家要俭,做事要勤。
只有勤呒俭,好比有针呒线。
有勤有俭,有针有线。
勤俭节约样样有,好吃懒做样样无。
做人做人总要做,做了黄狗要吃屙。
爪一脚,吃一脚。
出门勿弯腰,进门呒柴烧。
夫勤呒没荒地,妇勤呒没破衣。
勤力勿会呒事做,懒汉勿会呒凳坐。
锄头口里出黄金。
要搭人家比种田,莫搭人家比过年。
三早抵一工,月亮当灯笼。
夜到工夫自家。

四五六月站一站,十冬腊月少口饭。
勿冷勿热阿讲做,十二、六月好坐坐。
只有冻煞苍蝇,呒没做煞蜜蜂。
大路朝天,生活靠自。
冷水要挑,热水要烧。
手脚慢泛,起早落晏。
快手势勿及慢两爹。
家有一双勤俭手,四季好弗愁吃穿。
头苦萝卜头,吃穿好弗愁。
大富靠天,小富靠俭。
小雨落成河,粒米积成箩。
一日积一钱,三年聚一千。
添一斗勿如省一口。
一餐省一口,一年有一斗。
一日省把米,三年添床被。
紧紧一天,宽宽一年。
家有千金,勿如日进分文。
会赚勿如会积。
省吃俭用,一世勿穷。
算了和尚做馒头。
宁可买勿值,勿可买吃食。
吃勿穷,穿勿穷,算着勿好一世穷。
日常生活计划好,一年到头勿烦恼。
会省会算,柴米勿断。
细水长流年年有,大吃大喝勿长久。
冬勿节约春要愁,夏勿勤力秋呒收。
闲时不节勿做家,落雪落雨怕勿怕?
结婚摆阔气,婚后呒柴米。
后山黄泥也要吃空。

坐吃山要空,浪费无底洞。
少年勿做家,老了当狗爬。
一世呒计较,要好也呣好。

7. 懒　怠

山怕呒树地怕荒,人怕懒惰花怕霜。
男怕懒,女怕谏。
懒汉嘴勤,好汉腿勤。
人偷懒,牛走慢。
懒牛上轭尿屙多,懒人做事明朝多。
吃了来嚯,做了呆嚯。
吃起饭来高山掼土,做起活来声声叫苦。
早睏晏爬起,败光爹娘老家计。
贪吃懒做,挨冻受饿。
快活朴尸,饿煞肚子。
快活勒卵子生板油。
越庼越懒,越吃越馋。
偷力勿旺,馋痨勿壮。
嘴巴馋痨,一世难熬。
好吃懒做饭勿香,坐享清福寿勿长。
多做力来,多歇病来。
懒惰催人老,勤劳可延年。
勿怕事难,只怕手懒。
懒猫背勿到老鼠,懒人学勿到本领。
荒地怕好汉,好田怕懒汉。
猪睏长肉,人睏卖屋。

8. 智　愚

响鼓好甭重槌。
好汉斗智勿斗力。
风急落雨,人急生智。
有勇无谋,一世做牛。
笨贼偷捣臼,儇人遮亮头。
多嚼出滋味,细想出主意。
百样事体百样窍,独怕窍门找勿到。
眼睛一眨,计较(音告)一百。
脚指末头生活灵。
尾巴蹓着头会动。
儇人看一眼,笨人摸到晏。
绣花枕头烂稻草。
聪明面孔笨肚肠。
矮子多肚肠。
头吭埭,蜘蛛会当蟹。
屙塞头底心。
笨是介笨,问勿肯问。
自家笨,还要怪刀钝。
癞狗捧勿上墙,呆大当勿了家。
笨人吭没药医。
人总有一路儇。

9. 学　习

儇人都是笨人来。

照烛求明,读书求理。

木勿凿勿通,人勿学勿懂。

一字值千金,读书要用心。

读书为自好,吃饭为自饱。

走勿完路,读勿完书。

八十岁学跌打。

做到老,学到老,还有三样呒没学到。

秀才勿怕衣破,只怕肚里呒货。

学会车钳刨,天下到处跑。

少年学习记得深,赛过石头刻道印。

少来勿要,老来上吊。

学问学问,一学二问。

问人勿蚀本,舌头打个滚。

勤学加好问,勿怕脑筋笨。

读书勿知意,好比啃树皮。

勿懂装懂,永世饭桶。

入门靠虚心,深造靠恒心。

学在苦中求,艺在苦中练。

学问勤中得,巧字熟中生。

看勒多知识增加,写勒多笔底生花。

常说嘴里顺,常写手勿笨。

三日勿念口生,三日勿写手生。

读书勿应用,等于耕田勿播种。

捉漏趁天晴,读书趁年轻。

现时勿学用时迟。

要好儿孙必读书。

事理类

1. 道 理

理字并勿重,万人挑勿动。
灯勿点勿亮,理勿辩勿明。
河有两岸,事有两面。
劝架勿能劝一面,听话勿能听一边。
有理呒理,全在众人嘴里。
煮饭要有米,说话要在理。
带鱼吃肚皮,闲话讲道理。
是牛耕田,是人识理。
好话勿在多讲,有理勿在声高。
大理勿让,小理莫争。
论理勿论亲。
认理勿认人,帮理勿帮亲。
无理心慌,有理胆壮。
有理讲实话,无理讲蛮话。
牛无力打横耙,人无理讲横话。
一时强弱在于力,千秋胜负在于理。
人怕理,马怕鞭。
有理勿怕太叔婆。
船大勿怕风,有理天下通。

2. 经　验

人望高头,水望低头。

人比人,比煞人。

人勿可貌相,海水勿可斗量。

牛怕上轭,人怕落轧。

人急悬梁,狗急跳墙。

人要好话听,佛要香烟敬。

人弄人弄勿煞,天养人壮得得。

人大力勿亏。

人橛打橛死。

人家事体头顶过,自家事体穿心过。

到了八十八,莫笑人家吪脚色。

人心都是肉做。

海蜇水做,人心肉做。

人心难料,鸭肫难剥。

人心难量,海水难测。

心网勿定,起课算命。

有心好㿥灶头立,吪心脚骨要立直。

疑心生暗鬼。

讲人吪心,听人有意。

欺心犯心,犯着自身。

官迷心窍要作恶,钱迷人眼要发昏。

萝卜青菜,各有所爱。

只有看中意,吪没做中意。

做中意勿如看中意。

自说自有理,自做自中意。

千金难买自中意。

裤带缚（音婆去声）打个结的。
好记性勿如烂笔头。
一记打,一记挼。
一勿打和尚,二勿打黄胖。
一手遮勿住天。
双拳难敌四手。
好汉勿上两,上两要脦鲞。
一只碗勿响,两只碗平彭。
百步呒轻担。
轻担让重担,空手让挈篮。
慢磨出细粉。
砻糠搓绳起头难。
好走拢眼,坏走开眼。
好做酒,疲做醋。
喊破嗓子,勿如做出样子。
做做做勿煞,气气要气煞。
做做呒做煞,吃吃要吃煞。
隔夜饭好吃,隔壁气难受。
有力长头发,呒力长指甲。
底子单薄,动着出膞。
前磕跌,后做忌。
勿会写字多蘸笔,勿会走路多磕跌。
一日拨蛇咬,三年怕草绳。
一勿可赌食,二勿可赌力。
棍棒打勿出孝子。
大人勿像,小人看样。
爹有勿如娘有,娘有勿如怀（音拐浊音阳平）里有。
撑船看船头,耕田看牛头。
船到桥门自会直,勿是碰就是别。

礼拜勿过三,过三就转弯。
头口奶要吃好。
小怕噎,老怕跌。
小来怕剃头,老来怕看牛。
慢廿岁,快三十。
人到三十顶风光,船到舰子顶会装。
人过四十天过午,逐渐走向下坡路。
六十勿留宿,七十勿留食。
人老露筋,船老露钉。
田老生草,人老是宝。
树老半心空,人老万事通。
三岁合(音革)棺材,到老用勒着。
拣日勿如撞日。
日脚好拣,天时难拣。
只有自来人,呒没望来人。
讨饭也要讨上前。
猪癫病也要学三分。
女怕团荡男怕寿。
旧个勿去,新个勿来。
三年药店半郎中。
死了杀猪屠,呒吃带毛猪。
秀才造反,三年勿成。
外纽看边,里纽看天。
贼来呒空手。
人家屋里莫去张,当心人家当贼强。
箍桶限卯,越限越小。
小洞勿补,大洞吃苦。
上梁勿正,下梁错拼。
隔行如隔山。

做一行,怨一行。
赊一千勿如现八百。
猪多肉贱,水涨船高。
田要买做畈,屋要买四散。
买屋买走路,买田买水路。
有钱勿买疙瘩产。
日倒屋,夜倒桥。
积谷防饥,养儿防老。
麻将要园三日粮。
晴天要带雨天粮。
一人园,百人寻。
汤团好吃磨难挨。
猛火勿怕湿柴。
重石头压出臭咸齑。
烂泥恶做恶,燥了会褪壳。
歪瓜烂桃子。
好花勿香,香花勿好。
箩里拣花,越拣越花。
无风勿起滚头浪。
强盗殓生良心。
人有良心,叫花子殓庵凉亭。
人有良心,狗殓吃屙。
黄狗改勿了吃屙。
会叫黄狗勿咬人。
东山老虎要拖人,西山老虎也拖人。

3. 实　践

暴吃馒头三口生。

事非经过勿知难。

勿当家勿知柴米贵,勿养儿勿知父母恩。

要知父母恩,怀里抱子孙。

养儿方知娘辛苦。

勿经冬寒,勿知春暖。

要知蜜糖甜,先尝黄连苦。

蜡烛勿点勿亮,菩萨勿塑勿像。

勿受挫折,勿长知识。

吃回苦头学回儇。

多做事体多出错。

多汏碗盏多敲碎。

种田人晓得三分天。

做过三年瓦匠,看惯星象。

嘴上吪毛,办事勿牢。

头夜忖忖千条路,第二天亮摸原路。

4. 是　非

见死勿救大恶人。

大欺小,勿公道;大帮小,刮刮叫。

瓶口好塞,人口难扎。

挡勒住千人手,挡勿住千人嘴。

啥人背后勿讲人,啥人背后吪人讲。

啥人诇(音拗)我做贼,巴掌吃其腐熌熌(音特)。

抲贼抲赃,抲勿着吃巴掌。
扁担寻敲头,豆腐挑骨头。
众人眼是秤,好坏顶分明。
左邻右舍是杆秤,隔河两岸是面镜。
浑水越澄越清,是非越辨越明。
天怕东风雨,人怕床头鬼。
嘴如蜜糖,心如砒霜。
七岁弶八岁。
拳头大,做阿哥。
胡咙胖,做大王。
舌长事多,夜长梦多。
知事少,烦恼少;识人多,是非多。
多管闲账多吃屁。
一好唸造孽,两好唸抲跌。
屋怕勿稳,人怕忘本。
死人臭,一堆(音塔)臭;活人臭,堆堆臭。
真理总只一条,是非难逃公论。

讽喻类

1. 讥　讽

三百六十行,行行勿落档。

教书欠通,讨饭欠穷。
生活呌做,排场大大。
糕糊塞饱,脑髓粉燥。
活灵勿生,只会拖羹。
活灵勿生,饭勿吃吃羹。
走呌走想奔。
勤力拨懒笑。
看人挑担勿惚力。
买来帽子等头大。
装睏熟,等忘记。
三两蜻蜓四两缚。
撮只橹乌珠想打船。
萝卜卖完,秤花还只晓得。
挑砻糠勿晓得轻,挑猪屙勿晓得重。
日里扛(讲)到夜里,菩萨还来庙里。
城隍庙得病,土地堂将息。
拔萝卜人逃走嘸,犀屙人抲牢嘸。
有愁呒愁,愁六月呒日头。
好省勿省,念佛送鲞。
好省勿省,咸鱼放生。
屙里拌糟,越拌越糟。
等侬得知,外甥八岁。
晴天勿肯走,直到雨淋头。
急急一日,沓沓(音塔)一月。
日里趫趫(音超)走四方,夜到生三补裤裆。
平时勿烧香,急来抱佛脚。
忖忖好像诸葛亮,做出事体三勿像。
吃饭打先锋,做生活打瞌睏。
扫地扫个地中央,汏面汏个鼻头梁。

大懒差小懒,小懒使脚板。
一堆屙割割吃。
捏勒卵子勿犀尿。
新尿瓶等勿到夜。
三年饭讨过,官都勿肯做。
快活似神仙,屁股生臀跈。
好日黄狗奔弄堂。
差狗勿如自走。
好狗勿拦路,好铁勿打钉。
贪自家肚下门。
贪贱买老牛,一年倒两头。
贪眼小便宜,管着老价钿。
空高兴,大番饼。
白吃还要嫌鄙咸淡。
小头哏哏响,大头勿管账。
眼药瓶塞仔,大缸盖擺仔。
吃勿论,驮勿肯。
明驮勿肯,暗驮勿论。
三层楼翻落,斜起白殕。
一边好磨刀,一边敲胡桃。
脚娘肚像氅,只会摆样。
烂鼻头管装正经。
屁股出仔讲人家。
自家出屁股,还笑人家穿短裤。
讨饗勿拣日子。
掇凳勿坐讨凳坐。
新发财主讨饭相。
有佬儿子甩(音忽)差鱼。
牢监犯,万打万。

骨头吭没四两重。
养生骨头淘箩命,三日勿打要生病。
勿打勿成行。
吭苦吃,讨苦吃。
寻祸作孽,自讨苦吃。
百病好医,贱骨难医。
七衣八肭,裤裆脈碎。
头埭怪清,船到丈亭。
混堂取当,完全外行。
兴出花样,变种作怪。
脚高脚低,大小月底。
鲁班师傅造凉亭,小讨饭来批评。
丁相公写一字。
皇历自一本。
丫脸犯落勿认人。
拔着鸡毛当令箭。
屁眼扯王旗。
屋里烧缸灶,外头充有佬。
口硬骨头酥。
死要面子活受罪。
吃勒三餐饱饭,忘记从前苦难。
细糠吃勿起,打听米价细。
当侬客气,还当是福气。
吭气吭倒,一世觍好。
瞎子犀一屁,亮眼奔勿及。
看见白牡丹,地栿忘记蹖。
三个女人抵潮鸭。
女人儇,瓦爿滩。
女人败,养鸡卖;男人败,拆屋卖。

蹦勿煞草子,压勿煞婊子。
泼妇多眼泪,婊子多花头。
强盗扮书生,佛面蛇心肠。
自家白日撞,还当人家收晒粮。
阿青阿黄,一搭一档。
落水要性命,上岸讨包袱。
手扳杨柳喊投河。
桠杈肚肠十八根。
明是一盆火,暗是一把刀。
一手捏枪,一手捏香。
闷咚勿响,卜桶一枪。
良心生背脊,吭没好出息。
恶人自有恶人磨,杨辣会拨蛤蚆拖。
肉挂臭,猫叫瘦。
自家黄狗咬煞自家羊。
人家棺材抬进自家屋里。
勿瞅勿睬,猪狗相待。
死勿死,鹿变麂。
好死勿死,多吃饭米。
奔来落去,吃饭等死。
十二月廿八,吭没办法。
十节尾巴九节黄。
九子十八孙,独自上孤坟。

2. 感 慨

独子王孙夹单丁。
老个豆腐嚼勿落,小个桌凳撩勿着。

浑顿顿,弄口饭吞吞。

混混日脚过,苦苦阿狗大。

种田割稻,哄人到老。

做牛力,吃猪食。

吃饭吞,走路奔。

奔前头,驮零头。

生看见,熟吭份。

一脚勿来,一脚勿去。

癞头做年,碰着闰年。

烂眼碰着炎眼。

眼眼叫碰着眼眼叫。

各庙各菩萨,各人忓念法。

咦要等先生,咦要候年庚。

上勿上,落勿落。

求爹爹,告爷爷。

捧人家碗,受人家管。

吃人家饭,受人家难。

吃馊气冷饭,背杀头罪名。

眼泪水淘汤饭。

小苦吃勒候头颈。

横切萝卜,竖切葱。

人老实拨人欺,马老实拨人骑。

当面吭脚色,背后要气煞。

当面吭没接口令,背后忖忖气煞人。

勿讲一肚气,讲讲两肚气。

眼窗骨头看出血。

砍进其肚里勿得。

清清白白,断窍苦煞。

糖炒栗子,难过日子。

清白良民,苦勒伤心。
屋里一条龙,外头一梗虫。
做到老,勿如一梗草。
教书先生去寻,做年长工去请。
天高勿算高,人心节节高。
新亲热切切,老亲丢过壁。
只认衣衫勿认人。
佛介人,贼介心;贼介人,佛介心。
自家做做来勿及,人家做做勿中意。
教侬会,勿凑队。
托相信,弄干净。
谏谏叨叨,弄勿讨好。
吵勒鸡飞狗上屋。
一人犀尿出,和家勿得安。
吃馒头忘记,吃拳头记得。
莫看人家吃鱼头,要看人家吃拳头。
淡吃下饭咸(闲)操心。
㤺力勿讨好,阿黄舂年糕。
闲饭喂野狗,吃落横趃走。
白米饭喂狗,反转咬手。
好心犯恶意,石头压脚面。
好心呒好报。
天下十八省,马屁勿穿绷。
人老勿值半文钱,牛老还可卖铜钿。
燕子做窠空劳碌。
呒告话头,猫拖馒头。
呒告话头,眼泪鼻头。
呒告话头,老太婆肖牛。

3. 比　喻

张郎送李郎。
大脚装小脚。
聊天八只脚。
棺材板揞人。
吃两面巴掌。
口渴喝盐卤。
上轿穿耳环。
气力使戤子。
挖人家鱼鳃。
黄狗管福礼。
鸭多勿生卵。
生手摸大牌。
稻大心勿热。
荒年搭大熟。
湿手遭面粉。
犀屙胡咙痒。
犀屙壅伸草。
犀屙估堆头。
十二月饭蒸。
矮子宽宽心。
太婆多瀿尿（礼数）。
屙扫帚成筋（精）。
筅帚和把缠。
抲老实弹胡。
臭虾配臭醋。
十日过九滩。

铁将军管门。
倒翻字纸篓。
蚂蟥见卤滞。
苍蝇撼石柱。
灶梁头跑马。
好笋出笆外。
冬瓜牵豆棚。
三爹六主意。
七主意,八老大。
老大多,倒没船。
阳沟头里翻船。
三榔头敲勿倒。
头发丝吊元宝。
心越急,柴越湿。
开头门,多头风。
老虎勿怪怪山。
抲勒牛头硬饮水。
黄鼠狼独张皮。
拔来毛黏勿牢。
瞎子发麋糟眼。
吊煞鬼劝上吊。
河水鬼找替身。
强盗碰着劫贼。
乌鳢鱼扮河桩。
馒头大似蒸笼。
直里还是横里多。
苍蝇也有四两力。
破船也有三千钉。
弹花敨柱下大上。

肚皮里头打官司。
羊肉没吃羊臊臭。
骑牛碰着亲家公。
三个厨工杀谷蜢。
死猫吓煞活老鼠。
远来和尚会念经。
摆勒和尚骂贼秃。
皇帝勿羯(急)太监羯(急)。
小鬼勿见大馒头。
嘴巴嘟起挂油瓶。
苍蝇飞过打滑脱。
老虎头上拍苍蝇。
万宝全书缺只角。
新造茅坑三日香。
饭店臭虫叮客人。
苦竹根头出苦笋。
小洞爬勿出大蟹。
鲫鱼骨头里戳出。
老鼠尾巴生大毒。
黄鼠狼屄救命屁。
梅林草鸡生大蛋。
出了屁股拨人打。
出了铜钿暗坐。
买来炮仗拨人家放。
急惊风碰着慢郎中。
阿姆点亮,阿婶看样。
咦要面子,咦要夹里。
燥砻糠打勿出油来。
阎王好见,小鬼难过。

老鼠翻进白米缸。
小黄狗捧勒墙头顶。
铁树开花,冷饭抽芽。
苍蝇脚爪,蚊虫翼梢。
山中无鸟,麻将称王。
狗砾狗洞,猫砾猫洞。
黄狗到屙缸边沿罚愿。
瞎眼黄狗碰着倒屙缸。
十只指末头伸出有长短。
一个做红脸,一个做黑脸。
只听楼梯响,吭没人看张。
扁担吭没扎,两头打滑脱。
逐魂装翠鸟,羽毛欠细巧。
莫讲虾吭血,剥出纯是肉。
半斤对八两,胡椒对生姜。
半斤对八两,铜缸对铁氅。
荞麦三只角,越小越恶毒。
冬天喝冷水,点点在心头。
活狲掇热石,勿是爬就是挖。
有眼勿识泰山,灰堆挤出鸭蛋。
硬树柴爿敲铜锣,日脚长了终要破。
泥鳅翻勿起大浪,跳蚤顶勿起被头。
小船戤勒大船边,三日好甪买油盐。
中药店里揩桌布,揩来揩去总是苦。
老鼠咬断饭篮绳,黄狗走过趁现成。

4. 劝　导

赌呒种,单怕哄。
出门赌,一世苦。
越赌越凶,越赌越穷。
赌来钱一蓬烟,挣来钱万万年。
嫖赌勿论钱,吃饭要揾盐。
赌博想翻,一只碗一只篮。
十个赌徒九个穷。
赌博要本,戒赌要狠。
戒冷戒热戒肚饥。
只好起早,勿好落夜。
只好带梗绳,勿好带个人。
只好同患难,勿好同富贵。
只好欠恶霸,勿好欠众家。
宁可挑勿动,勿好单头重。
春勿做牛,夏勿上楼。
小人泡冲头磕开,大人泡冲落棺材。
一动勿如一静。
老实就是笨,可恶(音胡)就是恨。
贪小失大,贪嘴落夜。
轻记还重记,打煞自该死。
会讲会话是先生,动脚动手是众生。
造孽只好造半场。
上半夜忖忖人家,下半夜忖忖自家。
三更莫轧道,轧道命难保。
小来偷针,大来偷金。
贼好做,冷眼多。

偷来铜锣敲勿响。
放屁瞒勿过裤裆,做贼瞒勿过地方。
气煞勿可告状,饿煞勿可做贼。
一日放贼,十日勿安。
搁搁眠床搭搭灶,只要有吃莫气恼。
有气当呒气,懊恼当欢喜。
宁波人有三譬好譬。
穷勿搭富斗,富勿搭官斗。
有力勿好尽撑,有势勿可尽行。
严嵩势道要过,绸缎衣衫要破。
门背后屎屙天要亮。
留梗尾巴掸掸苍蝇。
人情留一线,日后好相见。
脚生肚下,路随选择。

5. 戏　谑

乡方处处别,吃饭呕嬉肶。
头发秃顶,嬉肶背命。
小人嬉老肶,一世苦勿出。
嬉肶看面孔。
要肶嬉,看该记。
肶呒绳,要缚人。
鼻大卵大,嘴大肶大。
人瘦肶勿瘦。
千金难买捼脚肶。
十个胡子九个花。
上头有想法,下头呒办法。

头痛屋柱碰,肚痛冷饭砍。
媾头媾头媾只头,蹩脚蹩脚蹩只脚。
凹脸扑脑壳,落雨淋勿着。
眼睛大只小,看张东西样样要。
眼睛一眨,赖孵鸡变鸭。
眼大吭光,蛋大无黄。
便桶介眼睛,料勺也吭没看张。
牙齿痛虚火,老婆没实货。
牙齿一醫,各人管自。
龅牙吃西瓜,好像钉耙搣。
舌头咬落,明朝吃肉。
九箩一筲,讨饭趁早。
九筲一箩,做官请坐。
汏脚手,喝老酒。
供供冷,自家鲠。
吃光用光,身体健康。
吃过用过,剩副家伙。
吃落实家计,阎王夺勿去。
十五吃顿酒,初一饿起首。
吃吃饱,睏一觉,三十年夜杀一刀。
吃屙用屙,吭屙勿大。
讲过忘记,吃过肚饥。
好吃掉,坏做种。
麦秆胡咙筲箕肚。
大饼当早饭,好莴汏碗盏。
无烟勿上班,无酒勿吃饭,无茶勿接待。
香烟吃勒蚊虫熏煞,老酒吃勒警察撞煞,麻将搓勒东方发白。
头个主意是主意,第二个主意是狗屁。
傲勒摘落吭蒂头。

乡下人上埭街,嘴巴讲勒歪。
三岁死阿娘,话柄是介长。
人家讲东京逃难,其讲西京造反。
讲明在前,抬到晒盐。
讲好算数,麻油加醋。
讲讲勿相信,自家去打听。
狗屁贼乱话,韭菜绿豆芽。
七花八花,猫拖酱瓜。
咿胡噢胡,猫拖老虎。
赵钱孙李,猫拖田鸡。
头颈长长,蛤蚆撩菜秧。
麻将吃谷使火燂(音谈)。
天亮倭豆芽,夜到夜开花。
天家冷冻冻,麻皮当火熜。
拐脚拐过桥,翻落河里吭人撩。
前秃儇,后秃奸,中秃顶犯关。
阿姆阿婶,冷饭搭饼。
真真犯关,外婆做产。
阿妹当老婆,陶窑省有夥。
阿婆呕我做人客,老公呕我拗腰骨。
阿毛娘,犀尿咪咪响。
勿像爹,勿像娘,只像门口卖蟹酱。
亲家母,讨饭相,泥螺勿吃吃蟹酱。
来发哥,头掳掳,来发老娘扇风炉(音罗)。
呱呱嗡,雪地蕻,廿岁小娘要老公。
该个老妮吭脚色,一年会嫁十八埭,过年老公还吭没。
粗粗糙,牢牢靠。
落手快,勿招怪。
要紧勿得慢,尿瓶挈只环。

纸团撮过,并呒罪过。

行业勿寻,赌场撮引。

两个卵黄数勒天亮。

脚骨极细,纯是力气。

神绽力足,犀屙笔笃。

横竖横,羊肉当作狗肉卖。

千遭汏脚,勿如一遭汏被;千遭汏被,勿如一遭挖烂泥。

屁股像尺八磨,街沿阿要坐。

有福勿会享,坐勒等天亮。

脚骨下扶上。

心急生小娘。

背单袖子揸落。

鼻头管折豁。

鼻头管撞着转弯。

跌落地,撮着自。

天上跌落地下撮,撮了还好做菩萨。

活络,活络,抢只料勺;呆大,呆大,抢只铜锣。

后生三斗三升火,草蓬脚下勿可坐。

廿岁英雄,挑两盏灯笼;碰着斗风,还要七躜八躜。

看看后影,奔断脚筋;看看前头,吓出活灵。

东南西北风,团团吹带拢。

西风革利利,冻煞小娘婢。

生头熟人客,装勒勿认得。

犀屙三刻钟,勿算磨洋工。

呕呕街道办,挑挑便桶担。

六(6)九(9)勿调头,调头有一对。

顺风撑船跷脚坐,大队书记勿及我。

奔奔前头,驮驮零头,弄勒勿好还要拨领导吃喷头。

大蟹还是小蟹偎,小蟹打洞会转弯。

上管天文地理,下管鸡毛蒜皮。
上管联合国造孽,下管两老头抅跌。
三百六十日忙人。

肆

歇后语

歇后语

一篮梅子鲓 —— 纯是头。

八只瓶,七只盖 —— 移东补西。

十只指末头连排销 —— 笨手笨脚。

三只指末头撮田螺 —— 十拿九稳。

癞头撑阳伞 —— 无发(法)无天。

小和尚念经 —— 有口呒心。

打煞和尚,要剃头抵命 —— 株连无辜。

泥菩萨穿袯裤 —— 虚胖。

大桌凳吃饭 —— 团团转。

铁丝搭篓 —— 一毛勿拔。

大襟(驮进)布衫 —— 只驮进,勿驮出。

三十六档算盘 —— 算进勿算出。

山东人吃麦冬 —— 一懂也勿懂。

文勿像读书人,武勿像救火兵 —— 派勿来用场。

木器店老板 —— 木头木脑。

灶跟菩萨面孔 —— 墨漆(音尺)黑。

水牛过河 —— 头浮(豆腐)。

呒输呒赢 —— 白赌(肚)。

火萤头 —— 自照自。

四两棉花 —— 弹(谈)也好甮弹(谈)。

石板顶(音等)掼乌龟 —— 硬碰硬。

歇后语

出头椽子 —— 先烂。
打了阿婆,还要投河 —— 恶人做上前。
江西人钉碗 —— 吱咕吱(自顾自)。
死猪犀硬屙 —— 死撑。
老虎舔蚂蚁 —— 吃勿饱。
老鼠翻进白米缸 —— 好福气。
灰箩倒掉 —— 勿可收拾。
屙缸石子 —— 臭犟硬。
屙急造茅坑 —— 来勿及。
硬除磨,皴除屙 —— 样样要吃。
一犀尿,一犀屙 —— 拖泥带水。
良心生勒肋胳肢下 —— 歪(坏)心。
弄堂里背毛竹 —— 直来直去。
两爹撑船 —— 各顾一头。
门洞眼看人 —— 把人看扁。
念佛勿带数珠 —— 空走。
狗咬鸭子 —— 多管闲事。
黄泥打墙 —— 两面光。
斧头口攃痒 —— 自讨苦吃。
裤脚筒敛仔等蛇咬 —— 寻祸作孽。
挑柴卖,买柴烧 —— 瞎调排。
叫花子吃鲜白蟹 —— 只只鲜。
饭篮筲箕吊起 —— 饿肚皮。
借来酒壶赊来酒 —— 一无所有。
脚娘肚当米缸 —— 做一日,吃一日。
看看明明,掳掳平平 —— 亮眼瞎子。
屋山尖头开门 —— 断六亲。
活狲屁股 —— 坐勿牢。
肉吊臭,猫叫瘦 —— 两头勿着港。

嘴巴边沿头一粒饭 —— 掳进算账。
尾巴蹮着头会动 —— 眼头活络。
踮勒脚末头走路 —— 小心做人。
帐子面孔 —— 下落勿认人。
扫帚柄出冬笋 —— 勿可能。
绍兴老酒 —— 后醉。
掇凳勿坐讨凳坐 —— 讨饭相。
吃隔壁,谢对头 —— 勿识好歹。
送咸齑还肉价钿 —— 涌泉相报。
黄鼠狼看蒲(瓠瓜)样 —— 吊煞。
强盗打官司 —— 坐输。
鞋里勿紧袜里紧 —— 紧错地方。
驼背拉纤 —— 一直过。
墨水吼没吃足 —— 白肚皮。
猫派生肖 —— 数(输)勿着。
桥倒压勿煞差鱼 —— 吼心事。
鸭背浇水 —— 勿觉着。
肉里加麻油 —— 伤料。
湿手遭面粉 —— 左右为难。
痒地方勿扶,痛地方扶 —— 勿知痛痒。
鲫鱼骨头里戳出 —— 吃里扒外。
油包挖开,馅子流出 —— 到手东西一场空。

伍

谜 语

风平浪静（打浙东地名一） 宁波

上班莫做私生活（打市区路名一） 应家弄

路灯（打市区路名一） 开明街

瞎子跌落棒（打宁波市地名一） 栎社（立查）

瞎子摸鱼（打宁波市地名一） 石碶（趆去）

瞎子撑船（打宁波市地名一） 宝幢（保撞）

大风背毛竹（打宁波市地名一） 横溪（横去）

生病人走路（打宁波市地名一） 五乡碶（"五五"响去）

大大眠床呒人睏（打宁波市地名一） 孔浦（空铺）

头发丝吊铜锣（打宁波市地名一） 段塘（断"噹"）

饭烧勿熟（打宁波市地名一） 柴桥（柴潮）

阿爷阿娘爹娘我,和家统是营业员（打近代历史事件名一） 五口通商

宁波崛起（打沿海客轮名一） 甬兴轮

奇怪奇怪真奇怪,一日来两埭;稀奇稀奇真稀奇,来仔咦会去（打自然现象名一） 潮水

走起来八只脚,停落来十只脚;八只落地两只跑,一边欢喜一边愁（打礼俗名一） 抬花轿

白白一潮鹅,蓬咚赶落河;朱家门口过,杜家门口坐一坐（打食物名一） 汤团

红布头,白布头,揿揿塞塞一罐头（打食物名一） 蛋

煮勿熟,炒勿热,盐勿咸,汏勿白(打植物名一、食物名二、水产名一)
生姜、冷饭、蛋、乌贼

是树解勿来板,是油点勿来灯,是竹劈勿来篾,是绳打勿来结(打植物名二,调味品名和农村路名各一)　茄树、酱油、天竹、田塍

上方下圆,上圆下方,外方里圆,外圆里方(打餐具名、农具名、药名、货币名各一)　筷、箩、膏药、铜钱

四角方方,眼泪汪汪(打食物名一)　豆腐

杀鸡儆猴未奏效(打菜肴名一)　白斩鸡

的滑里,的滑里,眼睛生勒屁眼里(打工具名一)　针

稀奇稀奇真稀奇,鼻头管当马骑(打器物名一)　眼镜

驼背哥,牙齿多,皇帝大做大,我从皇帝头上过(打器物名一)　梳子

长长弄堂,弯转火缸(打器物名一)　旱烟管

驼背挑水,挑到城里,城门开开,驼背回来(打器物名一)　调羹

矮趼(音彭)狗,吸壁走,打一枪,会开口(打器物名一)　锁

日里窸窸索,夜里戤壁角(打器物名一)　扫帚

后门口头一株菜,落雪落雨会朵开(打器物名一)　雨伞

一张眠床,睏一百小和尚(打日用品一)　火柴

细箆细枪笆,当中一株海棠花(打用具名一)　灯笼

三只篮吪没环(打家庭用具三)　家空篮、摇篮、白篮

咦圆咦方咦半边,八个神仙猜半年(打药名一)　膏药

日里噗噗拜,夜里吊过夜(打农具名一)　锄头

放倒像平地,竖起像屋柱(打农具名一)　簟

远看像头马,近看呒尾巴,肚里叽里咕,嘴巴吐黄沙(打农具名一)
风箱

两只白水牛,牵拢碰一头(打建筑物部件名一)　纸窗

一半进,一半出;一半燥,一半湿(打建筑材料名一)　瓦片

方方一块田,蒲荠种过年(打商业用具名一)　算盘

小小年纪,出门做生意,拉勒我辫子,还要问我年纪(打商业用具名一)　小秤

小脚老娘大肚皮,头里一泷糊烂泥(打器物名一)　　酒埕
四角轻轻,并呒声音,两人勿对面,句句说真言(打文具名一)　　书信
青竹摇摇,送我上轿,勿怕风霜,只怕雨丝飘飘(打玩具名一)　　风筝
四角方方一座城,城里兵马闹盈盈,勿动刀枪见输赢,杀了兵马真伤心(打文娱项目名一)　　象棋
四角方方一张床,恩爱夫妻勿同床,亲生儿子各条心,千里做官勿带印(打表演艺术名一)　　演戏
看看看勿出,摸摸摸勒出;如话摸勿出,魂灵要吓出(打人体名称一)　　脉息
十埭田塍八埭沟,十张瓦片盖横头(打人体名称一)　　手
轻可生活阿弟做,重头生活阿哥做(打身体名称一)　　牙齿
扳扳扳勿动,摇摇摇勿动,只会自家动(打人体名称一)　　眼睛
宝宝请坐,肉包两个;只许吃汁,勿许咬破(打婴儿动作名一)　　吃奶
十个和尚绷袋口,五个和尚翻进袋里头(打日常生活动作一)　　穿袜
张记望记,两个差人拘去(打日常生活动作一)　　擤鼻涕
两姊妹,拘白鸽,拘来白鸽要掴煞(打日常生活动作一)　　擤鼻涕
为你打我,为我打你;打破你的皮,打出我的血(打人的动作名一)　　打蚊子
棒打石头花,脚踏乱如麻;天亮勿算亮,狗叫是人家(打一种人)　　瞎子
高厅大厦压头颈,脚轻手健挡壁行,堂前敲鼓鼓勿响,脚下走路路勿平(打四种人)　　驼、瞽、聋、瘸
水兵上岸(打工具书一)　　《辞海》
东风加西风,张飞同关公,甲鱼咬牢鳖,丈夫打老公　　(打手工劳动名一)　　打铁
老公公,牙须翘耸耸,活着吮血气,死后满身红(打水产名一)　　虾
头戴将军帽,身穿水绿袍,跳到热水里,换件紫红袍(打水产名一)　　虾
头戴红顶子,身穿白袍子,走路像拐子,讲话像哑子(打动物名一)　　鸭

谜语

立也立,走也立,坐也立,睏也立;立也坐,走也坐,坐也坐,睏也坐;立也睏,走也睏,坐也睏,睏也睏(打动物名三)　鹤、蛙、蛇

该位姑娘本姓卢,脚踏麻线走江湖,人人话我吃饱肚,带来干粮饿自肚(打动物名一)　鸬鹚

南阳诸葛亮,独坐中军帐,摆起八卦阵,要捉飞来将(打动物名一)　蜘蛛

小小一梗虫,屁股吊灯笼(打动物名一)　萤火虫

小小一对客,闲话讲苏白,庖勒泥土上,离地七八尺(打动物名一)　燕子

半天一只碗,落雨盛勿满(打与动物有关的名称一)　鸟窝

阿爹麻皮,阿娘红脸,生出囡囡白脸(打植物名一)　花生

金漆果桶白米饭,擂来擂去呒倒翻(打植物名一)　荸荠

出身来山里,死死勒洞里,骨头来田里(打名物一)　柴

窦家姑娘走到童家去宿宿,一夜宿,二夜宿,宿出一梗尾巴两只角(打生活术语一)　孵豆芽

谜子谜子众人猜,千万银子买勿来,明朝天亮送过来(打自然界名称一)　日

天里一枚针,跌落呒采寻(打气象名一)　雨

天里一沰豆腐,跌落蹦腐(打气象名一)　雪

此僧未曾入娘胎,昨夜天宫降落来,暂借我地宿一夜,明朝日出上天台(打名物一)　雪和尚

暗洞洞,亮洞洞,十八将军抬勿动(打生活设施一)　井

远看楼台一座,近看月里嫦娥,浙江省走过,宁波市一个(打佛教名物一)　舍利塔

远看活猕捧桃,近看宰相上轿,仔细一看,哭里带笑(打日常生活动作名一)　大便

脚踏板,眼睛弹,筋骸绽,嘴巴环(打日常生活动作名一)　大便

李鸿章抛子别妻,彭公保三亲勿到,张阁老寸步难行(打字一)　樹

一画还是一撇长,日搭月打相打,大士娘娘去拖拖,头里敲一瘃,土地

公公勿肯歇(打字一)　　壓

三滴水撇一撇,三只麻将歇一歇,其咕解,其咕解,下头做个旅脚大(打字一)　　溪

有马能行千里,有土能种稻田,有水能养鱼虾,有人勿是你我(打字一)　　也

三人同日去看花(打字一)　　春

百友原来共一家(打字一)　　夏

禾火两字相对坐(打字一)　　秋

夕阳桥下一双瓜(打字一)　　冬

虫入鳳中飞去鸟(打字一)　　風

七人头上出青草(打字一)　　花

大雨落在横山上(打字一)　　雪

朋友一半勿见了(打字一)　　月

孝仁王堂上见母(打字一)　　现

金兀术重用干戈(打字一)　　錢

周文王身带八卦(打字一)　　交

商汤氏大旱三年(打字一)　　易

春雨连绵妻独宿(打字一)　　一

雪窦寺飞瀑(打成语一)　　一落千丈

鸣金收兵(打成语一)　　不打自招

唯有七妹许董永(打成语一)　　六神无主

汤药膏药重复用(打四字口语一)　　服服帖帖

陆

绕口令

晒三晒花簳豆荚干。

吃橘子，剥橘壳，橘壳掊到壁角落。

七簇扁担稻桶星，念过七遍会聪明（一口气念七遍）。

墙上挂只鼓，鼓上画只虎；老虎抓破鼓，买块布来补；不知布补鼓，还是鼓补布。

我到街里去扯布，扯来布，看见兔；放落布，去抲兔；逃去兔，偷去布；白扯布，嘴巴嘟。

一个冬瓜摘来掇来壁里戤，二个冬瓜摘来掇来壁里戤，三个冬瓜摘来掇来壁里戤……

一个冬瓜上棚开花，两个冬瓜落地梅花。一口气呕十八冬瓜：一个冬瓜至十八冬瓜。

四个小娃上菜市，驮勒四只小篮子，买了四只红柿子，撮了四架小石子，到了屋里吃柿子，吃完柿子玩石子。

绕口令

天上有个老寿星,老酒会吃十八埕。十八埕、十七埕、十六埕、十五埕、十四埕、十三埕、十二埕、十一埕、十埕、九埕……一埕。

八角楼下八十八株竹,八十八只八哥去停宿。八十八个小娃撮了八十八块瓦爿去揞八角楼下八十八只八哥着。

从前有个老伯伯,年纪有得八十八。走到百丈街,吃碗八宝饭,钞票会用八万八千八百八十八元八角八分八厘八毫八。

天上七颗星,墙上七枚钉,台上七盏灯,河里七块冰;天上退掉七颗星,墙上拔掉七枚钉,台上碰掉七盏灯,河里烊掉七块冰。

天上一粒星,树上一只鹰,壁上一盏灯,桌上一卷经,凳上一枚钉,地上一块冰;溜落天上星,赶走树上鹰,吹熄壁上灯,失落桌上经,拔掉凳上钉,蹦碎地上冰。地上冰,凳上钉,桌上经,壁上灯,树上鹰,天上星。

一只粽子四只角,解缚脱壳,抲筷割角,白糖一沰,刮得咽落;两只粽子八只角,解缚脱壳,抲筷割角,白糖一沰,刮得咽落;三只粽子十二只角,解缚脱壳,抲筷割角,白糖一沰,刮得咽落;四只粽子十六只角,解缚脱壳,抲筷割角,白糖一沰,刮得咽落。

柒

歌 谣

乡情类

浙东名城宁波
浙东名城宁波城,三江六塘河护城;
六道城门绕罗城[1],遗迹鼓楼是子城[2]。

天封塔
天封塔,十八格,唐朝造起天封塔[3]。
沙泥堆聚建高塔,鲁班师傅会呆煞。

七塔寺　百梁桥
七塔寺,七只塔,塔塔朝天天朝塔;
百梁桥,百根梁,梁梁映水水映梁。

明州市舶远名扬
三江水哟长又长,流入东边大海洋。
千载罗城黄公筑,明州市舶远名扬。

---

[1] 罗城,外城。以江河为界,全长9公里,为晚唐明州刺史黄晟所筑。今环城马路大致是罗城城址。

[2] 子城,内城。周长420丈,鼓楼为其南门。鼓楼是谯楼(城门上的瞭望楼),又称海曙楼。公元821年(唐穆宗长庆元年),明州州治从小溪迁三江口,刺史韩察建子城。

[3] 天封塔建于唐武后"天册万岁"到"万岁登封"(695～696年)间,故名"天封"。

宁波城里四棚庙

宁波城里四棚庙：
聚景棚庙，众乐棚庙，时春棚庙，莲花棚庙。

宁波城里四楼庙

宁波城里四楼庙：
华楼庙，乌楼庙，杨家二楼庙[1]。

宁波城里四个殿

宁波城里四个殿[2]：
东殿，西殿，南北两殿。

富贵贫贱四个庙

富贵贫贱四个庙[3]：
北廓庙（富），贵神庙（贵），
协佑侯庙（贫），忠祐庙（贱）。

酸甜苦辣五梗桥

酸甜苦辣五梗桥：
醋务桥（酸），陆殿桥（甜），采莲桥（苦）[4]，
生姜桥（辣），咸塘桥（咸）。

宁波地名十字歌

一门科道，二境庙，三法卿，四府前，五圣官庙，

---

[1] 即二境庙。
[2] 指庙以殿命名的。
[3] 社庙所属居民不同，北廓庙多系殷富者，故富；贵神庙多系仕宦者，故贵；协佑侯庙多系贫困户，故贫；忠祐庙多系堕民，故贱。
[4] 殿，与"甜"谐音。莲，与"连"谐音，黄连味苦。

陆殿桥,七塔寺,八角楼,九曲巷弄,日新街[1]。

江东地名歌

沉腾一脚头,踢到江桥头[2]。
江桥给给动,弯转灰街弄。
灰街白洋洋[3],弯转大校场[4]。
校场长毅毅,弯转卖席桥。
卖席过江东,弯转状元弄。
状元弄一埭街,隔壁叔婆做蒲鞋。

潜龙漕

潜龙漕,日日造;一日勿造,生疙瘩。

从前江东作坊多

从前江东作坊多,能工巧匠本事大。
镬厂巷做镬多,做出镬子尺寸大。
铁锚巷铁锚多,做出铁锚交关大。
打铁弄打铁多,钉耙锄头火钳大。
扁担巷脚板多,背米挑担力气大。
冰厂跟冰厂多,四人抬扛冰块大。
七塔寺和尚多,泥塑木雕菩萨多。

十字歌

一言堂百货多,良(两)心堂药材多,

---

[1] 一门科道又作一横街;五圣官庙又作五台巷;八角楼又作百丈街,百与"八"谐音;日与"十"谐音。
[2] 江桥,甬江浮桥,即东津桥。
[3] 从前灰街是堆灰处,故有此语。
[4] 大校场在江东演武巷。

三法卿钞票多,四明药房西药多,
鱼(五)市场黄鱼多,陆殿桥杨柳多,
七塔寺和尚多,八角楼下小鬼多,
九曲巷弄撮佬多,日(十)新街花轿多。

宁波南货六大家

宁波南货六大家:大同,大有,董生阳,
方怡和加升阳泰,还有江东怡泰祥。

缸鸭狗卖汤团

缸鸭狗卖汤团,五老峰卖香肠,
楼茂记卖香干,赵大有卖金团,
老大有卖高包[1],董生阳卖橘饼,
宝兴斋卖肉包,孟大茂卖香糕,
老同源卖咸货,崔兴泰卖鲜货,
灵泽庙前卖咸齑,城隍庙卖茴香豆,
河利市桥卖大米[2],张斌桥卖黏头树,
天宝成银楼卖金银,冯存仁堂卖药材,
大有丰卖百货,源康布店卖洋布,
老三进卖鞋帽,老德馨卖香烛。

风凉同兴馆

风凉同兴馆,还钱七月半。

---

[1] 高包,又叫"包头""斧头包"。用粗草纸包扎成一头高一头低形状的红枣、黑枣、桂圆、胡桃等干果,正面贴有红纸,常用作礼品。

[2] 河利市桥,在孝闻街。

宁波糕点勿推扳

宁波糕点勿推扳,吃吃味道交关嬔。
猪油汤团烫丫麻,吃勒嘴巴油挪挪。
升阳泰、方怡和,董生阳加同和,
奶油蛋糕面盆大,味精香糕没夹箩。
苔生片、绿豆糕,千层饼、豆酥糖,
还有城隍庙小热昏,专卖百草梨膏糖。

一本万利开典当

一本万利开典当,二龙抢珠珠宝行,
山珍海味南货店,四季发财水果行,
五颜六色绸布庄,六洋顺风鲜货行,
七星高照古董店,八字墙门开钱庄,
九巧玲珑赏器店,十字街头开茶坊。

鱼米之乡是宁波

鱼米之乡是宁波,资源丰富特产多。
奉化蜜桃只只大,慈城杨梅箩打箩。
小白西瓜上山坡,邱隘咸齑厾缸做。
樟村贝母名气大,还有三北大泥螺。

勿吃阿拉土特产

勿吃阿拉土特产,要侬放落毛竹筷。
勿吃邱隘咸齑汤,两脚有眼酸汪汪。
勿吃奉化芋艿头,难闯三关六码头。
勿吃周宿渡脆瓜,跌落三颗大门牙。
勿吃楼茂记香干,生活做煞吮相干。
勿吃老同源咸货,偃人要变老呆大。

歌谣·乡情类

甬江南岸地名物产歌

招宝山通外洋,梅墟前个龙头长,
五洞闸碶门柴柴响,徐家华隔涂地姜[1],
新盐场俞家脆瓜响,朱桑老庙跟搭冰厂[2],
余隘后门环环响,东方大港美名扬,
超鲜味精面粉厂,三江口是鱼市场,
老江桥纯靠钢筋水泥撑。

三支半烟囱

和丰纱厂锭子响[3],太丰面粉灰尘扬[4],
永耀发电灯笼亮[5],通利源榨油放炮仗[6],
三支半烟囱可怜相。

电灯亮晶晶

电灯亮晶晶,宁绍拉回声[7],
宁绍跟北京[8],江天跟永兴[9],
买办虞洽卿[10]。

---

[1] 徐家华、涂地姜,地名。
[2] 朱桑老庙,是朱一、桑家、老庙三村的合称,以传统制冰有名。
[3] 和丰纱厂,1905年由内阁中书顾元琛集股开办。
[4] 太丰面粉厂,前身为立丰面粉厂,1931年由戴瑞卿等创办。厂址在甬江南岸东胜路。太丰面粉厂1934年筹建,1935年7月正式营业。
[5] 商办永耀电力公司,创立于1914年12月23日。厂址在北门外北斗河畔,董事长为虞洽卿。
[6] 通利源榨油厂,1906年由陆如生、严信厚等创办。
[7] 1905年,虞洽卿在上海集股创办宁绍轮船公司,宁绍是该公司航沪客轮之一。回声,声音僧,汽笛,英语Whistle的音译。
[8] 北京,英商太古公司航沪客轮名。
[9] 江天,中国招商局航沪客轮名。永兴,宁绍轮船公司又一客轮名。
[10] 虞洽卿,慈溪人,为上海甬商中巨擘。

宁波轮船歌

宁绍跟北京呀,江天跟永兴。
买办先生三北虞洽卿呀,一只宁波开,一只上海停。
如话要乘船呀,明朝天亮四点正。

宁波码头孬

北京是心脏,火车通苏杭;
苏杭名气大,直落到宁波;
宁波码头孬,轮船通舟山;
舟山舟,到温州;温州温,到厦门;
厦门隔海是台湾。

宁波名医真勿少

宁波名医真勿少,阿拉先派四大家:
外科严海葆[1],伤科陆银华[2],
内科范文甫[3],妇科数宋家[4]。

宁波四大越剧表演艺术家

凹脸扑脑毛佩卿[5],瘪嘴瘪得汪秀贞,
侧头侧脑何帼英,腰记腰记金香琴。

---

[1] 严海葆(1880～1944年),宁波市人,精外科,尤擅治痈疽疮疡外科。
[2] 陆银华(1895～1967年),宁波市人,精伤科,自其祖陆士逵起,世代相承,独擅陆氏伤科秘方。
[3] 范文甫(1870～1936年),宁波人,精内科,擅治伤寒。
[4] 宁波宋氏妇科创始人为宋北川(1522～1566年),其后世代相承,至宋世焱,已历八代。擅治经、带、胎、产诸疾。
[5] 毛佩卿(1919～1987年),嵊县人,十三岁登台学戏,1946年起在宁波定居。

歌谣·乡俗类

来发来发讲啥西 [1]

来发来发讲啥西,讲出事体侬欢喜;
红膏呛蟹咸咪咪,大汤黄鱼摆咸齑;
天封塔,鼓楼沿,东西南北通走遍;
每日夜到九点半,来发带侬领市面——透骨新鲜!

其二

来发来发讲啥西,肋来扯去小事体;
带鱼要吃吃肚皮,闲话要讲讲道理;
柴米油茶酱醋盐,红猛日头龙光闪;
哆来咪发嗦啦西,来发又来讲事体——快来看!

乡俗类

正月马灯跑又跑

正月马灯跑又跑,阿姆阿婶撩年糕,
年糕呒没魏也好。

---

[1] 宁波电视台方言节目《来发讲啥西》片头歌。

骗鼠猫歌[1]

哗趋,大趋! 赶到茅山吃草子。
扁担头抽芽,草子开花。

清明戴杨柳

清明戴杨柳,下世有娘舅;
清明戴扁柏,下世有阿爸;
清明戴朵花,下世有阿妈;
清明戴蛋壳,下世有饭吃。

新嫁娘歌

红菊花,朝南开,刘家姑娘送茶来。
送个什么茶? 送个清茶。
上头铜鼓响,下头小姐哭[2]。
小姐,小姐,勿要哭,三朝满月有人来[3]。
张家姑娘李家嫂,一篮金团一篮糕,桂圆荔枝衬胡桃。

梁山伯庙去烧香

梁山伯庙去烧香[4],拜拜多情祝九娘;
少年夫妻双许愿,勿为蝴蝶即鸳鸯。

---

[1] 甬俗正月十四夜以肴馔祭祀田鼠野猫。祭毕,口唱此歌,手挥扫帚,作驱赶状。谓可祛农作物中之鼠害。
[2] 甬俗花轿临门时要奏鼓乐,新娘依例要哭上轿。
[3] 甬旧俗新娘出嫁三日及满月时,娘家及其亲戚要派人送食物探望。
[4] 梁山伯庙,也称梁圣君庙,位于鄞州西乡高桥乡。相传会稽梁山伯曾做过鄮县县令,病死,葬于鄮城西。

嘎吱嘎吱送

嘎吱嘎吱送,堕贫抬夜桶[1]。
抬到吃肉肉[2],袋里有铜铜。

五色漫天帐[3]

五色漫天帐,炉子王庆祥。
总管龙先生,吃饭勿管账。

三寸金莲

三寸金莲,四寸银莲,五寸惹嫌,
六寸哭脸,七寸勿要丫脸。

江东送娘美女式[4]

江东送娘美女式,花花包袱两肩吸,
长柄雨伞倒头搁,雪白牙齿廿四粒,
小脚只有二寸七。

新房吃茶歌

正月梅花二月杏,三月桃花四月杨,
五月石榴结金孟,早生贵子做阿娘。

哭嫁歌

囡呀囡啼,抬带去呀,烘烘响啼……
脚踏路梯步步高呀,囡啼……

---

[1] 新娘出嫁时,由堕民抬马桶到夫家。
[2] 肉肉,儿童用语,即肉;音绒去声,系儿化残留。
[3] 咏富家婚丧大事之铺张。
[4] 咏江东送娘之喜爱打扮。吸,紧贴。搁,音直,腋下夹。

囡呀囡嚆,抬带去呀,进轿门呀改七分嚆,
出轿门呀改三分嚆,囡嚆……
囡呀囡嚆,抬带去呀,烘烘响嚆……
独身去呀,领潮来嚆,公欢喜呀,婆中意嚆,囡
嚆……

催生歌
快生快养,滑落算账。

带鱼饼
带鱼饼,油煠桧[1],小小姑娘看小会。
小会大校场,抬阁扮送娘[2]。
送娘梳头像剪刀,红红胭脂贴蜂糖。
小小姑娘要时道,青青背单绿夹袄。

好看彤云社[3]
好看彤云社,翻落江桥下,
佘到下白沙,撩起豆腐渣。

拜八寺[4]
拜八寺,求八字,拜到西方极乐寺。

---

[1] 带鱼饼,一种狭长似带鱼的饼,这里比喻小姑娘发辫的形状。油煠桧,油条,这里也比喻发辫的形状。
[2] 小会,小的赛会。赛会时,在木制四方形小阁里,堕民女子扮演剧中人物站立其中,由众人抬着行赛,故有此语。
[3] 彤云社为江厦赛会会社,以彩阁人著名。清同治八年(1869)曾参加四月半赛会(也称都神会),观者倾城而出,浮桥为之坍陷,酿成重大事故,故有此歌谣。
[4] 此系信佛男女口中流传的歌谣。旧时善男信女于农历初八到佛寺烧香,须经历八所佛寺。

灵峰转茅洋[1]

灵峰转茅洋,银子好打墙;
茅洋转灵峰,银子一稻桶。

富有音乐性的宁波话

甲:来发！　　　　　乙:啥西？
甲:线驮来。　　　　乙:啥线驮来？
甲:棉纱线驮来。　　乙:啥棉纱线驮来？
甲:蓝棉纱线驮来。　乙:勿驮勿驮。
甲:驮来驮来。　　　乙:懒驮懒驮。
甲:来发懒惰！来发懒惰！

岁时类

正月轧瓜子

正月轧瓜子,二月放鹞子,
三月上坟抬轿子[2],四月种田下秧子,
五月白糖揾粽子,六月吃饭扇扇子,

---

[1] 灵峰、茅洋,地名。山上均有寺庙,烧香能领到关牒。传说人死后关牒能化为钱财(银子),在阴间通用。

[2] 清明多在三月,旧时妇女上山扫墓多坐肩舆。

七月西瓜吃心子,八月月饼嵌馅子,
九月吊红夹柿子,十月沙泥炒栗子,
十一月落雪子,十二月冻煞凉亭叫花子。

十二月歌

正月落错过[1],二月芥菜大,
三月拗乌笋,四月拔茅针,
五月煮蒲羹,六月乘风凉,
七月七巧凉,八月桂花香,
九月九重阳,十月芋艿焐鸡娘,
十一月投钱粮[2],十二月乒乓放炮仗。

十二月花名歌

正月梅花香又香,二月兰花盆里装,
三月桃花红千里,四月蔷薇靠矮墙,
五月石榴红喷喷,六月荷花满池塘,
七月栀子头上戴,八月桂花满园香,
九月菊花初开放,十月芙蓉着艳妆,
十一月水仙桌上供,十二月腊梅雪里香。

田螺歌

天亮天亮,田螺中央;昼过昼过,田螺幽过;
点心时,田螺挂秤锤;日头落山,田螺摆摊;
天暗天暗,田螺撮来燂;夜到夜到,田螺睏觉。

---

[1] 谓正月总是在拜会亲友和嬉戏中度过。
[2] 旧时于农历十一月交纳田赋。

月夕歌

初三初四鹅毛月;初七八爬山挖;
十五十六正团圆;十八九坐等守;
二十睁睁,月上一更;廿一二,月上二更二;
廿三四,月亮四更始;廿五六,月上山头煮饭吃。

夏至起九歌

一九二九,出脚挣袖;三九四九,汗出汤流;
五九六九,扇子勿离手;七九六十三,上床寻被单;
八九七十二,被单添夹里;九九八十一,家家打炭墼。

冬至起九歌

一九二九,泻水勿流;三九四九,胶开捣臼;
五九四十五,树头叫鹁鸪;六九五十四,笆头出嫩刺;
七九六十三,破衣两头环;八九七十二,黄狗眠阴地;
九九八十一,飞爬一齐出[1]。

节气歌

立春梅花开得鲜,雨水红杏开满园;
惊蛰响雷报春到,春分蝴蝶嘟嘟飞;
清明风筝放断线,谷雨嫩茶香咪咪。
立夏种田吃金团,小满养蚕好收茧;
芒种五谷要种齐,夏至杨梅满街里;
小暑风吹早豆熟,大暑池边赏荷莲。
立秋西瓜拔拔秋,处暑葵花笑开颜;
白露燕归又来雁,秋分丹桂香满园;
寒露菜苗田间绿,霜降芦花飘满天。

---

[1] 飞爬,指会飞和会爬的虫。

立冬报喜兆三瑞,小雪鹅毛飞檐前;
大雪腊梅勿怕寒,冬至瑞雪兆丰年;
小寒游子思乡归,大寒岁末庆团圆。

儿歌类

摇橹摆[1]

摇橹摆,摆橹摇,一摇摇到外婆桥;
外婆来该纺棉花,舅舅来该摘枇杷;
枇杷树里拗朵花,舅母戴仔走人家;
东家走西家,西家走东家,走勒鞋拔吪根渣;
还话人家勿屙茶,咕噜咕噜鼜人家。

摇呀摇

摇呀摇,摇到外婆桥。
外婆是介话:介坏人,要其啥?
还是斩斩喂大蛇,大蛇㟷吃拨小蛇。
小蛇囫囵吞,鲤鱼跳龙门,
一跳跳勒水缸顶,倾令匡郎做戏文。

---

[1] 两个孩子对坐,互牵其手,一俯一仰作摇橹状,口唱此歌。摆,摇动,摆动。

背猡猡 [1]

背猡猡,卖香猡,卖来卖去臭猪猡。

斗斗虫虫飞 [2]

斗斗虫虫飞,抲只麻将剥剥皮。
会吃吃眼去,𣍐吃嘟介飞去,飞到高山吃白米。

囡囡宝

囡囡宝,侬要啥人抱?
我要阿爷抱。阿爷嗤嗤睏晏觉。
囡囡宝,侬要啥人抱?
我要阿娘抱。阿娘腰骨伛(音伛)勿倒。
囡囡宝,侬要啥人抱?
我要阿爸抱。阿爸出门赚元宝。
囡囡宝,侬要啥人抱?
我要阿姆抱。阿姆纺花做棉袄。
囡囡宝,侬要啥人抱?
我要阿叔抱。阿叔斫柴磨柴刀。
囡囡宝,侬要啥人抱?
我要阿姑抱。阿姑出嫁就要到。
囡囡宝,侬要啥人抱?
我要阿哥抱。阿哥读书做文章。
囡囡宝,派来派去呒人抱,
还是自家走走好。

---

[1] 大人背着小孩时唱此歌谣。猡猡,猪。
[2] 这是民间逗小孩的童谣,一般是一边念叨,一边教小孩两手食指相斗(凑在一起)。嘟,又音度,象声词。

一掳摸 [1]

一掳摸,二掳摸,

三掳贴大麦,四掳踢立塔。

打大麦

一掳摸,二掳摸,三掳打大麦。

劈劈拍,劈劈拍。

大麦打一斗,家留没几口;

大麦打一石,家留没几撮;

大麦打一箩,家留没几颗;

大麦打勒多,全家还挨饿;

大麦打勒少,全家要上吊。

排排坐 [2]

排排坐,吃果果;侬一个,我一个。

支加支加孟 [3]

支加支加孟,一把砻糠一把柴。

苔条过孟孟。

锒锒锒 [4]

锒锒锒,骑马到松江。

松江回转来,回家吃奶奶。

---

[1] 两个小孩对坐,用手掌抚摸对方的左右手,然后单掌交错相击,发出踢立塔声,仿效贴(音塔)麦饼的动作,口唱此歌。

[2] 儿童坐在一起,分吃水果之歌。

[3] 儿童仿效做饭游戏之歌。支,"煮"的变音。加,"锅"的讹音。孟,儿童称饭为孟(读阴去),也叫孟孟。

[4] 儿童骑竹马时所唱之歌。锒,马铃铛声。奶奶,音白读,乳汁。

抽中心

抽中心,打白片,撩起屙缸打十记[1]。
会打打廿记,唥打打十记。

踢踢掤掤

踢踢掤掤,掤过南山,南山北斗,至尊买牛,
牛蹄马脚,失落蹄子跑一脚。

毇毇毇[2]

毇毇毇,卖糖粥,三斤胡桃四斤壳。
吃侬肉,还侬壳。

点点捊捊[3]

点点捊捊,猫儿做窠;青布蓝布,捏着算数。

囡囡箱子[4]

囡囡箱子,掼掼箱子,莫拨癞头娘子看相去。
囡牢呀!囡牢呀!

彭彭叉[5]

彭彭叉,萝卜炒炒豆腐渣。公公做人家,新妇大奢奢,

---

[1] 儿童猜中指游戏之歌。中心,中指。打白片,白打手心(双关)。撩起屙缸,举起拳头。
[2] 儿童想买糖粥而无钱,唱此歌谣。毇,音笃,卖粥者所敲之竹梆声。糖粥,粥中有糖,并拌有核桃肉。
[3] 儿童模仿猫抓布去做窝时所唱之歌。
[4] 几个小孩排成一字,手置背后,一个小孩在他们手中藏物而让另一个小孩在前面猜,藏物者边藏边唱此歌。
[5] 此为两儿童相对而坐,以左右掌相击时所唱之歌。彭彭叉,击掌声。

自家吃仔还要盉一碗拨邻舍家。

汗水脸上爬
汗水脸上爬,阿姨走来把扇摇。
啊呀汗水不见了,爬上阿姨脸上了。

侬搭我敲背
侬搭我敲背,我搭侬做媒,许(音海)拨隔壁癞头。

小兵张嘎
小兵张嘎,大饼贴贴(音塔),烟囱塞塞,老太婆瞖煞。

三轮车夫
格咕格咕[1],三轮车夫,钞票赚咋管?

拆乱话
拆乱话,买豆芽,豆芽篮里一梗蛇,吃仔烂丫麻。

鏖糟眼
鏖糟眼,便桶环,瘆来瘆去拨侬还[2]。

癞头婢
癞头婢,挑猪泥;
一挑挑勒海边沿,撮个破铜钿;
买亩田,起间屋,抬个老妳享享福;
生出儿子像萝卜,酱油麻油搵搵吃。

---

[1] 旧式三轮车上装有橡皮铃,用手一捏,会发出"格咕格咕"的声音。
[2] 环,音掼。瘆,音移,传染。

拖鼻头[1]

拖鼻头,牵黄牛,一牵牵到阿姆踏床头。
帐子敛开六盆头:一盆花生,一盆豆,
一盆蒲荠,一盆藕,一盆水鸡炒带豆,
一盆白片揾酱油。

缺嘴弄[2]

缺嘴弄,砥笆洞,一砾砾到王家弄。
看见黄狗呕外公,外公外公外外公!

白眼

茭白两头尖,白眼乘飞机;
飞机倒头飞,白眼捆煞死。

白眼白

白眼白,拔茭白。
茭白两头尖,白眼乘飞机;
飞机飞勒高,我有高射炮;
飞机飞勒低,我有滴滴涕。

阿哥阿哥

阿哥阿哥,鞋爿拖拖,老娘揍揍(音窝)。

舅舅舅舅

舅舅舅舅,河里游游,
鸡笼关关,生一蛋蛋,拨外甥过夜饭。

---

[1] 此嘲拖鼻涕的儿童。鼻头,鼻音白,鼻涕。
[2] 此嘲乳齿脱落的儿童。

亲家母讨饭相 [1]

亲家母,讨饭相,矮凳勿坐坐地垟,鳓鱼勿吃吃蟹酱。

老婆婆 [2]

老婆婆,倷侪年糕几时做?
日里做,小人多;夜里做,费油火。
派来派去呒告做。

族长族长

族长族长,吃肉活抢。
走到祠堂门口一张,看见子孙打相打,
快快走开勿管账。

正月人客多又多 [3]

正月人客多又多,赚来铜钿买青果;
青果两头尖,能使买甘蔗;
甘蔗节打节,能使买广橘;
广橘青皴皴,能使买金盂;
金盂嵌牙齿,能使买桃子;
桃子半边红,能使买吊红;
吊红大舌头,能使买梨头;
梨头一梗柄,能使买老菱;
老菱像元宝,舂糦舂年糕。
灶君菩萨翻顶倒,门神菩萨送元宝,
送到城隍庙,菩萨哈哈笑。

---

[1] 此嘲不知礼数的亲家。
[2] 此嘲吝啬的邻居老婆婆。
[3] 此劝儿童积蓄压岁钱,不要买零食。

大大小人

大大小人,坐高高矮凳;
驮厚厚薄刀,切硬硬肬糕;
驮湿湿筲(燥)箕,齿热热冷饭;
穿短短长衫,讨新新老婆。

清明田野花

四月五日是清明,油菜开花像黄金,
萝卜开花白如银,草子开花满天星,
荠菜开花碎纷纷,马兰开花香喷喷,
倭豆开花黑良心,蚕豆开花结莲灯。

蚂蚁呀[1]

蚂蚁呀,快来呀!砧板薄刀带来!
阿爹阿娘呕来!前门后门关来!

火萤头[2]

火萤头,一夜勿来两夜来,自家门口搭灯台。
灯台破,前门过,张家阿嫂请我吃汤果。
筷长短啊,汤果生啊,碗脚底漏啊,
桌凳高高啊,矮凳低低啊。

其二

火萤头,夜夜红。
阿公挑担卖碗葱,新妇绩麻糊灯笼,

---

[1] 此为儿童用食物引诱蚂蚁出窝时所唱之歌。
[2] 此为儿童乘凉时诱捕萤火虫之歌。

阿婆箝牌取牙虫[1],儿子看鸭撩屙虫。

下世永勿做田鸡
小妹妹,小弟弟,春二三月钓田鸡,
钓来田鸡放勒搭篓里。
先斩头,后剥皮,
炒一碗,烤一碗,味道交关鲜。
田鸡忖忖只会气:
辛辛苦苦守稻田,专吃谷蟊坏东西。
该响侬要斩我头来剥我皮,
我下世永勿做田鸡!永勿做田鸡!

燕子做窠烂泥捼
燕子做窠烂泥捼,
麻将做窠瓦洞墙,
蜘蛛做窠搭凉棚。

河鲫鱼真伤心
河鲫鱼真伤心,锃亮剪刀破我身;
血红镬,煮我熟;
一筷一筷撬我吃,劚出骨头拨猫吃。
猫拖小老鼠,阿娘值钿小儿子。

老鼠会吃糖
莲花莲花郎,老鼠会吃糖;
糖是介甜,老鼠会吃盐;
盐是介咸,老鼠会拖筷;

---

[1] 箝牌,鸟测字。

筷是介长,老鼠会打墙;
墙是介高,老鼠会吃糟;
糟是介醉,老鼠会吃粮;
粮是介糯,老鼠会牵磨;
磨是介重,老鼠会钻洞;
洞是介深,老鼠会吃冰;
冰是介冷,老鼠会冻石骨硬。

老鼠眼睛像胡桃

老鼠眼睛像胡桃,老鼠尾巴像锉刀,
前脚低,后脚高,身穿一件皮棉袄。
日里嗤嗤瞓晏觉,夜到做贼做强盗。
黄鼠狼看见告诉老爷道。
老爷是介话:侬也吭没好,
搭人家生蛋鸡娘咬咬倒,
害勒两公婆鸡狗鸡狗造勿好。

跳绳歌

擂木圆,擂木圆,擂进来。
擂木圆,擂木圆,跳三记。
擂木圆,擂木圆,跧三记。
擂木圆,擂木圆,擂三记。
擂木圆,擂木圆,擂出去。

生活类

小白菜
小白菜,嫩艾艾,老公出门到上海;
上海物事带回来,邻舍隔壁分眼开。
小白菜,嫩艾艾,老公出门到上海;
十元廿元带进来,介好老公阿里来?

抲鱼一天当两天
赶晴天,抢阴天,和风细雨算好天。
夜里撒网日里捞,抲鱼一天当两天。

木匠庑倒屋
木匠庑倒屋,瓦司庑草屋,
泥水庑漏屋,铜匠烧破镬。

雇农自家吼没谷
雇农自家吼没谷,泥水自家吼没屋,
木匠自家吼凳坐,裁缝自家打出膊。

我做新妇难勿难
犯关犯关真犯关,我做新妇难勿难:
河头淘米有小娘,灶跟烧饭有太娘,
公来张,婆来张,话我偷谷偷米供(音宗)爹娘。

阿拉爹娘也勿穷,四扇纸窗四扇红,
血红衣橱玻璃镶,乌漆墙门石道场。

寡妇行

一路哭来一路行,关照公婆两三声,
莫怪我新妇心肠硬,怪倷儿子忒短命。
一路哭来一路行,关照三岁儿子两三声,
跟娘总是跟婆好,勿晓得晚爹是哪条心。
一路哭来一路行,关照姑姑两三声,
小人造孽总要拖拖开,譬如普陀去修行。
一路哭来一路行,死鬼棺材横头哭两声,
莫怪我老姝心相狠,怪侬撇下我母子两个人!

阿拉老婆勿打嚼

燕子窠,朝南坐,人家来该打老婆。
阿拉老婆勿打嚼,辛辛苦苦抬来嚼!
会补补补裤,呆补拨小人出屁股;
会弄弄弄饭,呆弄买眼馒头当当饭,
省勒倾匡倾匡汏碗盏。

念念光棍经

念念光棍经,光棍做人真伤心:
日里三餐饭,夜到三块板;
自炒冷饭,自掇凳;
借手倒尿瓶,顺手关窗门;
冷水汏脚,冷被睏。
忖起大人勿抬人,眼泪会流脚后跟。

光棍歌

光棍做人像神仙,鱼头吃光吃鱼尾;
要赌赌,要嬉嬉,生病致痛叫皇天。

光棍做人真伤心,冷水汏面冷被睏;
脚后抑抑吮没人,眼泪流到脚后跟。

光棍做人真罪过,鞋袜衣裳吮人做;
冷灶冷镬吮人弄,镬盖灰尘三尺多。

懒汉耕田像契约

天亮露水白洋洋,宁可中午勿乘凉;
中午太阳热歇歇,宁可夜到夜巴结;
夜到蚊虫响如鼓,宁可明朝天亮补。
懒汉耕田像契约,每日总有早中夜。

稻田人家万万年

稻田人家万万年,生意人家年管年,
衙门人家一蓬烟。

乡长买田起屋

乡长买田起屋,保长吃鱼吃肉,
甲长鞋底奔薄,百姓抱头大哭。

牛耕田马吃谷

牛耕田来马吃谷,阿爹做官儿享福,
阿爹穿红我穿绿,阿爹吃鱼我吃肉,
儿子心里还勿足。

歌谣·生活类

丈姆寻女婿
月亮猛猛照道地,丈姆出门寻女婿。
女婿抽丁当兵去,寻死寻活寻勿见。

杖锡农民苦
杖锡旴六月,乌拢就落雪。
柴株当棉袄,葛藤拦腰绞。
走个黄泥路,吃个六谷糊。
出门三条岭,饭包挂头颈。
庀个草棚棚,竹爿点灯亮。

种田人叹苦
种种烂田畈,荒草窝野鸭。
蚂蟥像扁担,田螺像鸭蛋。
种种一大畈,割拢只一担。
廿粒芝麻田头摊,放落沙镙就旴饭。

卖儿歌
小娃卖拨峙头人,小娘卖拨虾峙人,
有多卖到沈家门,每个烂番薯干两百斤。

莫难熬
阿毛嫂,莫难熬;阿毛哥,信带到。
初一勿到初二到,初三夜里准定到!

宁波对象并排走
上海对象挽手走,宁波对象并排走,
乡下对象排队走。

前头坐儿子

前头坐儿子,后头坐妻子,
老孙儿子推车子[1]。

小乐胃

南风吹吹,烧酒注注;蛳螺唧唧,蟹脚剥剥。
老酒喝喝,鸡肉胀胀;花生烤烤,毛豆咬咬。

猜拳令

一锭贡　两相好　三星照　四喜红
五(音拗)经魁　六六顺　七巧
八仙过海　九快利　全家福(简称全福)

洋扫地

好笑好笑真好笑,人人叫我陆阿小。
去年勿来扫,老板年成勿大好;
今年来扫扫,老板年成格外好。

捞起真丝扫,嗖格一把扫。
扫到东,老板屋里养青龙;
青龙蟠米缸,黄龙蟠谷仓。

捞起真丝扫,嗖格一把扫。
扫到南,老板屋里发大财;
洋钱地上擂,金子一大堆。

---

[1] 这是反映二十世纪七八十年代一家三口"出行"生活的歌谣,"老孙儿子"是对丈夫的谑称。

捞起真丝扫,嗖格一把扫。
扫到西,老板屋里养金鸡;
日里金鸡飞,五更金鸡啼。

捞起真丝扫,嗖格一把扫。
扫到北,老板屋里起大屋;
大屋亮堂堂,老板年年享大福。

老板做人慈悲心,驮出铜钿救穷人。

一盏烟灯照空房
一盏烟灯照空房,两肩耸起像无常,
三餐茶饭呒着落,四季衣衫都当光,
五脏六腑同受苦,六亲无靠苦难当,
七窍勿通将成病,百(八)筋朸拢实堪伤,
九九归元人将死,实(十)在无颜见阎王。

实在要买中国货
一双皮鞋美国货,两块洋钿买来个,
三日穿过就穿破,四穿(川)凉棚洞眼多,
侬(五)看罪过勿罪过,落(六)去还要重买过,
切(七)勿再买美国货,百(八)样东西拆烂屙,
究(九)竟要买啥个货?实(十)在要买中国货。

曲调类

谢年(马灯调)

一张台子四角方,二张台子八角方,
五牲福礼摆中堂。
嗳格伦登哟,五牲福礼摆中堂。

一把椅子摆得高,一张纸马在当中,
两股棒香爽爽弄。
嗳格伦登哟,两股棒香爽爽弄。

一只金鸡头朝东,金鸡嘴巴含梗葱,
明年老板好兴隆。
嗳格伦登哟,明年老板好兴隆。

一把酒壶七寸长,扇出老酒桂花香,
荣华富贵蛮吉祥。
嗳格伦登哟,荣华富贵蛮吉祥。

戒鸦片(马灯调)

大清宣统第二年,我劝诸公戒鸦片,
鸦片是头一样坏东西。
嗳格伦登哟,鸦片是头一样坏东西。

厦门花旗两通商,满船鸦片到大唐,
阿拉中国人上其当。
嗳格伦登哟,阿拉中国人上其当。

吃饭饭会饱吃酒酒会醉,吃鱼吃肉味道好,
断命鸦片啥味道。
嗳格伦登哟,断命鸦片啥味道。

我劝诸公切勿吃鸦片,为勒鸦片来寻死,
下世做鬼勿写意。
嗳格伦登哟,下世做鬼勿写意。

戏名(五更调)

一更一点月正弯,大破《阳平关》,
依呀哟得儿喂,大战《白沙滩》。
薛礼叹月《独木关》,
《文昭关》《武家坡》,三战《定军山》,
依呀哟得儿喂,
武戏《界牌关》,大闹《花果山》,哎哎哟。

二更二点月正高,全本《杀子报》,
依呀哟得儿喂,关公《华容道》。
祢衡《打鼓骂曹操》,
《打龙袍》《龙凤配》《血溅鸳鸯楼》,
依呀哟得儿喂,
《武松》卖拳头,大闹《三叉口》,哎哎哟。

三更三点月正中,新出《梵王宫》,
依呀哟得儿喂,大闹《无底洞》。

诸葛孔明《借东风》,
《下河东》《台山府》,还有《打严嵩》,
依呀哟得儿喂,
全本《洪羊洞》,正旦《玉堂春》,哎哎哟。

四更四点月正清,摆起《龙门阵》,
依呀哟得儿喂,马谡《失街亭》。
曹操逼宫《逍遥津》,
《关王庙》《拿高登》,高宠《挑滑车》,
依呀哟得儿喂,
《杨四郎回朝》再加《三上轿》,哎哎哟。

五更五点天起明,大闹《朱仙镇》,
依呀哟得儿喂,捉拿《落帽风》。
《桃园结义三兄弟》,
《凤仪亭》《八仙过海》,大刀《收关兴》,
依呀哟得儿喂,
花子《拾黄金》,新戏《血手印》,哎哎哟。

孟姜女哭夫（孟姜女调）

正月里来是新春,家家户户点红灯,
别家夫妻团圆聚,孟姜女丈夫造长城。
二月里来暖洋洋,燕子双双到南洋,
百鸟飞过成双对,孟姜女房中独自悲。
三月里来是清明,桃红柳绿百草青,
别人家坟上纸钱飘,万喜良坟上冷清清。
四月里来养蚕忙,姑嫂双双去采桑,
桑篮挂在树枝上,揩把眼泪捋把桑。
五月里来是黄梅,黄梅发水泪满腮,

别家田中有秧栽,孟家田中是草堆。
六月里来热难挡,蚊子飞来叮胸膛,
宁可叮奴千滴血,莫叮我夫万喜良。
七月里来七秋凉,家家窗下做衣裳,
青红蓝绿都裁到,孟姜女家中是空箱。
八月里来雁门开,鸿雁足上传书来,
闲人只说闲人话,哪个人会带书信来。
九月里来九重阳,重阳美酒菊花香,
人家饮酒我勿吃,有酒敬夫万喜良。
十月里来谷登场,牵砻做米纳官粮,
别人家都有官粮交,孟姜女家里是空仓。
十一月里来雪花飞,孟姜女长城送寒衣,
前面鸦鹊来领路,领到长城哭亲夫。
十二月里来过年忙,杀猪宰羊市场上,
别家都有年来过,我孟姜女寻夫在路旁。

梁祝哀史(十二月花名)

正月梅花带雪开,金童玉女下凡来,
金童投胎梁家宅,公子取名梁山伯。
二月兰花盆里青,英台本是玉女身,
从小读书顶有名,过目勿忘多聪明。
三月桃花一点红,结拜金兰草桥中,
杭州共读三长春,同桌读书同床眠。
四月蔷薇开得艳,英台老父祝公远,
一去攻读三长载,速写书信叫她来。
五月石榴结金孟,英台见信要回家,
师母地方去托媒,终身许配梁山伯。
六月荷花水上开,山伯送英台回家来,
十八相送难分开,长亭里面许九妹。

七月凤仙开得艳,父亲将她终身许,
马太守之子马文才,马家有权又有势。
八月桂花如黄金,英台闻言双泪淋,
我与山伯订终身,美满姻缘两离分。
九月桂花开得香,师母告诉梁山伯,
英台本是裙钗女,快快回家配姻缘。
十月芙蓉赛牡丹,山伯当即祝家来,
英台接见楼台会,山伯得病把家回。
十一月雪花飞满天,山伯回家命归天,
胡桥镇上立坟墓,红黑两字写墓碑。
十二月腊梅来迎春,花轿抬过胡桥镇,
英台下桥哭梁兄,英台跳进坟墓中。

文十只台子

第一只台子四角方,小方卿得中状元郎。
可恨姑妈良心丧,假扮道情来察访,
陈翠娥小姐泪汪汪。
第二只台子凑成双,文必正烧香进庵堂。
花园拾得双珠凤,相公勿做做书童,
私托终身在房中。
第三只台子桃花红,申贵生游玩到庵中。
众班尼僧来相迎,耽搁志贞云房中,
可怜小爷一命送。
第四只台子四角平,梁山伯读书杭州城。
同窗好友祝英台,三年分别回家来,
未知她是女裙钗。
第五只台子是端阳,秦始皇捉拿万喜良,
喜良公子去逃生,可恨昏君无道理,
孟姜女千里送寒衣。

第六只台子荷花放,赵五娘相配薄情郎,
蔡伯喈上京去赶考,家中荒年难活命,
肩背琵琶上京城。
第七只台子七稀奇,赵云卿扬州投亲去,
耽搁招商身有病,传差赵母借花银,
半路碰着李文林。
第八只台子绒毯铺,天下才子唐伯虎,
妻房尚有八美图,三笑姻缘成夫妇,
秋香当作九美图。
第九只台子菊花盛,周文正失落黄金印,
可恨田荣起黑心,多承小姐来知情,
盗着金印赠文正。
第十只台子都唱齐,朱买臣娶个勿贤妻,
逼写休书出眼泪,马前泼水难收起,
一世做人苦到底。

武十只台子

第一只台子四角方,岳飞枪挑小梁王,
武松手擎千斤石,姜太公八十遇文王。
第二只台子凑成双,辕门斩子杨六郎,
诸葛亮要把东风借,三气周瑜芦花荡。
第三只台子桃花红,百万军中赵子龙,
文武双全关夫子,连环巧计是庞统。
第四只台子四角平,吕蒙正落难破庙庵,
朱买臣上山挑柴卖,何文秀私行唱道情。
第五只台子是端阳,莺莺小姐去烧香,
红娘欲想遂其志,勾引张生跳粉墙。
第六只台子荷花放,阎婆惜活捉张三郎,
宋公明投奔梁山上,沙滩救主小秦王。

第七只台子是七巧,蔡状元造起洛阳桥,
观音龙女来作法,四海龙王早来朝。
第八只台子只只好,滚江龙月下闹江宵,
判断阴阳包文正,张飞喝敌长坂桥。
第九只台子菊花黄,王婆照应武大郎,
潘金莲勾结西门庆,药死亲夫见阎王。
第十只台子唱完成,唐僧西天去取经,
孙行者领路马前走,山中碰着妖怪精。

哭七七

头七到来哭哀哀,手拿红被盖上来,
风吹红被四角动,好像我郎活转来。
二七到来姐思量,思思量量哭一场,
月亮点灯影影动,好比大梦做一场。
三七到来做道场,四亲八眷都来相,
廿四个和尚叮当响,小奴家打扮去上香。
四七到来去梳妆,梳妆台上哭情郎,
只见衣衫勿见郎,双脚蹬蹬好悲伤。
五七到来望乡台,望乡台上哭哀哀,
大男小女哭号啕,一心思想还魂来。
六七到来去关梦,关着我夫见阎王,
牛头马面立两旁,当中跪着我夫郎。
七七到来是白绫,白布短衫白罗裙,
有心我穿侬三年孝,吭心我七满就嫁人。

附录

宁波话简述

一、概　况

宁波话是指宁波人说的本地话,它是宁波人用来交际和交流思想的主要工具,也是在外地的宁波游子之间互认同乡维系感情的重要标识。

"宁波"这个地名它实际所辖的地域在历史上有过许多变迁。不说远的,就说民国以来,现在的舟山地区各县、台州地区的一部分县和绍兴地区的大部分县都曾归属过宁波。而现在宁波所辖的地域则是海曙区、江东区、江北区、镇海区、北仑区、鄞州区、余姚市、慈溪市、奉化市、宁海县和象山县。有时,"宁波"又仅指宁波市的老城区,如镇海人说"今末我到宁波去",这里的"宁波"指的就是老城区。

由于"宁波"一词实际内涵是不确定的,因而"宁波人"所指的范围也不可能很明确。如香港知名人士安子介先生,他的祖籍是定海,但他自称宁波人,加入了香港的宁波同乡会。再加上人口的迁徙,更使"宁波人"的范围含糊起来。移居宁波的外地人,也有自称宁波人的;移居外地的宁波人,更自称是宁波人。如香港中文大学原校长马临教授,他的父辈已从宁波移居北京,他出生在北京,他就自称宁波人,参加宁波同乡会,非常乐意作为"宁波帮"为宁波的开发建设出力。

宁波人说的本地话究竟起源于何时已无从查考,但可以肯定,它随着时代的前进在不断发展变化着。促使宁波话发展变化的原因是很多的,社会发展了,产生许多新事物,必然会有许多新词在宁波话中出现,如"旋凿"(螺丝刀)、"火轮"(轮船)、"冰箱"(电冰箱)、"兴宁桥"等即是;宁波很早就是一个对外通商口岸,在频繁的对外交往中,宁波话自然会受到外语的影响,如"司必灵"(弹簧门锁)、"司的客"(手杖)、"味之素"(味精)等就是吸收了外语成分;宁波跟上海关系十分密切,大批宁波人在上海谋生,宁波人往往以能说几句上海话为时髦,如"瘪三""垃圾""小菜"等就是从上海话学来的;宁波话受北方话的影响更大,且不论南宋时北人大批南迁所产生的影响了,仅拿 1949 年以后来说,就有大量北方干部来宁波定居,又加上普通话的大力推广,许多北方话成分进入了宁波话,大大加速了宁波话的发展变化,例子不胜枚举。上述诸因素作用于宁波话的情况,我们从"母亲"称呼的变化可以看出个大概。"母亲",宁波口语原本叫"阿姆",后受上海话的影响,叫"姆妈",现在十来岁的孩子学了普通话已经叫"妈妈"了,近些年更有人学外国人的说法叫起了"妈咪"。

宁波话的发展变化,在语音上主要表现为一种简化、趋同的倾向,如 y 韵归入了 ø 韵(例如"选"),yɔ̃ 韵归入了 ɔ̃ 韵(例如"降"),ū 韵归入了 u 韵(例如"官"),yoŋ 韵归入了 yŋ 韵(例如"用"),ɥoŋ 韵归入了 oŋ 韵(例如"准");同时,声调调类也有简化的趋势。

宁波话的发展变化使我们明显地感觉到现在的一些小宁波跟正宗老宁波在语言上已经有了许多差异,有些小宁波要他用地地道道、石骨铁硬的宁波话来表达自己的思想已有一定困难。

上述分析说明"宁波人说的本地话"其含义是非常复杂的。本书所述的宁波话则仅仅是指现在的土生土长的老宁波所说的本地话,当然也包含已被宁波话吸收了的外来成分。由于语言自身有它内在的规律,我们在描述时也无法包罗万象、兼收并蓄。如语音就只能以老城区的老一辈人的口语作为代表,而本书正文所录词汇和本附录所述语法特点则以老城区的老一辈人的口语作为描述中心,适当扩大了收集范围,但也无法定出一个明确的地域外延来。这不仅是因为"宁波"一词所指地域有它的不确定性,还因为邻近地区的语言,其差异往往是渐变的过程,很难找到清楚的交界线,况且语言的分区界限又不全跟人为的行政区划相吻合。但这也并不抹煞不同地方语言之间的质的差别,如拿宁波话跟杭州话相比较,就很容易看出它们明显的差异而显示出宁波话的固有特色。

为了准确描述宁波话的概况,我们用国际音标作为标音的符号,声调用的是五度制标调法。

二、宁波话的语音系统[1]

1. 声母

宁波话有 29 个声母,包括零声母在内,列举如下,并各举一例字以示该声母的读音。

p 八	p' 拍	b 白	m 麦	f 法	v 佛
t 搭	t' 脱	d 达	n 捺	l 勒	
ts 资	ts' 雌	dz 瓷	s 丝	z 市	
tɕ 见	tɕ' 千	dʑ 其	ɲ 女	ɕ 西	ʑ 徐
k 割	k' 克	g 轧	ŋ 额	h 喝	ɦ 合
ø 矮					

2. 韵母

宁波话有 50 个韵母,包括 3 个自成音节的辅音韵母在内,列举如下,并各举一例字以示该韵母的读音。

ɿ 孜	i 衣	u 乌	y 鸳	ʮ 朱
a 啊	ia 亚	ua 娃		
e 爱	ie 茄			
ɔ 袄				
o 哑	io 要	uo 蛙	yo 家老派文读	

---

[1] 由于调查对象、审音角度的不同,各家对宁波方言音系的描写分析略有出入。声母 29 个,各家一致;韵母的数量和所使用的音标有一定差异;声调的数量尤其是具体调值分歧较大。这里(包括下面《宁波话音节例字表》)采用汤珍珠等先生编纂《宁波方言词典·引论》中的观点,特此说明,并向作者表示感谢。

ɛ 晏		ʒu 弯	
ø 团			
ɤ 算	iɤ 优		
ɐ 安	uɐ 委		
əu 倭			
œɤ 欧			
ã 罃	iã 央	uã 横	
õ 昂		uõ 汪	yõ 降
ũ 碗			
əŋ 恩	iŋ 英	uəŋ 温	yəŋ 军
oŋ 翁		yoŋ 永	
		ʮøŋ 春	
ɛʔ 压	iɐʔ 约	uɐʔ 挖	
oʔ 屋			yoʔ 吃
	iiʔ 益		yəʔ 郁 ɥəʔ 室
əl 而	m̩ 姆	n̩ 苧	ŋ̍ 五

3. 声调

宁波话单字声调有 7 个,其调类、调值列表如下,并各举若干例字以示该调类的读音。

调 类	调 值	例 字
阴 平	53	边端高开三科书
阳 平	24	龙陈宁才楼平存
阴 上	35	古舔纸走好井小
阴 去	44	菜扮带救变货价
阳 去	213	五女厚近老抱断
阴 入	55	发甲竹室括七曲
阳 入	12	伐药白滑十直局

三、宁波话语法特点举要

1. 用"头"作词尾的名词很多,如:眼头、盖头、讲头、多头、高头、五元头、一斤头、该本头、边沿头、角落头、五更头、昼过头。

2. 常用"子"作时间名词的词尾,如:旧年子、前日子、明朝子、下遭子。

3. 称谓名词多用词头"阿",如:阿哥、阿姐、阿娘(祖母)、阿爷、阿公、阿婆、阿姨、阿姑、阿太。

4. 方位名词中表示"上面"的用"顶(音等)""上顶""头顶",如:地板顶、箱子顶、书上顶、汽车上顶、屋头顶、衣橱头顶。表示"下面"的用"底下"或"下底",如:眠床底下、桌凳底下、楼梯底下、抽斗下底、玻璃板下底。

5. 单音节动词在表示持续进行的重复动作时,动词后面加上"记"再重叠,构成"动记动记"的格式。如:看记看记、推记推记、摸记摸记、撞记撞记、嘴巴瘪记瘪记要哭嗐。

6. 单音节动词重叠可以表示动作已经完成。如:"其街里去去勿来嗐","生生病有半年嗐","电影放放时响嗐"。

7. 表示动作的动词与趋向动词中间用"带"连接,表示一种委婉的祈使语气。如:走带进来、伸带出去、看带落去、弄带起来。

这种"带"字的后面还可以出现表结果的补充成分,以表示动作已经完成。如:"饭煮带好,侬勿来吃","衣裳淋带湿,快换掉"。

8. 单音节的形容词前后都可以加叠音成分,叠音成分加在前面表示"很",叠音成分加在后面表示"有一些"。如:碧碧绿——绿映映、滚滚圆——圆滚滚。

9. 有些单音节形容词重叠后还可以带词尾"叫"或"个",如:慢慢叫、好好叫、轻轻叫、慢慢个、好好个、轻轻个。

10. 形容词词尾还有一个"动"。有些单音节动词重叠后加上这个"动"就构成形容词,表示一种生动的情态,如:旺旺动、抬抬动、摊摊动、拐拐动。

11. 表示概数的方式有:毛三十、挨三十、三十勿到眼、三十横里、三十横横动、可三十、三四十、三十多眼、三十多星。

12. 量词重叠时插入中加成分"打",如:只打只、个打个、件打件、双打双。

13. 人称代词有三套,其中两套表单数,一套表复数。

第一人称 ŋo　　　　ŋoʔ neu　　　　ɐʔ ʔa

第二人称 ṇ (neu)　　ṇ (ṇ) neu　　　ṇ (ṇ) au

第三人称 dʑi　　　　dʑi neu　　　　dʑiʔ (dʑiaʔ)　ɐʔ

14. 宁波话没有与近指代词"该(这)""格貌(这样)"相对应的远指代词。普通话"这(这样)……那(那样)……"对举的句式,宁波话则用"该(该样、格貌)……该(该样、格貌)……"重叠的方式表示,如:"该也㿻其,该也㿻其,到底要啥西?""该样也勿弄,该样也勿弄,一眼吭没用场。""格貌勿对,格貌也勿对,勿晓得咋弄弄好。"

15. 宁波话拟声词很丰富,说起来绘声绘色,十分生动,如:"心里咕咕一忖","眼睛睩睩一看","米缸愁愁会浅落去"。双音节拟声词可以重叠,可以同韵推延,可以加衬音,变化无穷。如:

嘀嗒　　嘀嘀嗒嗒　　嘀嗒嘀嗒　　嘀力嗒嘞
贴脱　　贴贴脱脱　　贴脱贴脱　　贴力脱嘞
叽咕　　叽叽咕咕　　叽咕叽咕　　叽哩咕噜
唭跶　　唭唭跶跶　　唭跶唭跶　　唭哩跶噜

单音节拟声词有的也有固定的衬音,带衬音后还可重叠。如:

别嗒　　别嗒别嗒　　骨嗒　　骨嗒骨嗒
督喀　　督喀督喀　　嘞喀　　嘞喀嘞喀

16. 宁波话没有用"而"连接的联合词组,如:"伟大而光荣"宁波话说成"咦(又)伟大,咦(又)光荣"。

17. "从……"介词结构,宁波话常用"……格"来表示,如:"我学堂里格来"(我从学校里来)。

18. 宁波话中有一个作用相当于普通话"不能"的"勿来",但"勿来"在句子中总放在动词或动宾结构的后面,如:"弄勿来"(不能弄),"吃勿来"(不能吃),"做人勿来"(不能做人)。

19. "动+补+宾"句式,在宁波话里或是说成"主+动+补",如:"饭吃勿饱"(吃不饱饭),"号码对勿上"(对不上号)。

或是说成"动+宾+补",如:"打其煞"(打死他),"对其勿起"(对不起他)。

有时表否定的"勿"还可以置于宾语之前,如:"讲勿其过"(说不过他),"寻勿其着"(找不着他)。

20. 宁波话里,"还给你"可说成"拨你还"。如:"该眼书和总拨你还"(这些书都还给你)。

21. "快上课了"这样的句式,宁波话说成"上课快了"。如:"其要走快了"(他快要走了)","电影放完快了"(电影快放完了)。

22. 宁波话的"靠咋勿住"(也可说成"靠勿咋住")这样的句式,相当于普通话的"不太靠得住"或"靠不住"。如:"差咋勿多"(差不多,差不太多),"追咋勿上"(不太追得上,追不上),"推咋勿倒"(不太推得倒,推不倒)。

四、宁波话词汇特点说略

本书内容以方言词为主。为了使读者对宁波方言词汇有一个概括的了解,这里简要介绍一下宁波方言词汇的特点。

(一)宁波话词汇与普通话词汇存在着较大差别

方言和普通话都是由古汉语继承和发展而来的,因而它们之间存在着许多共同点。宁波方言也不例外,许多词语,尤其是一些基本词语与普通话完全相同。正是这些大量的相同词语,使得我们能够顺利地进行交际活动。但是方言毕竟是方言,宁波话词汇与普通话词汇比较起来,还存在着一定的差别。这种差别主要表现在以下几个方面:

1. 有些词语说法相同,但意义却不相同或不完全相同。例如:

笔尖 普通话指笔的写字的尖端部分,而宁波话却是很尖、极尖的意思,如:棒头削勒笔尖。

笑面虎 普通话指外貌装得善良而心地凶狠的人,而宁波话却是指笑脸、笑容,如:该人笑面虎交关好。

快活　普通话是快乐的意思,而宁波话却是休息和轻松、舒服这两个意思,如:荡啥身体勿咋好,屋里快活的;今年生活调大,人交关快活。

做客　普通话是访问别人,自己当客人的意思,而宁波话除此之外,还有客气(多指到别人家做客时吃东西过分客气)的意思,如:到㑚屋里吃饭我呒做客个。

晦气　普通话是不吉利、倒霉的意思,而宁波话除此之外,还有浪费、糟蹋的意思,如:买该种补品晦气钞票个,一眼呒没花头。

意外　普通话是意料之外和意外的不幸事件这两个意思,而宁波话除此之外,还有两个意思。一是格外、特别,如:意外便宜,今年意外热。一是行为异常(含贬义),如:该种人也意外个,呒没咋看张过。

罪过　普通话是过失和用作谦词、表示不敢当这两个意思,而宁波话除此之外,还有三个意思。一是怜悯、同情,如:介坏人吃枪毙,一眼好冇罪过其个。二是可怜,如:该小娘交关罪过,小小年纪大人就呒没嚯。三是有罪过,如:小人打阿爹阿娘,罪过个。

2. 有些词语意义相同,但说法却不相同。下面按名词、动词、形容词、副词各举五组例子进行比较。

普通话	菜肴	锅巴	霰	上面	中午
宁波话	下饭	镬焦	雪子	高头	昼过
普通话	拿	拾	踩	上当	中暑
宁波话	驮	撮	踋	背杷	吃热
普通话	疲倦	空闲	寂寞	饱满	肮脏
宁波话	惼力	调大	心焦	绽	腻腥
普通话	全部	偶尔	必定	难道	不能
宁波话	和总	蓝扮	好坏	怕其	呒告

有些复合词意义相同,但说法只是部分相同。例如,普通话的天气、菜刀、台风、做伴、熬夜、起床、悬空、暖和、难过、偏偏、反而、依旧,

宁波话分别说成天家、薄刀、风水、做队、背夜、爬起、悬凌、矮暖、坏过、偏生、反使、原旧。

3. 有些词语只是宁波话里有,而在普通话里没有相对应的词语。例如:

鸟头　鸟白读。指人的老练程度(多用于小孩):该小人鸟头咋介老啦!

秋汏　汏音大文读。指秋日连绵不断的阴雨:做秋汏。

伯嚭　嚭音屁。指夸夸其谈,好说大话、假话的人:该人是伯嚭,闲话听勿来个。

跫　音艮。一足跳行:跫来跫去。

顾野　眼睛看别处,注意力不集中:开汽车莫顾野。

落轧　言行不慎被人抓住把柄:闲话讲落轧嘞。

随水　水白读。形容毫无问题,足以胜任:挑一百斤担子,随水个。

崇气　形容脏、乱,样子吓人:房间交关崇气;头磕勒血出糊剌,真崇气嘞!

悙悙动　悙音答。形容内心不安,有所愧疚:大人身体勿好,吤没工夫去看,心里一直悙悙动个。

这种宁波话所特有的词语,往往具有很强的表现力,对准确、简洁、生动、形象地表达语意有很好的效果,其中有许多是普通话难以替代的。另外,宁波话里同义词、近义词相当丰富,比如有关"大"这个概念,宁波话里就可用许多词来表达,如:雷大(很大:雨雷大)、大籪(籪音道。大:衣裳做勒蛮大籪)、大膨膨(形容体积大:箱子大膨膨)、长大(身材高大:人生勒长长大大)、呆长呆大(身材很高大:呆长呆大个人,还要做无赖)、蛮长蛮大(蛮读本音,义同呆长呆大)、大面大得(形容面孔阔大:该人大面大得个,看上去厚道相)、大眼睩索(形容眼睛大:小毛头大眼睩索,交关好看)等等,这也是普通话所无法比拟的。再如有关手的动作的动词多达一百四五十个(与普通话相同的还不计在内),远比普通话丰富,表意也更加具体、准确(参阅本书"方言词·与人体有关的动词")。

4.在构词方式上,宁波话与普通话也有一定差异。表现在:

①有些词语,词根相同,词头或词尾却不相同。例如,普通话和宁波话都可以用"阿""子""头"等字作词头或词尾,但使用范围却不同。宁波话凡亲属称谓名词前面大都可以加词头"阿",表示亲切,如阿爷、阿娘(祖母)、阿公、阿婆、阿爸、阿姆、阿哥、阿姐等,普通话就没有这种说法。宁波话凡时间名词后面大都可以加词尾"子",如今年子、明年子、后日子、闲早子等,普通话也没有这种说法。宁波话用"头"作词尾的,普通话或者不用词尾,如棒头、纸头、窗头、冷饭头、旁边头、黄昏头等;或者用词尾"儿",如根头、盖头等;或者用词尾"子",如斧头、塞头、被头等。此外,宁波话还有一些普通话所没有的词缀。拿形容词来说,词尾有"动"(晕晕动、戚戚动、拐拐动)、"叫"(好好叫、轻轻叫、慢慢叫)、"个"(轻轻个、侏侏个、薄薄个)、"得"(厚嘴厚得、背时背得、大面大得)等,还有类似中缀的"刮"(雪刮淡、黑刮嫩、冰刮冷)、"刮斯"(锃刮斯亮、贼刮斯老、簌刮斯新)、"得斯"(焦得斯黄、滚得斯圆、屁得斯轻)等,这些都很具有地方特色。

②词根的前加重叠成分和后加重叠成分不同。单音节形容词作词根,其前加成分普通话一般不能重叠,如"血红"不能说成"血血红";宁波话里这种说法却很普遍,其前加成分可以由名词重叠而成,也可以由形容词或程度副词重叠而成。例如:

墨墨黑(形容很黑)　　骨骨直(形容很直)
簌簌齐(形容很齐)　　锃锃亮(形容很亮)
贼贼苦(形容很苦)　　的的软(形容很软)

单音节形容词作词根的后加成分,普通话和宁波话都可以构成重叠式,有的两者相同,如甜滋滋、软绵绵等,有的只是宁波话才有。例如:

黏胶胶(形容有点儿黏)　　淡呵呵(形容味淡,不咸)
青皴皴(形容有点儿发青)　　热温温(形容有点儿热)
老肯肯(形容相貌老)　　　旧那那(形容陈旧,不新)

③有些词语形式上有单音词与复音词的区别。普通话里的单音

词，宁波话里有的是复音词；反之，普通话里的复音词，宁波话里有的是单音词。下面各举五组例子来比较。

普通话	雾	鬼	梦	馋	馊
宁波话	雾露	活鬼	乱梦	馋痨	馊气
普通话	种子	棉花	稻草	顽皮	咳嗽
宁波话	种	花	草	皮	嗽

④有些复音词的音节顺序刚好相反。例如普通话里客人、力气、监牢、岩石、螺蛳、喜欢、热闹、着火等词，宁波话里一般分别说成人客、气力、牢监、石岩、蛳螺、欢喜、闹热、火着。

5. 在词形上，宁波话与普通话也有差别。首先，一个词往往有多种写法。宁波话里有些词的写法因人而异，因书而异，没有固定的文字形式。例如表示"菜刀"意思的，或写作"薄刀"，或写作"白刀"；表示"吵架"意思的，或写作"造孽"，或写作"扰业""造业"；表示"捉弄、欺侮、算计"意思的，或写作"弄送"，或写作"弄怂""弄松""弄耸"；表示"差、相差"意思的，或写作"推扳"，或写作"推板""推班""退板"；表示"经常"意思的，或写作"散时不节"，或写作"三时八节"。其次，多用同音假借字。宁波话里有些词语来历不清楚，书面上没有适当的字可写，常常用同音字代替。例如"阿拉"（我们）、"呕"（叫）、"百债"（纠缠，烦人）、"调大"（空闲）、"喽吼"（做法或想法离奇怪异）、"蓝扮"（偶尔）、"铁爬"（如果，万一）等。再次，有些字是说宁波话的人自造的。如"甩"（音掼。篮子、桶等可以手提的部分）、"蛊"（音撞。叠放）、"䜩"（"咋会"的合音词）、"嬒"（"勿会"的合音词）等。另外，宁波话里还有一些词语至今仍然有音无字，这是因为这些词语本字不明或者没有本字，而今人也不曾为其造字。例如：

- 音大文读。抓；搔（本书写作"扷"）：扷痒，扷头皮。
- 音怪酸之怪。甩；抹（本书写作"挭"）：挭浆糊，挭水泥。
- 音骨浊音。鸟扇动翅膀（本书写作"挶"）：挶翼梢膀。
- 音寨。竹篾编成的器具（本书写作"簗"）：筛谷簗，晒花簗。

(二)宁波话词汇保存了许多古词古义

方言和普通话都来自古汉语。古汉语中许多词语在普通话里已经死亡,在宁波话里却还活着。例如:

鞕　音冤上声。称东西时容器的重量:除篮鞕。《说文·革部》:"鞕,量物之鞕。"《广韵·阮韵》於阮切。

瘃　音足。冻疮叫"冻瘃":手骨生冻瘃嘞。《说文·疒部》:"瘃,中寒肿覈(核)。"陟玉切。

搵　音温去声。蘸:鸡肉搵酱油;俗语:嫖赌勿论钱,吃饭要搵盐。《说文·手部》:"搵,没也。"乌困切。

扤　音额清音。摇动:头扤扤;茶叶罐头扤扤其,还有一眼好齿。《说文·手部》:"扤,动也。"五忽切。

绐　音队。绷紧的物体由于受压而松弛凹下:地板绐绐动;俗语:冤家夫妻绐棕绷,摆来摆去当中央。《说文·糸部》:"绐,丝劳即绐。"徒亥切。

瞲　音气。近视眼叫"近瞲眼":班里近瞲眼瀊好多嘞。《说文·目部》:"瞲,察也。"戚细切。

以上诸字见于我国第一部字典——东汉许慎的《说文解字》。至于见之于南朝顾野王的《玉篇》、唐宋韵书《广韵》《集韵》的,那就更多了。例如:

䭽　音燕。比量长短:尺寸䭽过再裁料作;䭽䭽看,啥人长?《玉篇·贝部》:"䭽,物相当。於献切。"

䵝　音朴。浅黑色:墙壁灰䵝䵝;年糕燂勒焦䵝䵝。《玉篇·黑部》:"䵝,色暗也。普木切。"

迶　音爿。跨:迶水缺;看见白牡丹,地枕忘记迶。《广韵·衔韵》:"迶,步渡水。白衔切。"

酣　音蚶。红光满面的样子叫"红出酣酣":该老头伯七十多岁了还红出酣酣个,神交关绽。《广韵·覃韵》:"酣,面红。火含切。"

䈃　音道。大:衣裳做勒蛮大䈃;人生勒大大䈃䈃。《集韵·号韵》:"䈃,大也。大到切。"

䘯　音窝。抱：䘯鸡贼；䘯肩搭背。《集韵·戈韵》："䘯，手萦也。乌禾切。"

保存在宁波话里的古词语，除了可以从古代字书、韵书追溯其源之外，还可以在古代文献典籍，尤其是诗词曲中找到源头或出处。例如：

宁波话管很过意不去为"痗心勿过"（痗音每）。这个"痗"字《诗经》中就有了。《诗经·卫风·伯兮》："愿言思伯，使我心痗。"毛传："痗，病也。"所谓"痗心勿过"正是心里难受，心里有忧病的意思。

宁波话管两臂左右平伸的长度为"仞"（音忍）。这个"仞"字《尚书》中就有了。《尚书·旅獒》："为山九仞，功亏一篑。"《列子·汤问》："太形、王屋二山，方七百里，高万仞。"《说文·人部》："仞，伸臂一寻，八尺。"而震切。

宁波话管毛衣、羊毛衫等穿在外面不另罩外衣叫"划穿"（划音餐），"光是"叫"划是"，这个"划"字习见于唐宋诗词。南唐李煜《菩萨蛮》词："刬袜步香阶，手提金缕鞋。"唐李廓《长安少年行》诗："刬戴扬州帽，重熏异国香。"刬袜即徒袜不鞋，刬戴即只戴，宁波话"划穿""划是"等说法与之一脉相承。

宁波话管"勤快"为"勤力"。"勤力"一词古已有之，如宋苏舜钦《题花山寺壁》诗："栽培剪伐须勤力，花易凋零草易生。"清李渔《连城璧外编》三："那个家人平时极懒，及至锄园种菜，就忽然勤力起来。"

宁波话管照顾、服侍为"当直"。这种说法宋代已见。宋无名氏《张协状元》第四十五出："（净）从小我惜伊，伊去婆亦去。（合）病尤未可。（净）婆一路当直你。"

宁波话管赌咒发誓为"罚愿"。这个词元曲习用。元关汉卿《窦娥冤》第三折："不是我窦娥罚下这等无头愿，委实的冤情不浅。"元无名氏《渔樵记》第二折："对着天曾罚愿，做的鬼到黄泉，我和你麻线道儿上不相见。"

有些古汉语词语虽然普通话里还在使用，但它的某些古义已经消失，而在宁波话里却还保留着。例如：

煦　普通话里只有温暖一义,古代还有蒸义。《说文·火部》:"煦,烝也。"香句切。宁波话管冷饭加少量水热一热叫"煦"(音吼去声),正保留了煦字这一古义。

廉　普通话只有廉洁、便宜两义,古代还有察义。《汉书·高帝纪下》:"且廉问,有不如吾诏者,以重论之。"师古注:"廉,察也。"(廉训察,实即覝之借。《说文·见部》:"覝,察视也。读若鎌。"力盐切)这个意义宁波话保留下来了,宁波话仔细查问就说成"查查廉廉"。

昼　古有日中义。《广韵·宥韵》:"昼,日中。陟救切。"明徐光启《农政全书·占候》:"谚云:'对日鲎,不到昼。'"宁波话称中午为"昼过",称中饭为"昼饭",恰恰保留了这一古义。

差　古有病愈义。如《三国志·魏志·华佗传》:"故督邮顿子献得病已差,诣佗视脉。"汉扬雄《方言》卷三:"差,愈也。南楚病愈者谓之差。"字又作"瘥",《玉篇·疒部》:"瘥,疾愈也。楚懈切。""差"(音车)这一意义普通话不说了,宁波话却很常用。

赚　宁波话管错为"赚",如算赚、话赚。这也是保留了赚字的古义。宋释普济《五灯会元》卷十:"但恐无益于人,翻成赚误。"下文:"且莫赚会,佛法不是这个道理。"《集韵·陷韵》:"赚,市物失实。直陷切。""赚"有"市物失实"义,引申之,有错、误的意思,《正字通·贝部》:"赚,错也。"而普通话里"赚"就没有这个意义了。

怕　宁波话管难道为"怕"或"怕其"。这种说法于古有征。金董解元《西厢记诸宫调》卷四:"自心思忖,怕咱做夫妻后不好?……怕你不聪明?怕你不稳色?怕你没才调?"张相《诗词曲语辞汇释》:"怕,用为反诘之辞,犹云难道也;岂也。"普通话不这样说。

惶恐　普通话是惊慌害怕的意思,古代另有羞愧、难为情的意思,如元无名氏《合同文字》楔子:"有劳尊重,只是家贫不能款待,惶恐!惶恐!"这一古义宁波话也保留下来了,如:侬送来介多东西,交关惶恐!

他如"相"有看义,"忖"有想义,"株"有根义,"掇"有端义,"起"有建造房屋义,等等,都是古书习见而普通话失传的,在宁波话里却都仍然沿用。

考释宁波话里的古词古义，追源索流，贯通古今，前修时贤已经做了许多工作。本书在这方面也花了很大力气，为许多发于唇吻而一般以为无以下笔的方言词找到了本字或出处。宁波话里保存的古词古义，对研究古汉语，解读古代文献，训释诗词曲及白话小说中的一些生僻词语都有重要的参考价值。

（三）宁波话词汇在吴方言词汇中具有自己的特点

宁波方言是吴方言的一个分支，宁波方言词汇与其他吴方言词汇具有共性，而且这种共性是主要的。另一方面，宁波方言词汇在吴方言词汇中又具有自己的特点。表现在：

1. 有些词语意义相同，但说法却不相同。例如宁波话的"手骨"（胳膊；手），上海、苏州、常州、温州、嘉兴、绍兴分别说成"臂膊""臂膊""手臂""手肚段""臂膊""手胖"（据《简明吴方言词典》，本节以下所引吴方言词语材料，出处同）。宁波话的"其拉"（他们），以上各地分别说成"伊拉""俚笃""da家""其来""伊拉""伊啊（伊赖）"。宁波话的"造孽"（吵架），以上各地分别说成"寻相骂""寻相骂""相骂""相乱""吵相骂""吵相骂（讨相骂）"。宁波话的"腻腥"（脏），以上各地分别说成"龌龊（邋遢）""龌龊（邋遢）""邋遢""矮糟""邋遢""封"。又如，宁波话的"龙光闪"（闪电）、"抵针"（顶针儿）、"乱话"（谎话）、"幽"（躲藏）、"嗅嘴"（嗅音兄去声。接吻）、"脚筋吊"（脚抽筋）、"㤘力"（㤘音直。疲倦，劳累）、"舒意"（舒适，惬意，妥帖）、"酸滋滋"（形容有点儿酸）、"限板"（必定）、"当忙"（随即，立刻）、"勿打记头"（突然。也说"打末知头"）等词，其他吴语地区有的则说成"霍闪""针箍（抵针箍）""乱说（造话）""盘（伴）""香嘴（香鼻头）""牵筋""衰惰（乏力）""舒齐""酸挤挤""呆板""立马""陌生头里"。

2. 有些词语说法相同，但意义却不相同或不完全相同。例如：

鼻头　鼻音白。宁波话指鼻涕，其他吴语多指鼻子。

鼻头管　鼻音白。宁波话指鼻子，其他吴语多指鼻孔。

卵子　宁波话指阴茎，其他吴语多指睾丸。

卵脬　脬音抛。宁波话指女阴,其他吴语多指阴囊。

拓　宁波话指拇指和中指张开的长度,其他吴语则指两臂左右平伸的长度。

晾　宁波话是把衣物放在通风透气而阳光照不到的地方使干的意思,其他吴语则是晒或晒兼晾的意思。

推头　宁波话是拒绝的意思,其他吴语则是推托、借故的意思。

老实头　宁波话是老实巴交的意思(形容词),其他吴语指老实人(名词)。

呒陶成　宁波话是东西损耗部分多的意思,其他吴语则是"没出息、放荡""言行越轨、不正经""形容程度深""派不了用处"等意思。

有陶成　宁波话是东西损耗部分少的意思,其他吴语则是有出息、有规矩的意思。

呒心相　宁波话是没兴趣的意思,其他吴语则是不耐烦、定不下心来的意思。

有脚力　宁波话是有经济能力的意思,其他吴语则是有靠山的意思。

各样　宁波话有不一样、病好转两个意思,其他吴语则只有不一样一个意思。

跌落　宁波话有遗失、掉下两个意思,其他吴语则只有遗失一个意思。

说话　宁波话指话(名词),其他吴语除了指话以外,还有说话的一会儿时间(比喻时间短)这个意思。

回头　宁波话有拒绝、辞退两个意思,其他吴语除了这两个意思之外,还有"回复、回答"和"报告、告诉"这两个意思。

3. 有些词语是宁波话特有的,其他吴语区一般不说。例如:

意姿　姿音基。言谈举止;俗语:三岁意姿看到老。

伴手果　走访亲友时随身携带的给小孩吃的零食。也说"伴小果"。

劜脚　劜音堆上声。援引类似的情况,要求一视同仁:侬勿值夜班,人家要～个。

绷袋口　趁机使人多花钱：其要请客，索性袋口搭其绷大眼，吃法国大餐去！

大只小　本该一样大的两物大小不一：俗语：眼睛大只小，看张东西样样要。

长股短　本该一样长的两物长短不一：该双筷长股短个。

算账　用在动趋结构后面，表示完成动作很容易、很轻易：介长一首诗背出算账。

勿相似　用在动词后面，有"做不胜做""收效甚微"等意思：介厚一本书抄落来，抄勿相似。

诸如此类的例子，不胜枚举，其他吴语没有与之相对应的词语。

另外，宁波话的词缀（包括衬字）相当丰富。像形容词词缀"动"（晕晕动、旺旺动）、重叠量词中间的衬字"打"（个打个、回打回）、单音节动词后面的衬字"记"（张记望记、摸记摸记）等，在吴方言里也颇有特色。

五、宁波话音节例字表

宁波话的声母、韵母和声调三者拼合关系有一定的规律，为使该拼合关系一目了然，我们列了一份音节例字表。凡是可以拼合的，在该方格内列出例字，若有音无字则以"□"表示；凡宁波话没有这个音的即为空白。白读音下加一短横，文读音下加二短横，以示区别。例字需要说明的，用加粗来提示，并在该页的下面加注。

附录·宁波话简述

韵\调\声	ɿ 阴平 阴上 阴去 阳平 阳上 阳去 53 24 35 44 213	ʮ 阴平 阴上 阴去 阳平 阳上 阳去 53 24 35 44 213	i 阴平 阴上 阴去 阳平 阳上 阳去 53 24 35 44 213	u 阴平 阴上 阴去 阳平 阳上 阳去 53 24 35 44 213	y 阴平 阴上 阴去 阳平 阳上 阳去 53 24 35 44 213	a 阴平 阴上 阴去 阳平 阳上 阳去 53 24 35 44 213
p p' b m f v			编 比 闭 披 屁 皮 避 眯棉 眯米 飞 肺 维 未	搬 补 布 铺 普 铺 菩 部 棉 眯米 夫 浒 富 芙 父		摆拜 派 排 败 趣 妈 买 哦
t t' d n l			低 底 店 天 舔 剃 甜 电 连 诶理	都 赌 妒 都 土 兔 途 镀 奴 呶努 庐 谀路		带 拖 泰 埭 大 芳 那奶 刺 拉 癞
ts ts' dz s z	资 止 志 雌 此 刺 瓷 司 史 四 时 士	朱 主 注 趋 取 趣 除 住 书 水世 如 树		租 祖 粗 楚 醋 雏 助 酥 数素		抓 债 差 蔡 咋 耍 晒 柴 篡
tɕ tɕ' dʑ ɲ ɕ ʑ			尖 剪 季 妻 起 气 奇 健 尼 黏 二 西 喜 细 徐 贱		居 举 贵 驱 犬 劝 巨 跪 原 女 虚 许 楦	
k k' g ŋ h ɦ ø			肝 敢 佄 看 移 已 衣 椅燕	孤 古 故 枯 苦 裤 跍 咕 胡 互 乌 椅诬	余 雨 鸳 鞔怨	街 解界 揩 茄 懈 外 蟹 啊 鞋 挨 矮 矮

眯(阴平),"眯过眼笑"之眯。
诶,"诶诶谀谀时格会讲过去"之诶。
佄,"钞票赚勒佄喏"之佄。
铺(阴平),动词,"铺开"之铺。
铺(阴去),名词,"床铺""店铺"之铺。
都($t'u^{53}$),"都整"(全部)之都又读。
呶,"黏黏呶呶"之呶。
谀,"诶诶谀谀"之谀。
数,动词,"数一数"之数。
跍,蹲。
咕,"咕咕叨叨"之咕。
鞔,称东西时"除篮鞔"之鞔。
趑,"走路趑记趑记"之趑,也可读成阳平。

哦,多读成入声。
拖,"舌头拖出""造孽拖拖开"之拖。
埭,"一埭路"之埭。
差,"出差"之差。
篡,"晒花篡"之篡。
茄,"番茄"之茄。
懈,"懈门""懈口"之懈。
啊,叹词,表示惊讶、疑惑。

韵 调 声	ia 阴阳阴阴阳 平平上去去 53 24 35 44 213	ua 阴阳阴阴阳 平平上去去 53 24 35 44 213	ɔ 阴阳阴阴阳 平平上去去 53 24 35 44 213	o 阴阳阴阴阳 平平上去去 53 24 35 44 213	oi 阴阳阴阴阳 平平上去去 53 24 35 44 213	ou 阴阳阴阴阳 平平上去去 53 24 35 44 213
p p' b m f v			包　饱报 抛　泡 　袍　抱 　莫毛　帽	笆 把霸 　　怕 　爬　**耙** 　麻马		彪　表 　飘　票 　瓢　鳔 　描　妙
t t' d n l	爹 嗲		刀　岛到 滔　讨套 　桃　稻 　挠　闹 　捞牢　老	**朵** 躲**朵** 　　**跺**□ 　　　**嚡** 　　拿挪 　　　老	刁　鸟吊 　挑　**挑**跳 　条　　掉 　　　 　辽　料	
ts ts' dz s z			糟　早罩 抄　草操 　曹　**造** 　骚扫燥 　槽　**造**	渣　**揸**炸 车　扯岔 　茶　社 沙　所 　麝　惹		
tɕ tɕ' dʑ ȵ ɕ ʑ	家　姐借 **苴**　**且** 　茄　嚱 　　 　　写卸 　斜　谢				焦　沼照 超　巧翘 　桥　轿 　饶　绕 肖　小笑 　　　绍	
k k' g ŋ h ɦ ∅		拐怪 **蒯**　快 　怀 　 歪　　**坏** 　　　坏娃哇	高　稿告 敲　考靠 　　　**搅** 　熬　咬 蒿　好**哼** 毫　号 　拗澳	加　假嫁 　　　**扪** 　　　**咖** 牙　瓦 　　　夏 丫　哑**挜**	摇　效 腰　窅要	瓜　寡挂 夸　　垮跨 　 　 花　虾化 　华　话 　　　蛙

苴，"苴摆苴""人坐勒苴个"
　之苴。也可读成阴上。
且，"且顾吃"之且。
茄，"茄子""茄克衫"之茄。
嚱，"嚱嚱嘶（音西）"之嚱。
蒯，姓。
怀，"爹有勿如娘有，娘有勿
　如怀里有"之怀。
坏（阳去），"坏分子"之坏。
坏（阴平），"坏吃"之坏。

莫，副词，"莫去""莫烦"之莫。
造（dzɔ²¹³），"造反"之造。
造（zɔ²¹³），"制造""造孽"之造。
搅，"搅七搅八"之搅。
哼，"哼驼""哼管"之哼。
耙，"耙牙"之耙。
朵（阴平），"花朵""耳朵"之朵。
朵（阴去），动词，"朵开"之朵。
跺，"跺底""鞋底烂泥跺
　掉"之跺。

□，"雨落勒□□响"之□。
嚡，"嚡嚡哭"之嚡。
拿，"推拿"之拿。
揸，"袖子揸落"之揸。
扪，"扪人""扪鱼"之扪。
咖，"咖咖詟人家"之咖。
挜，"挜卖豆腐"之挜。
挑（阴上），"挑刺""生意挑
　拨侬做"之挑。

韵\调\声	yo 阴平 阳平 阴上 阴去 阳去 53 24 35 44 213	e 阴平 阳平 阴上 阴去 阳去 53 24 35 44 213	ie 阴平 阳平 阴上 阴去 阳去 53 24 35 44 213	ɛ 阴平 阳平 阴上 阴去 阳去 53 24 35 44 213	uɛ 阴平 阳平 阴上 阴去 阳去 53 24 35 44 213	Y 阴平 阳平 阴上 阴去 阳去 53 24 35 44 213
p p' b m f v		嫑		扳 板扮 攀 盼 **蹩** 办 埋 **蛮** 慢 番 反泛 凡 饭		
t t' d n l		爹 戴 胎 忲态 台 袋 **奶** 廿 来		旦 胆担 滩 坦炭 痰 蛋 难 乃 篮 懒		丢 溜 流 柳
ts ts' dz s z		灾 宰再 猜 彩菜 才 在 鳃 赛 裁		斩 盏赞 参 产餐 馋 站 山 伞 **镟 剷**		专 转**钻** 川 串 全 **传** 酸 选算 船 善
tɕ tɕ' dʑ ȵ ɕ ʑ	家		皆 且 茄			
k k' g ŋ h ɦ ø	霞 鸦	该 改盖 开 慨看 **戤** 呆 岸 蚶 海汉 孩 害 哀 爱	谐 冶	奸 拣**监** 铅 砍嵌 □ **谏** 癌 眼 **骸** 喊苋 咸 陷 鸭**晏**	关 惯 筷 **环** 摜 儇 甩 玩 宦 弯 挽	

家读tɕyo⁵³，霞读ɦyo²⁴，下读ɦyo²¹³，鸦读yo⁵³，均为老派文读。

嫑，"勿要"的合音词。

忲，"心交关忲""睏忲觉"之忲。

奶，奶奶，指乳房、乳汁。

看，"试试看"之看。

戤，"戤牌头"之戤。

且，"而且"之且。

茄，"茄子"之茄。

蹩，"蹩地枕""蹩水缺"之蹩。

蛮，副词，"蛮好""蛮多"之蛮。

镟，"犁镟头"之镟。

剷，"吮角锄头乱剷"之剷。

监，"国子监"之监。

□，"指末头□了一支香烟"之□。

谏，"男怕懒，女怕谏"之谏。

骸，"会做也勿难，蛮做拔筋骸"之骸。

苋，"苋菜管"之苋。

晏，"晏到""睏晏觉"之晏。

环，"毛巾环勒眼竿里"之环。

儇，乖，聪明。

甩，"黄狗甩尾巴"之甩。

溜，"溜走"之溜。

钻，"钻石""钻子"之钻。

传，打喷嚏时常说"有人来该传嗬"之传。

附录·宁波话简述

韵\声调	iY 阴平 阳平 阴上 阴去 阳去 53 24 35 44 213	ø 阴平 阳平 阴上 阴去 阳去 53 24 35 44 213	ɪa 阴平 阳平 阴上 阴去 阳去 53 24 35 44 213	iaʊ 阴平 阳平 阴上 阴去 阳去 53 24 35 44 213	uɐ 阴平 阳平 阴上 阴去 阳去 53 24 35 44 213	œY 阴平 阳平 阴上 阴去 阳去 53 24 35 44 213
p p' b m f v			悲　　杯背 坯　　配 　赔　　备 煤　妹美 　　　　**舲**		波　　簸 坡　　破 　婆　　**缚** 模　　墓	谋　　牡 　　　否 　　　负
t t' d n l		端　短锻 　**段** 　团　断 　**囡囡**暖 　鸾　乱	堆　　**劯**对 推　腿退 　**窨**　兑 　南　内 　雷　类		多　　　 拖　妥**太** 　驼　舵 　**挼**　糯 　罗　啰裸	兜　抖斗 偷　**敲**透 　头　豆 　　**剹**楼漏
ts ts' dz s z			追　　醉 崔　**揣**脆 　**䂳** 虽　**氺**税 　隋　罪		佐做 搓　错 　　　 梭　锁**唆** 　　　坐	奏　走皱 　　　凑 　　　 搜　叟瘦 　愁　　**愁**
tɕ tɕ' dʑ ɲ ɕ ʑ	周　九救 抽　丑臭 　求　旧 **扭**生　纽 修　手锈 　　　袖					
k k' g ŋ h ɦ ø		油　　有 优　　幼	酣　　**燘** 　含　汗 　　　 安　　暗	归　轨桂 **亘**　块桧 　葵　**跪** 灰　悔**晦** 　回　胃 威　　委	歌果过 科　可课 　　　 **䚻**　鹅 　火货 　河　祸 倭　　屙	沟　狗够 寇　口扣 　　**跔** 　牛　藕 　**吼**吼鲨 　喉　厚 欧　　**伛**

扭，"屁股扭一记"之扭。
段，"一段路"之段。
囡（阳平），"生儿子生囡"之囡。
囡（阴去），"囡囡宝，侬要啥人抱"之囡。
舲，"勿会"的合音词。
劯，"劯劯会长牛皮糖"之劯。
窨，"老酒窨窨"之窨。

揣，"揣头毛子"之揣。
䂳，"咋会"的合音词。
燘，"下饭燘燘其"之燘。
糕，"糯米糕"之糕。
晦，"晦气"之晦。
太，"人太多噢"之太。
挼，"一记打，一记挼"之挼。
唆，"啰唆"之唆。
䚻，"板䚻掉噢"之䚻。

敲，"被头敲开"之敲。
剹，"剹耳朵屙"之剹。
愁（阳去），"米缸愁愁会浅落去"之愁。
跔，"脚跔拢"之跔。
吼（阴平），"吼煞""吼吼动"之吼。
伛，"伛头磕脑"之伛。

韵\调\声	ã 阴阳阴阴阳 平平上去去 53 24 35 44 213	iã 阴阳阴阴阳 平平上去去 53 24 35 44 213	uã 阴阳阴阴阳 平平上去去 53 24 35 44 213	õ 阴阳阴阴阳 平平上去去 53 24 35 44 213	uõ 阴阳阴阴阳 平平上去去 53 24 35 44 213	yõ 阴阳阴阴阳 平平上去去 53 24 35 44 213
p p' b m f v	绷 乓 **碰** 彭 鬃 □ **猛**			邦 绑 胖 旁 棒 忙 网 方 放 房 望		
t t' d n l	打 **锡** **趄** 冷	良 亮		当 党 挡 汤 躺 烫 唐 荡 囊 **儾** 郎 **哴** 浪		
ts ts' dz s z	争 **栟** **撑** 撑 撑 **铿** 生 省			章 掌 葬 仓 闯 唱 常 撞 双 爽 操 床 上		
tɕ tɕ' dʑ ɲ ɕ ʑ		姜 桨 账 枪 厂 畅 强 **弶** 娘 让 香 响 **相** 墙 象				降
k k' g ŋ h ɦ ∅	耕 **迊** 坑 **搢** **鲠** 硬 亨 夯 **行** 杏 樱 **猚搢**	洋 羊 秧 养	**梗** **梗** 光 □ **横** 横 横	缸 港 **降** 康 **园** **扛** **戆** 杭 巷 盎 肮	光 广 杠 框 矿 狂 逛 荒 晃 王 旺 汪 往	

碰,"硬碰硬"之碰。
□(ma⁴⁴),□□,饭。儿童用语。
锡,"轧出锡锣"之锡。
趄,"趄马路"之趄。
栟,"树栟"之栟。
撑(阴平),"撑船"之撑。
撑(阴去),"撑勿牢""三兄弟里头其顶撑"之撑。
铿,"铿亮"之铿。
迊,"黄鳝迊洞"之迊。
搢,扔。读k'ã⁴⁴,又可读ã⁴⁴。

鲠,"鱼骨头鲠胡咙"之鲠。
行,"行为""行运"之行。
猚,"冬冷勿算冷,春冷冻煞猚"之猚。
弶,"弶猫""老鼠弶"之弶。
相,"相貌""相相看"之相。
梗(阴平),名词,"梗子"。
梗(阴上),量词,根。
光,"光火"之光。
□(guã²¹³),"□□奔来,□□奔去"之□。

横(ɦuã²⁴),"横直"之横。
横(ɦuã²¹³),"打横"之横。
横(uã⁵³),"横㧅"之横。
当,"当时""应当"之当。
儾,"料作放眼儾头的"之儾。
哴,"沙头交关哴"之哴。
降(kõ⁴⁴),"下降""降温"之降。
园,"钞票园牢"之园。
戆,"戆大"之戆。
杠,"杠棍"之杠。
降(tɕyõ⁴⁴),"降落伞"之降。

韵\调声	ũ 阴平53 阳平24 阴上35 阴去44 阳去213	əŋ 阴平53 阳平24 阴上35 阴去44 阳去213	iŋ 阴平53 阳平24 阴上35 阴去44 阳去213	uən 阴平53 阳平24 阴上35 阴去44 阳去213	yəŋ 阴平53 阳平24 阴上35 阴去44 阳去213	ɥøŋ 阴平53 阳平24 阴上35 阴去44 阳去213
p p' b m f v	搬 半 潘 判 盘 拌 瞒 满	奔 本 奔 喷 盆 笨 门 闷 问 芬 粉 奋 文 份	冰 饼 柄 姘 品 聘 平 病 明 命			
t t' d n l		灯 等 凳 吞 㒰 褪 屯 钝 嫩 㧬 能 嫩 伦 论	丁 顶 订 厅 挺 听 廷 定 拎 林 领			
ts ts' dz s z		尊 㧬 怎 村 忖 寸 存 赠 僧 损 渗 层 层				俊 准 振 春 蠢 旬 笋 舜 肾 忍
tɕ tɕ' dʑ ɲ ɕ ʑ			金 井 浸 青 请 秤 琴 近 银 韧 心 醒 信 晴 静		君 焗 㴠 菌 裙 熏 训	
k k' g ŋ h ɦ ∅	官 管 灌 宽 款 欢 焕 丸 换 豌 碗	跟 根 更 吭 肯 艮 狠 浲 恒 恨 恩	形 引 英 影 印	滚 棍 昆 捆 睏 昏 浑 混 温 稳 揾	匀 晕	

㒰,"大水㒰去"之㒰。
褪,"裤褪落"之褪。
㧬,"拳头㧬㧬""小毛头㧬勒头底心"之㧬。
㧬,"㧬牙膏"之㧬。
层(zəŋ²¹³),"腰缚层落""地基层嚼"之层。
根,量词。
更,"更加"之更。
吭,"吭吭呛"之吭。
艮,"艮古古"之艮。
浲,"书水潎着嚼,纸巾浲浲燥"之浲。
揾,"白斩鸡揾酱油"之揾。
君,yəŋ 韵也可读成 yŋ 韵。
㴠,"牛鼻㴠"之㴠。
俊,ɥøŋ 韵也可读 øŋ 韵或 oŋ 韵。

韵\声调	oŋ 阴平 阳平 阴上 阴去 阳去 53 24 35 44 213	yoŋ 阴平 阳平 阴上 阴去 阳去 53 24 35 44 213	ˀa 阴入 阳入 55 12	iɐˀ 阴入 阳入 55 12	uɐˀ 阴入 阳入 55 12	oˀ 阴入 阳入 55 12	yoˀ 阴入 阳入 55 12	iıˀ 阴入 阳入 55 12	yɐˀ 阴入 阳入 55 12	ɥœˀ 阴入 阳入 55 12
p p' b m f v	崩　　捧**碰** 　　篷　　 　蒙　懵 风　　**风** 　冯　　奉		八 拍 白 麦 法 物			北 朴 **摸**薄 木 福 服		必 匹 别 □蜜		
t t' d n l	冬　懂冻 通　统痛 　同　动 　农　**豽** **弄**　龙　**弄**		答 塔 特 纳 辣	贴 叠 猎		笃 托 毒 诺 摙 六		跌 踢 笛 力		
ts ts' dz s z	中　肿粽 葱　宠**蹱** 　从　重 松　耸送		卒 尺 宅 色 贼			足 促 浊 束 熟				这 出 室 十
tɕ tɕ' dʑ ȵ ɕ ʑ		穷 浓 兄　嗅	脚 恰 **着** 捏 削 嚼			吃 肉	接 切 直 逆 息 舌	菊 曲 局 血		
k k' g ŋ h ɦ ø	工　拱贡 控　孔**空** 　　　共 　额 烘　哄轰 　红 翁　**蓊**瓮	穷 浓 荣　用 **拥**永**壅**	革 克 轧 **扤** 黑 合 押	骨 阔 **搰** 忽 药 活 约 挖	各 哭 **搁** 岳 霍 或 屋	**该** 亦 一	月 郁			

碰，"碰运道"之碰。
风，"风煞""风作烂气"之风。
豽，"豽鼻头"之豽。
弄（阴平），"手骨弄进洞里"之弄。
弄（阳去），"弄送""弄堂"之弄。
蹱，"七蹱八跌"之蹱。
空，"空缺""空省"之空。
哄（ɦoŋ²¹³），"哄闹热""人哄带拢介多"之哄。
蓊，"芋艿蓊"之蓊。
拥，"拥护"之拥。
壅，"壅肥"之壅。
扤，"头扤扤"之扤。
着，"着火"之着。
搰，"鸡搰翼梢"之搰。
摸，"摸牌""摸一把"之又读。
搁，"手痛要络，脚痛要搁"之搁。
□（miʔ⁵⁵），"呒没"的合音。
该，指示代词，这。"个一"的合音。

声\韵\调	əl 阴平 阳平 阴上 阴去 阳去 53 24 35 44 213	m̩ 阴平 阳平 阴上 阴去 阳去 53 24 35 44 213	n̩ 阴平 阳平 阴上 阴去 阳去 53 24 35 44 213	ŋ̍ 阴平 阳平 阴上 阴去 阳去 53 24 35 44 213
p p' b m f v				
t t' d n l				
ts ts' dz s z				
tɕ tɕ' dʑ ȵ ɕ ʑ				
k k' g ŋ h ɦ ∅	儿　耳	姆　呒		芋　嗯鱼　五

姆,"阿姆""丈姆"之姆。
呒,"呒趣相"之呒。
芋,"芋艿"之芋。
嗯,叹词,表示应诺。

主要参考文献

《说文解字》,汉许慎,中华书局,1963年。
《宋本玉篇》,宋陈彭年等重修,中国书店,1983年。
《宋本广韵》,宋陈彭年等,中国书店,1982年。
《集韵》,宋丁度等,上海古籍出版社,1985年。
《吴下方言考》,清胡文英,乾隆四十八年(1783)刻本,中国书店1980年影印本。
《越谚》,清范寅,光绪八年(1882)谷应山房刻本,上海文艺出版社影印本。
《汉语大词典》,汉语大词典编辑委员会,汉语大词典出版社,1990-1993年。
《汉语大字典》(第二版),汉语大字典编辑委员会,四川辞书出版社、崇文书局,2010年。
《汉语方言大词典》,许宝华、宫田一郎主编,中华书局,1999年。
《现代汉语方言大词典》,李荣主编,江苏教育出版社,2002年。
《简明吴方言词典》,闵家骥、范晓、朱川、张嵩岳,上海辞书出版社,1986年。
《吴方言词典》,吴连生、骆伟里、王均熙、黄希坚、胡慧斌,汉语大词典出版社,1995年。
《明清吴语词典》,石汝杰、宫田一郎主编,上海辞书出版社,2005年。
《鄞县通志·文献志·方言》,马瀛等,1951年刊印本。

主要参考文献

《甬言稽诂》,应钟,天一阁藏稿本。

《宁波方言词典》,朱彰年、薛恭穆、汪维辉、周志锋,汉语大词典出版社,1996年。

《宁波方言词典》,汤珍珠、陈忠敏、吴新贤,江苏教育出版社,1997年。

《活色生香宁波话》(修订版),周时奋,宁波出版社,2005年。

《周志锋解说宁波话》,周志锋,语文出版社,2012年。

《宁波俚语漫谈》,董鸿毅,宁波出版社,2009年。

《宁波谚语》,赵德闻,宁波出版社,2010年。

《宁波谜语新编》,傅瑞庭,宁波出版社,2007年。

《宁波童谣》,傅瑞庭,宁波出版社,2012年。

《宁波方言读本》,乐建中,宁波出版社,2013年。

初版后记

作为语言工作者,又是土生土长的宁波人,编写一本能够全面反映家乡方言面貌的雅俗共赏的方言读物,是我们四人多年的愿望。现在,在各方面的大力支持下,经过将近一年的紧张工作,这本《阿拉宁波话》终于跟读者见面了。在此,我们首先要感谢宁波市府领导的热情关怀,没有他们的大力支持,这本读物要想出版是难以想象的。宁波市人大常委会副主任、宁波文化研究会会长钱念文先生自始至终关注着这一工作,没有他的积极倡议和鼓励,本书同样是难以问世的。其次,我们要衷心地谢谢在本书编写过程中提出过许多宝贵意见的桂心仪、李庆坤、郑学溥、边兴昌、高志佩、李燃青、贺圣谟、蔡国黄、俞信芳、陈强峰等先生,从编写计划的制订到全书修改定稿,都融进了他们的热情和智慧。最后,我们还要谢谢华东师范大学出版社,他们愿意出版这样一本排印困难的方言读物,并且在较短的时间内出书,这种精神和工作效率,使我们深为感佩。宁波师院七六届毕业生张其燕同志为本书的顺利出版牵线搭桥,积极奔走,付出了艰辛的劳动。九十高龄的著名书法家沙孟海先生欣然为本书题写了书名。在此一并致以诚挚的谢忱。

方言,既是某一地区人们交际的基本工具,又是语言学家感兴趣的一个研究课题。我们觉得一本好的方言读物应该是雅俗共赏的。为了既能使一般读者爱读易懂,又不影响全书的科学性,能反映一定的学术水平,在编写过程中我们遇到了许多困难。其中最伤脑筋的是分类和注音。如果是编写一本《宁波方言词典》(此项工作我们已

初版后记

在进行之中),这两个问题都不成其为问题:注音可以用国际音标;分类则根本不必,词条可以按笔画顺序排列。方言读物则不然,按笔画顺序排列的一条条方言词语,读起来毕竟是枯燥乏味的;国际音标对非语言专业的读者也太陌生。为了增加可读性,我们把方言词和谚语等部分作了分类排列,即将意义相近的条目排在一起,再分成若干类。这样读起来可能会有趣一些。但语言中的词汇和熟语按意义分类是一件极其复杂困难的事情。尽管我们绞尽脑汁,苦心经营,本书的分类和某些条目的归类还远远不是理想的,连我们自己也不满意,但又无法做到满意。同时,采用直音法注音,对一般读者来说是方便易懂了,但从准确标注音值这点来说,却又不够理想,尤其是对于母语不是宁波方言的读者,看到这样的注音是会叫苦连天的,但我们也无法找到更好的办法来解决这个问题了。好在书后附有《宁波话音节例字表》可供查阅,能稍稍弥补直音法之不足。此外,有许多词语我们还没有找到合适的本字(有些可能确无本字);在材料搜集方面,由于时间和见闻有限,重要的遗漏也还在所难免(当然,要做到没有遗漏是不可能的,因为语言材料本身就漫无边际,无法穷尽)。这些都要请读者谅解。

宁波方言是非常丰富多彩和富有特色的,有很高的研究价值,海内外有不少学者写过有关宁波方言的论文。这本《阿拉宁波话》只是在宁波方言的材料搜集和整理方面做了一些基础性的工作,书后附录的《宁波话简述》也只是对宁波方言基本情况的一个大概介绍,还谈不上深入的研究。在此书的基础上,今后我们还要作进一步的研究。我们也希望本书能为爱好和研究宁波方言的朋友们提供一份有用的资料。我们期待着在宁波方言研究这块园地里结出更多的硕果来。

本书对《鄞县通志·文献志·方言》(马瀛等编纂,五十年代初出版)、《简明吴方言词典》(闵家骥等编,上海辞书出版社1986年出版)、《宁波方言本字考》(施文涛撰,载《方言》1979年第3期)等论著有较多的参考和采纳,引用时恕不一一注明,在此一并鸣谢,以免掠美之嫌。

限于时间和水平,本书疏漏之处在所难免,热忱希望读者批评指正。

编 者
一九九〇年九月

修订版后记

岁月易得。初版《阿拉宁波话》面世至今,整整25年了。

25年来,宁波话发生了一定的变化,宁波话的研究也取得了长足的进展。以今天的眼光审视当年的作品,我们很容易发现她的稚嫩、不足,甚至错误。作为语言学学者和宁波话研究者,我们有责任、有义务对她进行修订,使她更臻完善,重新焕发光彩。

2012年,我向宁波市教育局申报了一个题为"《阿拉宁波话》修订与研究"的课题,并邀请原书作者之一、浙江大学中文系主任汪维辉教授共襄其事。该课题得到了宁波市教育局的大力支持,被列为宁波市人民政府与中国社会科学院合作共建"浙东文化与宁波文化大市建设研究中心"2012年年度课题。于是,修订工作正式启动。经过三年多的艰苦努力,修订版终于可以交稿了!

本次修订,我们确定了两条原则:一是保持原书体例,进行全面修订;二是突出重点,主要修订方言词和短语部分。修订版基本完成了既定目标。初版共收录宁波方言常用词语3937条,短语276条,谚语2007条,歇后语70条,谜语93条,绕口令13条,歌谣110首;修订版共收录方言词语4896条,短语428条,谚语2345条,歇后语72条,谜语100条,绕口令14条,歌谣132首。对比以上两组数据可以看出,全书正文七个部分,每个部分或多或少都有增补,这还不包括初版被删去的内容。此外,附录《宁波话简述》也有一些修订,特别是"宁波话音节例字表"经过技术处理,由原先的45页缩减至8页,节省了不少篇幅。

方言词和短语是本书的核心部分,最能体现学术性,也是我们修订时用力最勤的。下面就以方言词和短语两部分为例,谈谈我们所做的一些修订工作。

1. 收词更加丰富。方言词扣除被删去的部分,实际增收1028条;短语扣除被删去及被挪到方言词中的部分,实际增收246条。新增的方言词语大多来自笔者平时听到、看到和想到的,同时也参考和吸收了朱彰年等《宁波方言词典》、汤珍珠等《宁波方言词典》、周时奋《活色生香宁波话》、董鸿毅《宁波俚语漫谈》、赵德闻《宁波谚语》、傅瑞庭《宁波童谣》及乐建中《宁波方言读本》等著作中的一些语料。尽管我们力求收录齐全,但是方言词语收不胜收,遗漏的恐怕仍不在少数。

2. 释义更加准确。宁波人都会说宁波话,但要对某个方言词语下个定义,给出一个确切的解释并非易事。同一个方言词语各家的解释往往不一样,有的甚至相差很大。我们运用分析词形、考察用法、参考辞书、比较相关方言说法等方法,尽量做到解释科学准确,简明扼要。修订版纠正了初版不少释义错误,也纠正了同类著作许多释义错误。此外,在释义过程中,充分注意一个词语的不同意思,增收了一些被漏略的义项,使方言词语的义项更加齐全。

3. 例证更加贴切。例证既能证明释义,又能帮助说明用法,好的例证同时又是宁波话的生动范例。初版在举例方面有一定欠缺,存在着一些方言与普通话夹杂的情况。这方面,汤编本《宁波方言词典》做得比较好,所举用例都是很地道的宁波话。修订版借鉴汤编本成功经验,力求用纯正的宁波话口语作为例证,大大增加了本书的科学性、可读性和趣味性。

4. 词形、注音、引证等方面也有一定程度的改进。弄清方言的字形、词形一直是个难题,初版存在的问题是,过于强调本字和出处的考证,使用了许多冷僻字。其实,很多方言字词难以找到本字,有些考证结论也似是而非,经不起推敲。修订版采取比较客观的态度,能考则考,不能考则从俗从众。注音尽量选用同音字,初版用"音如某"注音的,改为"音某平(上、去)声"等,表述更加准确。凡是引用古代

修订版后记

字书、韵书及其他文献资料,逐一进行了复核,做到准确无误。

方言词和短语两部分文字改动总量达50%以上,应该说,质量有了明显提高。这两部分可以看作是按义类和按笔画编排的方言词典。

汪维辉教授是国内著名语言学家,也是宁波方言研究专家,百忙之中几次精心审读了全部书稿,并对修订稿提出了十分中肯、十分具体的修改意见。本书是我们又一次合作的成果。

在修订过程中,除了参考前修时彦的论著之外,亲朋好友、同学同事、师长学生,或主动向我提供有关语料,或热情解答我提出的问题,这里一并向他们表示深深的谢意!

本书能够顺利出版,首先要感谢宁波市教育局及宁波市与中国社会科学院战略合作办公室对课题立项的大力支持;其次要感谢宁波出版社马玉娟社长及大众出版中心徐飞主任对本书出版的大力支持,尤其是徐飞先生作为责任编辑尽心尽职,做了大量过细的工作。

本书得到宁波大学"浙东文化与海外华人研究院"出版经费资助。该研究院院长张伟教授现任宁波大学人文与传媒学院院长,一直非常关心本书的修订与出版,我们深表感谢!

本书与初版一样,有一个缺陷,就是没有索引,因为本书不是词典性质的,内容丰富多彩,制作索引既很困难,又占篇幅。没有索引,不便检索书中的方言词、短语、谚语等,会给读者带来不便,对此,我们表示歉意。另外,书中肯定存在着许多不足甚至错误,希望得到读者和方家批评指正。

《阿拉宁波话》是上世纪80年代末由时任宁波师范学院院长的朱彰年先生及我的业师薛恭穆先生带领我们两个年轻人合作编写的,当时我们四人一起切磋、一起写作的情景还历历在目。如今,两位师长早已仙逝。在本书即将付梓之际,我们特别怀念两位师长,并从内心轻轻叩问:学生交出的这份答卷,可满意否?

周志锋
2016年4月24日于宁波大学